机器人创意与编程

JIQIRENCHUANGYIYUBIANCHENG

共6册

机器人
创意与编程（一）

第1册 物体的稳定性

谭立新　刘开新　著

北京理工大学出版社
BEIJING INSTITUTE OF TECHNOLOGY PRESS

内 容 提 要

本套教材体系上符合人工智能进入中小学编程教育的主要技术框架，内容上涵盖了机械结构、电子电路、Mixly 图形化编程、C 语言程序设计基础知识、Arduino C 代码编程、智能硬件应用、传感器应用、红外通信等方面的知识与实践。

本套教材内容尽量简化了文字语言，最大限度地使用图形语言，力求适应不同年龄段的小学生认识事物与理解事物的特点。

版权专有　侵权必究

图书在版编目（CIP）数据

机器人创意与编程. 一 共 6 册 / 谭立新，刘开新著
. -- 北京：北京理工大学出版社，2024.5
ISBN 978-7-5763-3984-0

Ⅰ. ①机… Ⅱ. ①谭… ②刘… Ⅲ. ①机器人-程序设计-中小学-教材 Ⅳ. ①G634.931

中国国家版本馆 CIP 数据核字（2024）第 097364 号

责任编辑：钟　博	**文案编辑**：钟　博	**插画设计**：苏玲子
责任校对：周瑞红	**责任印制**：施胜娟	

出版发行 / 北京理工大学出版社有限责任公司
社　　址 / 北京市丰台区四合庄路 6 号
邮　　编 / 100070
电　　话 / (010) 68914026（教材售后服务热线）
　　　　　(010) 68944437（课件资源服务热线）
网　　址 / http://www.bitpress.com.cn

版 印 次 / 2024 年 5 月第 1 版第 1 次印刷
印　　刷 / 河北盛世彩捷印刷有限公司
开　　本 / 889 mm × 1194 mm　1/16
印　　张 / 56.25
字　　数 / 1160 千字
总 定 价 / 468.00 元（共 6 册）

图书出现印装质量问题，请拨打售后服务热线，负责调换

前　言

机器人是一个融合机械、电子、计算机、智能控制、互联网、通信、人工智能等诸多技术的综合体，对未来学科启蒙意义重大。随着国家教育体制改革的不断深化，中小学开设以机器人为载体的新一代信息科技课程越来越受到高度重视。

众所周知，机器人技术中的任何一门学科都应该是中专及以上院校开设的课程，对于中小学生特别是小学生来说有什么意义呢？这就好比汉语言文学专业，它是我国大学史上最早开设的专业之一，可是从来没有哪一位学生是在考入大学的这一专业后才开始学习说话和写字的，也没有哪一位学生是在牙牙学语时便学习音韵、语法和修辞课程的。

本套《机器人创意与编程》教材立足于既要解决像汉语言文学专业的学生不需要从零开始学习"说话"和"写字"的问题，又尽量处理好像婴儿在牙牙学语时的"语法"与"修辞"的难题。

本套教材依据中国电子学会推出的《全国青少年机器人技术等级考试标准》，对课程体系的组织与安排充分注重教学内容的系统性、教学阶段的差异性、教学形式的趣味性和手脑并重的创意性。本套教材按照《全国青少年机器人技术等级考试标准》，体系上符合人工智能进入中小学编程教育的主要技术框架，内容上涵盖了机械结构、电子电路、软件编程、智能硬件应用、传感器应用、通信等方面的知识与实践。

本套教材共12册，适用对象为小学1~6年级的学生，其中9~12册也适合7~9年级学生学习。

1~4册，主要通过积木模型介绍机械结构方面的知识，对应1~2年级的学生及一、二级等级考试；

5~8册，主要介绍Mixly图形化编程、电子电路、智能硬件及传感器的应用等知识，对应3~4年级的学生及三级等级考试；

9~12册，主要介绍C语言代码编程、电子电路、智能硬件及传感器的应用、红外通信等知识，对应5~6年级的学生及四级等级考试。

每册教材原则上按单元划分教学内容，即每个单元具有相对独立的知识点。为了便于学生学习与记忆，1~4册每课的知识点在目录中用副标题标出；5~12册每课的标题除应用型项目外，原则上用所学知识点直接标出。

中小学生机器人技术课程开发是一个全新的领域。由于编者水平有限，不妥和疏漏之处在所难免，敬请广大读者提出宝贵的意见和建议。

编　者

目 录

第1单元 机器人常识 ······ 1

第1课 快乐小伙伴 ······ 2
1.1 认识机器人 ······ 2
1.2 动手制作 ······ 5
1.3 创意拓展 ······ 8

第2课 神枪手 ······ 10
2.1 机器人的驱动系统 ······ 10
2.2 动手制作 ······ 11
2.3 创意拓展 ······ 14

第3课 顺风耳 ······ 16
3.1 机器人感受系统 ······ 16
3.2 动手制作 ······ 18
3.3 创意拓展 ······ 21

第4课 避障侠 ······ 24
4.1 机器人控制系统 ······ 24
4.2 动手制作 ······ 26
4.3 创意拓展 ······ 29

第5课 辨色王 ······ 32
5.1 机器人的意义 ······ 32
5.2 动手制作 ······ 33
5.3 创意拓展 ······ 36

第2单元 结构的稳定性分析 ······ 39

第6课 三角形 ······ 40
6.1 物体的稳定性分析 ······ 40
6.2 动手制作 ······ 42
6.3 创意拓展 ······ 44

第7课 机关枪 ······ 47
7.1 三角形结构的应用 ······ 47
7.2 动手制作 ······ 48
7.3 创意拓展 ······ 51

· 1 ·

第8课　小秋千 ·· 53
　8.1　动能与势能 ·· 53
　8.2　动手制作 ·· 54
　8.3　创意拓展 ·· 57

第9课　平行尺 ·· 59
　9.1　四边形结构 ·· 59
　9.2　动手制作 ·· 61
　9.3　创意拓展 ·· 63

第10课　小猫钓鱼 ·· 66
　10.1　四边形结构的应用 ·· 66
　10.2　动手制作 ·· 66
　10.3　创意拓展 ·· 70

第3单元　重心 ·· 73

第11课　投石器 ·· 74
　11.1　体验重力 ·· 74
　11.2　动手制作 ·· 76
　11.3　组装 ·· 78
　11.4　创意拓展 ·· 79

第12课　翻斗车 ·· 80
　12.1　物体的重心 ·· 80
　12.2　动手制作 ·· 81
　12.3　创意拓展 ·· 85

第13课　重心在哪儿 ·· 88
　13.1　悬挂法找重心 ·· 88
　13.2　动手制作 ·· 89
　13.3　创意拓展 ·· 91

第14课　多米诺骨牌 ·· 93
　14.1　重心的应用 ·· 93
　14.2　动手制作 ·· 94
　14.3　创意拓展 ·· 98

第15课　振动器 ·· 101
　15.1　偏心及其应用 ·· 101
　15.2　动手制作 ·· 102
　15.3　创意拓展 ·· 105

参考文献 ·· 107

第1单元
机器人常识

- 认识机器人
- 感受机器人
- 机器人的意义与作用

第1课

快乐小伙伴

1.1 认识机器人

什么是机器人呢?

机器人是一种能够半自主或全自主工作的智能机器,具有感知、决策、执行等基本特征。

看看图1-1中的机器,拖拉机、抽水机都不具备半自主或全自主工作的能力,因此,它们只是机器,而不是机器人。

图1-1 机器示例

再看看图1-2中这群小伙伴,它们有什么本领?

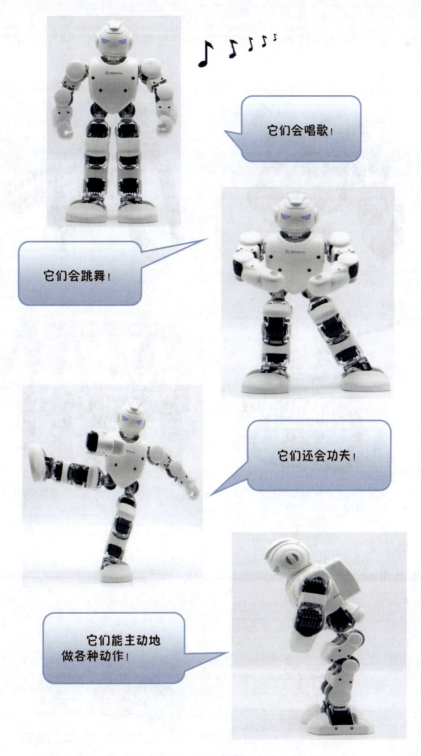

图 1-2 机器人

　　这群小伙伴都是机器人。它们能像人一样主动地做一些事情。比如它能在节目表演完后主动地向人们敬礼,但是抽水机就没这么聪明了,即使把塘里的水抽干了它也不会主动地停下来。

　　机器人真是神奇极了!接下来开始学习制作积木机器人模型。制作前让我们先来认识一下积木。

1. 认识积木

积木是学习机器人时,搭建各种机器人模型的一种很好的器材。利用简单的积木块可以搭建出各种复杂的模型,如图1-3所示。

图1-3 积木模型

(a) 摩托车;(b) 小手枪;(c) 坦克;(d) 桥梁

2. 积木块的基本连接方法

积木的基本构件有梁、十字棒、板、连杆、砖等。

板与板的基本连接方法示例如图1-4所示。

图1-4 板与板的基本连接方法示例

梁与梁的基本连接方法示例,如图1-5所示。

图1-5 梁与梁的基本连接方法示例

板与梁的基本连接方法示例如图 1-6 所示。

图 1-6　板与梁的基本连接方法示例

1.2　动手制作

【制作项目】小房子（图 1-7）。

图 1-7　小房子

1. 结构分析

小房子主要由墙体、坡屋面、门、窗等四部分组成（图 1-8）。

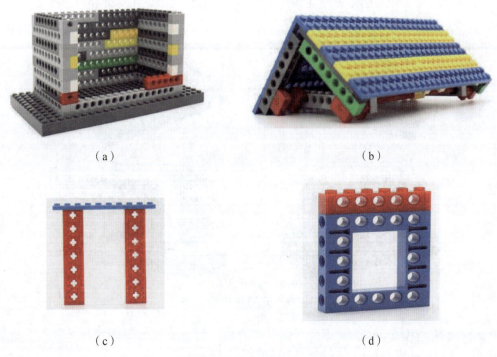

（a）　　　　　　　　　　　　（b）

（c）　　　　　　　　　　　　（d）

图 1-8　小房子的结构

(a) 墙体；(b) 坡屋面；(c) 门；(d) 窗

2. 所需器材

所需器材如图 1-9 所示。

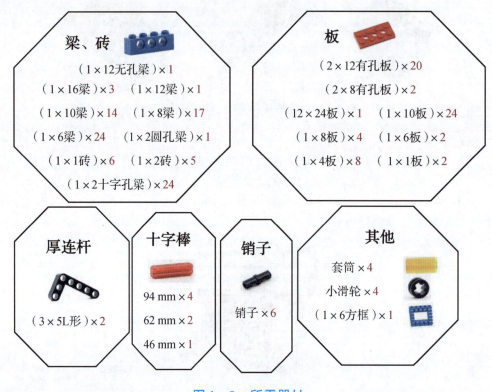

图 1-9 所需器材

3. 分步制作

1）无门窗的墙体制作

用 12×24 板做小房子的底板，用 1×1 梁、1×2 圆孔梁、1×2 无孔梁、1×2 十字孔梁、1×10 梁和 1×16 梁做墙体（图 1-10）。

图 1-10 无门窗的墙体制作

2）有门窗的墙体制作

小房子的墙体搭建完毕后，就可以给小房子安上门窗了。用 1×2 十字孔梁做门框，用 1×2 十字孔梁、1×6 梁和 1×6 方框做窗户，最后用 1×6 板和 1×10 板进行固定（图 1-11）。

图 1-11 有门墙的墙体制作

3）坡屋面的制作

用 1×1 板、1×4 板、1×8 板、2×8 有孔板、2×12 有孔板做屋顶，然后用 1×2 十字孔梁、1×8 梁、1×10 梁、3×5L 形厚连杆做坡屋面的框架，再将 46 mm 十字棒、62 mm 十字棒和 94 mm 十字棒用套筒连接起来，坡屋面的框架就完成了。最后把屋顶和坡屋面的框架组合起来，小房子的坡屋面结构部分就做完啦（图 1-12）！

图 1-12 坡屋面的制作

4. 组装

完成前面的制作后，小房子的分步搭建就完成了，现在可以开始组装。将制作好的墙体和坡屋面组装起来,小房子就搭建好了(图1-13)。小朋友们,快快体验一下小房子的制作吧,看看小房子是不是很坚固?是不是很漂亮?

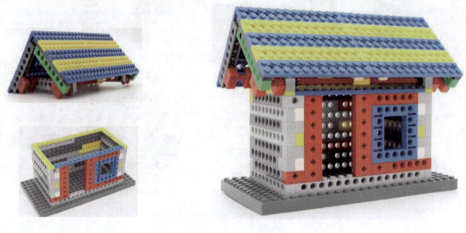

图1-13　组装

1.3　创意拓展

【拓展项目】为了让小房子更加完美,在小房子旁边搭建1个沙发1个条凳、1个茶几,并把它们摆放整齐。

(1)搭建沙发、条凳、茶几和地板,如图1-14所示。

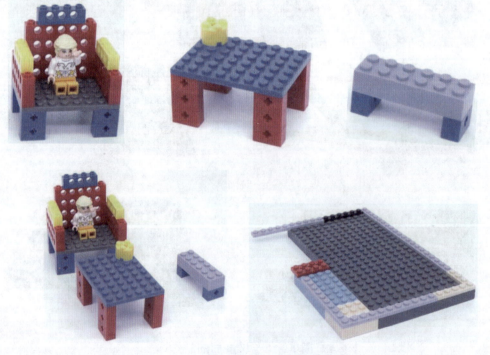

图1-14　搭建沙发、条凳和茶几

(2)把沙发、条凳、茶几摆放整齐,如图1-15所示。

图 1-15 把沙发、条凳、茶几摆放整齐

瞧！有了沙发、条凳和茶几，小房子更加漂亮了。

课后思考

1. 机器人具有哪些基本特征？
2. 下面哪一个是机器人？（　　）
A. 无人驾驶汽车　　　　B. 计算器　　　　C. 摩托车　　　　D. 数码照相机

第2课 神枪手

2.1 机器人的驱动系统

机器人由机械部分、控制部分、传感部分三大部分组成。机器人的驱动系统是向机械结构系统提供动力的装置。

"神枪手"是一个会开枪的机器人,一种叫作舵机的电动机为"神枪手"机器人的持枪手臂提供动力(图2-1)。

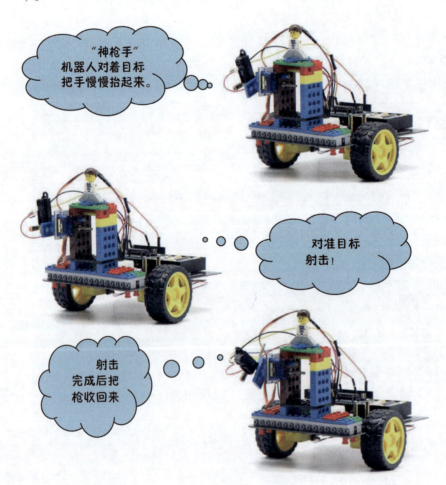

图2-1 "神枪手"机器人

真棒!神枪手机器人像人一样聪明极了。

2.2 动手制作

【制作项目】小手枪（图2-2）。

图2-2 小手枪

1. 结构分析

小手枪的主要构成部分有枪管、弹夹、枪把、扳机等（图2-3）。

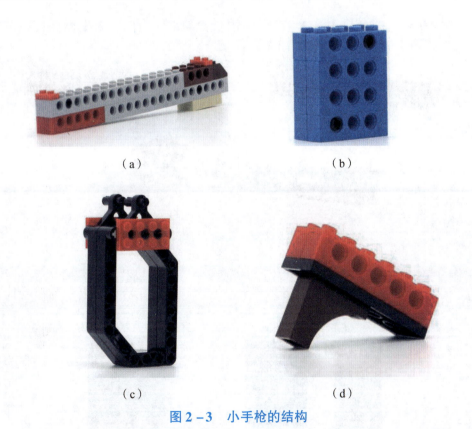

图2-3 小手枪的结构
(a) 枪管；(b) 弹夹；(c) 枪把；(d) 扳机

2. 所需器材

所需器材如图2-4所示。

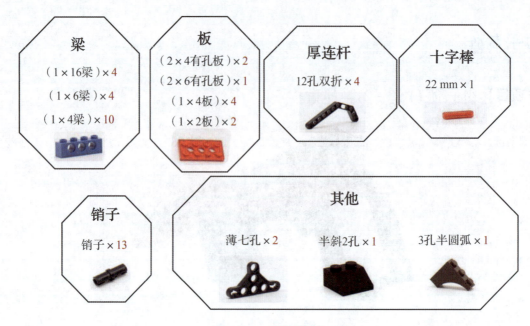

图 2-4 所需器材

3. 分步制作

1）枪管制作

用 1×4 梁、1×6 梁、半斜 2 孔、1×4 板、销子做枪管，用 1×2 板做照门（图 2-5）。

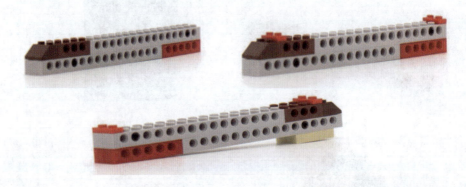

图 2-5 枪管制作

2）弹夹制作

用 1×4 梁、销子做弹夹（图 2-6）。

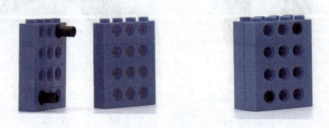

图 2-6 弹夹制作

3）枪把制作

用 2×4 有孔板、12 孔双折厚连杆、薄七孔、销子做枪把（图 2-7）。

图 2-7 枪把制作

4）扳机制作

用 1×6 梁、2×6 有孔板、3 孔半圆弧做扳机（图 2-8）。

图 2-8 扳机制作

5）组装

完成前面的分步制作后，将制作好的枪管、弹夹、扳机和枪把组装起来，小手枪就搭建好了（图 2-9）。

图 2-9 组装

2.3 创意拓展

【拓展项目】利用圆形齿轮制作一把左轮手枪。

（1）搭建枪管部分，如图 2-10 所示。

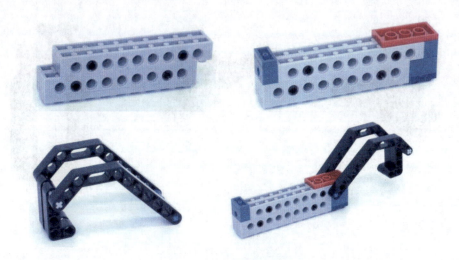

图 2-10 搭建枪管部分

（2）搭建枪把和枪身部分，如图 2-11 所示。

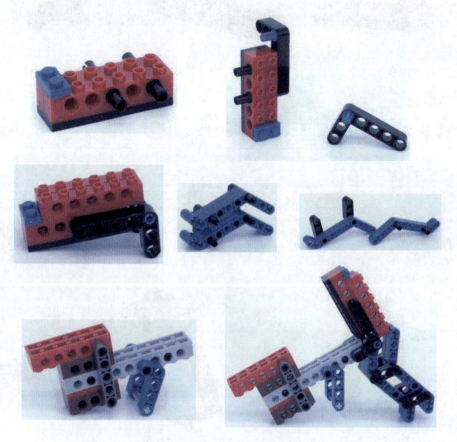

图 2-11 搭建枪把和枪身部分

(3) 搭建弹夹部分，如图 2-12 所示。

图 2-12 搭建弹夹部分

(4) 将各部分组装起来，如图 2-13 所示。

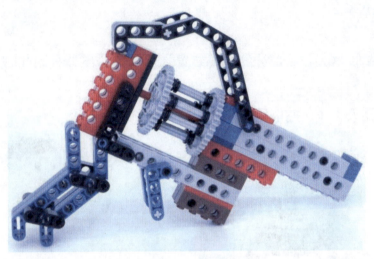

图 2-13 组装

课后思考

1. 机器人由哪几大部分组成？
2. 机器人驱动系统的主要作用是什么？
3. 为什么把"神枪手"叫作机器人（图 2-14）？

图 2-14 第 3 题图

顺风耳

3.1 机器人感受系统

机器人感受系统是机器人传感部分的主要装置,由各种传感器模块组成。它用来获取内部或外部环境中的有用信息。

顺风耳是一台机器人小车,它能听到人的声音(图3-1)。

图3-1 顺风耳

顺风耳听到声音后就会前进或停止(图3-2)。

(a)

图3-2 顺风耳的运动

(a)前进

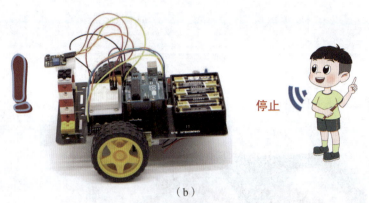

(b)

图 3-2 顺风耳的运动（续）

(b) 停止

 小课堂

试一试玩具小车，把它开动后能不能喊它停下来？

停不下来，因为它不像顺风耳那样具有听见声音的能力，也就是说它至少没有感受系统装置。

为什么顺风耳长得不像人的模样？

并不是所有机器人都长得像人的模样。

军用无人机

无人水下机器人

蛇形搜救机器人

搬运机器人

3.2 动手制作

【制作项目】小货车（图3-3）。

图3-3 小货车

1. 结构分析

小货车是由车头、车厢及车轮三大部分组成的（图3-4）。

（a）　　　　　　　　　　（b）

（c）

图3-4 小货车的结构
（a）车头；（b）车厢；（c）车轮

2. 所需器材

所需器材如图3-5所示。

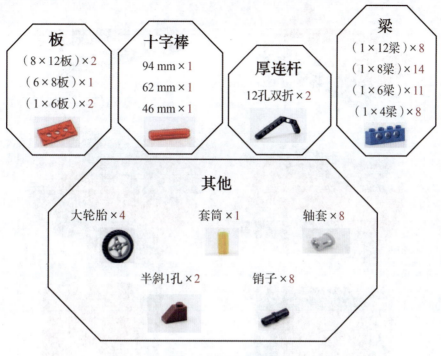

图 3-5 所需器材

3. 分步制作

1) 车头制作

用 6×8 板、8×12 板、1×4 梁、1×6 梁、1×8 梁、12 孔双折厚连杆、半斜 1 孔做车头（图 3-6）。

图 3-6 车头制作

2) 车厢制作

用 1×6 板、8×12 板、1×6 梁、1×8 梁、1×12 梁做车厢（图 3-7）。

图 3-7　车厢制作

3）车轮制作

用 1×4 梁、1×6 梁、轴套、套筒、94 mm 十字棒、62 mm 十字棒、46 mm 十字棒、大轮胎做车轮（图 3-8）。

图 3-8　车轮制作

4. 组装

将搭建好的车头、车厢和车轮三部分组装起来，神气的小货车就搭建完毕了（图 3-9），小朋友们快快去体验吧！

图 3-9 组装

3.3 创意拓展

【拓展项目】将小货车改装成景区游览车,并在车上安装几排小座椅。

(1) 分析景区游览车的组成部分,如图 3-10 所示。

图 3-10 景区游览车的组成部分

(2) 按照各组成部分的结构开始搭建,如图 3-11 所示。

图 3-11 搭建各组成部分

（3）把搭建好的组成部分组装起来（图 3-12），景区游览车就完成啦！

图 3-12 景区游览车成品

课后思考

1. 机器人感受系统是由什么组成的？它的作用是什么？

2. 机器人是不是都长得像人的模样（图 3-13）？

图 3-13　第 2 题图

第4课 避障侠

4.1 机器人控制系统

机器人控制系统属于机器人的控制部分,相当于人的大脑。它根据机器人感受系统获取的信息来控制或支配机器人完成规定的运动或功能。

避障侠是一个在行进的过程中能够自主识别并及时绕开障碍物的机器人。

看看避障侠长得什么样(图4-1)?

图4-1 避障侠

考考避障侠,在它的前面摆上障碍物,让避障侠朝着障碍物走去,可以看到避障侠避开障碍物继续前进(图4-2)。

图4-2 考考避障侠

 小课堂

工厂里的机器人能帮工人叔叔做工,田野里的机器人能帮农民伯伯喷洒农药,防爆机器人能勇敢地排除危险爆炸物品……

▶ 装配机器人

▲ 喷洒农药机器人

▲ 防爆机器人

4.2 动手制作

【制作项目】小轿车（图4-3）。

图4-3 小轿车

1. 结构分析

小轿车积木模型分为车头、车尾、车身、车轮4个部分（图4-4）。

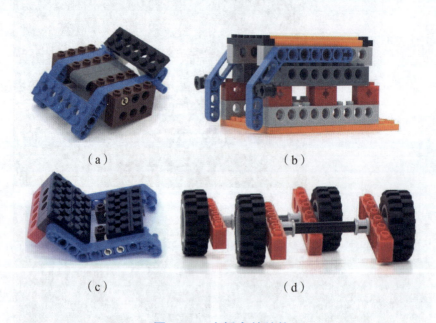

图4-4 小轿车的结构
(a) 车头；(b) 车身；(c) 车尾；(d) 车轮

2. 所需器材

所需器材如图4-5所示。

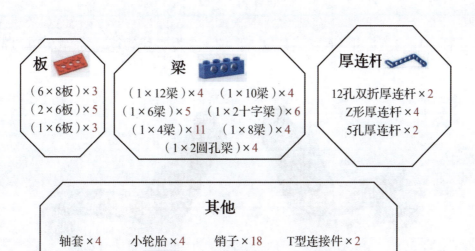

图4-5 所需器材

3. 分步制作

1）车头制作

用Z形厚连杆、5孔厚连杆、1×2圆孔梁、1×4梁、2×6板、长短半十字销、单边加长销子、销子做车头，如图4-6所示。

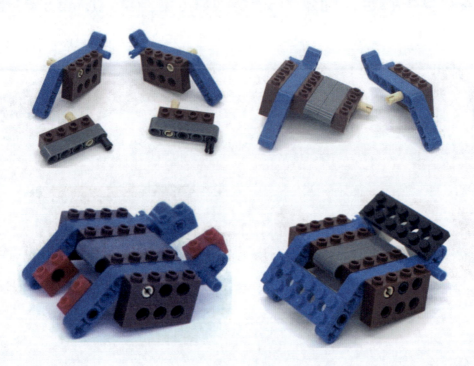

图4-6 车头制作

2）车尾制作

用Z形厚连杆、1×4梁、1×6梁、1×6板、2×6板、长短半十字销、单边加长销做车尾，如图4-7所示。

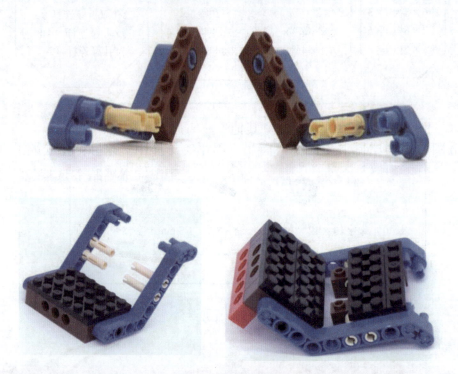

图4-7 车尾制作

3）车身制作

用12孔双折厚连杆、1×2十字孔梁、1×8梁、1×10梁、1×6板、6×8板、T形连接件做车身，如图4-8所示。

图4-8 车身制作

4）车轮部分制作

用1×6梁、轴套、78 mm十字棒、小车轮做车轮部分，如图4-9所示。

图 4-9 车轮制作

4. 组装

各部分都搭建好了,把它们组装起来,小轿车就制作好了,如图 4-10 所示。

图 4-10 组装

4.3 创意拓展

【拓展项目】制作滑板车。

(1) 制作车头部分,如图 4-11 所示。

图 4-11 制作车头部分

（2）制作滑板部分，如图4-12所示。

图4-12 制作滑板部分

（3）制作车轮部分，如图4-13所示。

图4-13 制作车轮部分

（4）组装，如图4-14所示。

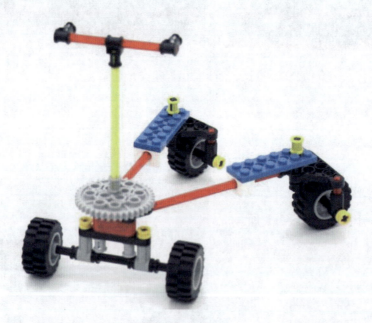

图4-14 组装

课后思考

1. 机器人控制系统的作用是什么？

2. 想一想，避障侠为什么不会撞上障碍物（图4-15）？

图4-15 第2题图

辨色王

5.1 机器人的意义

动画片《变形金刚》中的"大黄蜂""擎天柱"、动画片《铁臂阿童木》中的"阿童木"、动画片《哆啦A梦》中的"哆啦A梦"等都是善良、正义、坚韧、勇敢的机器人,不妨把它们叫作动画机器人。

现实中的机器人可以辅助甚至替代人类完成危险、繁重、复杂的工作,提高工作效率与质量,服务人类生活,扩大和延伸人类的活动及能力范围。

辨色王是一个辨认颜色的机器人。它能快速而又准确地辨认各种颜色。

辨色王

辨色王可厉害啦！无论你让它检测多少次它都不会叫累，也不会嫌麻烦。

5.2 动手制作

【制作项目】聪明的小斯斯（图5-1）

图 5-1 聪明的小斯斯

1. 结构分析

小斯斯主要由头部、身子、四肢三部分组成（图 5-2）。

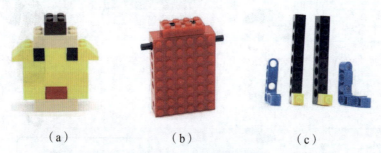

(a)　　　　　　(b)　　　　　　(c)

图 5-2 小斯斯的结构

(a) 头部；(b) 身子；(c) 四肢

2. 所需器材

所需器材如图 5-3 所示。

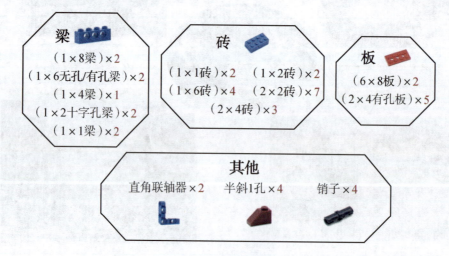

图 5-3 所需器材

3. 分步制作

1）头部制作

用 2×2 砖、2×4 砖、1×2 十字孔梁、1×6 无孔梁、半斜 1 孔做小斯斯头部（图 5-4）。制作时，请区分小斯斯眼睛和鼻子的颜色哦！

图 5-4 头部制作

2)上身制作

用 1×2 十字孔梁、1×6 有孔梁、2×4 有孔板、6×8 板、销子做小斯斯的上身，如图 5-5 所示。

3)四肢制作

用 1×1 砖、1×8 梁、直角联轴器做小斯斯的四肢，如图 5-6 所示。

图 5-5 上身制作　　　　　　　　图 5-6 四肢制作

4. 组装

将小斯斯的上身和四肢组装起来，再用 2×2 砖将头部连接，聪明的小斯斯就制作好了，如图 5-7 所示。

图 5-7 组装

5.3 创意拓展

【拓展项目】 给小斯斯的肩膀及腿部安上关节,让它能活动。

(1) 分步搭建头部、上身和四肢,如图 5-8 所示。

图 5-8 搭建头部、上身和四肢

(2) 将各部分组装起来,如图 5-9 所示。

图 5-9 组装

课后思考

1. 让机器人排除有毒气体时，它会不会中毒呢？
2. "创意拓展"中的机器人积木模型的四肢共有几个关节？它与人类的四肢关节相比（不包括指关节）少了哪些关节？

第 2 单元
结构的稳定性分析

- 结构的稳定性分析
- 三角形结构与四边形结构
- 认识动能与势能

三角形

6.1 物体的稳定性分析

每个物体的结构一般都是由简单的几何图形构成的,如圆形、三角形、四边形或多边形。

现在分析三角形结构的稳定性。在三角形结构中,任意相邻的两条边唯一受到第三条边的约束,使这两条边既不能产生相对位移,也不能产生相对转动。因此,三角形结构是一种稳定性结构。它在实际生产生活中的应用十分广泛。

用三根杆件两两连接组成的结构叫作三角形结构(图6-1)。

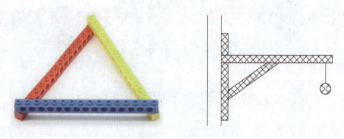

图6-1 三角形结构

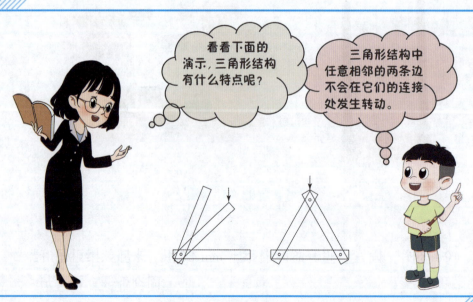

数一数，图6-2中的每个图形中共有几个三角形？

 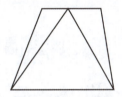 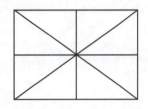

图6-2 数三角形

对于一个物体，除了要考虑其自身结构的稳定性外，还要考虑这个物体相对于支承面（如地面）的稳定性。

如图6-3所示，放在地面上的两个物体，左边物体的稳定性比右边物体的稳定性高。为什么呢？左边物体与地面的接触面积比右边物体与地面的接触面积大，而且左边物体下部的重量比它上部的重量大，而右边物体下部的重量比它上部的重量小。

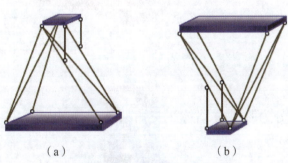

(a)　　　　　　(b)

图6-3 物体的稳定性

(a) 物体的稳定性高；(b) 物体的稳定性差

物体相对于支承面的稳定性原则如下。

（1）物体与支承面（如地面）的接触面积越大，物体越稳定。

（2）物体自身重心越低，物体越稳定。

（3）通过物体重心作竖直向下的直线与支承面（如地面）相交，如果交点在物体与支承面的接触部位以内，则物体稳定或较稳定，否则物体不稳定。

例如图 6-4 中的 3 个物体分别为稳定 [图 6-4（a）]、较稳定 [图 6-4（b）] 和不稳定 [图 6-4（c）]。

图 6-4 物体的稳定性比较

（a）稳定；（b）较稳定；（c）不稳定

图 6-4 中，蓝色物体为支承面，红色箭头线为褐色物体重心作用线的位置，褐色物体压在蓝色物体上的部位称为物体与支承面的接触部位。

6.2 动手制作

【制作项目】挂物架（图 6-5）。

图 6-5 挂物架

1. 结构分析

挂物架固定在墙壁上，分为基础、墙体、三角架三部分，如图 6-6 所示。

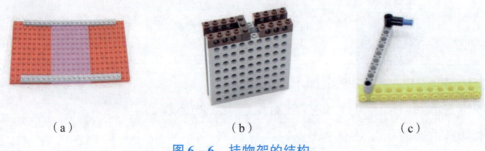

图 6-6 挂物架的结构

（a）基础；（b）墙体；（c）三角架

2. 所需器材

所需器材如图 6-7 所示。

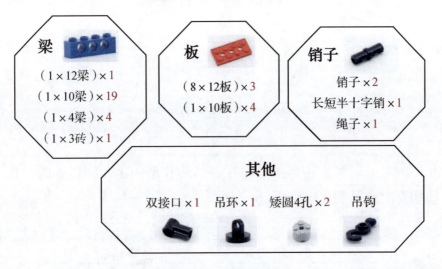

图 6-7 所需器材

3. 分步制作

1）基础制作

用 1×10 板、8×12 板做墙体的基础，如图 6-8 所示。

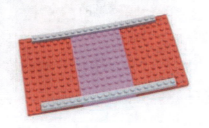

图 6-8 基础制作

2）墙壁制作

墙壁由双层梁组成，含"空斗"共 3 层。用 1×4 梁、1×10 梁做挂物架的墙壁，如图 6-9 所示。

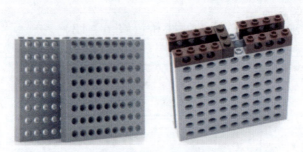

图 6-9 墙壁制作

3）三角架制作

用 1×12 梁、9 孔厚连杆、双接口和长短半十字销、销子做挂物架的三角架部分，如图 6-10 所示。

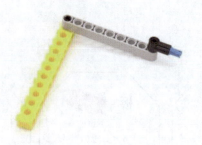

图 6-10　三角架制作

4. 组装

将搭建好的几部分组装起来。用绳子、吊环、吊钩和矮圆 4 孔制作挂物（图 6-11）。把物体挂在挂物架上，挂物架就全部制作完毕了。

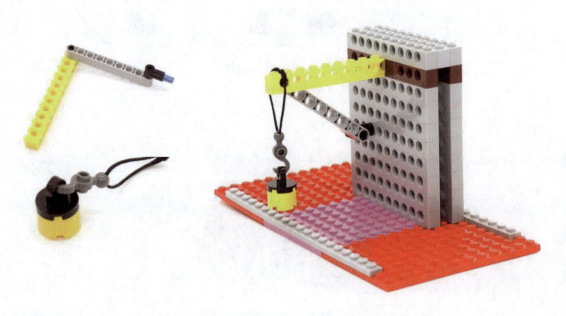

图 6-11　组装

6.3　创意拓展

【拓展项目】用两个三角形结构搭建一座小桥（图 6-12）。

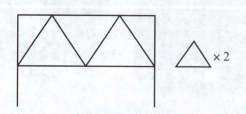

图 6-12　用三角形搭建小桥

（1）制作桥的三角形，如图 6-13 所示。

· 44 ·

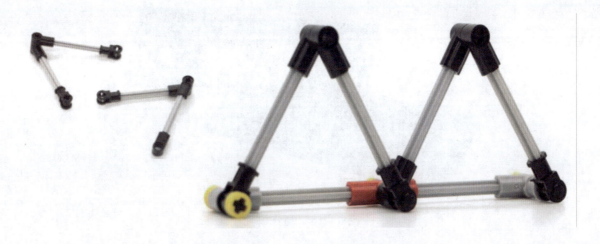

图 6－13　制作桥的三角形

（2）制作桥墩，如图 6－14 所示。

图 6－14　制作桥墩

（3）组装桥墩与三角架，如图 6－15 所示。

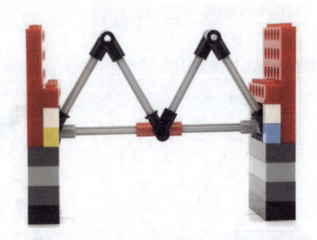

图 6－15　组装桥墩与三角架

（4）制作桥面，如图 6－16 所示。

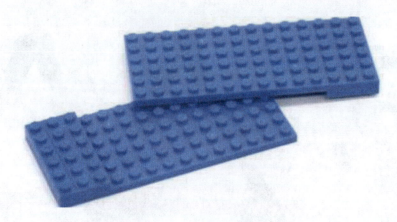

图 6-16 制作桥面

（5）组装，如图 6-17 所示。

 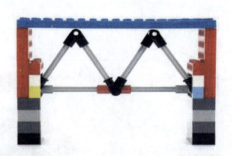

图 6-17 组装

课后思考

1. 三角形结构是什么结构？想一想你看到过哪些含有三角形结构的物体。
2. 将下面对三角形结构稳定性的表述补充完整。
   三角形结构中的_____边既不能_____，也不能_____。
3. 想一想图 6-18 中红色斜杆的作用是什么。

图 6-18 第 3 题图

第 7 课

机关枪

7.1 三角形结构的应用

机关枪是战场上杀伤敌人的有力武器（图 7-1）。

图 7-1 机关枪

实际中，很多武器都有三角形结构的支架（图7-2）。

(a)

(b)

图7-2 带三角形结构支架的武器

(a) 迫击炮；(b) 自动榴弹发射器

7.2 动手制作

【制作项目】机关枪（图7-3）。

图7-3 机关枪

1. 结构分析

机关枪由枪管、脚架、枪身、握把四部分组成，如图7-4所示。

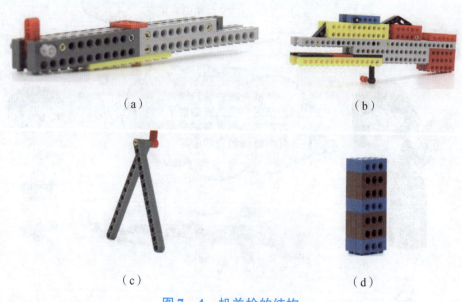

图7-4 机关枪的结构

(a) 枪管；(b) 枪身；(c) 脚架；(d) 握把

· 48 ·

2. 所需器材

所需器材如图 7-5 所示。

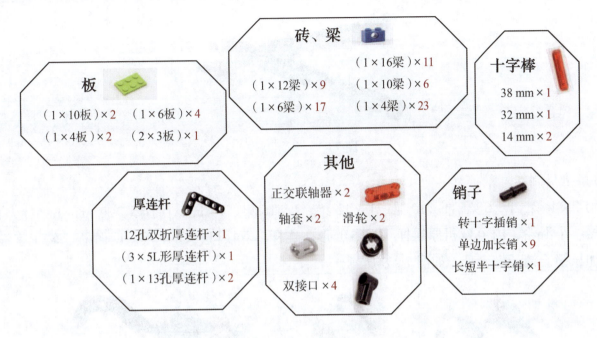

图 7-5 所需器材

3. 分步制作

1）枪管制作

用 1×10 梁、1×12 梁、1×16 梁、2×3 板、双接口、单边加长销、正交联轴器、32 mm 十字棒、1×10 板、轴套做枪管，如图 7-6 所示。

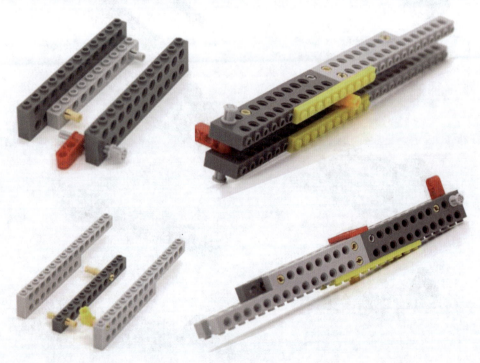

图 7-6 枪管制作

2）脚架制作

用 1×13 孔厚连杆、双接口、单边加长销、14 mm 十字棒做脚架，如图 7-7 所示。

图 7-7　脚架制作

3）枪身制作

用 1×4 梁、1×6 梁、1×10 梁、1×12 梁、1×16 梁、14 mm 十字棒、32 mm 十字棒、正交联轴器、小滑轮、12 孔双折厚连杆、3×5 L 形厚连杆、双接口、1×4 板、1×6 板、转十字插销、单边加长销、销子做枪身，如图 7-8 所示。

图 7-8　枪身制作

图 7-8 枪身制作（续）

4）握把制作

用 1×4 梁做握把，如图 7-9 所示。

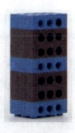

图 7-9 握把制作

4. 组装

将枪管、脚架、枪身、握把四部分组装起来，机关枪就搭建完毕了。

7.3 创意拓展

【拓展项目】将机关枪的脚架改造为枪身可以水平转动的结构。

（1）搭建脚架部分，如图 7-10 所示。

图 7-10 搭建脚架部分

（2）按照 7.2 节中的机关枪搭建方法搭建其余部分。

课后思考

1. 下面不是三角形结构图形的是（　　）。

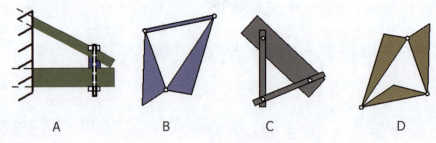

A　　　　B　　　　C　　　　D

2. 想一想（图 7-11）。

图 7-11　第 2 题图

第8课 小秋千

8.1 动能与势能

荡秋千是一种传统的体育运动（图8-1）。

图8-1 荡秋千

小朋友坐在秋千上怎么才能荡起来呢？首先要自己或别人帮助，把吊绳摆动到"1"的位置，再回落到"2"的位置，然后上升到"3"位置，这样反复下去，如图8-2所示。

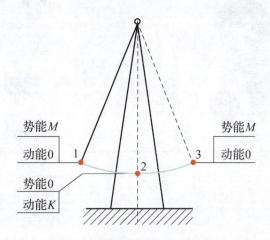

图8-2 秋千吊绳摆动示意

能够使秋千反复荡来荡去的这种力量称作能量。物体相对某一位置来说处于高处时具有势能；物体运动时具有动能。动能和势能可以相互转化，把这种现象叫作能量转化，它们的和叫作机械能。

如图8-2所示，吊绳在位置"1"时相对于位置"2"具有势能 M，动能为0；吊绳摆动到位置"2"时势能为0，动能为 K，势能转化为动能；位置"2"处的动能再转化为势能到达位置"3"。

一个物体并不会无缘无故地产生能量。比如人站在秋千上如果不动，秋千永远不会荡起来。又如将手里的皮球扔到地上，皮球弹跳几下就静止在地面上了。因此，要使一个物体运动就要从外部给这个物体施加一定的能量。

8.2 动手制作

【制作项目】小秋千（图8-3）。

图 8-3 小秋千

1. 结构分析

小秋千共分支架、横梁、吊板三部分，如图 8-4 所示。

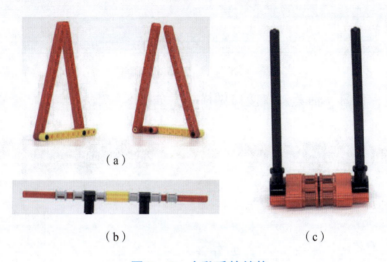

（a）

（b）　　　　　　　　　　（c）

图 8-4 小秋千的结构

（a）支架；（b）横梁；（c）吊板

2. 所需器材

所需器材如图 8-5 所示。

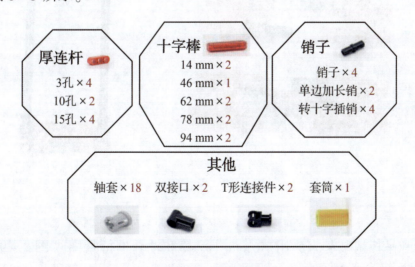

厚连杆
3孔×4
10孔×2
15孔×4

十字棒
14 mm×2
46 mm×1
62 mm×2
78 mm×2
94 mm×2

销子
销子×4
单边加长销×2
转十字插销×4

其他
轴套×18　双接口×2　T形连接件×2　套筒×1

图 8-5 所需器材

3. 分步制作

1）支架制作

用3孔厚连杆、10孔厚连杆、15孔厚连杆、销子、单边加长销做小秋千支架，如图8－6所示。

图8－6　支架制作

2）横梁制作

用62 mm十字棒、套筒、轴套、双接口做横梁，如图8－7所示。

图8－7　横梁制作

3）吊板制作

用14 mm十字棒、46 mm十字棒、94 mm十字棒、3孔厚连杆、转十字插销、T形连接件做吊板，如图8－8所示。

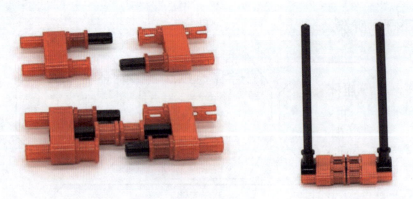

图8－8　吊板制作

4. 组装

将支架、横梁和吊板组装起来，用78 mm十字棒和轴套进行紧固（图8－9）。这样，小秋千就搭建完毕。试一试，看它是否坚固。

图 8-9 组装

8.3 创意拓展

【拓展项目】制作一个篮球架,确保它的稳定性。

(1) 制作底板,如图 8-10 所示。

(2) 制作篮板及篮框,如图 8-11 所示。

图 8-10 制作底板

图 8-11 制作篮板及篮框

(3) 制作支撑架,如图 8-12 所示。

图 8-12 制作支撑架

（4）组装，如图8-13所示。

图8-13 组装

课后思考

1. 静止不动的物体有没有动能？
2. 竖直向上抛一个物体后物体总会落下来，物体在什么时候势能最大？
3. 增加一根积木梁，将图8-14所示的物体变成稳定结构。

图8-14 第3题图

第 9 课

平行尺

9.1 四边形结构

由 4 条线段首尾相连组成的封闭图形叫作四边形（图 9–1），由四边形组成的结构叫作四边形结构。四边形结构具有不稳定性。

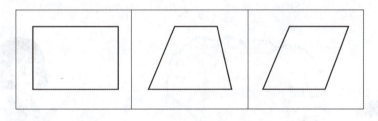

图 9–1 四边形

生活中许多物体的基本结构形式都是四边形（图 9–2）。

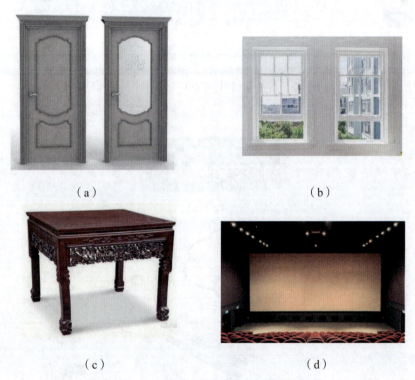

图 9–2 生活中四边形结构的物体
（a）门；（b）窗；（c）方桌；（d）电影院中的银幕

小课堂

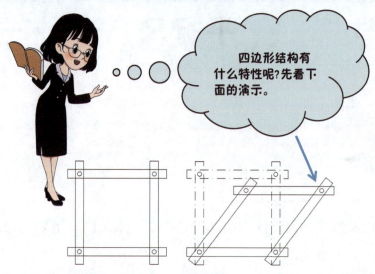

用力去压铰接的四边形结构的时候，原来的结构便产生了变形。

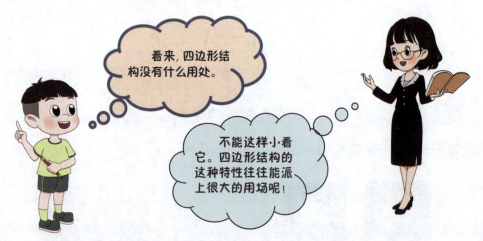

平行尺就是利用四边形结构的不稳定性设计出来的。用平行尺画出的每一条线，都是相互平行的。

平行尺

9.2 动手制作

【制作项目】平行尺（图9-3）。

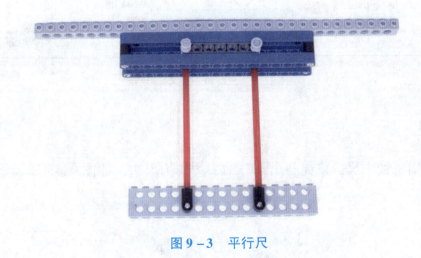

图9-3 平行尺

1. 结构分析

平行尺由主尺、滑杆和滑槽三部分组成，如图9-4所示。

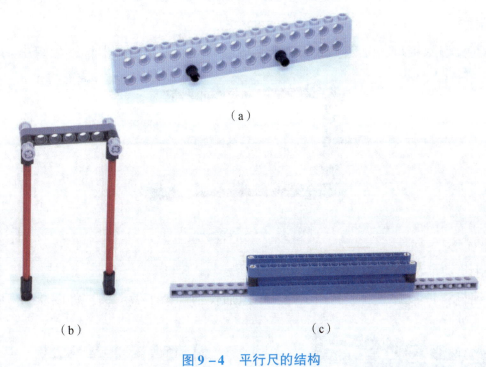

图9-4 平行尺的结构
(a) 主尺；(b) 滑杆；(c) 滑槽

2. 所需器材

所需器材如图9-5所示。

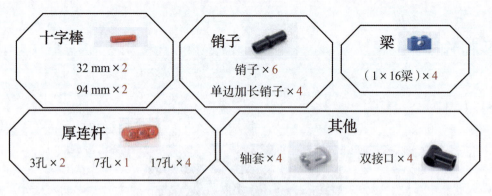

图 9-5 所需器材

3. 分步制作

1) 主尺制作

用 1×16 梁、销子做主尺，将无凸出部分的一边作为尺边，如图 9-6 所示。

图 9-6 主尺制作

2) 滑杆制作

用 7 孔厚连杆、双接口、轴套、32 mm 十字棒、94 mm 十字棒做滑杆，如图 9-7 所示。

图 9-7 滑杆制作

3) 滑槽制作

用 3 孔厚连杆、17 孔厚连杆、1×16 梁、单边加长销、销子做滑槽，如图 9-8 所示。

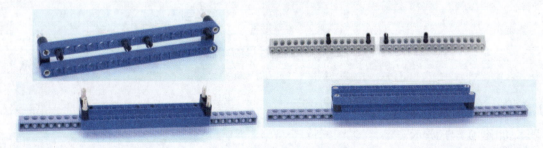

图 9-8 滑槽制作

4. 组装

将以上各部分组装在一起（图9-9），平行尺即制作完成。

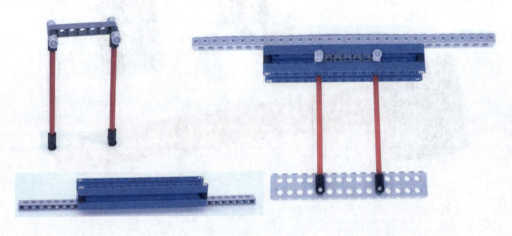

图 9-9　组装

5. 量一量

用制作的平行尺画出 2 条平行线，任意选几处量一量它们之间的距离是否相等，如图 9-10 所示。

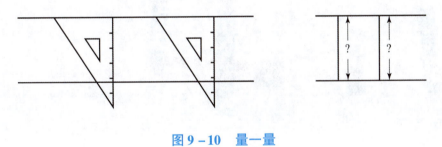

图 9-10　量一量

9.3　创意拓展

【拓展项目】用制作平行尺的方法制作一个缩放尺（图 9-11）。

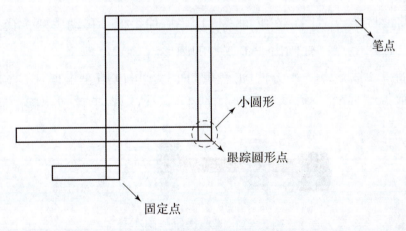

图 9-11　缩放尺

(1) 制作手柄，如图 9-12 所示。

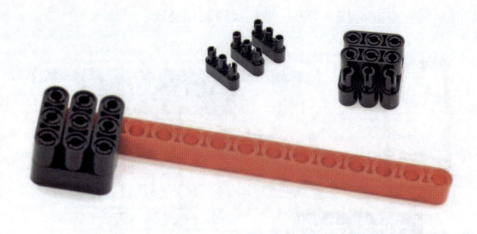

图 9-12　制作手柄

(2) 制作主尺并组装，如图 9-13 所示。

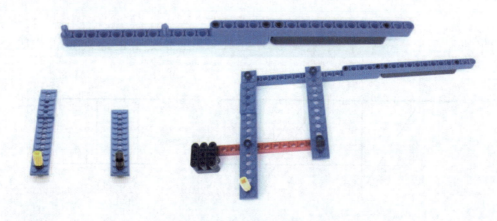

图 9-13　制作主尺并组装

(3) 放大图形。

根据缩放尺示意图（图 9-11），先画一个小圆形，在"笔点"处插上一节削好的铅笔或其他可替代的画笔，在"跟踪圆形点"处用连接两根连杆的销子作为跟踪点，让销子沿着小圆形运动。

操作方法一：将"固定点"固定在纸面上，用手握住手柄，移动手柄，让"跟踪圆形点"沿着小圆形运动，就会在"笔点"处画出一个放大的圆形。

操作方法二：如果"固定点"不方便固定在纸面上，可以用左手握住"固定点"处的销子，右手握住"跟踪圆形点"处的"双接口"积木（图 9-14），右手移动"跟踪圆形点"。

图 9-14　"双接口"积木

课后思考

1. 四边形的特性是什么？
2. 数一数缩放尺结构中四边形两组对边积木的孔数，看看它们有什么特点。
3. 只用1根连杆和长短销子，将图9-15所示的四边形结构变成稳定结构，不能破坏四边形的内部空间。

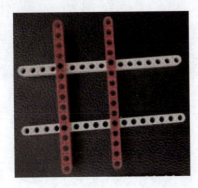

图9-15　第3题图

第 10 课

小猫钓鱼

10.1 四边形结构的应用

小猫很喜欢吃鱼，于是它开动脑筋自己设计了一个钓鱼器，只要一推一拉就可以在河边钓鱼了（图10-1）。

图 10-1 小猫钓鱼

想一想，小猫是怎样利用四边形结构制作钓鱼器的？

10.2 动手制作

【制作项目】钓鱼器（图10-2）。

1. 结构分析

钓鱼器分为钓竿、钓架、钓台三部分，如图10-3所示。

2. 所需器材

所需器材如图10-4所示。

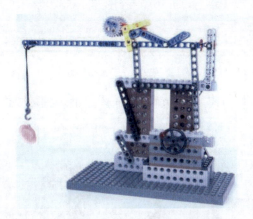

图 10-2 钓鱼器

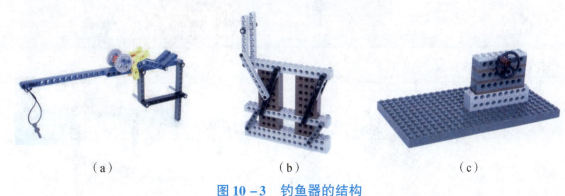

(a)   (b)   (c)

图 10-3 钓鱼器的结构

(a) 钓竿；(b) 钓架；(c) 钓台

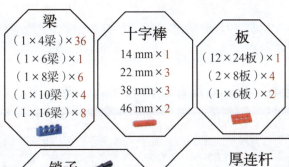

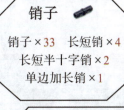
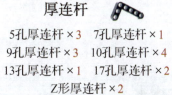
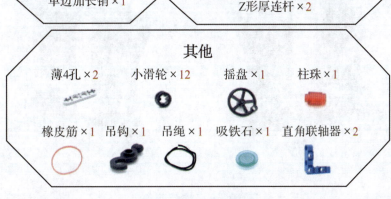

图 10-4 所需器材

3. 分步制作

1）钓竿制作

用 7 孔厚连杆、10 孔厚连杆、13 孔厚连杆、24 齿齿轮、吊钩、17 孔厚连杆、Z 形厚连杆、直角联轴器、1×6 梁、22 mm 十字棒、38 mm 十字棒、长短半十字销、长短销、单边加长销、小滑轮做钓竿，如图 10－5 所示。

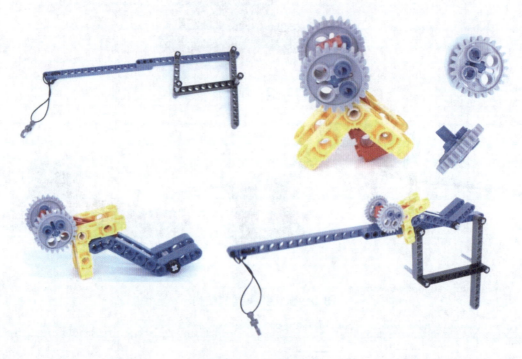

图 10－5　钓竿制作

2）钓架制作

用 1×4 梁、1×16 梁、5 孔厚连杆、9 孔厚连杆、10 孔厚连杆做钓架，如图 10－6 所示。

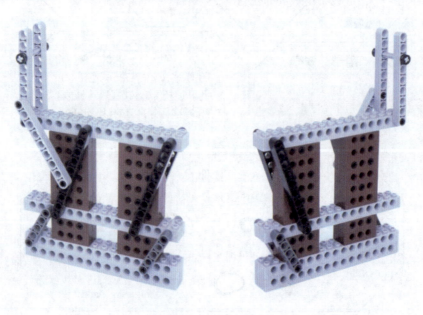

图 10－6　钓架制作

3）钓台制作

用 1×8 梁、1×10 梁、2×8 板、12×24 板、薄 4 孔、凸轮、14 mm 十字棒、46mm 十字棒、小滑轮、柱珠、摇盘、销子做钓台，如图 10-7 所示。

图 10-7 钓台制作

4．组装

将做好的几部分组装起来，在钓竿与钓架之间加装橡皮筋，小猫的钓鱼器就做好了，如图 10-8 所示。

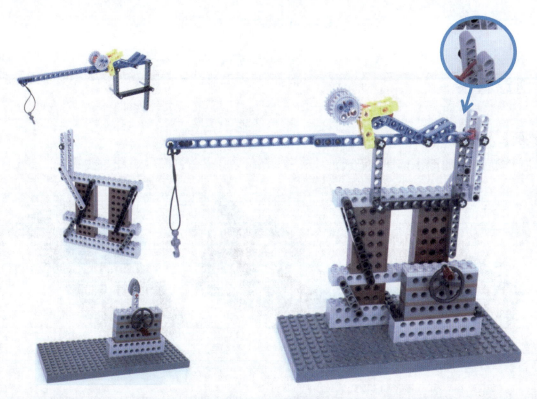

图 10-8 组装

5. 垂钓

将吊钩用一小型金属物系于吊绳上,"小鱼"用一小型吸铁石替代。用手摇动转盘,将钓竿伸出去,收回来。

(1) 让吊钩伸出去够着"小鱼",如图 10-9 所示。

图 10-9　够"小鱼"

(2) 摇动手柄,让吊钩伸出去将小鱼钓上来,如图 10-10 所示。

图 10-10　钓"小鱼"

10.3　创意拓展

【拓展项目】俏皮的变形猫。

(1) 制作底座,如图 10-11 所示。

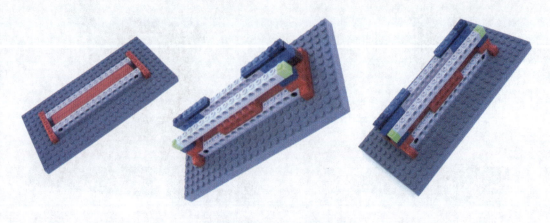

图 10-11　制作底座

(2) 制作小猫，如图10-12所示。

图10-12 制作小猫

(3) 组装，如图10-13所示。

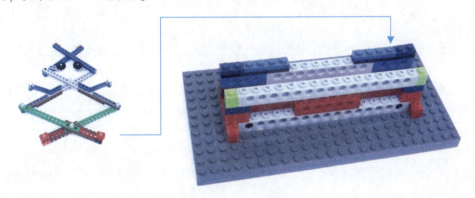

图10-13 组装

(4) 操作。
用手同时向内或向外滑动两个滑动栓，使小猫做伸缩变形运动，如图10-14所示。

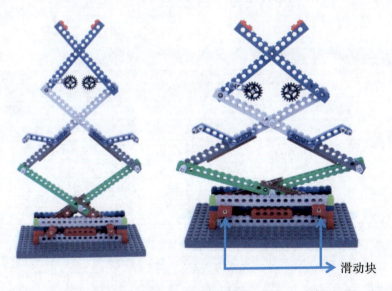

滑动块

图10-14 操作

· 71 ·

课后思考

想一想（图 10-15）。

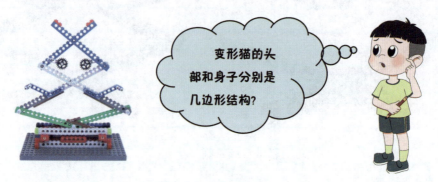

图 10-15 "课后思考"图

第 3 单元
重心

- 体验重力
- 物体的重心
- 偏心及其应用

第 11 课

投石器

11.1 体验重力

由于地球的吸引而使物体受到的力叫作重力。重力的方向总是竖直向下的。

将小石头抛向空中,由于地球的吸引力,它一会儿就会落到地面上。

在古代战场上,人们常常使用投石器远距离打击敌人。

 小课堂

投石器

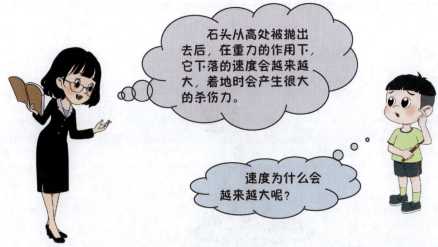

石头从高处被抛出去后,在重力的作用下,它下落的速度会越来越大,着地时会产生很大的杀伤力。

速度为什么会越来越大呢?

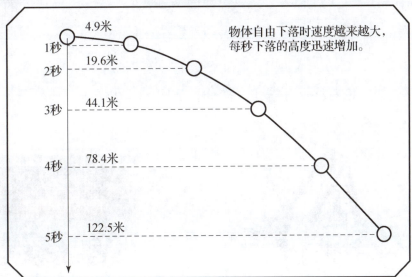

物体自由下落时速度越来越大,每秒下落的高度迅速增加。

1秒 4.9米
2秒 19.6米
3秒 44.1米
4秒 78.4米
5秒 122.5米

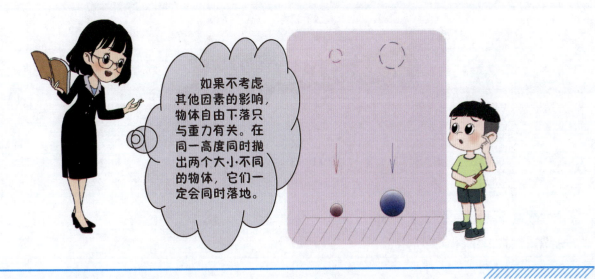

如果不考虑其他因素的影响,物体自由下落只与重力有关。在同一高度同时抛出两个大小不同的物体,它们一定会同时落地。

11.2 动手制作

【**制作项目**】投石器（图 11-1）。

图 11-1 投石器

1. 结构分析

投石器主要有支架、投石杆、装石斗三部分，如图 11-2 所示。

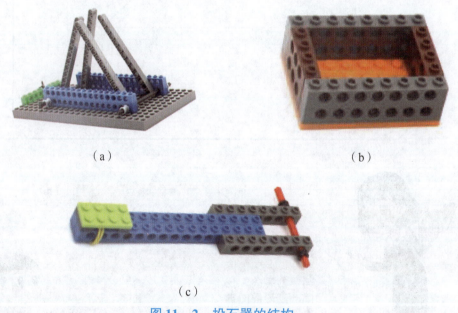

图 11-2 投石器的结构

(a) 支架；(b) 装石斗；(c) 投石杆

2. 所需器材

所需器材如图 11-3 所示。

3. 分步制作

1）支架制作

用 12×24 板、1×16 梁、13 孔厚连杆、销子做支架，如图 11-4 所示。

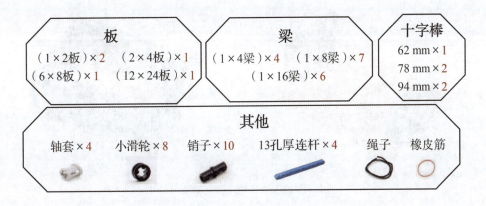

图 11-3 所需的器材

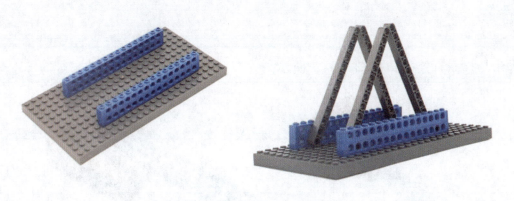

图 11-4 支架制作

2）投石杆制作

用 1×16 梁、1×8 梁、2×4 板、1×2 板、62 mm 十字棒、销子、橡皮筋、小滑轮做投石杆，如图 11-5 所示。

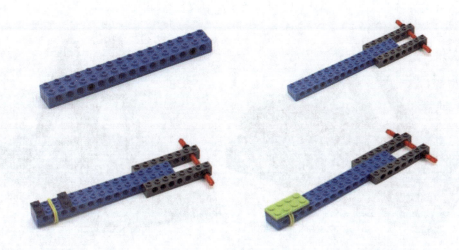

图 11-5 投石杆制作

3）装石斗制作

用 6×8 板、1×4 梁、1×8 梁做装石斗，如图 11-6 所示。

图 11 -6　装石斗制作

11.3　组装

将装石斗与投石杆连接，如图 11 -7 所示。

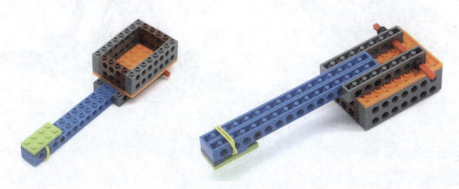

图 11 -7　组装（1）

将绳子的一端系在 1×8 梁上，并固定在 12×24 板上，如图 11 -8 所示。

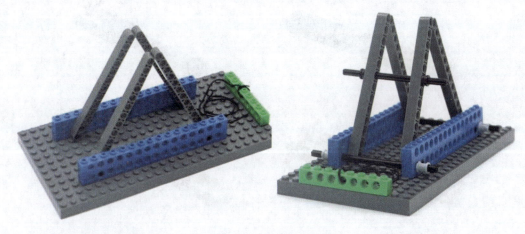

图 11 -8　组装（2）

用 78 mm 十字棒、小滑轮将装石斗、投石杆与支架连接；再将投石杆上的橡皮筋与支架连接起来。这样，投石器就搭建完成了，如图 11 -9 所示。

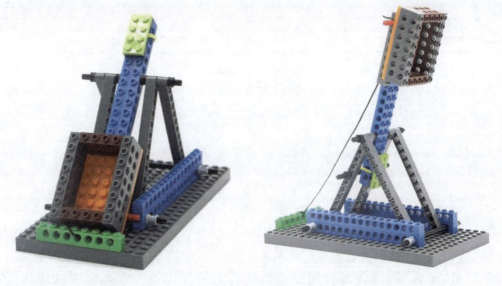

图 11-9 组装（3）

11.4 创意拓展

【拓展项目】谁先落地。

（1）将制作的投石器装上"石头"，向前抛出，观察"石头"下落的路线。

（2）将两个不同质量的"石头"在同一高度让它们自由下落，看看它们谁先落地。

课后思考

1. 重力是怎样产生的？它的方向指向哪里？
2. 我们周围有没有不具有重力的物体？
3. 想一想（图 11-10）。

图 11-10　第 3 题图

第 12 课

翻斗车

12.1 物体的重心

在力学上,"重心"指物体各部分所受重力的合力的作用点,它被视为该物体的总重量的集中点（图 12-1）。

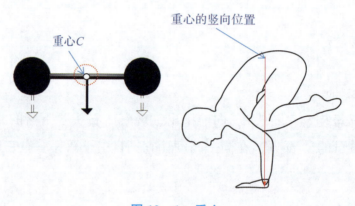

图 12-1 重心

> **小课堂**

用一根 7 孔积木梁横穿在水平放置的十字棒上。当十字棒穿在梁的正中间孔时，积木梁可以静止在任意位置；当十字棒穿在梁的中间以外的任何一孔时，积木梁会始终往下垂。

积木梁停在竖直面的任意位置　　　　积木梁始终下垂

为什么十字棒穿过积木梁中间的孔时，积木梁不自己转动，而穿在旁边的孔时，积木梁总是向下垂？

中间那个小圆孔所在的位置就是积木梁总重量的集中点，我们叫它物体的重心。十字棒通过了物体的重心，即使斜着也不会往下垂。

下面制作一个运载货物的小翻斗车，在翻斗的下方装上两个轮子，轻轻用力就能让翻斗自动翻转。

12.2　动手制作

【制作项目】翻斗车（图 12-2）。

图 12-2 翻斗车

1. 结构分析

翻斗车的结构分为车头、翻斗、前后轮、连接件四部分,如图 12-3 所示。

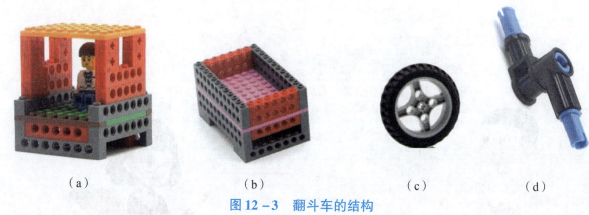

图 12-3 翻斗车的结构

(a) 车头;(b) 翻斗;(c) 前后轮;(d) 连接件

2. 所需器材

所需器材如图 12-4 所示。

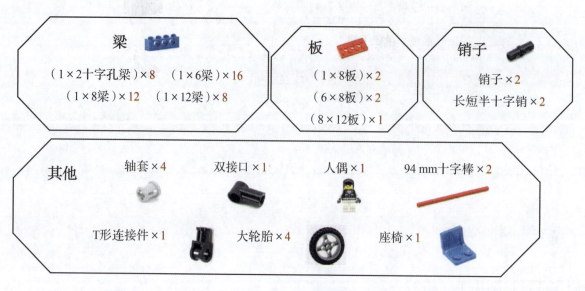

图 12-4 所需器材

3. 分步制作

1）车头制作

用 1×2 十字孔梁、1×6 梁、1×8 梁、1×8 板、6×8 板、销子、人偶及座椅做车头，如图 12-5 所示。

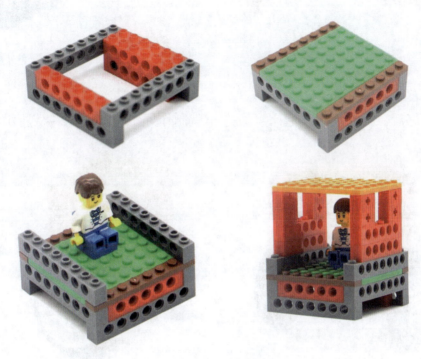

图 12-5　车头制作

2）翻斗制作

用 1×6 梁、1×8 梁、1×12 梁、1×8 板、8×12 板、销子做翻斗，如图 12-6 所示。

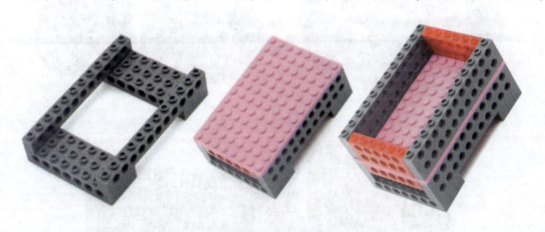

图 12-6　翻斗制作

3）前后轮制作

用 1×6 梁、94 mm 十字棒、轴套、大轮胎做前后轮，如图 12-7 所示。

4）连接件制作

用双接口、T 形连接件、长短半十字销做连接件，如图 12-8 所示。

图 12-7　前后轮制作　　　　　　　图 12-8　连接件制作

4. 组装

各部分都搭建好后,把它们组装起来,翻斗车就制作好了,如图 12-9 所示。

图 12-9　组装

12.3 创意拓展

【拓展项目】制作一台翻斗车,打开翻斗的锁扣装置后翻斗内的物体自动被倾倒出来。注意,将后轮轴安装在翻斗重心的竖向位置偏前一点的积木孔中。

(1) 制作车头,与12.2节相关部分相同。

(2) 制作翻斗,如图12-10所示。

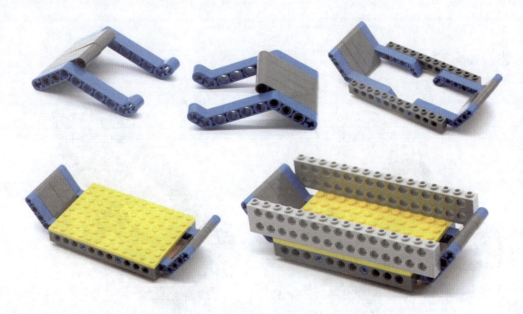

图12-10 制作翻斗

(3) 制作连接件及自动倾倒装置,如图12-11所示。

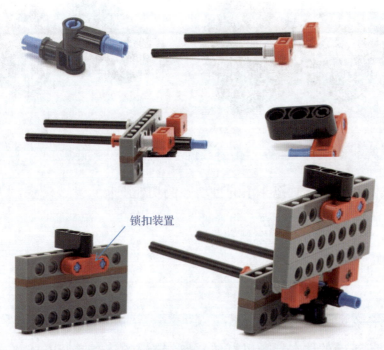

图12-11 制作连接件及自动倾倒装置

(4) 制作车轮,如图 12-13 所示。

图 12-12 制作车轮

(5) 组装,如图 12-13 所示。

锁扣装置

图 12-13 组装

(6) 打开自动倾倒装置,试试拖斗车的自动倾倒功能吧!

课后思考

1. 重心的含义是什么?
2. 下面的说法中,正确的请在括号里打"√",错误的请在括号里打"×"。
(1) 所有物体都有重心。(　　)

（2）物体的总重量的集中点一定在重心处。（　　）

（3）物体的重量越大，重心就越低。（　　）

（4）位于重心轴上的物体无论停在什么位置都不会发生自动旋转。（　　）

3. 想一想（图12-14）。

图12-14　第3题图

第 13 课

重心在哪儿

13.1 悬挂法找重心

质量分布均匀、形状规则的物体（简称"均匀规则物体"），它的重心在几何中心上。对于质量分布不均匀、形状不规则的物体（简称"不均匀规则物体"），可以用悬挂法确定它的重心。

不均匀规则物体的重心不一定在物体上。

小课堂

均匀规则物体的特点是质量均匀，即密度处处相同，形状具有一定的规则。例如：一块正方形的平板玻璃，每一处的材质密度相同，而且具有规则的形状（正方形），它是一个均匀规则的物体。

一辆自行车，其轮胎是橡胶的，车身是金属的，坐垫是皮革的，而且整个车体没有诸如矩形、梯形或圆形那样规则的形状，因此它不是一个均匀规则物体。

用悬挂法找出图 13-1 所示不均匀规则物体的重心。

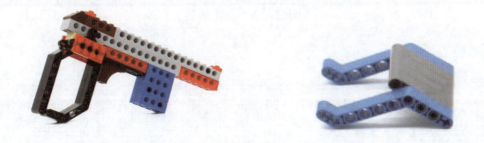

图 13-1　不均匀规则物体

13.2　动手制作

【制作项目】万向板（图 13-2）。

万向板可以绕水平转轴停止在任意位置。

图 13-2 万向板

1. 结构分析

万向板的结构分为支架、横轴、组合板三部分,如图 13-2 所示。

2. 所需器材

所需器材如图 13-3 所示。

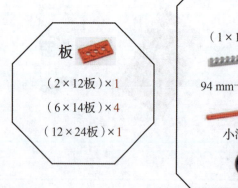
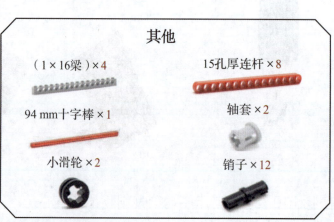

图 13-3 所需器材

3. 分步制作

1)支架与横轴制作

用 1×16 梁、15 孔厚连杆、12×24 板、94 mm 十字棒、销子、轴套做支架与横轴,如图 13-4 所示。

2)组合板

用 2×12 板、6×14 板做组合板,如图 13-5 所示。

4. 组装并验证重心位置

(1)用悬挂法找出组合板的重心位置,如图 13-6(a)所示。

(2)找出重心位置后,将横轴插在组合板上重心所在的积木孔内,将横轴两端插入支架顶部的孔,并用轴套固定,如图 13-6(b)所示。

轻轻加入组合板,看看它是否能停在任意位置。

图 13-4　支架与横轴制作

图 13-5　组合板制作

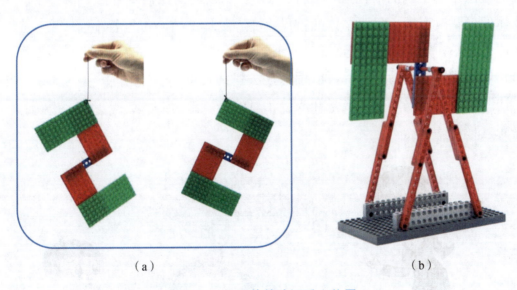

(a)　　　　　　　　　　　　(b)

图 13-6　组装并验证重心位置

13.3　创意拓展

分别将 4 块 2×6 板依次加万向板上，每次只能加 1 块，其中要 2 次不让物体自己转动（图 13-7）。

· 91 ·

图 13-7 "创意拓展"示例

图 13-7 只是示例，同学们可以任意选择不同的位置分别将 4 块板加上去。加上去的板为偶数时要保证重心位置不变。

课后思考

1. 分别举出质量分布均匀和质量分布不均匀的物体的例子。
2. 下面的说法中，正确的请在括号里打"√"，错误的请在括号里打"×"。
（1）物体的形状改变后，只要物体的重量不变，物体的重心位置就不会改变。（   ）
（2）物体的重心一定位于物体上。（   ）
（3）形状规则或不规则的物体都可以用悬挂法找到其重心。（   ）
（4）人快跌倒时总是晃动身体或张开双臂，目的是调整重心。（   ）。
3. 想一想（图 13-8）。

图 13-8　第 3 题图

第 14 课

多米诺骨牌

14.1 重心的应用

多米诺骨牌是一种游戏。许多骨牌相邻竖立，拼成一种图案，第一张骨牌倒下后全部骨牌相继倒下。

小课堂

14.2 动手制作

【制作项目】大宝塔（图 14-1）。

古人建造了很多高塔，那时候没有钢筋水泥，所有塔式建筑的下层都被建得比较大，而上层被建得比较小。这种方式除了可以使塔式建筑结构美观外，还能起到降低塔式建筑的重心的作用。

图 14-1 大宝塔

1. 结构分析

大宝塔共由 3 层塔体及塔顶组成，如图 14-2 所示。

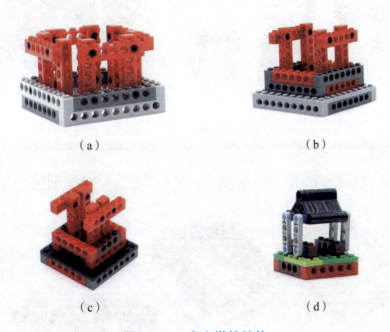

图 14-2 大宝塔的结构
(a) 第一层塔体；(b) 第二层塔体；(c) 第三层塔体；(d) 塔顶

2. 所需器材

所需器材如图 14-3 所示。

· 95 ·

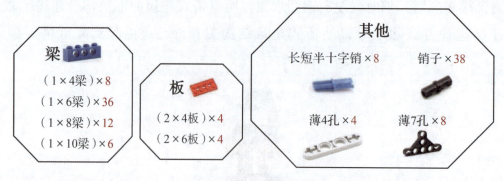

图 14-3 所需器材

3. 分步制作

1）第一层塔体制作

用 1×6 梁、1×8 梁、1×10 梁、销子做第一层塔体，如图 14-4 所示。

图 14-4 第一层塔体制作

2）第二层塔体制作

用 1×6 梁、1×8 梁、1×10 梁、2×6 板、销子做第二层塔体，如图 14-5 所示。

图 14-5 第二层塔体制作

3）第三层塔体制作

用1×4梁、1×6梁、1×8梁、2×6板、销子做第三层塔体，如图14-6所示。

图14-6　第三层塔体制作

4）塔顶制作

用1×4梁、1×6梁、2×4板、薄4孔、薄7孔、长短半十字销、销子做塔顶，如图14-7所示。

图14-7　塔顶制作

4. 组装

将搭建好的各部分组装起来,大宝塔就搭建完成了(图14-8)。

图14-8 组装

14.3 创意拓展

做一个两层的四方形宝塔,让它的重心位于第一层。

先做出宝塔的一面,再用悬挂法试着找它的重心,如果重心不在第一层,再加大第一层的面积或积木的数量,这样反复几次直到满足要求。实际制作时基本保持每面的尺寸与结构一致。

说明:悬挂法只是一个极其粗略的找重心位置的方法,目的是让同学们加深对物体重心的认识与了解。

(1)制作第一层,如图14-9所示。

图14-9 制作第一层

(2)制作第二层,如图14-10所示。

图 14-10 制作第二层

（3）制作塔顶，如图 14-11 所示。

图 14-11 制作塔顶

（4）组装，如图 14-12 所示。

图 14-12 组装

课后思考

1. 物体的重心位置与物体的稳定性有什么关系？
2. 拳击运动员在开始搏击前为什么总是叉开双腿，弓着身子？
3. 想一想（图 14-13）。

图 14-13　第 3 题图

第 15 课

振动器

15.1 偏心及其应用

一个物体转动时，如果它的转动轴没有在这个物体的重心位置，这根轴就叫作偏心轴，即它偏离了物体的重心，如图 15-1 所示。

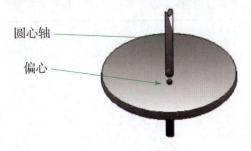

图 15-1 偏心轴

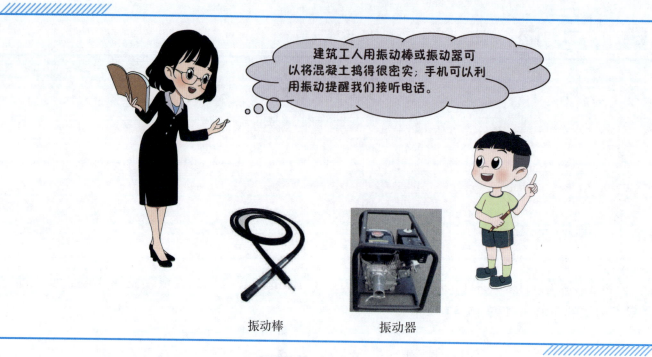

振动棒　　　　　振动器

15.2 动手制作

【制作项目】振动器（图15-2）。

图15-2 振动器

1. 结构分析

振动器分为偏心轴装置、电动机装置、振动板三部分，如图15-3所示。

(a)　　　　　　　　(b)　　　　　　　　(c)

图15-3 振动器的结构

(a) 偏心轴装置；(b) 电动机装置；(c) 振动板

2. 所需器材

所需器材如图 15-4 所示。

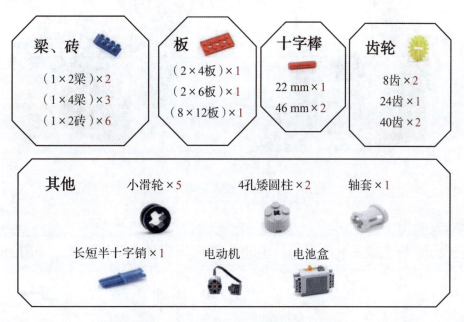

图 15-4 所需器件

3. 分步制作

1）偏心轴装置制作

用 1×2 梁、1×4 梁、1×2 砖、2×4 板、46 mm 十字棒、8 齿齿轮、24 齿齿轮、40 齿齿轮、4 孔矮圆柱、小滑轮、长短半十字销做偏心轴装置，如图 15-5 所示。

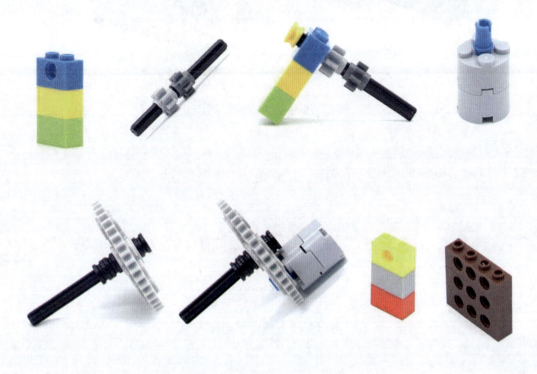

图 15-5 偏心轴装置制作

图 15-5 偏心轴装置制作（续）

2）电动机装置制作

用 1×2 砖、2×6 板、22 mm 十字棒、轴套、40 齿齿轮做电动机装置，如图 15-6 所示。

图 15-6 电动机装置制作

3）振动板制作

用 8×12 板做振动板，如图 15-7 所示。

图 15-7 振动板制作

4. 组装

将各部分组装起来，振动器就制作完毕了，如图 15-8 所示。

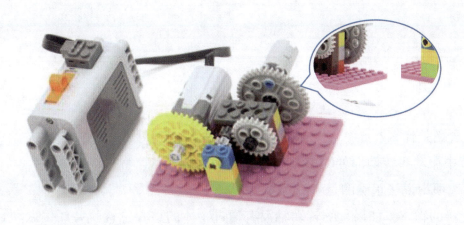

图 15-8　组装

15.3　创意拓展

【拓展项目】振动棒。

（1）制作棒体。

用两根长短不同的十字棒穿过 40 齿齿轮，其中长十字棒穿过齿轮的中心孔，短十字棒穿过齿轮上的任意一个侧孔，如图 15-9 所示。

图 15-9　制作棒体

（2）安装动力装置，如图 15-10 所示。

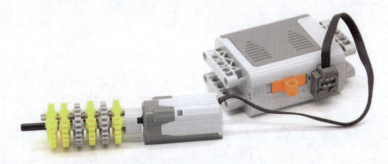

图 15-10　安装动力装置

课后思考

1. 偏心的含义是什么？
2. 15.3 节中振动棒转动部分的重心是否在转轴上？
3. 下面各选项中说法正确的是（　　）。

   A. 对于旋转的物体，如果它的转动轴没有通过物体的重心位置就会产生振动

   B. 所有形状不规则的物体，都可以把它的转动轴安装在重心位置

   C. 所有形状规则的物体，都可以把它的转动轴安装在重心位置

   D. 对于质量分布均匀的多米诺骨牌，每一张倒下的骨牌的重心都发生了变化
4. 想一想（图 15-11）。

图 15-11　第 4 题图

参考文献

[1] 中国电子学会普及工作委员会. 机器人基础技术教学 [M]. 北京：《电子制作》杂志社，2021.

[2] 中国电子学会，上海享渔教育科技有限公司. 智能硬件项目教程 [M]. 北京：航空航天大学出版社，2018.

机器人创意与编程

JIQIRENCHUANGYIYUBIANCHENG

共6册

机器人
创意与编程（一）

第2册　力与速度

谭立新　刘开新　著

北京理工大学出版社
BEIJING INSTITUTE OF TECHNOLOGY PRESS

内 容 提 要

本套教材体系上符合人工智能进入中小学编程教育的主要技术框架，内容上涵盖了机械结构、电子电路、Mixly 图形化编程、C 语言程序设计基础知识、Arduino C 代码编程、智能硬件应用、传感器应用、红外通信等方面的知识与实践。

本套教材内容尽量简化了文字语言，最大限度地使用图形语言，力求适应不同年龄段的小学生认识事物与理解事物的特点。

版权专有　侵权必究

图书在版编目（CIP）数据

机器人创意与编程. 一 共6册 / 谭立新，刘开新著. -- 北京：北京理工大学出版社，2024.5
ISBN 978 - 7 - 5763 - 3984 - 0

Ⅰ. ①机… Ⅱ. ①谭… ②刘… Ⅲ. ①机器人 - 程序设计 - 中小学 - 教材 Ⅳ. ①G634.931

中国国家版本馆 CIP 数据核字（2024）第 097364 号

责任编辑：钟　博	**文案编辑**：钟　博	**插画设计**：苏玲子
责任校对：周瑞红	**责任印制**：施胜娟	

出版发行 / 北京理工大学出版社有限责任公司
社　　址 / 北京市丰台区四合庄路 6 号
邮　　编 / 100070
电　　话 / (010) 68914026（教材售后服务热线）
　　　　　　(010) 68944437（课件资源服务热线）
网　　址 / http://www.bitpress.com.cn

版 印 次 / 2024 年 5 月第 1 版第 1 次印刷
印　　刷 / 河北盛世彩捷印刷有限公司
开　　本 / 889 mm × 1194 mm　1/16
印　　张 / 56.25
字　　数 / 1160 千字
总 定 价 / 468.00 元（共 6 册）

图书出现印装质量问题，请拨打售后服务热线，负责调换

前　言

机器人是一个融合机械、电子、计算机、智能控制、互联网、通信、人工智能等诸多技术的综合体，对未来学科启蒙意义重大。随着国家教育体制改革的不断深化，中小学开设以机器人为载体的新一代信息科技课程越来越受到高度重视。

众所周知，机器人技术中的任何一门学科都应该是中专及以上院校开设的课程，对于中小学生特别是小学生来说有什么意义呢？这就好比汉语言文学专业，它是我国大学史上最早开设的专业之一，可是从来没有哪一位学生是在考入大学的这一专业后才开始学习说话和写字的；也没有哪一位学生是在牙牙学语时便学习音韵、语法和修辞课程的。

本套《机器人创意与编程》教材立足于既要解决像汉语言文学专业的学生不需要从零开始学习"说话"和"写字"的问题，又尽量处理好像婴儿在牙牙学语时的"语法"与"修辞"的难题。

本套教材依据中国电子学会推出的《全国青少年机器人技术等级考试标准》，对课程体系的组织与安排充分注重教学内容的系统性、教学阶段的差异性、教学形式的趣味性和手脑并重的创意性。本套教材按照《全国青少年机器人技术等级考试标准》，体系上符合人工智能进入中小学编程教育的主要技术框架，内容上涵盖了机械结构、电子电路、软件编程、智能硬件应用、传感器应用、通信等方面的知识与实践。

本套教材共12册，适用对象为小学1~6年级的学生，其中9~12册也适合7~9年级学生学习。

1~4册，主要通过积木模型介绍机械结构方面的知识，对应1~2年级的学生及一、二级等级考试；

5~8册，主要介绍Mixly图形化编程、电子电路、智能硬件及传感器的应用等知识，对应3~4年级的学生及三级等级考试；

9~12册，主要介绍C语言代码编程、电子电路、智能硬件及传感器的应用、红外通信等知识，对应5~6年级的学生及四级等级考试。

每册教材原则上按单元划分教学内容，即每个单元具有相对独立的知识点。为了便于学生学习与记忆，1~4册每课的知识点在目录中用副标题标出；5~12册每课的标题除应用型项目外，原则上用所学知识点直接标出。

中小学生机器人技术课程开发是一个全新的领域。由于编者水平有限，不妥和疏漏之处在所难免，敬请广大读者提出宝贵的意见和建议。

编　者

目　　录

第1单元　机器人与科学家 ……………………………………………… 1

第1课　指南车 ……………………………………………………… 2
1.1　机器人的诞生与演变 ……………………………………… 2
1.2　动手制作 …………………………………………………… 4
1.3　创意拓展 …………………………………………………… 9

第2课　小跑车 ……………………………………………………… 13
2.1　机器人领域的科学家 ……………………………………… 13
2.2　动手制作 …………………………………………………… 14
2.3　创意拓展 …………………………………………………… 18

第2单元　力 ……………………………………………………………… 23

第3课　拖拉机 ……………………………………………………… 24
3.1　拉力 ………………………………………………………… 24
3.2　动手制作 …………………………………………………… 26
3.3　创意拓展 …………………………………………………… 31

第4课　推土机 ……………………………………………………… 33
4.1　压力 ………………………………………………………… 33
4.2　动手制作 …………………………………………………… 35
4.3　创意拓展 …………………………………………………… 39

第5课　直升机 ……………………………………………………… 43
5.1　升力（伯努利定理）……………………………………… 43
5.2　动手制作 …………………………………………………… 44
5.3　创意拓展 …………………………………………………… 49

第6课　滑梯 ………………………………………………………… 54
6.1　摩擦力 ……………………………………………………… 54
6.2　动手制作 …………………………………………………… 56
6.3　创意拓展 …………………………………………………… 60

第7课　后轮驱动车 ………………………………………………… 63
7.1　前轮驱动与后轮驱动 ……………………………………… 63
7.2　动手制作 …………………………………………………… 64
7.3　创意拓展 …………………………………………………… 67

第3单元 杠杆 ... 71

第8课 跷跷板 ... 72
- 8.1 杠杆原理五要素 ... 72
- 8.2 动手制作 ... 73
- 8.3 创意拓展 ... 76

第9课 大杆秤 ... 79
- 9.1 杠杆原理公式 ... 79
- 9.2 动手制作 ... 81
- 9.3 创意拓展 ... 85

第10课 压水井 ... 91
- 10.1 杠杆类型 ... 91
- 10.2 动手制作 ... 93
- 10.3 创意拓展 ... 97

第4单元 速度 ... 101

第11课 龟兔赛跑 ... 102
- 11.1 速度的定义 ... 102
- 11.2 动手制作 ... 103
- 11.3 创意拓展 ... 113

第12课 让物体飞起来 ... 117
- 12.1 圆周运动与转速 ... 117
- 12.2 动手制作 ... 119
- 12.3 创意拓展 ... 122

第13课 弯道行驶 ... 126
- 13.1 圆周运动与向心力 ... 126
- 13.2 动手制作 ... 128
- 13.3 创意拓展 ... 134

第14课 转碟 ... 137
- 14.1 趣味圆周运动 ... 137
- 14.2 动手制作 ... 138
- 14.3 创意拓展 ... 142

第15课 收割机 ... 146
- 15.1 速度设置 ... 146
- 15.2 动手制作 ... 147
- 15.3 创意拓展 ... 154

参考文献 ... 160

第1单元
机器人与科学家

- 机器人的诞生与演变
- 机器人领域的科学家
- 指南车

第 1 课

指南车

1.1 机器人的诞生与演变

"机器人"这一名称来自捷克剧作家卡尔·恰佩克(Karel Capek)在1921年创作的剧本《罗萨姆的万能机器人》(Rossum's Universal Robots)。

机器人的诞生、演变与发展并没有明显的时间节点,在不同时期人们对机器人的认识与定义也不尽相同。如果将人类历史早期的机械装置视为机器人,则机器人的历史至少可以追溯到公元前2700年前后我国的黄帝时代。人类历史上著名的机械装置如图1-1~图1-7所示。

图1-1 指南车 [《古今注》记载周公(公元前1043—前1021年)派指南车接越裳氏。现代科学家考证,指南车实际出现时间比该记载晚。图片来源:百度]

图1-2 记里鼓车 [由东汉时期天文学家、数学家、发明家张衡(78—139年)制造,每走一里①击鼓一次,每走十里敲钟一次。图片来源:百度]

---

① 1里=500米。

图1-3 千里船 [南北朝时期,数学家、天文学家、机械学家祖冲之(249—500年)设计制造了千里船。图片来源:百度]

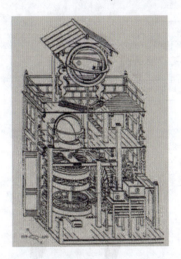

图1-4 水运仪象台 [北宋时期,苏颂(1020—1101年)等人于1088年制造的木结构水运仪象台,是当时世界上最先进的天文钟。图片来源:百度]

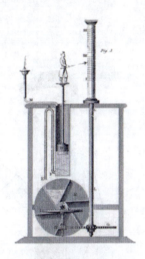

图1-5 漏壶 [公元270年左右,古希腊发明家特西比乌斯(Ctesibius)改进的漏壶,一种利用水流计量时间的计时器。图片来源:百度]

图1-6 机器鸭 [1737年,法国发明家雅克·沃康松(Jacques Vaucanson)制造的机器鸭,能扇动翅膀,发出叫声,并能摄入和消化食物。图片来源:百度]

图1-7 自动织机 [1801年法国丝绸织工兼发明家约瑟夫·雅卡尔(Joseph Jacquard)发明的自动织机。图片来源:百度]

随着人类社会的不断进步，从各种机械装置演变而来的机器人也在不断地改进和升华。

20世纪中期，人类社会进入近代机器人时代，在这一时期先后演进出三代机器人。第一代机器人：通过遥控操作机器人，不能离开人的控制独自运动；第二代机器人：按事先编好的程序对机器人进行控制，使其自动重复完成某种动作；第三代机器人：智能机器人，它是能自主行动并实现预定目标的高级机器人。

进入21世纪，全球机器人技术与产业发展进入新阶段。人工智能、仿生、柔性材料等技术被广泛应用于各类机器人，第三代机器人即智能机器人迎来了蓬勃发展期。

1.2　动手制作

【制作项目】指南车。

为了简化制作过程，省去指南车左转弯传动装置，但在组装时，左轮与右轮到中心轴（竖轴）的距离要相等，即均为63毫米（图1-8）。

1. 结构分析

指南车主要分为输入系统、输出系统和传动系统三部分，如图1-9所示。

图 1-8 指南车

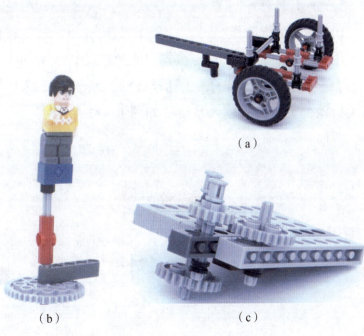

图 1-9 指南车的结构

(a) 输入系统；(b) 输出系统；(c) 传统系统

2. 所需器材

所需器材如图 1-10 所示。

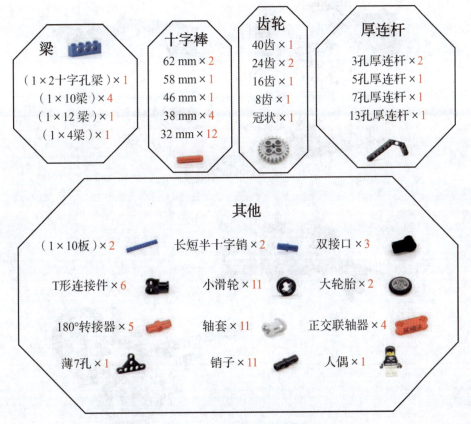

图 1-10 所需器材

3. 分步制作

1）输入系统制作

用正交联轴器、180°转接器、T形连接件、32 mm十字棒、58 mm十字棒、62 mm十字棒、7孔厚连杆、13孔厚连杆、3孔厚连杆、销子、长短半十字销、薄7孔、双接口、轴套、小滑轮、冠状齿轮、大轮胎做输入系统，如图1-11所示。

图1-11 输入系统制作

2）传动系统制作

用 1×10 梁、1×12 梁、1×4 梁、24 齿齿轮、16 齿齿轮、8 齿齿轮、32 mm 十字棒、38 mm 十字棒、46 mm 十字棒、1×10 板、轴套、小滑轮、销子做传动系统，如图 1-12 所示。

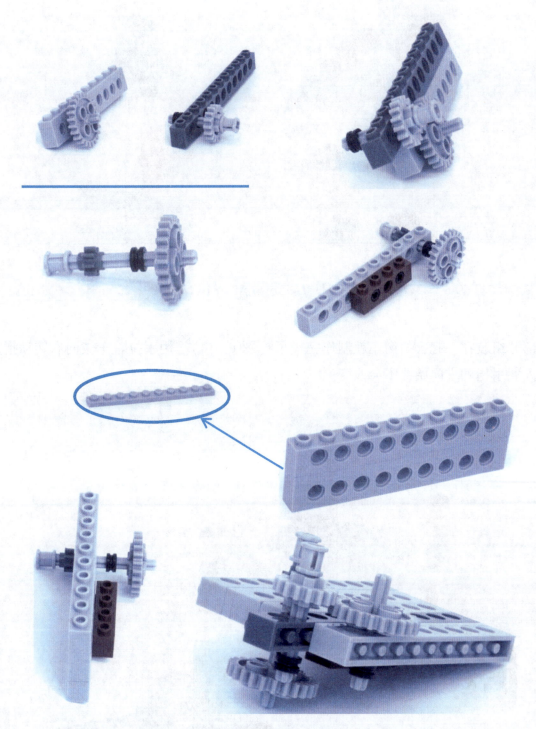

图 1-12 传动系统制作

3）输出系统制作

用 40 齿齿轮、5 孔厚连杆、38 mm 十字棒、32 mm 十字棒、180°转接器、1×2 十字孔梁、双接口、人偶、长短半十字销做输出系统，如图 1-13 所示。

图 1-13 输出系统制作

4. 组装

将各部分组装在一起，指南车就制作完毕了（图 1-14）。用手拉着车辕向右转动指南车，立在车上的人偶手指的方向始终不会改变。

图 1-14 组装

· 8 ·

1.3 创意拓展

【拓展项目】 利用差速器制作差动轮系指南车。

(1) 制作输入系统,如图1-15所示。

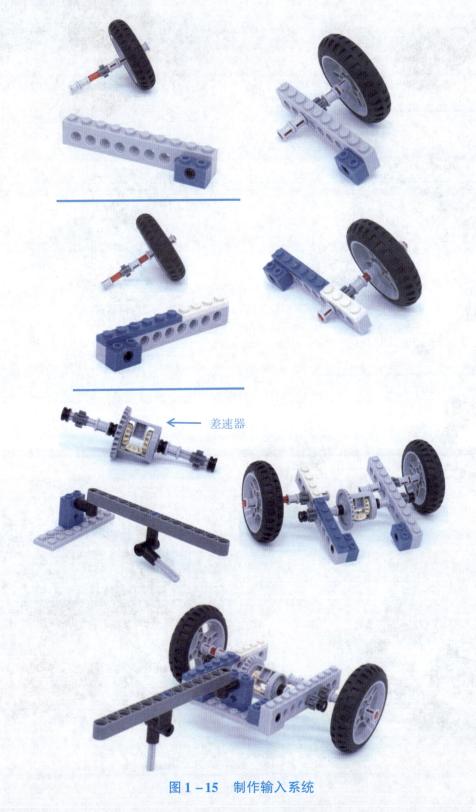

图1-15 制作输入系统

(2) 制作传动系统，如图 1-16 所示。

图 1-16　制作传动系统

(3) 制作输出系统,如图 1-17 所示。

图 1-17 制作输出系统

(4) 组装(注意:中轴到两个车轮中间的距离为 63 毫米),如图 1-18 所示。用手拉着车辕左转、右转、前进、后退,人偶手指的方向始终不会改变。

图 1-18 组装

课后思考

1. 近代机器人的发展有哪几个阶段？各阶段的特点是什么？
2. 诸葛亮发明了一种运送军粮的机器人，它叫作（　　）。

   A. 木牛流马　　　　　　　　　　B. 指南车

   C. 记里鼓车　　　　　　　　　　D. 千里船

3. 1969 年，提出"恐怖谷"理论的人是（　　）。

   A. 约瑟夫·英格伯格　　　　　　B. 乔治·德沃尔

   C. 阿西莫夫　　　　　　　　　　D. 森昌弘

4. 想一想（图 1-19）。

图 1-19　第 4 题图

第2课　小跑车

2.1　机器人领域的科学家

1966年，美国斯坦福国际研究所研制成功世界首台具有人工智能的移动机器人Shakey（谢克），拉开了第三代机器人研发的序幕（图2-1）。

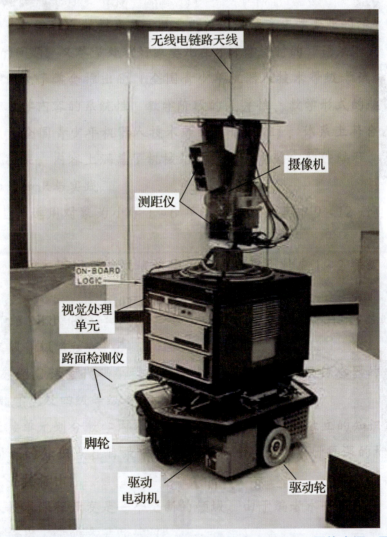

图2-1　世界首台具有人工智能的移动机器人Shakey（图片来源：百度）

Shakey 具有一定的人工智能，能够自主进行感知、环境建模、行为规划并执行任务，如寻找木箱并将木箱推到指定的位置。不过，由于当时条件的限制，控制 Shakey 的计算机有一个房间那么大。

近代以来，随着人类社会物质文明程度的不断提高，机器人领域的创新与发展也在不断地向前迈进，世界各国的科学家们为此做出了重大的贡献。戴沃尔、周海中等就是这些科学家中的重要人物。

2.2 动手制作

【制作项目】小跑车（图 2-2）。

图 2-2 小跑车

1. 结构分析

小跑车分为车体和动力装置两部分，如图 2-3 所示。

（a）　　　　　　　　　　（b）

图 2-3 小跑车的结构

（a）车体；（b）动力装置

2. 所需器材

所需器材如图 2-4 所示。

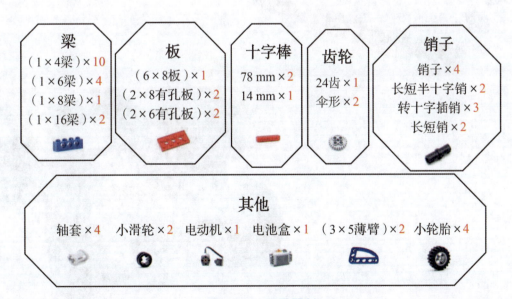

图 2-4 所需器材

3. 分步制作

1) 车体制作

用 2×6 有孔板、2×8 有孔板、6×8 板、1×4 梁、1×6 梁、1×16 梁、78 mm 十字棒、24 齿齿轮、长短半十字销、轴套、小滑轮、小轮胎做车体，如图 2-5 所示。

图 2-5 车体制作

2）动力装置制作

用 2×8 有孔板、伞形齿轮、电动机、电池盒、转十字插销、14 mm 十字棒做动力装置，如图 2-6 所示。

图 2-6　动力装置制作

3）组装

将两部分组装在一起，小跑车就制作完毕了（图 2-7）。

图 2-7　组装

2.3 创意拓展

【拓展项目】制作可以避障的小车，要求小车在遇到障碍物时向右转弯。

（1）制作车体及避障装置，如图2-8所示。

图2-8 制作车体及避障装置

图 2-8 制作车体及避障装置(续)

图 2-8 制作车体及避障装置（续）

（2）制作传动装置，如图2-9所示。

图 2-9　制作传动装置

（3）组装（图2-10）。

打开电源开关，让小车对着障碍（如墙壁）行驶，前面的两个触头（十字棒）碰到障碍后小车便自动转弯。

图 2-10　组装

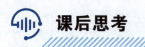
课后思考

1. 世界首台移动机器人 Shakey 的成功研发，拉开了（　　）机器人研发的序幕。
   A. 移动　　　　　　　　　　　　B. 人工智能
   C. 程序控制　　　　　　　　　　D. 工业
2. 1990 年发表的《论机器人》一文的作者是（　　）。
   A. 戴沃尔　　　　　　　　　　　B. 周海中
   C. 森弘昌　　　　　　　　　　　D. 艾萨克·阿西莫夫

第 2 单元
力

- 力的概念与分类
- 力的作用方式体验
- 前轮驱动与后轮驱动

第3课 拖拉机

3.1 拉力

力是物体对物体的作用。发生作用的两个物体,一个是施力物体,另一个是受力物体。"作用"包含生活中通常所说的"拉力""压力""升力""摩擦力""吸引力"等。

力是看不见的,为了方便起见,通常用一条带箭头的线段表示力,如图3-1所示。

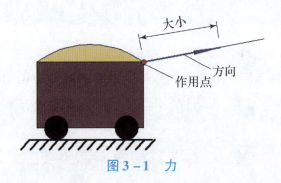

图3-1 力

物体的受力分析对我们来说还非常困难。虽然前面已经介绍了诸如重力等力,但是并没有进入力的分析阶段。为了适应机器人技术课程学习的需要,从现在开始,认识几种常见的力。

拉力:一个物体拉另一个物体时产生的力,如图3-2所示。

图3-2 拉力

图 3-2 拉力（续）

图 3-2 中的力 F_1 是拖拉机车头对车斗的拉力，它的大小和方向如带箭头的线段所示。

为什么拖拉机的车斗会跟着车头跑呢？原因在于车头拉动车斗的同时，车斗也在拉着车头"不放"。这说明车斗对车头也存在一个拉力 F_2，如图 3-3 所示。F_1 与 F_2 大小相等，方向相反。

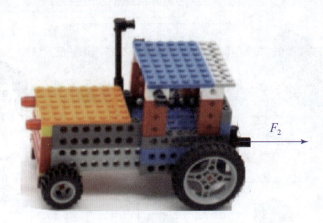

图 3-3 车斗对车头的拉力

假想在拖拉机开动的时候，将车头和车斗从挂扣处切开，这时施力物体（车头）和受力物体（车斗）之间存在一对大小相等、方向相反的力 F_1 和 F_2。

把车头对车斗施加的力 F_1 叫作拉力，如图 3-4 所示。

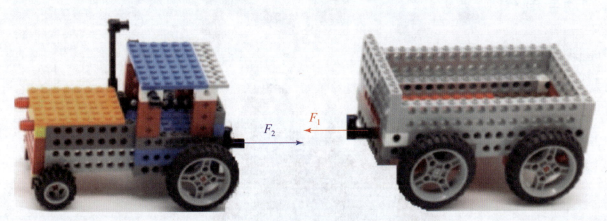

图 3-4 车头和车斗之间的力

小课堂

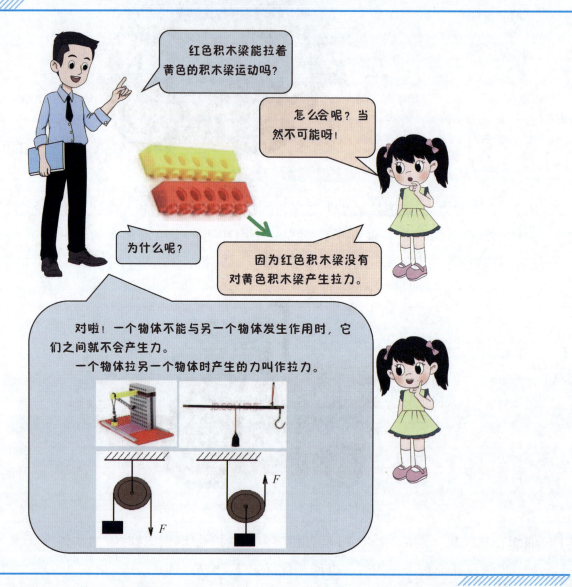

3.2 动手制作

【制作项目】拖拉机（图3-5）。

图3-5 拖拉机

1. 所需器材

所需器材如图 3-6 所示。

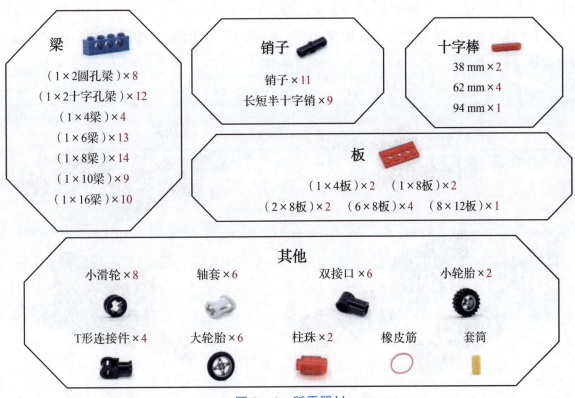

图 3-6 所需器材

2. 结构分析

拖拉机分为车头、车斗、前后车轮装置三部分，如图 3-7 所示。

图 3-7 拖拉机的结构

(a) 车头；(b) 车斗；(c) 前后轮装置

3. 分步制作

1) 车头制作

用 1×2 十字孔梁、1×2 圆孔梁、1×4 梁、1×6 梁、1×8 梁、1×10 梁、1×16 梁、1×8 板、2×8 板、6×8 板、柱珠、长短半十字销、销子、T形连接件、双接口、62 mm 十字棒做车头，如图 3-8 所示。

图 3-8　车头制作

图 3-8 车头制作（续）

2）车斗制作

用 1×2 十字孔梁、1×6 梁、1×8 梁、1×10 梁、1×16 梁、1×8 板、6×8 板、8×12 板、长短半十字销、销子做车斗，如图 3-9 所示。

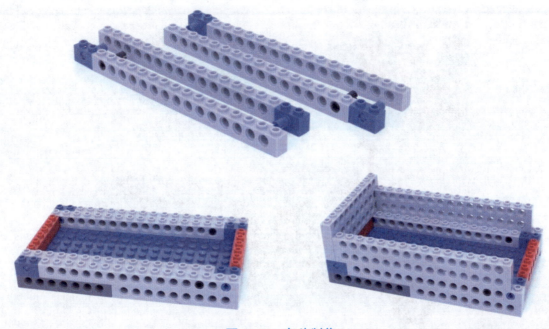

图 3-9 车斗制作

图 3-9　车斗制作（续）

3）前后车轮装置制作

用 1×4 梁、1×6 梁、1×4 板、38 mm 十字棒、62 mm 十字棒、94 mm 十字棒、小轮胎、大轮胎、套筒、轴套、小滑轮做前后车轮装置，如图 3-10 所示。

图 3-10　前后车轮装置制作

4. 组装

将搭建好的各部分组装起来，如图 3-11 所示。

图 3-11　组装

3.3 创意拓展

将拖拉机车斗的挂钩用橡皮筋代替,然后在车斗里装上"货物"(图3-12),并用手拉动车头,观察橡皮筋是否伸长。然后,将"货物"增加1倍,观察橡皮筋的长度是否有变化。

图3-12 用橡皮筋代替挂钩

课后思考

1. 力的含义是什么?
2. 填空。
(1) 发生作用的两个物体,一个是(　　)物体,另一个是(　　)物体。
(2) 力通常用一条(　　)线段表示。
(3) 一个物体拉另一个物体时产生的力叫作(　　)。
(4) 一个物体拉另一个物体时,另一个物体也在(　　)这个物体。
(5) 一个物体拉另一个物体时,它们之间存在一对大小(　　)、方向(　　)的力。
3. 一个被向上抛出的球因为重力竖直落下来(图3-13),那么与这个球发生作用的另一个物体是什么?

图 3-13　第 3 题图

第 4 课 推土机

4.1 压力

如果物体对物体的作用方式不同,那么产生的力的形式也会不同。例如,课桌与书本(图4-1)是两个不同的物体,它们之间相互作用的方式是什么呢?

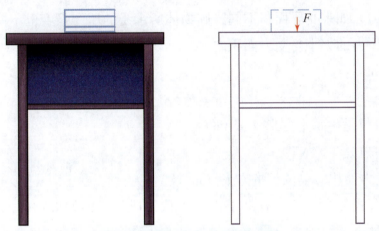

图 4-1 课桌与书本的相互作用

书压在桌面上,书的重力对桌面产生了一个力,把它叫作压力。

压力:由于物体对物体的相互挤压作用产生的力。与压力同时存在的另一种现象是压强。

用积木做一个小凳子,将小凳子放在海绵上并在小凳子加放重物(如电池盒),这时会发现小凳子的四条腿都陷进了海绵。再将小凳子翻过来,仍然将重物放在小凳子上,这时小凳子几乎没有陷下去(图4-2)。

图 4-2 压强现象

图 4-2 压强现象（续）

这是为什么呢？因为小凳子正着放时，它与海绵的接触面很小，压力集中在四条腿上；当小凳子反过来放时，压力分布在整个凳面上。

从图 4-2 可以看出，压力作用的效果除了压力本身的大小外，还与压力分布面积的大小有关，即对于相同的压力，如果受压面积不同，则物体所承受的压力强度也不同。

压强：物体所受压力的大小与受力面积之比。

压强的计算公式如下：

$$P = F \div S$$

其中　P——压强，单位是牛每平方米（或 Pa）；

F——压力，单位是牛（N）；

S——物体的受力面积，单位是平方米（m^2）。

现在只需要理解公式的含义，这有助于进一步认识压强，即如果物体所受的压力大小不变，则受压面积越大压强越小。

在现实生活中，根据不同应用的需要，有时候需要提高压强，有时候需要降低压强。履带车上履带的作用就是降低车轮对地面的压强（图 4-3）。

 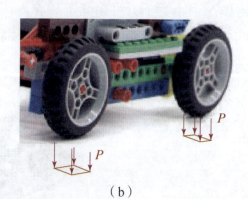

（a） （b）

图 4-3 履带和轮胎对地面的压强示意

(a) 履带对地面的压强示意；(b) 轮胎对地面的压强示意

4.2 动手制作

【制作项目】推土机（图4-4）。

图4-4 推土机

1. 结构分析

推土机由车体、推土铲、履带、动力装置四部分组成，如图4-5所示。

(a)   (b)

图4-5 推土机的结构

(a) 车体；(b) 推土铲

(c)

(d)

图 4-5 推土机的结构（续）

(c)履带；(d)动力装置

2. 所需器材

所需器材如图 4-6 所示。

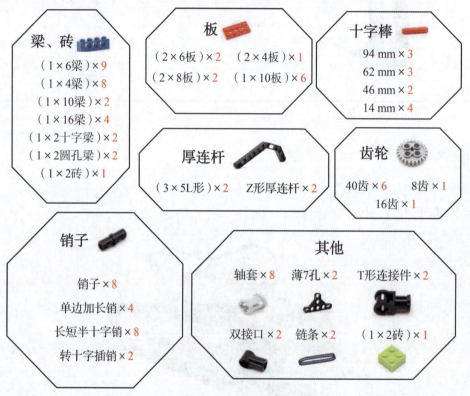

图 4-6 所需器材

3. 分步制作

1) 车体制作

用 1×4 梁、1×6 梁、1×16 梁、1×10 梁、1×2 砖、2×4 板、2×6 板、94 mm 十字棒、62 mm 十字棒、40 齿齿轮、8 齿齿轮、轴套、销子、转十字插销做车体，如图 4-7 所示。

图 4-7 车体制作

图 4-7 车体制作（续）

2）推土铲制作

用 1×6 梁、1×4 梁、3×5 L 形厚连杆、薄 7 孔、1×10 板、2×8 板、46 mm 十字棒、双接口、T 形连接件、销子、长短半十字销做推土铲，如图 4-8 所示。

图 4-8 推土铲制作

· 37 ·

图4-8 推土铲制作（续）

3）履带制作

用链条、40齿齿轮做履带，如图4-9所示。

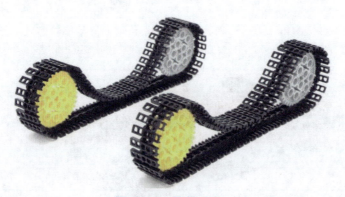

图4-9 履带制作

4）动力装置制作

用电动机、电池盒、14 mm十字棒、单边加长销、16齿齿轮做动力装置，如图4-10所示。

图4-10 动力装置制作

4. 组装

将各组成部分组装在一起，如图4-11所示。

图 4-11 组装

4.3 创意拓展

【拓展项目】轮式推土机。

（1）制作车体，如图 4-12 所示。

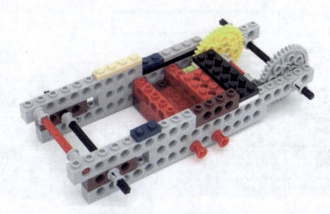

图 4-12 制作车体

· 39 ·

（2）制作推土铲，如图4-13所示。

图4-13　制作推土铲

（3）制作车轮及动力装置，如图4-14所示。

图4-14　制作车轮及动力装置

（4）对比一下，看看轮式推土机与履带式推土机谁的通过性更好。

哇！履带式推土机完美通过了障碍跑道（图4-15）！

图4-15　履带式推土机完美通过障碍跑道

轮式推土机已经开到障碍跑道中间了，糟了！它被卡住了（图4-16）！

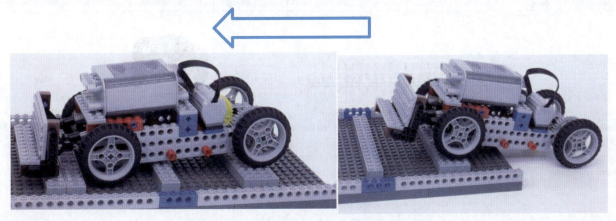

图4-16 轮式推土机卡在障碍跑道中间

通过这个小实验可以发现，履带式推土机顺利地通过了障碍跑道，而轮式推土机则卡在了障碍跑道中间。因此，履带式推土机的通过性要好于轮式推土机。

课后思考

1. 压力是怎样产生的？
2. 将图4-17中各种力的名称填入相应的括号内。

（1）F_1（　　　）

（2）F_2（　　　）

（3）F_3（　　　）

图4-17 第2题图

3. 地板上放着规格相同、质量相等的甲、乙两个木箱，甲箱里装着质量为10千克的书，乙箱里装着质量为3千克的餐具和质量为8千克矿泉水（图4-18）。问哪个木箱对地板的压强高？（　　　）。

A. 甲比乙高 　　　　　　　B. 乙比甲高

C. 甲、乙一样　　　　　　　D. 无法比较

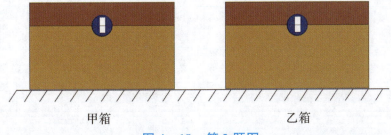

图4-18 第3题图

4*. 有一块可以上下活动的薄铝片（图4-19）。铝片下面受到的压强为90 Pa，铝片上面受到的压强为60 Pa。问这时候会出现什么现象？（　　　）

A. 铝片上升 B. 铝片下落
C. 铝片不动 D. 铝片上下移动

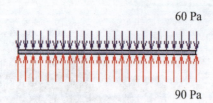

图 4-19 第 4 题图

第5课

直升机

5.1 升力（伯努利定理）

升力，就是使物体向上升的力。一个物体，如果它受到的向上的作用力大于它受到的向下的作用力，那么这个物体就会向上升（图5-1）。

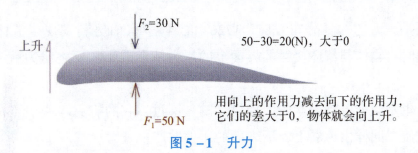

图5-1 升力

升力一般指空气与某一物体作用时产生的垂直向上的力，它属于流体力学的范围。

流体指具有流动性的液体和气体。在气体和液体中，流速越大的位置，压强越低。庞大的飞机能够飞上天，就是根据这一原理让机翼产生升力来实现的。

下面用一个简单的实验来证明这一原理。

取两张A4纸，分别将它们的一条短边折叠两次，然后拿着折叠的短边向两张纸的中间吹气，左、右的纸张便会向中间合拢，这说明纸张内侧的压强低，纸张外侧的压强高，如图5-2所示。

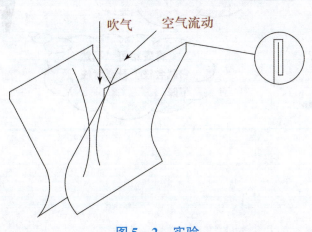

图5-2 实验

飞机的机翼是怎样产生压强差的呢？当然不会用吹气的方法。科学家们想了一个很巧妙的办法，把机翼的上表面做成一个曲面，其下表面近似一个平面，当A处的气体流动到B处时，上表面的气体流动得快，下表面的气体流动得慢，飞机在高速起跑时，机翼上表面与下表面的压强差越来越大，因此压力差也越来越大，形成了巨大的升力，这样飞机就能飞上天了，如图 5–3 所示。

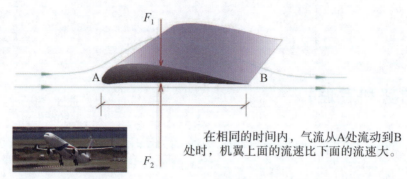

在相同的时间内，气流从A处流动到B处时，机翼上面的流速比下面的流速大。

图 5–3 压强差

实际上，压强是压力的一种分布效应。1726 年，科学家伯努利发现了流体的边界层表面效应：流体速度增大时，物体与流体接触的界面上的压力就会减小，反之压力就会增大。这就是著名的伯努利定理。

直升机的机翼也是根据流体力学的原理设计的。不过，它的机翼与一般飞机的固定机翼有所不同，叫作旋翼。旋翼同样由翼展上、下表面的压强差产生升力。

小课堂

5.2 动手制作

【制作项目】直升机（图 5–4）。

图 5-4　直升机

1. 结构分析

直升机分为机身、起落架、动力装置、旋翼装置四部分，如图 5-5 所示。

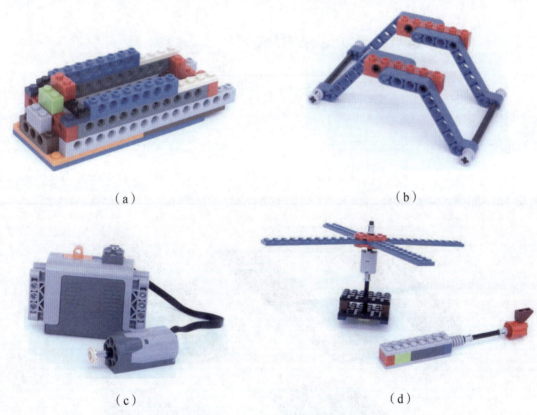

图 5-5　直升机的结构

(a) 机身；(b) 起落架；(c) 动力装置；(d) 旋翼装置

2. 所需器材

所需器材如图 5-6 所示。

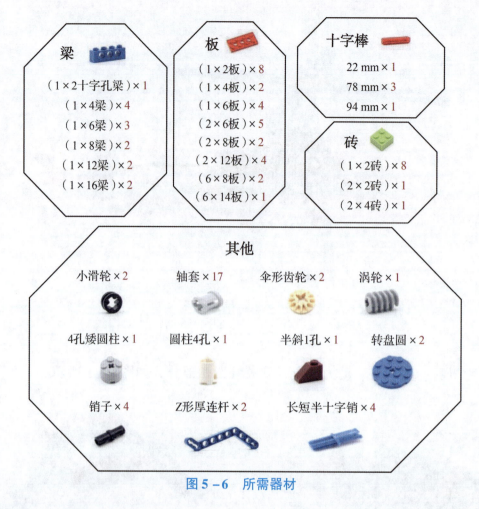

图 5-6 所需器材

3. 分步制作

1）机身制作

用 1×2 砖、1×4 梁、1×8 梁、1×12 梁、1×16 梁、1×2 板、1×4 板、1×6 板、6×8 板、6×14 板做机身，如图 5-7 所示。

图 5-7 机身制作

2）起落架制作

用 1×6 梁、Z 形厚连杆、78 mm 十字棒、轴套、销子、长短半十字销做起落架，如图 5-8 所示。

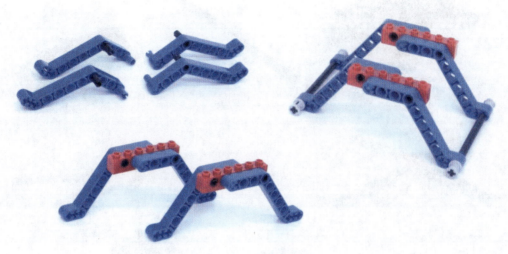

图 5-8　起落架制作

3）动力装置制作

用伞形齿轮、小滑轮、22 mm 十字棒、电动机、电池盒做动力装置，如图 5-9 所示。

图 5-9　动力装置制作

4）旋翼装置制作

用 1×2 十字孔梁、1×4 梁、2×2 砖、2×4 砖、1×2 砖、1×2 板、1×6 板、2×6 板、2×12 板、78 mm 十字棒、94 mm 十字棒、伞形齿轮、轴套、4 孔矮圆柱、转盘圆、圆柱 4 孔、涡轮、半斜 1 孔做旋翼装置，如图 5-10 所示。

图 5-10　旋翼装置制作

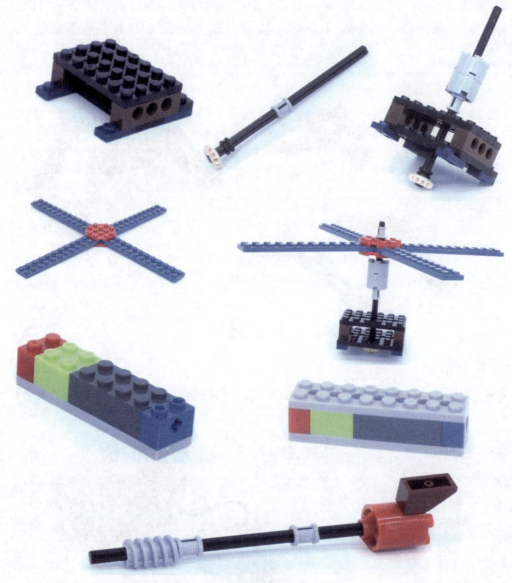

图 5-10 旋翼装置制作（续）

4. 组装

将搭建好的各部分组装起来，直升机就制作完毕了，如图 5-11 所示。

图 5-11 组装

图 5-11 组装（续）

5.3 创意拓展

【拓展项目】制作一架双旋翼的直升机。

（1）制作机身，如图 5-12 所示。

图 5-12 制作机身

（2）制作起落架，如图 5-13 所示。

图 5-13 制作起落架

（3）制作动力部分，如图 5-14 所示。

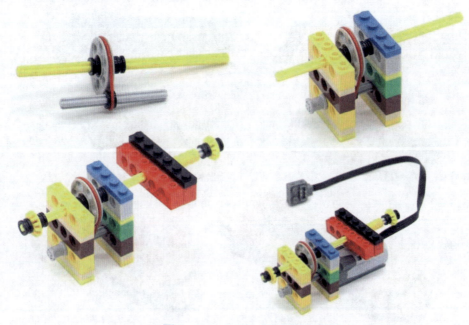

图 5-14 制作动力部分

（4）制作双旋翼部分，如图5-15所示。

图 5-15　制作双旋翼部分

（5）组装，如图5-16所示。

图 5-16　组装

图 5-16 组装（续）

课后思考

1. 什么是升力？
2. 伯努利定理的边界层表面效应是关于压力的还是关于压强的？
3. 直升机悬停在空中时，为什么它的旋翼还要不停地旋转？

4*. 如图 5-17 所示，有两段直径不同、管壁厚度与质量完全一样的水管输送高速水流，当水管承受的压力过大时就会被压裂，问此时哪一段水管可能开裂？为什么？

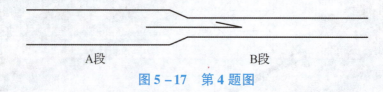

图 5-17 第 4 题图

5*. 用吸管喝牛奶时，奶杯里的牛奶会被吸到嘴里（图 5-18），这是因为（　　）。

A. 嘴用了力

B. 吸管很细，吸管里的流速很大

C. 奶杯的压力比嘴的压力小

D. 奶杯里气体的压强比嘴里气体的压强高

图 5-18　第 5 题图

第6课 滑梯

6.1 摩擦力

两个相互接触的物体,当它们做相对运动或具有相对运动趋势时,在它们的接触面上会产生一种阻碍相对运动的力,这种力叫作摩擦力。

在图6-1中,滑块除了与斜面接触外,没有受到其他任何外力,为什么它能静止在斜面上呢?

这是因为滑块与斜面的接触面之间存在摩擦现象。当滑块要往下滑动时,接触面就会产生一种力阻止下滑,这种力就是摩擦力。这种将要滑动又没有滑动的现象叫作运动趋势。

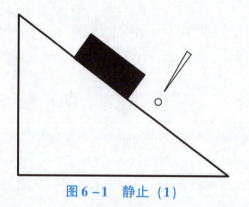

图6-1 静止(1)

产生摩擦力必须满足两个条件:①至少需要两个相互接触的物体;②两个物体之间要发生相对运动或具有相对运动趋势。

摩擦力的方向是阻碍物体运动的方向,即与物体运动的方向相反。摩擦力分为静摩擦力、滑动摩擦力和滚动摩擦力。

1. 静摩擦力

两个相互接触的物体只有相对运动趋势,而没有做相对运动时产生的摩擦力叫作静摩擦力。

在图6-2中,滑块静止在斜面上,现在至少存在两个力,即下滑力F_1和摩擦力F_2。只要F_1不大于F_2,滑块就会静止在斜面上,但它具有一种向下滑动的趋势,这时候产生的摩擦力就是静摩擦力。

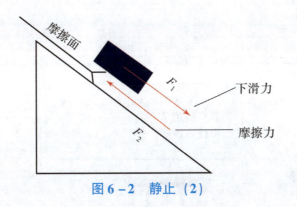

图 6-2 静止（2）

2. 滑动摩擦力

两个相互接触的物体做相对滑动时产生的摩擦力叫作滑动摩擦力。

在图 6-3 中，滑块的质量比图 6-2 中的滑块大，它对斜面的压力也比图 6-2 中滑块对斜面的压力中大，而斜面的倾斜度不变，下滑力 F_1 也就比图 6-2 中的 F_1 大。摩擦力 F_2 的计算方法为：

$$F_2 = 滑块对斜面的压力 \times 摩擦系数$$

摩擦系数只与接触面的粗糙程度有关。当 F_1 大于 F_2 时，滑块就向下滑动，这时候产生的摩擦力就是滑动摩擦力。

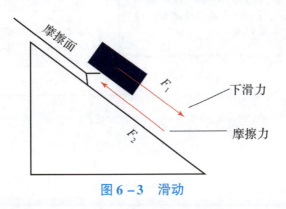

图 6-3 滑动

3. 滚动摩擦力

一个物体在另一个物体上滚动或具有滚动趋势时产生的摩擦力叫作滚动摩擦力。

在图 6-4 中，轮子在地面上滚动，滚动摩擦力 F_2 起阻止轮子转动的作用。当摩擦力 F_2 比较大时，轮子就会向前滚动；当 F_2 非常小时，轮子就会在原地打滑。

一般情况下，物体之间的滚动摩擦力远小于滑动摩擦力，只有滑动摩擦力的 1/40～1/60，因此在地面使物体滚动比推着物体滑动省力得多。

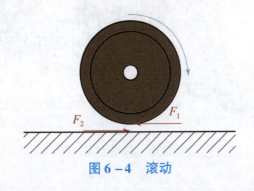

图 6-4 滚动

小课堂

6.2 动手制作

【制作项目】滑梯（图6-5）。

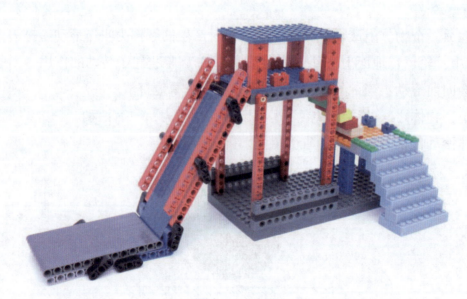

图6-5 滑梯

1. 结构分析

滑梯分为主架构、爬梯、滑道三部分，如图6-6所示。

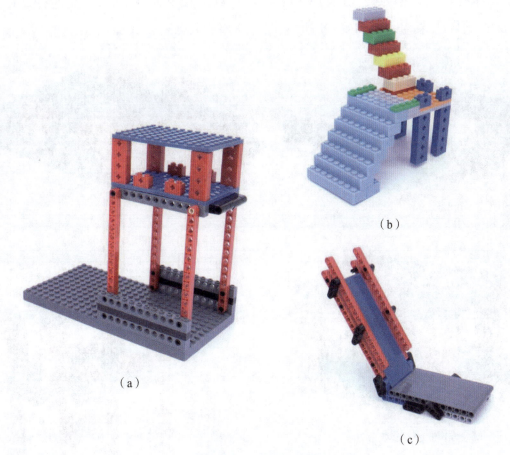

图6-6 滑梯的结构

(a) 主架构；(b) 爬梯；(c) 滑道

2. 所需器材

所需器材如图6-7所示。

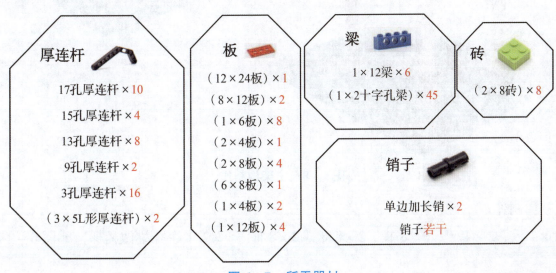

图6-7 所需器材

3. 分步制作

1) 主架构制作

用 1×2 十字孔梁、1×12 梁、1×12 板、8×12 板、12×24 板、3 孔厚连杆、15 孔厚连杆、销子、单边加长销做主架构，如图 6-8 所示。

图 6-8 主架构制作

2) 爬梯制作

用 1×4 板、2×4 砖、6×8 板、2×8 板、2×8 砖、1×2 十字孔梁做爬梯，如图 6-9 所示。

图6-9 爬梯制作

3）滑道制作

用3×5 L形厚连杆、3孔厚连杆、9孔厚连杆、13孔厚连杆、17孔厚连杆、销子做滑道，如图6-10所示。

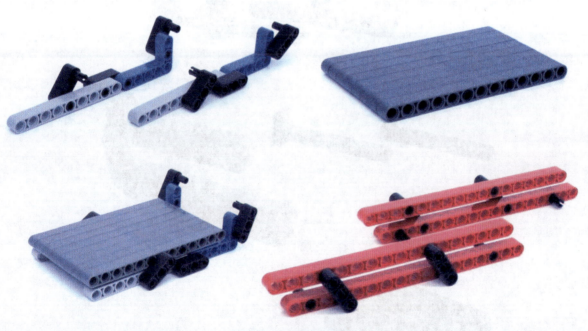

图6-10 滑道制作

图 6-10 滑道制作（续）

4. 组装

将各部分组装在一起，滑梯就制作完毕了。

6.3 创意拓展

【拓展项目】在 6.2 节的滑梯末端加一个长滑槽，并将滑槽分为粗糙度不同的两段，再用质量相同的滑块和轮子（两轮或四轮）做滑动和滚动实验，体验它们的摩擦力大小。

（1）制作长滑槽，并将其分为粗糙度不同的两段，如图 6-11 所示。

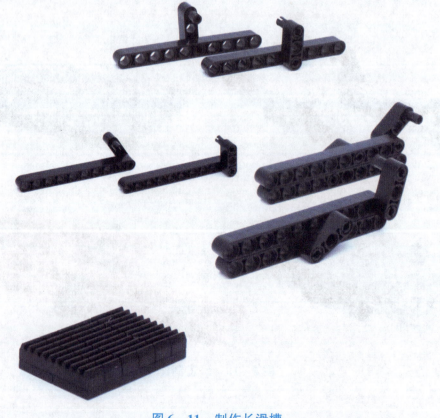

图 6-11 制作长滑槽

图 6-11 制作长滑槽（续）

（2）用质量相同的滑块和轮子（两轮或四轮）分别做滑动和滚动实验，体验它们的摩擦力大小（图 6-12）。

图 6-12 滑动和滚动实验

课后思考

1. 摩擦力有哪些分类？
2. 产生摩擦力的基本条件是什么？
3. 在图 6-13 中，甲、乙两个物体的质量相等，与地面的摩擦系数相同，拉力 F_1 和 F_2 哪个大？为什么？

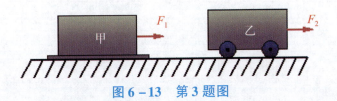

图 6-13 第 3 题图

4. 与摩擦力的大小有关的因素是（　　）。

A. 物体的质量

B. 物体相互接触面积的大小

C. 物体对接触面的压力与接触面的粗糙程度

D. 物体的形状

5. 下面的说法中错误的是（　　）。

A. 摩擦力总是起到阻碍物体运动的作用

B. 如果在没有摩擦力的路面上骑自行车，则自行车不会前进

C. 如果在没有摩擦力的路面上骑三轮车，则三轮车的三个轮子都不会转动

D. 在实际应用中，有时候需要增大摩擦力，有时候需要减小摩擦力。

6. 想一想（6–14）。

图 6–14　第 6 题图

第7课 后轮驱动车

7.1 前轮驱动与后轮驱动

汽车是一种重要的交通工具。汽车按照驱动系统的形式分为前轮驱动、后轮驱动和四轮驱动。本课主要了解前轮驱动与后轮驱动的一些优点和缺点。

1. 前轮驱动

前轮驱动是指汽车发动机只驱动前轮的动力分配方式（图7-1）。

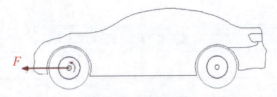

图7-1 前轮驱动

前轮驱动的主要优点是：①空间大，前轮驱动的动力系统都位于汽车前部的发动机舱中，省去了通往后轮的一些传动装置，增大了车身内部的空间；②动力系统效率高；③在湿滑路面上牵引力大。

前轮驱动的主要缺点是：①车身的重心位置靠前，车重的分布不够合理；②转弯半径较大。

2. 后轮驱动

后轮驱动是指汽车发动机的动力只驱动后轮的动力分配方式（图7-2）。

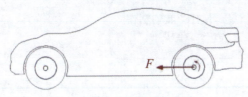

图7-2 后轮驱动

后轮驱动的主要优点是：①车身的重心位置比较理想，车重在前、后轮之间的分配更为平均；②转弯半径比较小；③加速性能好。

后轮驱动的主要缺点是：①内部空间比较小；②动力系统的总质量较大。

4. 前轮驱动与后轮驱动的性能对比

前轮驱动与后轮驱动的性能对比见表 7-1。

表 7-1 前轮驱动与后轮驱动的性能对比

序号	特性	前轮驱动		后轮驱动	
		优点	缺点	优点	缺点
1	空间	较大			较小
2	动力系统效率	高			
3	牵引力	在湿滑路面上较大			
4	转弯半径		较大	较小	
5	车身重心位置		较靠前	较合理	
6	加速性能		较低	较高	
7	操控性	容易控制			较难控制
8	拖挂力		较小	较大	
9	车重	较小			较大
10	组装	效率较高			效率较低
11	维护			易于维护	
12	成本	较低			较高

7.2 动手制作

【制作项目】后轮驱动车（图 7-3）。

图 7-3 后轮驱动车

1. 结构分析

后轮驱动车由车体和动力装置两部分组成，如图 7-4 所示。

（a） （b）

图 7-4 后轮驱动车的结构

(a) 车体；(b) 动力装置

2. 所需器材

所需器材如图 7-5 所示。

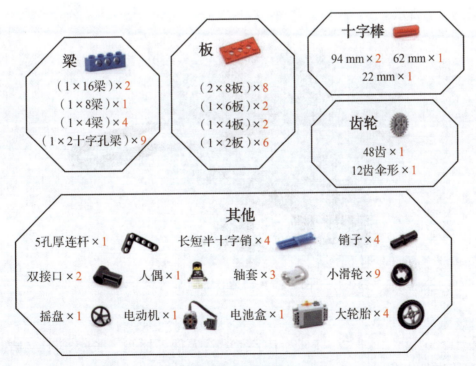

图 7-5 所需器材

3. 分步制作

1）车体制作

用 1×16 梁、1×4 梁、1×8 梁、2×8 板、94 mm 十字棒、40 齿齿轮、轴套、小滑轮、大轮胎做车体，如图 7-6 所示。

图 7-6　车体制作

2）动力装置制作

用电动机、电池盒、5 孔厚连杆、1×2 板、1×2 十字孔梁、22 mm 十字棒、12 齿伞形齿轮做动力装置，如图 7-7 所示。

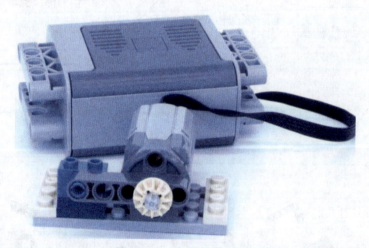

图 7-7　动力装置制作

3）组装

用 1×2 板、1×6 板、2×8 板、1×2 十字孔梁、人偶、摇盘、长短半十字销、双接口、轴套、62 mm 十字棒进行组装。

给后轮驱动车找个"司机",把两部分组装起来,制作过程就完成了(图7-8)。

图7-8 组装

7.3 创意拓展

【拓展项目】制作一个可以换挡的小车。

(1) 制作车体,如图7-9所示。

图7-9 制作车体

（2）制作传动装置，如图 7-10 所示。

图 7-10　制作传动装置

(3) 制作动力装置，如图 7-11 所示。

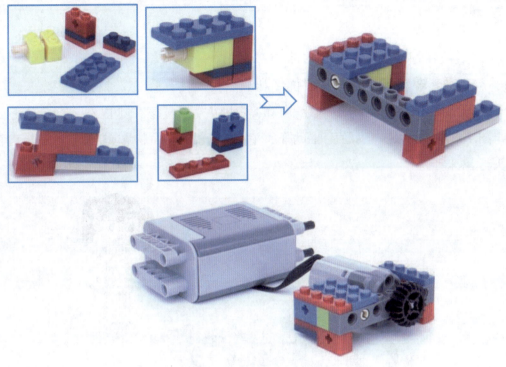

图 7-11 制作动力装置

(4) 组装，如图 7-12 所示。

图 7-12 组装

课后思考

1. 前轮驱动与后轮驱动各有哪些主要优点和缺点？

2. 无论前轮驱动还是后轮驱动，车身重心的理想位置都应该在哪里？

3*. 假如图7-13所示是一辆后轮驱动车，它的前轮与地面的摩擦力方向是指向前面还是后面？请用箭头标出来。

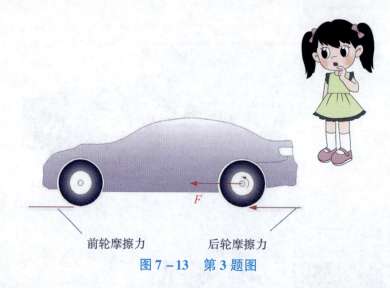

图7-13　第3题图

第 3 单元
杠杆

- 杠杆原理五要素
- 省力杠杆和费力杠杆
- 杠杆的应用

第8课

跷跷板

8.1 杠杆原理五要素

杠杆是能绕某一固定点转动的杆,该固定点称为支点。

图8-1所示为典型的杠杆应用,即用一个杠杆撬动石头。为了照顾习惯,将图7-1转动一下(图8-2),然后看看杠杆原理的五要素是什么。

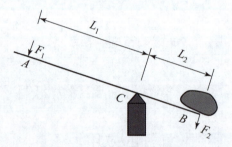

图8-1 典型的杠杆应用

(1) 支点:杠杆围绕转动的固定点叫作支点(如图8-2中C点)。

(2) 动力:使杠杆转动的力叫作动力(如图8-2中F_1),施力的点叫作动力作用点(如图8-2中A点)。

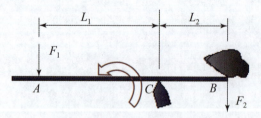

图8-2 转动图7-1所得

(3) 动力臂:从支点到动力作用线的垂直距离叫作动力臂(如图8-2中L_1)。

(4) 阻力:阻碍杠杆转动的力叫作阻力(如图8-2中F_2),施力的点叫作阻力作用点(如图8-2中B点)。

(5) 阻力臂:从支点到阻力作用线的垂直距离叫作阻力臂(如图8-2中L_2)。

跷跷板是一种游戏器材(图8-3)。它就采用了杠杆结构。

图8-3 跷跷板

8.2 动手制作

【制作项目】跷跷板（图8-4）。

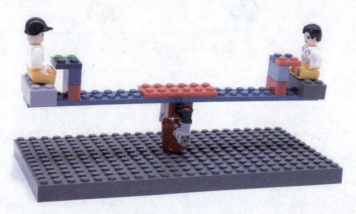

图8-4 跷跷板

1. 结构分析

跷跷板分为支架、横梁两部分，如图 8-5 所示。

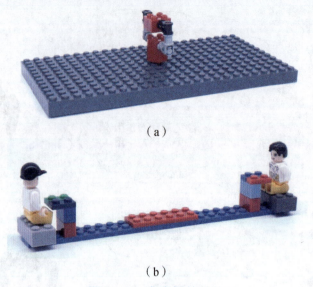

图 8-5 跷跷板的结构

(a) 支架；(b) 横梁

2. 所需器材

所需器材如图 8-6 所示。

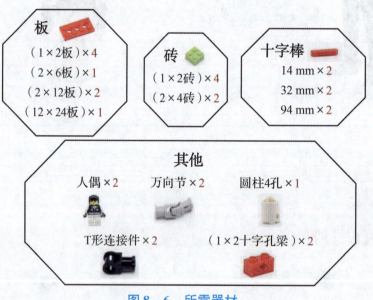

图 8-6 所需器材

3. 分步制作

1）支架制作

用 14 mm 十字棒、32 mm 十字棒、1×2 十字孔梁、圆柱 4 孔、12×24 板、万向节、T 形连接件做支架，如图 8-7 所示。

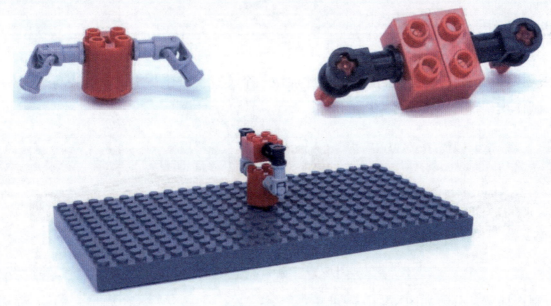

图 8-7 支架制作

2)横梁制作

用 1×2 砖、2×4 砖、1×2 板、2×6 板、2×12 板做横梁,如图 8-8 所示。

图 8-8 横梁制作

4. 组装

将以上两部分组装在一起,跷跷板就制作完毕了。

8.3 创意拓展

【拓展项目】人偶的双腿不会活动,因此加做一个装置,以让跷跷板上下跷动。

(1) 制作支架部分,如图 8-9 所示。

图 8-9 制作支架部分

(2) 制作横梁部分,如图 8-10 所示。

图 8-10 制作横梁部分

(3) 制作打破平衡装置,如图 8-11 所示。

图 8-11 制作打破平衡装置

（4）组装，如图 8-12 所示。

图 8-12 组装

课后思考

1. 杠杆原理五要素是什么？
2. 如图 8–13 所示，一个独立的杆是否可以称为杠杆？

图 8–13　第 2 题图

3. 想一想（图 8–14）。

图 8–14　第 3 题图（单位：毫米）

大杆秤

9.1 杠杆原理公式

用杠杆撬动一个重物时,杠杆的动力臂肯定比阻力臂长。那么,动力和阻力的大小有什么关系呢?可以用下面的关系式来确定它们的关系:

$$F_1 \times L_1 = F_2 \times L_2$$

这就是杠杆原理公式。将上式改写成如下形式:

$$F_1 = F_2 \times L_2 \div L_1$$

其中 F_1——杠杆的动力;

F_2——杠杆的阻力;

L_1——杠杆的动力臂长度;

L_2——杠杆的阻力臂长度。

将第8课"跷跷板"中的图8-2调整为图9-1,计算图9-1中杠杆的动力是多少。

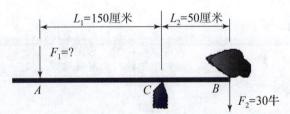

图 9-1 计算杠杆的动力

$$F_1 = F_2 \times L_2 \div L_1$$
$$= 30 \times 50 \div 150$$
$$= 10 \text{(牛)}$$

如果要计算杠杆的阻力,可以将杠杆原理公式改写成如下形式:

$$F_2 = F_1 \times L_1 \div L_2$$

下面通过制作大杆秤进一步加深对杠杆原理的理解。

小课堂

9.2 动手制作

【制作项目】大杆秤(图9-2)。

图9-2 大杆秤

1. 结构分析

为了便于实验，需要做一个支架将大杆秤挂起来。它的结构分为支架、秤杆、秤砣三部分，如图 9-3 所示。

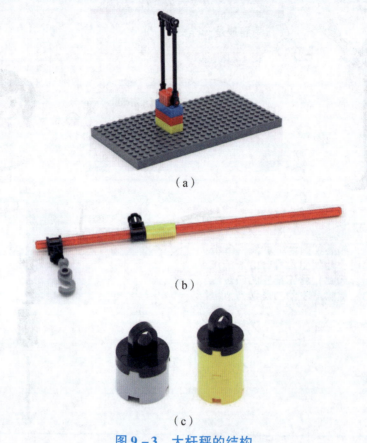

图 9-3 大杆秤的结构

(a) 支架；(b) 秤杆；(c) 秤砣

2. 所需器材

所需器材如图 9-4 所示。

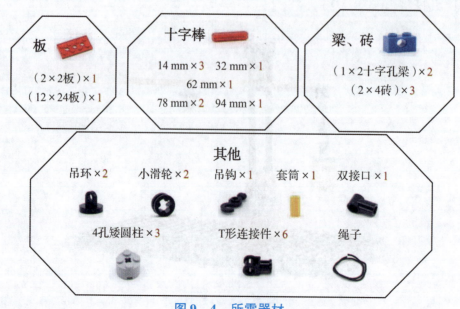

图 9-4 所需器材

3. 分步制作

1）支架制作

用1×2十字孔梁、14 mm十字棒、32 mm十字棒、78 mm十字棒、2×2板、12×24板、2×4砖、T形连接件、双接口、小滑轮做支架，如图9-5所示。

图9-5　支架制作

2）秤杆制作

用62 mm十字棒、94 mm十字棒、T形连接件、吊钩、绳子、套筒做秤杆，如图9-6所示。

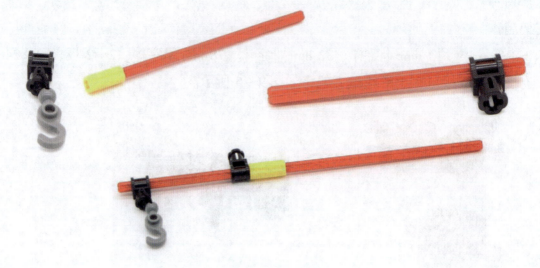

图 9-6 秤杆制作

3）秤砣制作

用 4 孔矮圆柱、吊环做秤砣，如图 9-7 所示。

图 9-7 秤砣制作

4. 组装

将各部分组装在一起，大杆秤就搭建完毕了（图 9-8）。

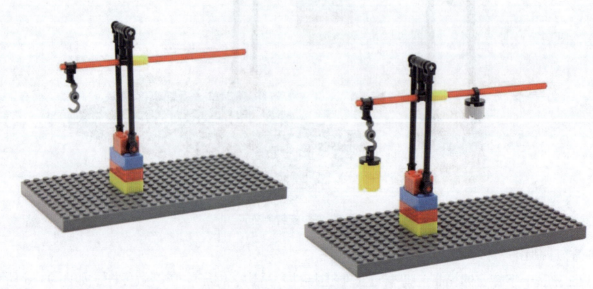

图 9-8 组装

9.3 创意拓展

【拓展项目】 制作一个小磅秤。

(1) 制作支架,如图 9-9 所示。

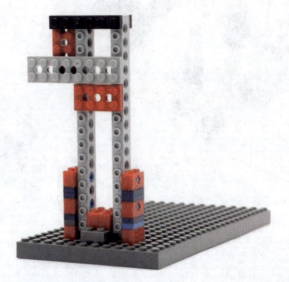

图 9-9 制作支架

(2) 制作秤台,如图 9-10 所示。

图 9-10 制作秤台

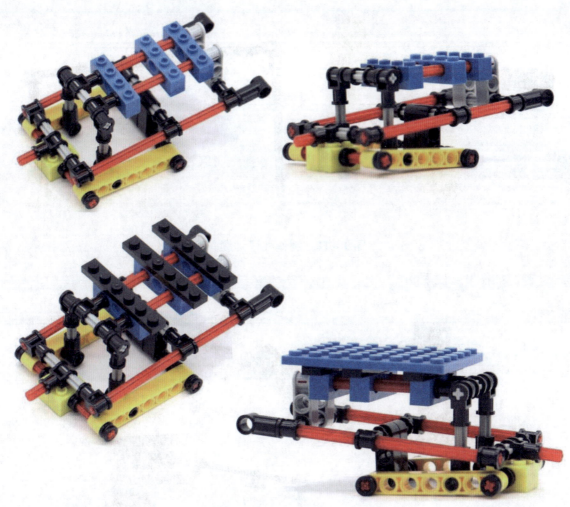

图 9-10 制作秤台（续）

（3）制作秤杆，如图 9-11 所示。

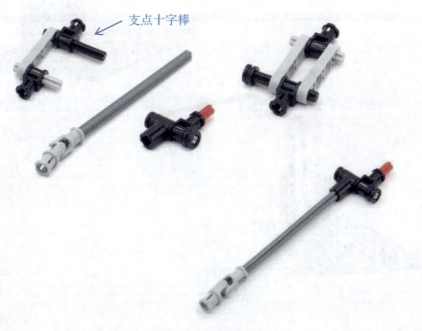

图 9-11 制作秤杆

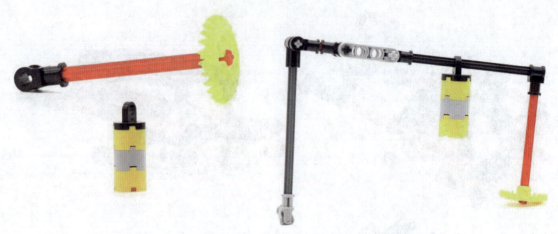

图 9-11 制作秤杆（续）

（4）组装，如图 9-12 所示。

图 9-12 组装

图 9-12 组装（续）

· 89 ·

课后思考

1. 杠杆原理公式是什么？

2. 用一个杠杆撬动某一物体，已知它的动力和阻力相等，问杠杆的支点在动力与阻力作用线之间的什么位置？

3. 如图 9-13 所示，在杆秤上分别设置两个提纽 A、B，并使用同一秤砣。若提纽 A 的最大称重量为 60 千克，则提纽 B 的最大称重量是大于 60 千克、等于 60 千克还是小于 60 千克？

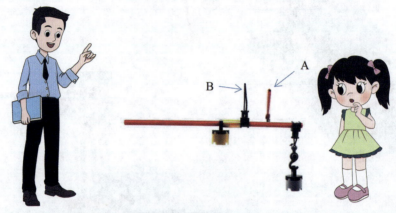

图 9-13　第 3 题图

第10课

压水井

10.1 杠杆类型

杠杆按照施加动力的大小可分为省力杠杆、费力杠杆和等臂杠杆 3 种类型。它们的特性见表 10–1。

表 10–1 3 种类型杠杆的特性

分类	力臂	力	力运动距离
省力杠杆	阻力臂小于动力臂	阻力大于动力	费距离
费力杠杆	阻力臂大于动力臂	阻力小于动力	省距离
等臂杠杆	阻力臂等于动力臂	阻力等于动力	居中

什么是费距离、省距离呢？这里的"距离"指动力作用点沿动力作用线移动的距离。以费距离为例：用省力杠杆撬起一个重物，动力作用点沿动力作用线移动的距离比阻力作用点沿阻力作用线移动的距离大，这时动力作用点移动的距离叫作费距离，如图 10–1 所示。

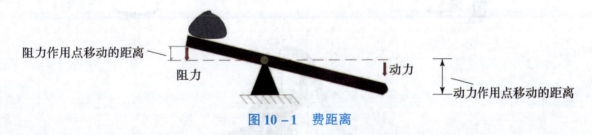

图 10–1 费距离

在实际生活中，人们会根据不同的需要制造各类不同类型的杠杆（图 10–2）。

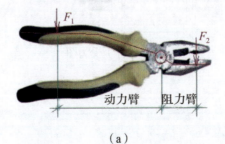

(a)

图 10–2 不同类型的杠杆

(a) 省力杠杆（钳子）

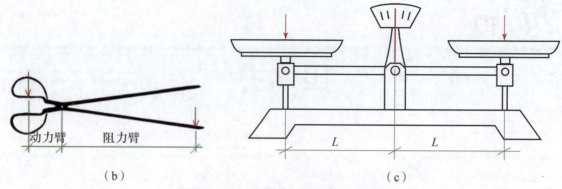

图 10-2 不同类型的杠杆（续）
（b）费力杠杆（火钳）；（c）为等臂杠杆（天平）

 小课堂

压水井（杠杆）受力图

10.2 动手制作

【制作项目】压水井（图 10-3）。

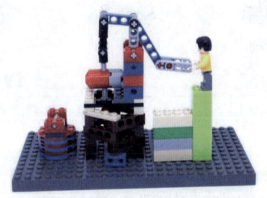

图 10-3 压水井

1. 结构分析

压水井分为井体、支架、压水装置三部分，如图 10-4 所示。

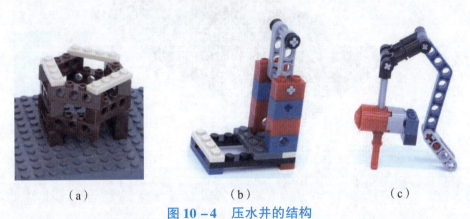

(a)　　　　　　　(b)　　　　　　　(c)

图 10-4 压水井的结构

(a) 井体；(b) 支架；(c) 压水装置

2. 所需器材

所需器材如图 10-5 所示。

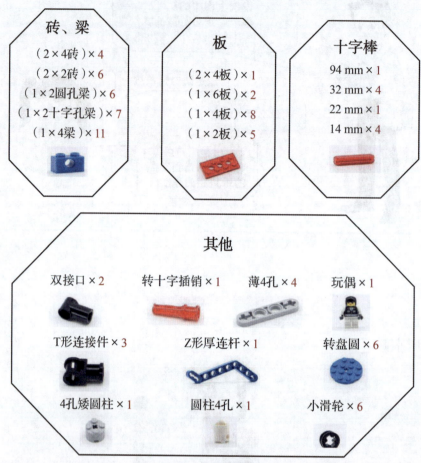

图 10-5 所需器材

3. 分步制作

1）井体制作

用 1×4 板、12×24 板、1×4 梁做井体，如图 10-6 所示。

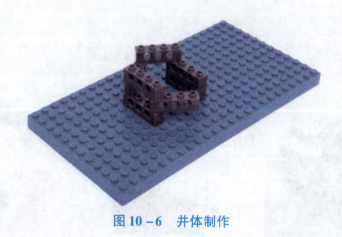

图 10-6 井体制作

图 10-6 井体制作（续）

2）支架制作

用 1×2 板、1×4 板、1×6 板、2×4 板、1×2 十字孔梁、1×2 圆孔梁、薄 4 孔、22 mm 十字棒、32 mm 十字棒、小滑轮做支架，如图 10-7 所示。

图 10-7 支架制作

3）压水装置制作

用1×2板、1×2十字孔梁、1×2圆孔梁、薄4孔、14 mm十字棒、22 mm十字棒、32 mm十字棒、94 mm十字棒、Z形厚连杆、4孔矮圆柱、圆柱4孔、双接口、T形连接件、转十字插销、小滑轮做压水装置，如图10-8所示。

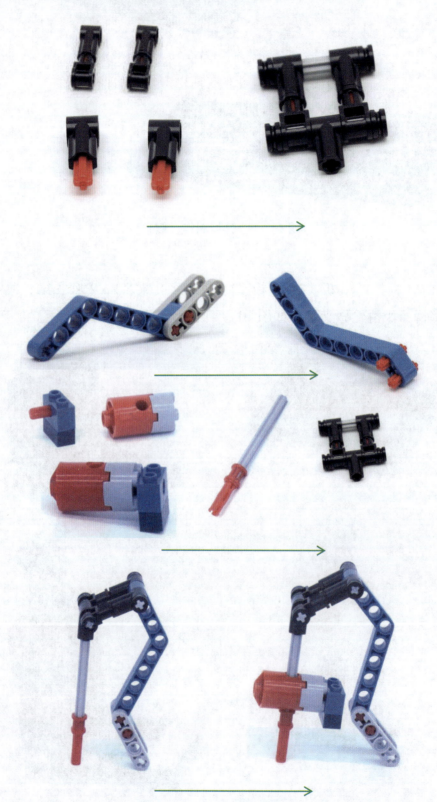

图10-8 压水装置制作

4. 组装

分步制作完成后，可以给压水井加装水桶和人偶，压水井就完成了（图10-9）。

图 10-9 组装

10.3 创意拓展

【拓展项目】将压水井由手压方式改换为手摇方式。

（1）搭建井体部分，如图10-10所示。

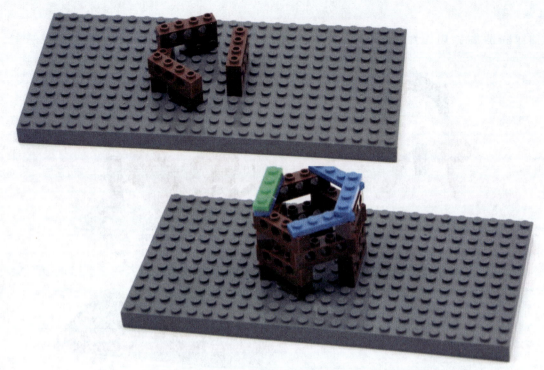

图 10-10 搭建井体部分

（2）搭建手摇压水装置，如图 10-11 所示。

图 10-11 搭建手摇压水装置

（3）搭建出水口，与手摇压水装置组装，如图10-12所示。

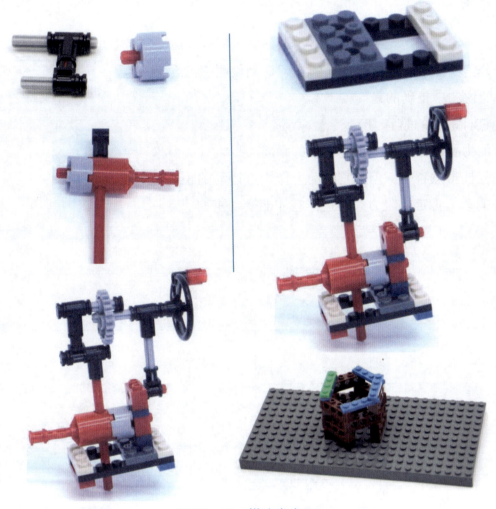

图10-12 搭建出水口

（4）将各部分组装起来，手摇式压水井就制作完成了（图10-13）。

图10-13 组装

课后思考

1. 杠杆分为哪几种类型？根据你的了解举例说明它的含义。
2. 下面的说法中正确的是（　　）。

   A. 使用杠杆的目的是省力

   B. 杠杆的力臂是力的作用点到支点的距离

   C. 省力杠杆虽然省力，但是它的动力作用点运动的距离是费距离

   D. 杠杆的动力肯定比阻力大，这样它才能撬动重物

第4单元
速度

- 速度的基本概念
- 速度对物体运动的影响
- 圆周运动

第 11 课

龟兔赛跑

11.1 速度的定义

速度在物理学中是一个描述物体运动快慢的术语。它的基本定义是：物体在单位时间内通过的路程。

如图 11-1 所示，有人在 2 小时内走了 8 千米的路程，他行走的速度是 8 千米/2 小时。但是，用"8 千米/2 小时"这种方式表示速度，不便于不同速度之间的比较与区别。将它化为 1 小时内走过的路程，即 8÷2=4（千米/小时），这样就得到了单位时间为 1 小时的速度。"千米/小时"读作千米每小时，单位时间可以是小时、分钟或秒。

图 11-1 速度的定义

用 v 表示速度，s 表示路程，t 表示时间，根据定义，速度的计算方法为

$$v = s \div t$$

实际上，用这种方法计算的速度是一种平均速度。比如图 11-1 中人的行走速度是 2 小时内平均每小时 4 千米，并没有考虑有时走得快一点，有时走得慢一点的情形。

11.2 动手制作

【制作项目】龟兔赛跑（图 11-2）。

图 11-2 龟兔赛跑

1. 结构分析

龟兔赛跑的结构分为支座、电动机装置、龟传动装置、兔传动装置四部分，如图 11-3 所示。

（a） （b）

图 11-3 龟兔赛跑的结构

（a）支座；（b）电动机装置

（c） （d）

图 11-3 龟兔赛跑的结构（续）

（c）龟传动装置；（d）兔传动装置

2. 所需器材

所需器材如图 11-4 所示。

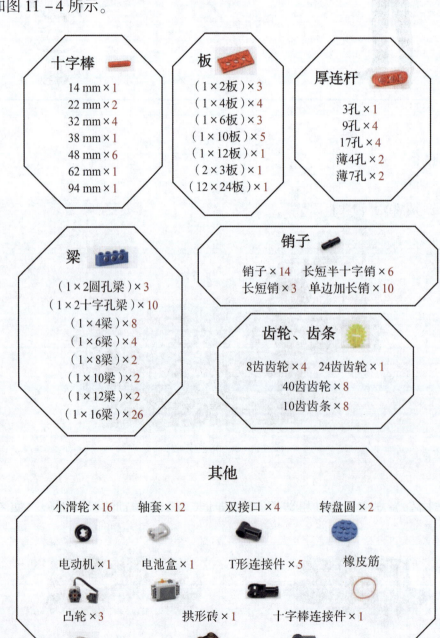

图 11-4 所需器材

3. 分步制作

1) 支座制作

用1×2十字孔梁、1×2圆孔梁、1×4梁、1×16梁、1×2板、1×4板、1×6板、12×24板、24齿齿轮、40齿齿轮、T形连接件、双接口、轴套、14 mm十字棒、22 mm十字棒、32 mm十字棒、38 mm十字棒、48 mm十字棒、62 mm十字棒、十字棒连接件、3孔厚连杆、橡皮筋、单边加长销做支座，如图11-5所示。

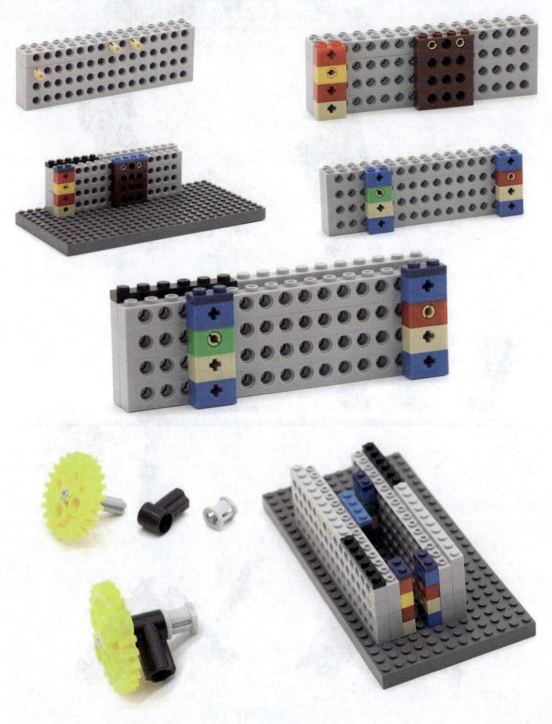

图11-5 支座制作

图 11-5 支座制作（续）

图 11-5 支座制作（续）

2）电动机装置制作

用 1×2 十字孔梁、1×4 梁、1×6 梁、1×8 梁、1×4 板、22 mm 十字棒、94 mm 十字棒、8 齿齿轮、40 齿齿轮、小滑轮、轴套、凸轮做电动机装置，如图 11-6 所示。

图 11-6　电动机装置制作

3）龟传动装置制作

用 1×6 梁、1×10 梁、1×12 梁、1×16 梁、1×4 板、1×10 板、1×12 板、3 孔厚连杆、9 孔厚连杆、17 孔厚连杆、10 齿齿条、8 齿齿轮、40 齿齿轮、T 形连接件、双接口、22 mm 十字棒、48 mm 十字棒、转盘圆、薄 7 孔、凸轮、轴套、小滑轮、单边加长销、长短半十字销、长短半十字销、销子做龟传动装置，如图 11-7 所示。

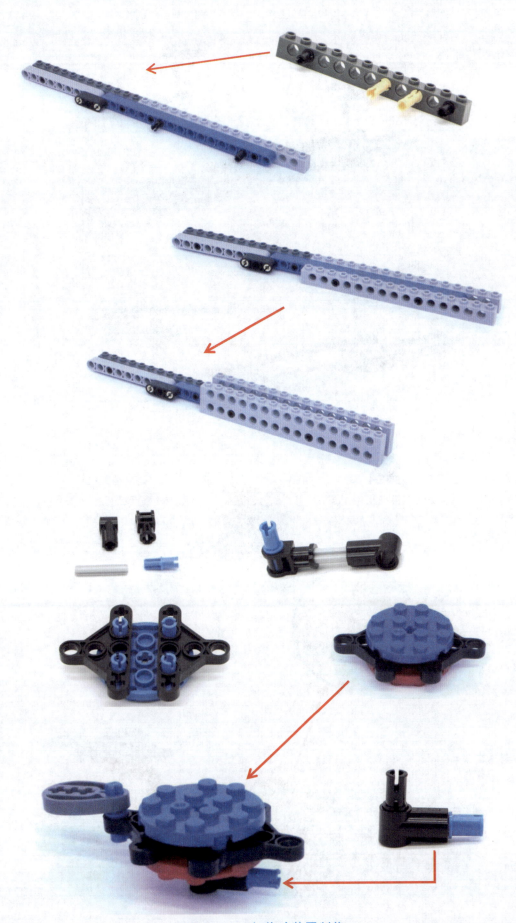

图 11-7 龟传动装置制作

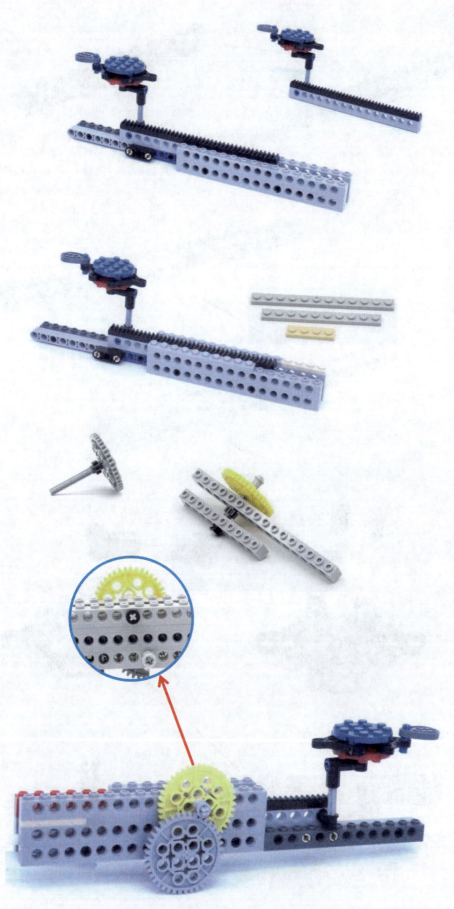

图 11-7 龟传动装置制作（续）

· 110 ·

4）兔传动装置制作

用1×4梁、1×6梁、1×10梁、1×12梁、1×16梁、1×4板、1×6板、1×10板、3孔厚连杆、9孔厚连杆、17孔厚连杆、10齿齿条、8齿齿轮、40齿齿轮、T型连接件、双接口、38 mm十字棒、48 mm十字棒、薄4孔、轴套、小滑轮、单边加长销、长短半十字销、销子做兔传动装置，如图11-8所示。

图11-8　兔传动装置制作

4. 组装

将各个部分组装起来,龟兔赛跑就搭建完毕了(图11-9)。

图11-9 组装

11.3 创意拓展

【拓展项目】 将龟兔赛跑的直线跑道改为圆形跑道。

(1) 制作底座,如图 11-10 所示。

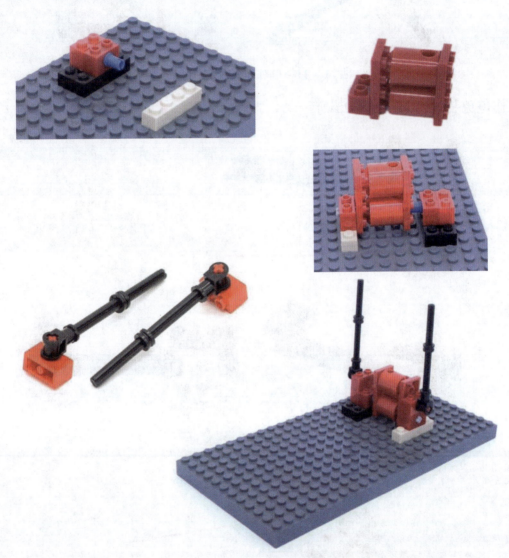

图 11-10 制作底座

(2) 制作传动装置,如图 11-11 所示。

图 11-11 制作传动装置

图 11-11　制作传动装置（续）

（3）制作龟兔装置，如图 11-12 所示。

图 11-12　制作龟兔装置

(4)制作电动机装置,如图 11-13 所示。

图 11-13 制作电动机装置

(5)组装,如图 11-14 所示。

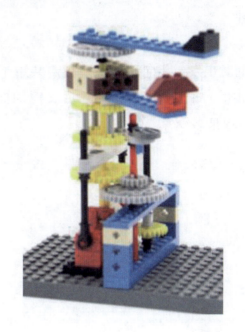

图 11-14 组装

课后思考

1. 速度的定义是什么？

2. 一架飞机 10 分钟飞行了 150 千米，它的速度是（　　　）。

   A. 150 千米

   B. 150 千米/小时

   C. 15 千米/分钟

   D. 1 千米/秒

3. 甲、乙两人同时出发，相向而行，到相遇共用了 30 分钟。甲有条小狗与他同时出发，小狗以每分钟 500 米的速度向乙跑去，遇到乙后又返回向甲跑去，直到甲、乙两人相遇后才停下来。问小狗跑过的路程是多少？

第12课

让物体飞起来

12.1 圆周运动与转速

物体沿着圆周运动是一种常见的运动。齿轮旋转时,每个齿都在做圆周运动,齿轮上的任意点同样在做圆周运动(图12-1)。田径场弯道上赛跑的运动员也在做圆周运动(图12-2),这时可以把运动员视为圆弧上的一个质点。

图12-1 圆周运动

图12-2 圆弧上的圆周运动

怎样比较物体做圆周运动时的快慢呢?对于圆周运动,不能简单地用路程与时间的比来比较快慢。

比较圆周运动的快慢有多种方法,利用圆周运动的转速是其中的一种。

转速:物体在单位时间内所转过的圈数,用符号 n 表示,单位一般为 r/min(转/分钟)。

比如一个圆柱齿轮在2分钟内转过120圈,这个圆柱齿轮的转速为

$$n = 120 \div 2$$
$$= 60 \text{(转/分钟)}$$

对于做圆周运动的物体,转速的大小对它的运动状态会有什么影响呢?

让两个小球做圆周运动。将两个小球(重物)吊在一根能够旋转的横梁上,让横梁以不同的速度转动,小球与小绳会处于不同的运动状态。

当横梁转动的速度不太大时,两个小球会向外侧张开,如图12-3所示。

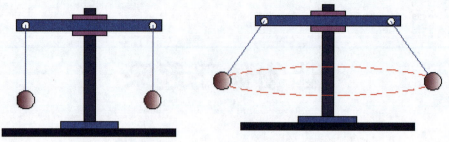

图 12-3 小球的圆周运动（1）

当横梁快速转动时，两个小球会"飞"起来，与横梁位于同一轴线上（图12-4）。如果横梁转得太快，小绳就有可能断掉并导致危险。如下图：

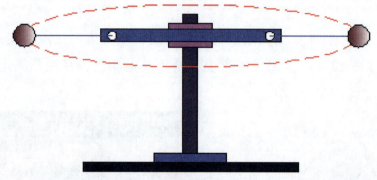

图 12-4 小球的圆周运动（2）

从上面的实验中可以认识到，有些物体，比如在弯道上行驶的汽车，做圆周运动的时候合理控制它的速度是很重要的。

12.2 动手制作

【制作项目】"让物体飞起来"模型（图 12-5）。

图 12-5 "让物体飞起来"模型

1. 结构分析

"让物体飞起来"模型分为转轴装置、传动装置、小物体三部分，如图 12-6 所示。

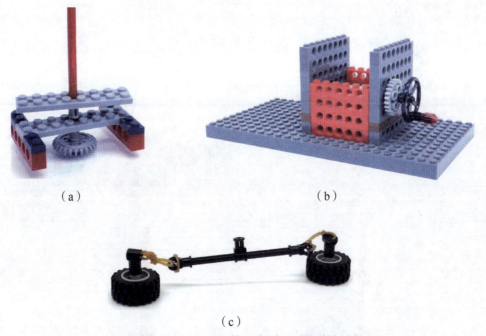

图 12-6 "让物体飞起来"模型的结构
（a）转轴装置；（b）传动装置；（c）小物体

2. 所需器材

所需器材如图 12-7 所示。

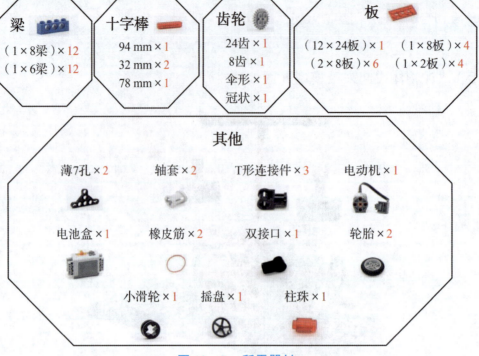

图 12-7 所需器材

3. 分步制作

1）转轴装置制作

用 1×6 梁、1×2 板、2×8 板、12×24 板、94 mm 十字棒、轴套、冠状齿轮、T 形连接件做转轴装置，如图 12-8 所示。

图 12-8 转轴装置制作

2）传动装置制作

用 1×6 梁、1×8 梁、1×8 板、32 mm 十字棒、24 齿齿轮、8 齿齿轮、伞形齿轮、轴套、小滑轮、摇盘、柱珠做传动装置，如图 12-9 所示。

图 12-9　传动装置制作

3）小物体制作

用双接口、T形连接件、78 mm 十字棒、薄 7 孔、轮胎、橡皮筋做小物件，如图 12 - 10 所示。

图 12 - 10 小物体制作

4. 组装

将各部分组装起来，在外侧搭建"一堵墙"，模型就搭建完毕了（图 12 - 11）。试一试，"飞"起来的物体能不能将积木墙击倒？

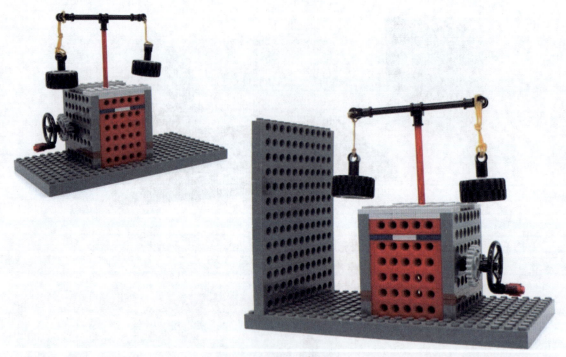

图 12 - 11 组装

12.3 创意拓展

【拓展项目】将 12.2 节中两个"飞"起来的物件改为两个垂直固定的物体，改进原来的制作，让它们仍然能"飞"起来。

（1）制作转轴装置，如图 12 - 12 所示。

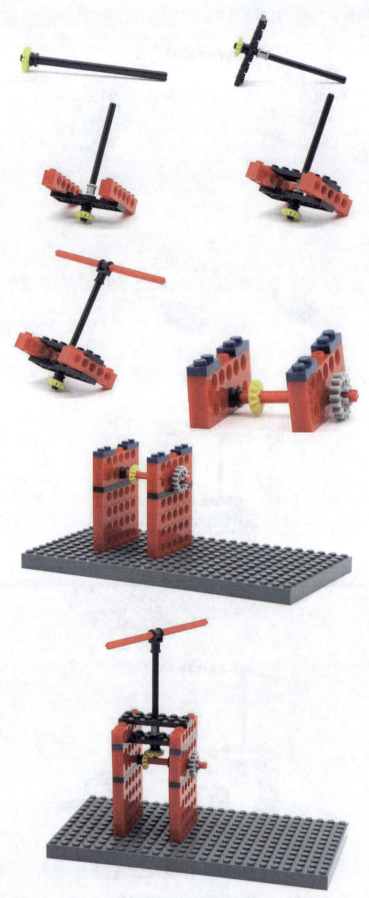

图 12-12　制作转轴装置

（2）制作电动机装置，如图12-13所示。

图12-13 制作电动机装置

（3）制作小物体，如图12-14所示。

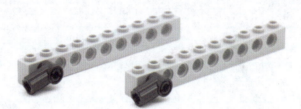

图12-14 制作小物体

（4）组装，如图12-15所示。

图12-15 制作小物体

注意！打开电源开关前，要防止积木旋转梁碰到身体。

课后思考

1. 根据自己的理解，说一说什么是圆周运动。
2. 下列有关圆周运动的说法中不正确的是（　　）。
   A. 做圆周运动的物体的运动轨迹（路线）是圆
   B. 若物体在运动时只经过圆的一部分，则它在这一部分上的运动仍是圆周运动
   C. 转速只是描述圆周运动速度的方法中的一种
   D. 物体做圆周运动时，运动轨迹的半径越大转速越大
3. 在图 12-16 中，做圆周运动的小球所受的力是自身的重力和小绳的拉力，请在线段上分别标出它们的方向。

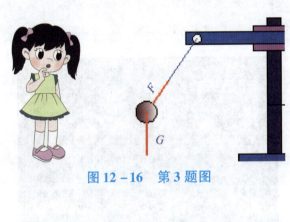

图 12-16　第 3 题图

第 13 课

弯道行驶

13.1 圆周运动与向心力

当我们坐在汽车上经过弯道时，身子总会向弯道外侧倾斜，如果车速很大，就会有一种要被甩出去的感觉。这是为什么呢？

原来，汽车在弯道上行驶时是在做圆周运动，或在做近似的圆周运动。这时候汽车相当于圆周上的一个质点，围绕圆心旋转，如图 13 – 1 所示。

图 13 – 1　弯道行驶

当汽车围绕圆心旋转时就会产生一种力，改变人坐在车上的状态。这是什么力呢？

用绳子拴住一个有孔的积木块做圆周运动，如图 13 – 2 所示。

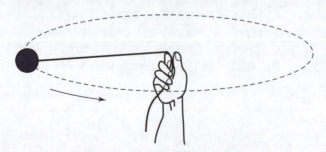

图 13 – 2　积木块做圆周运动

用手拉住绳子的时候，会感觉有一个力在拉手（这时手也要用同等的力拉住绳子），这个力就是物体（积木块）做圆周运动时产生的力，叫作向心力（图 13 – 3）。向心力指向圆心。当物体旋转速度越来越大时，向心力会越来越大，如果向心力大到超过了绳子的承受能力，绳子就会被拉断，物体会瞬间飞出去。

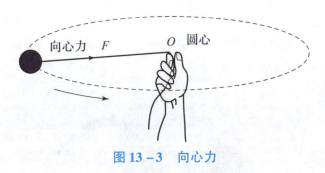

图 13-3　向心力

在弯道上行驶的汽车同样会受到向心力的影响，当车速过大时车就会像断了绳子的物体一样向外侧翻倒。

这是为什么呢？因为汽车做圆周运动时，由轮胎与地面的摩擦力来提供向心力，而摩擦力并不会随着车速的增大而增大，当向心力大于摩擦力时汽车就失控了，如图 13-4 所示。

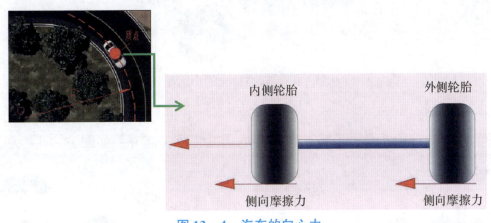

图 13-4　汽车的向心力

当我们坐在爸爸、妈妈的车上时，一定要让他们在弯道上减速行驶！

当然啦！否则太危险了。

13.2 动手制作

【制作项目】弯道行驶的小汽车（图 13-5）

图 13-5 弯道行驶的小汽车

1. 结构分析

弯道行驶的小汽车分为车身、前后轮装置及电动机装置三部分，如图 13-6 所示。

图 13-6 弯道行驶的小汽车的结构
(a) 车身；(b) 前后轮装置；(c) 电动机装置

2. 所需器材

所需器材如图 13-7 所示。

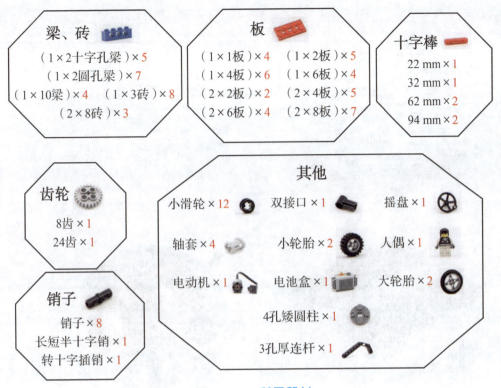

图 13-7 所需器材

3. 分步制作

1）车身制作

用1×2圆孔梁、1×2十字孔梁、1×10梁、1×3砖、1×1板、1×2板、1×4板、1×6板、2×2板、2×4板、2×6板、2×8板、4孔矮圆柱、3孔厚连杆、人偶、销子做车身，如图13-8所示。

图 13-8 车身制作

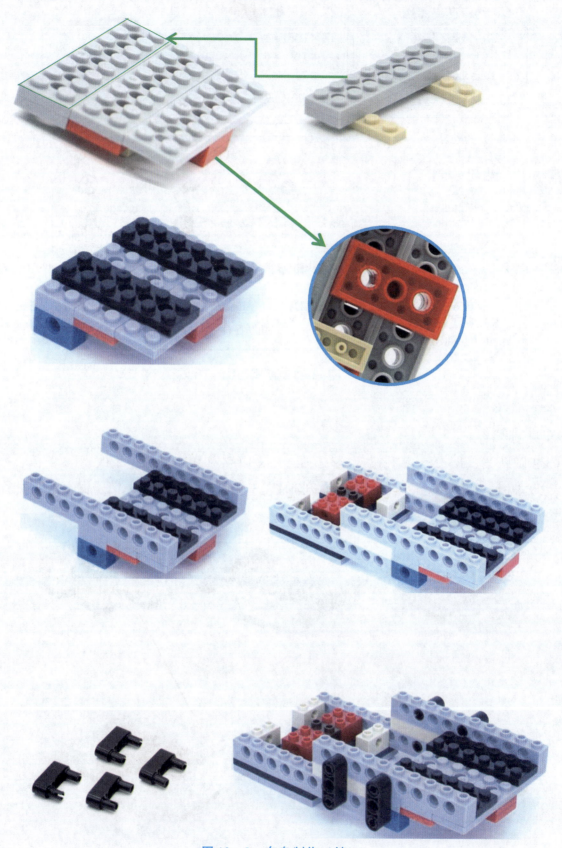

图 13-8 车身制作(续)

图 13-8 车身制作（续）

2）前后轮装置制作

用 8 齿齿轮、32 mm 十字棒、94 mm 十字棒、轴套、双接口、大轮胎、小轮胎、小滑轮、摇盘做前后轮装置，如图 13-9 所示。

图 13-9 前后轮装置制作

3）电机动装置制作

用 24 齿齿轮、22 mm 十字棒、轴套做电动机装置，如图 13-10 所示。

图 13-10　电动机装置制作

4）组装

将各部分组装在一起，弯道行驶的小汽车就制作完毕了（图 13-11）。

图 13-11　组装

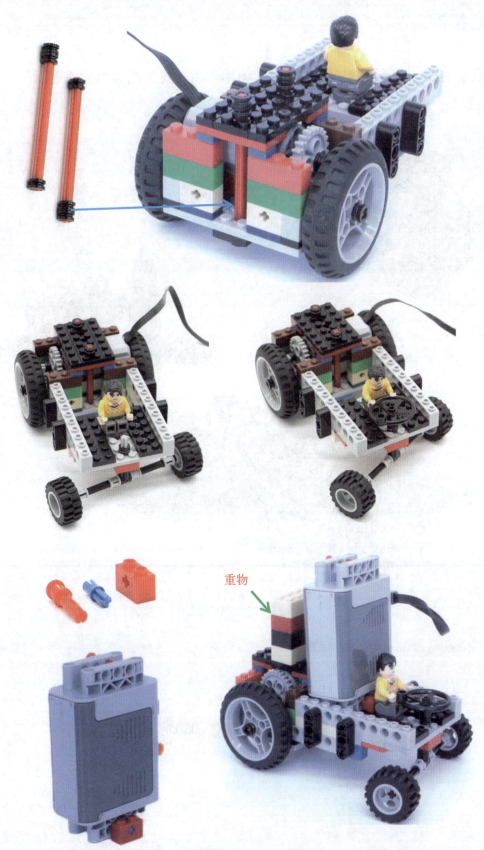

图 13-11 组装(续)

13.3 创意拓展

【拓展项目】制作一个旋转盘,在上面放上物体,用手摇,观察物体被甩出的方向。

(1) 制作底座,如图 13-12 所示。

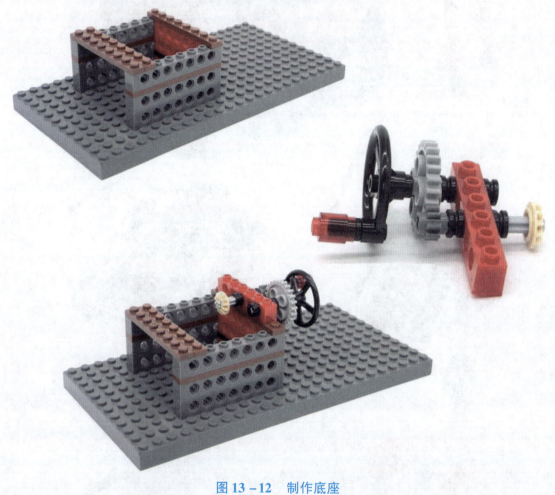

图 13-12 制作底座

(2) 制作旋转盘,如图 13-13 所示。

图 13-13 制作旋转盘

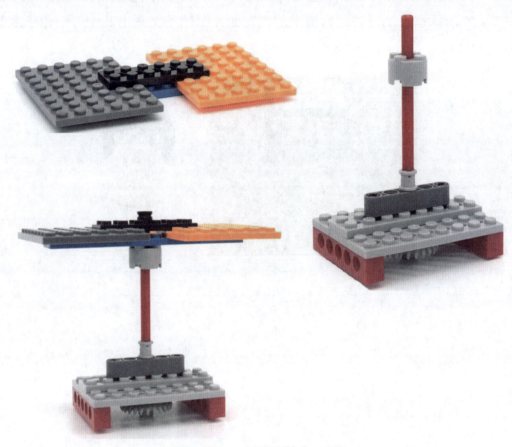

图 13-13 制作旋转盘（续）

（3）组装，如图 13-14 所示。

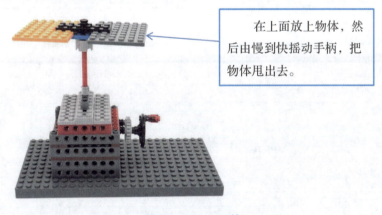

在上面放上物体，然后由慢到快摇动手柄，把物体甩出去。

图 13-14 组装

课后思考

1. 物体在做什么运动时会产生向心力？
2. 向心力总是指向哪里？

3. 一辆汽车在弯道上正常行驶时,它与路面的侧向摩擦力大于向心力还是小于向心力?

4*. 图13-15所示是一辆行驶在弯道上的汽车的4个轮子,画出其中一个轮子的侧向摩擦力的大致作用点和方向。

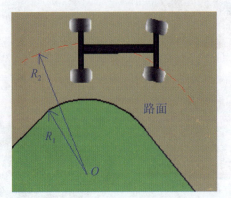

图13-15 第4题图

第 14 课

转碟

14.1 趣味圆周运动

转碟是一种非常精彩的杂技表演。杂技演员能双手同时转动多个小瓷盘，就像孔雀开屏一样，美丽极了（图 14-1）。

图 14-1 转碟

为什么一根细竿顶着一个光滑的瓷盘晃来晃去而瓷盘不会掉下来呢？原来瓷盘是在不停地转动，也就是它在不停地做圆周运动。瓷盘一旦停止转动，它就会立即掉下来。

生活中的许多现象表明：旋转的物体是能够保持稳定和平衡的。

比如，旋转的陀螺即使偏着"身子"也不会倒（图 14-2），自行车如果不前行就会倒下来（图 14-3）。

图 14-2 陀螺

图 14-3 自行车

这些依靠旋转来维持相对稳定和平衡的物体，它们的共同点都是在做圆周运动。我们已经知道，做圆周运动的物体必定存在向心力，从而可以推测，向心力是维持这些运动物体稳定的一个重要因素。

14.2 动手制作

【制作项目】转碟机器人（图 14-4）。

图 14-4 转碟机器人

1. 结构分析

转碟机器人分为底座、碟杆固定装置、电动机传动装置、转碟传动装置四部分，如图 14-5 所示。

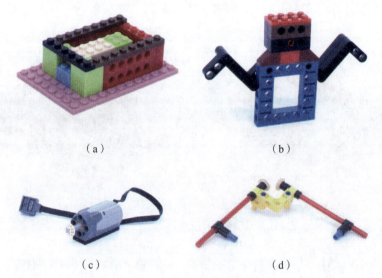

图 14-5 转碟机器人的结构

(a) 底座；(b) 碟杆固定装置；(c) 电动机传动装置；(d) 转碟传动装置

2. 所需器材

所需器材如图 14-6 所示。

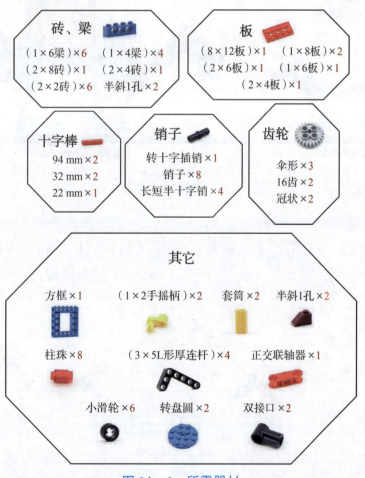

图 14-6 所需器材

3. 分步制作

1）底座制作

用 1×6 板、1×8 板、8×12 板、2×2 砖、2×4 砖、2×8 砖、1×6 梁做底座，如图 14-7 所示。

图 14-7　底座制作

2）碟杆固定装置制作

用 2×4 板、方框、3×5L 形厚连杆、2×2 砖、半斜 1 孔、转十字插销、销子做碟杆固定装置，如图 14-8 所示。

图 14-8　碟杆固定装置制作

3）转碟传动装置制作

用正交联轴器、1×2 手摇柄、伞形齿轮、16 齿齿轮、冠状齿轮、小滑轮、转盘圆、柱珠、套筒、双接口、长短半十字销、22 mm 十字棒、94 mm 十字棒做转碟传动装置，如图 14-9 所示。

图 14-9　转碟传动装置制作

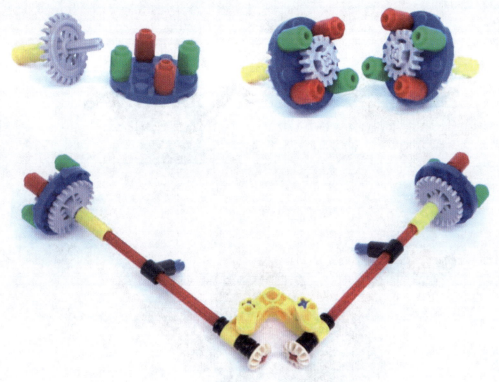

图 14-9 转碟传动装置制作（续）

4）电动机传动装置制作

用伞形齿轮、22 mm 十字棒做电动机传动装置，如图 14-10 所示。

图 14-10 电动机传动装置制作

4. 组装

组装好各部分，加装电源，转碟机器人就能动起来了（图 14-11）。

图 14-11 组装

图 14-11 组装（续）

14.3 创意拓展

【拓展项目】 将 14.2 节中的转碟机器人拓展为同时转动 4 个"瓷盘"。

（1）制作底座部分，如图 14-12 所示。

图 14-12 制作底座部分

（2）制作转碟传动和固定装置，如图 14-13 所示。

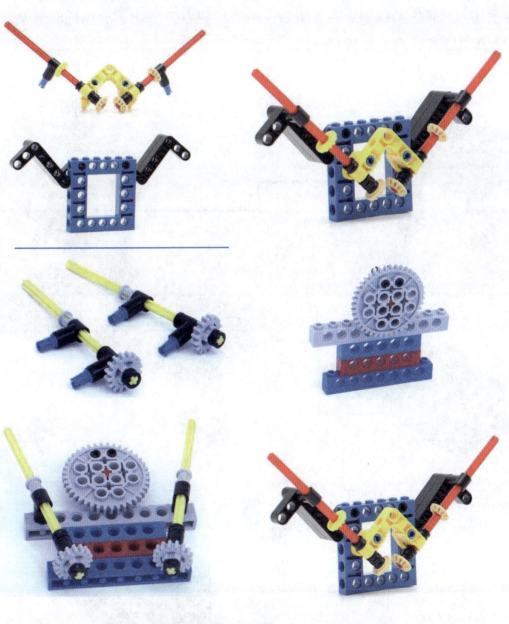

图 14-13 制作转碟传动和固定装置

（3）将底座与转碟传动和固定装置组装，加装"瓷盘"和电源，能同时转动 4 个"瓷盘"的转碟机器人就制作完成了（图 14 – 14）。

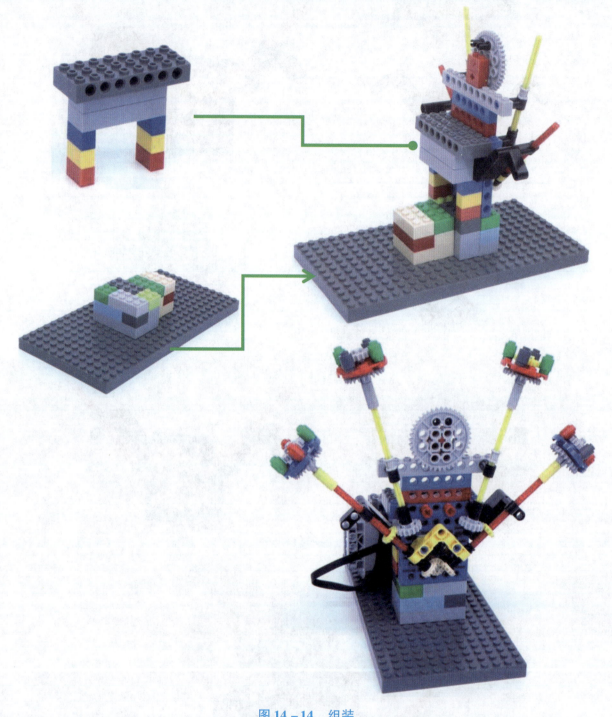

图 14 – 14　组装

课后思考

1. 陀螺旋转时的稳定性与它的转速有什么关系？

2. 一个陀螺开始时以同等的转速分别在比较光滑的地板上和比较粗糙的地板上旋转（图 14-15），它在哪种条件下旋转时间较长？为什么？

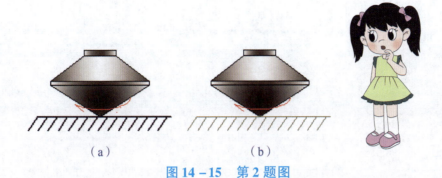

图 14-15　第 2 题图
（a）比较粗糙的地面；（b）比较光滑的地面

第15课 收割机

15.1 速度设置

为了适应实际生产和生活的需要，对于不同用途的物体运动需要设置不同的速度。比如收割机（图15-1），它需要边行走、边收割、边脱粒，而它进行各项工作时的速度都不同。

图15-1 收割机

对于一台机器或机器人来说，设计它内部的运动部件如何运动属于机械运动学或机器人运动学的范畴。

机械运动学是一门复杂的学科，下面以齿轮传动为例，简单介绍如何确定它们的转速。

一台机器上有甲、乙、丙3个齿轮。甲齿轮为原动齿轮（主动轮），转速为 $n = 300$ r/min，乙齿轮需要设置转速为 $n = 60$ r/min，丙齿轮需要设置转速为 $n = 100$ r/min，它们的传动关系如图15-2所示。

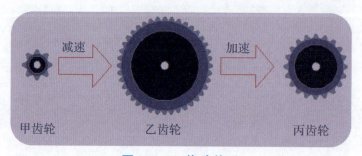

图15-2 传动关系

甲齿轮与乙齿轮的传动比为5∶1，甲齿轮与丙齿轮的传动比为3∶1。

如果甲齿轮的齿数为 8，则乙齿轮的齿数应为 5×8=40，丙齿轮的齿数应为 3×8=24。按照上述要求装置齿轮后乙齿轮和丙齿轮就能按设计要求完成自己的工作任务了（图 15-3）。

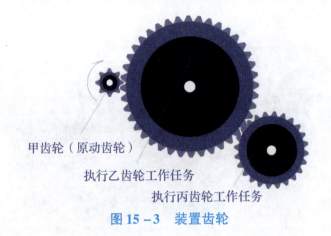

图 15-3　装置齿轮

收割机传动轮轴的齿轮转速小于耙禾器的齿轮转速，耙禾器的齿轮转速小于脱粒器的齿轮转速。

15.2　动手制作

【制作项目】收割机（图 15-4）

图 15-4 收割机

1. 结构分析

收割机的结构分为机身、耙禾器装置、脱粒器装置、电动机传动装置四部分，如图 15-5 所示。

图 15-5 收割机的结构

（a）机身；（b）耙禾器装置；（c）脱粒器装置；（d）电动机传动装置

2. 所需器材

所需器材如图 15-6 所示。

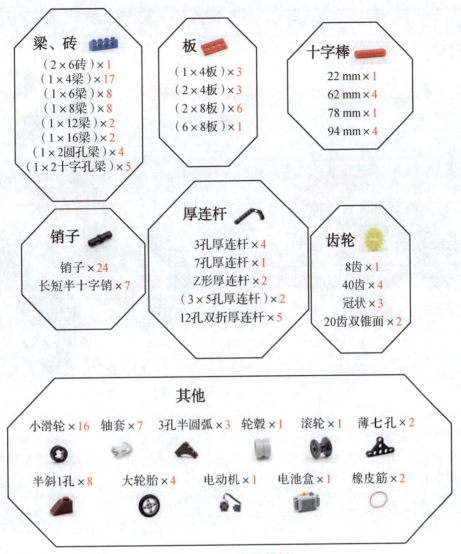

图 15-6 所需器材

3. 分步制作

1）机身制作

用 1×6 梁、1×8 梁、1×16 梁、2×4 板、2×8 板、62 mm 十字棒、94 mm 十字棒、8 齿齿轮、40 齿齿轮、小滑轮、轴套、大轮胎做机身，如图 15-7 所示。

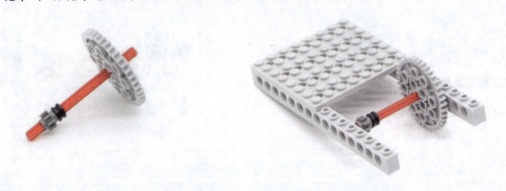

图 15-7 机身制作

图 15－7　机身制作（续）

2）耙禾器装置制作

用 1×2 十字孔梁、1×4 梁、1×6 梁、1×4 板、2×8 板、3 孔厚连杆、3×5 孔厚连杆、薄七孔、12 孔双折厚连杆、半斜 1 孔、40 齿齿轮、62 mm 十字棒、94 mm 十字棒、轮毂、小滑轮、长短半十字销、销子做耙禾器装置，如图 15－8 所示。

图 15－8　耙禾器装置制作

图 15-8 耙禾器装置制作（续）

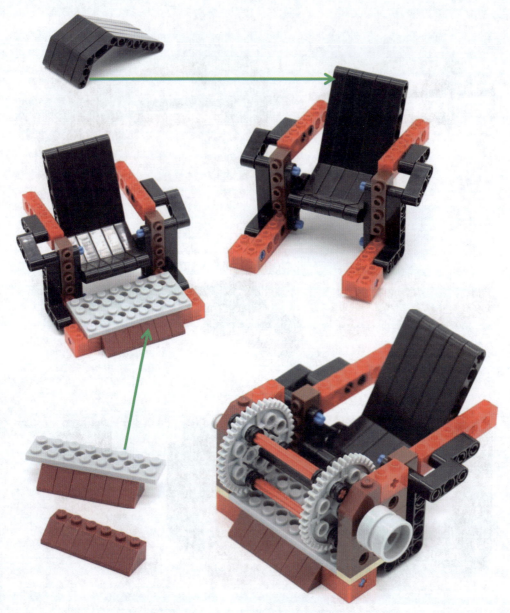

图 15-8 耙禾器装置制作（续）

3）脱粒器装置制作

用 1×8 梁、1×12 梁、94 mm 十字棒、小滑轮、冠状齿轮、轴套、滚轮、Z 形厚连杆、6×8 板、销子做脱粒器装置，如图 15-9 所示。

图 15-9 脱粒器装置制作

图 15-9 脱粒器装置制作（续）

4）电动机传动装置制作

用 1×2 圆孔梁、1×2 十字孔梁、2×4 板、1×4 梁、3 孔半圆弧、20 齿双锥面齿轮、2×6 砖、22 mm 十字棒、轴套做电动机传动装置，如图 15-10 所示。

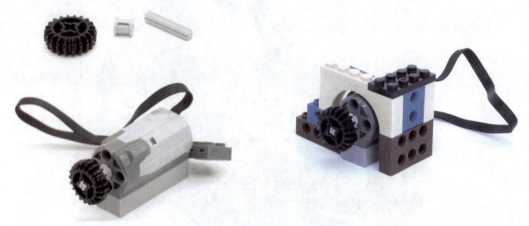

图 15-10 电动机传动装置制作

4. 组装

将各部分组装起来，收割机就制作好了（图 15-11）。

图 15-11 组装

图 15-11 组装（续）

15.3 创意拓展

【拓展项目】将收割机行驶的速度设置为作业时的行驶速度和道路上的行驶速度两挡。

（1）制作传动及变速装置，如图 15-12 所示。

图 15-12 制作传动及变速装置

图 15-12 制作传动及变速装置（续）

图 15-12 制作传动及变速装置（续）

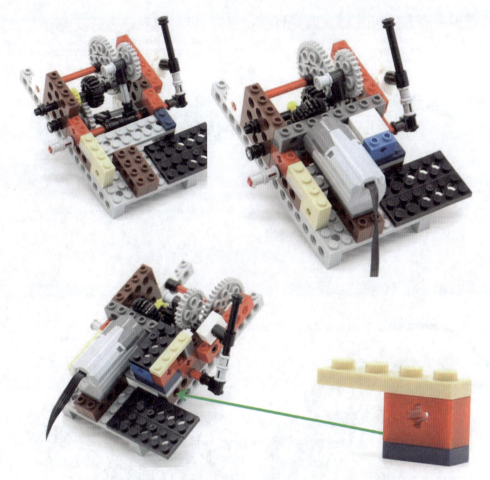

图 15-12 制作传动及变速装置（续）

（2）制作耙禾器装置，如图 15-13 所示。

图 15-13 制作耙禾器装置

(3) 制作脱粒器装置,如图 15-14 所示。

图 15-14 制作脱粒器装置

(4) 组装,如图 15-15 所示。

图 15-15 组装

课后思考

1. 机械手表是一种齿轮传动装置，它的时针与分针的转速比（时针转速：分针转速）是（   ）。

   A. 1∶12   B. 1∶24   C. 1∶60   D. 12∶1

2. 有两个相互传动的大小齿轮，大齿轮的齿数为24，小齿轮的齿数为8（图15-16）。如果大齿轮转3圈，则小齿轮转多少圈？

图15-16　第2题图

参 考 文 献

［1］中国电子学会普及工作委员会. 机器人基础技术教学［M］. 北京：《电子制作》杂志社，2021.
［2］中国电子学会，上海享渔教育科技有限公司. 智能硬件项目教程［M］. 北京：航空航天大学出版社，2018.

机器人创意与编程

JIQIRENCHUANGYIYUBIANCHENG

共6册

机器人创意与编程（一）

第3册 机械传动（一）

谭立新　刘开新　著

北京理工大学出版社
BEIJING INSTITUTE OF TECHNOLOGY PRESS

内 容 提 要

本套教材体系上符合人工智能进入中小学编程教育的主要技术框架，内容上涵盖了机械结构、电子电路、Mixly 图形化编程、C 语言程序设计基础知识、Arduino C 代码编程、智能硬件应用、传感器应用、红外通信等方面的知识与实践。

本套教材内容尽量简化了文字语言，最大限度地使用图形语言，力求适应不同年龄段的小学生认识事物与理解事物的特点。

版权专有　侵权必究

图书在版编目（CIP）数据

机器人创意与编程． 一 共6册／谭立新，刘开新著
． -- 北京：北京理工大学出版社，2024.5
ISBN 978 - 7 - 5763 - 3984 - 0

Ⅰ．①机… Ⅱ．①谭… ②刘… Ⅲ．①机器人 - 程序设计 - 中小学 - 教材 Ⅳ．①G634.931

中国国家版本馆 CIP 数据核字（2024）第 097364 号

责任编辑：钟　博		文案编辑：钟　博		插画设计：苏玲子
责任校对：周瑞红		责任印制：施胜娟		

出版发行　／　北京理工大学出版社有限责任公司
社　　址　／　北京市丰台区四合庄路6号
邮　　编　／　100070
电　　话　／　(010) 68914026（教材售后服务热线）
　　　　　　　(010) 68944437（课件资源服务热线）
网　　址　／　http://www.bitpress.com.cn

版 印 次　／　2024 年 5 月第 1 版第 1 次印刷
印　　刷　／　河北盛世彩捷印刷有限公司
开　　本　／　889 mm × 1194 mm　1/16
印　　张　／　56.25
字　　数　／　1160 千字
总 定 价　／　468.00 元（共 6 册）

图书出现印装质量问题，请拨打售后服务热线，负责调换

前　言

　　机器人是一个融合机械、电子、计算机、智能控制、互联网、通信、人工智能等诸多技术的综合体，对未来学科启蒙意义重大。随着国家教育体制改革的不断深化，中小学开设以机器人为载体的新一代信息科技课程越来越受到高度重视。

　　众所周知，机器人技术中的任何一门学科都应该是中专及以上院校开设的课程，对于中小学生特别是小学生来说有什么意义呢？这就好比汉语言文学专业，它是我国大学史上最早开设的专业之一，可是从来没有哪一位学生是在考入大学的这一专业后，才开始学习说话和写字的，也没有哪一位学生是在牙牙学语时便学习音韵、语法和修辞课程的。

　　本套《机器人创意与编程》教材立足于既要解决像汉语言文学专业的学生不需要从零开始学习"说话"和"写字"的问题，又尽量处理好像婴儿在牙牙学语时的"语法"与"修辞"的难题。

　　本套教材依据中国电子学会推出的《全国青少年机器人技术等级考试标准》，对课程体系的组织与安排充分注重教学内容的系统性、教学阶段的差异性、教学形式的趣味性和手脑并重的创意性。本套教材按照《全国青少年机器人技术等级考试标准》，体系上符合人工智能进入中小学编程教育的主要技术框架，内容上涵盖了机械结构、电子电路、软件编程、智能硬件应用、传感器应用、通信等方面的知识与实践。

　　本套教材共12册，适用对象为小学1~6年级的学生，其中9~12册也适合7~9年级学生学习。

　　1~4册，主要通过积木模型介绍机械结构方面的知识，对应1~2年级的学生及一、二级等级考试；

　　5~8册，主要介绍Mixly图形化编程、电子电路、智能硬件及传感器的应用等知识，对应3~4年级的学生及三级等级考试；

　　9~12册，主要介绍C语言代码编程、电子电路、智能硬件及传感器的应用、红外通信等知识，对应5~6年级的学生及四级等级考试。

　　每册教材原则上按单元划分教学内容，即每个单元具有相对独立的知识点。为了便于学生学习与记忆，1~4册每课的知识点在目录中用副标题标出；5~12册每课的标题除应用型项目外，原则上用所学知识点直接标出。

　　中小学生机器人技术课程开发是一个全新的领域。由于编者水平有限，不妥和疏漏之处在所难免，敬请广大读者提出宝贵的意见和建议。

编　者

目 录

第1单元 直流电动机 ·· 1

第1课 直流电动机 ·· 2
1.1 动力与电源 ·· 2
1.2 动手制作 ··· 3
1.3 创意拓展 ··· 8

第2课 啄木鸟 ·· 11
2.1 电动机转动原理 ··· 11
2.2 动手制作 ·· 12
2.3 创意拓展 ·· 18

第3课 小电钻 ·· 23
3.1 电机的应用 ··· 23
3.2 动手制作 ·· 24
3.3 创意拓展 ·· 29

第2单元 齿轮传动 ·· 33

第4课 小风扇 ·· 34
4.1 齿轮传动 ·· 34
4.2 动手制作 ·· 36
4.3 创意拓展 ·· 39

第5课 小雷达 ·· 42
5.1 齿轮传动速度比 ··· 42
5.2 动手制作 ·· 43
5.3 创意拓展 ·· 47

第6课 久别重逢 ··· 49
6.1 齿轮的变速传动 ··· 49
6.2 动手制作 ·· 50
6.3 创意拓展 ·· 56

第7课 扫地车 ·· 64
7.1 锥齿轮传动 ··· 64
7.2 动手制作 ·· 66

| 7.3　创意拓展 | 70 |

第3单元　链传动与滑轮 ... 73

第8课　压面机 ... 74
  8.1　链传动 ... 74
  8.2　动手制作 ... 75
  8.3　创意拓展 ... 79

第9课　履带车 ... 83
  9.1　链传动的应用 ... 83
  9.2　动手制作 ... 84
  9.3　创意拓展 ... 89

第10课　大吊车 ... 92
  10.1　定滑轮 ... 92
  10.2　动手制作 ... 93
  10.3　创意拓展 ... 97

第11课　神仙葫芦 ... 100
  11.1　动滑轮 ... 100
  11.2　动手制作 ... 102
  11.3　创意拓展 ... 104

第4单元　棘轮机构 ... 109

第12课　千斤顶 ... 110
  12.1　棘轮机构原理 ... 110
  12.2　动手制作 ... 112
  12.3　创意拓展 ... 115

第13课　井辘轳 ... 119
  13.1　止逆棘轮装置 ... 119
  13.2　动手制作 ... 120
  13.3　创意拓展 ... 124

第14课　升降椅 ... 128
  14.1　摩擦式棘轮机构 ... 128
  14.2　动手制作 ... 129
  14.3　创意拓展 ... 133

第15课　神奇的扳手 ... 137
  15.1　棘轮机构的应用 ... 137
  15.2　动手制作 ... 138
  15.3　创意拓展 ... 142

参考文献 ... 144

第1单元
直流电动机

- 动力与电源
- 电动机转动原理
- 直流电动机的应用

第1课

直流电动机

1.1 动力与电源

能够使机械工作的力叫作动力。动力有各种不同的形式，例如：水流可以让水轮泵转动，这种动力叫作水力；风可以让风车转动，这种动力叫作风力；蒸汽可以推动活塞，这种动力叫作热力，等等。

这些动力都可以被转换成电能。把其他形式的能转换成电能的装置叫作电源。

用电能作为动力的能源叫作电力。将电能转换为机械能的装置叫作电动机。

直流电动机

电池是电源的一种。电在导体中流动的时候，把它叫作电流。

1.2 动手制作

【制作项目】 线路连接（图1-1）。

图1-1 线路连接

1. 电池盒及电池的安装

1）认识电池及电池盒的正极与负极

标注"+"的是正极，标注"-"的是负极，正极的一端有金属凸起，负极的一端是金属平面（图1-2）。

图1-2 电池的正极和负极（1）

电池盒里面标注有电池安装的正、负极图示（图1-3）。

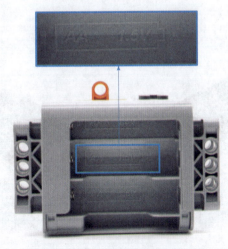

图1-3 电池盒中的标注

电池盒正极一端有金属片，负极一端有弹簧（图1-4）。

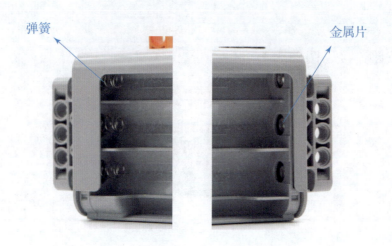

图1-4　电池盒中的正极和负极

2）安装

打开电池盒舱盖，如图1-5所示。

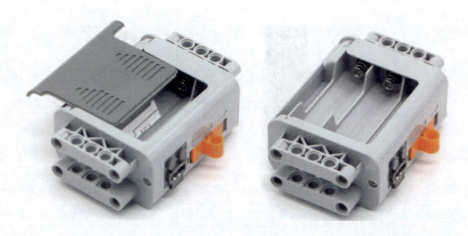

图1-5　安装（1）

确认好正、负极后将电池装入，如图1-6所示。

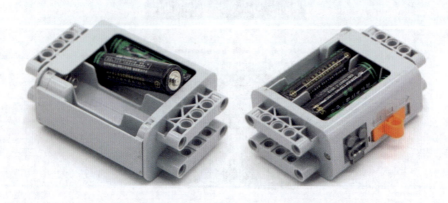

图1-6　安装（2）

电池装入后,将电池盒舱盖盖好,如图1-7所示。

图1-7 安装(3)

2. 电池盒与电动机的连接

将电动机连接端与电池盒连接端对应连接(图1-8)。注意,确认好连接方向,将接触点与接触点对应,固定端与固定端连接。

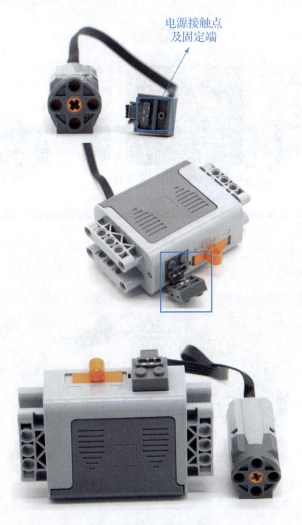

图1-8 连接电池盒与电动机

· 5 ·

3. 电源开关的使用

1）打开电源开关之前的检查事项

首先，检查电池盒按钮位置是否处于中间"停止"位置，如果没有，先将按钮拨到中间"停止"位置（图1-9）。

图1-9 检查（1）

然后，检查电池正、负极是否安装正确（图1-10）。

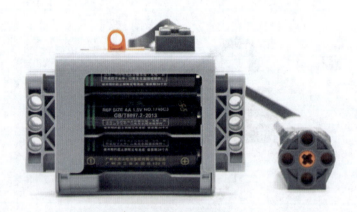

图1-10 检查（2）

最后，检查电动机与电池盒是否连接正确、连接牢固（图1-11）。

图1-11 检查（3）

2) 及时关闭电源

使用完毕后,应当及时关闭电源(图1-12)。

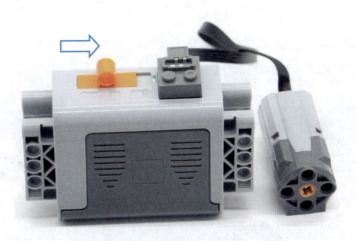

图1-12 关闭电源(1)

当电动机处于不能运转状态时,应当及时关闭电源(图1-13)。

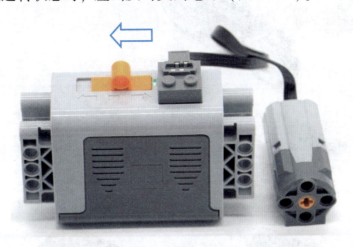

图1-13 关闭电源(2)

电动机在运行过程中出现故障时,应当及时关闭电源(图1-14)。

图1-14 关闭电源(3)

1.3 创意拓展

【拓展项目】 制作电动车。

（1）制作车体及车轮部分，如图1-15所示。

图1-15 制作车体及车轮部分

图 1-15 制作车体及车轮部分（续）

（2）制作动力部分，如图 1-16 所示。

图 1-16 制作动力部分

（3）加装电动机，电动车制作完成（图 1-17）。

图 1-17 加装电动机

课后思考

1. 将下面的句子补充完整。

(1) 能够使机械工作的力叫作（　　），用电能作为动力的（　　）叫作电力。

(2)（　　）可以让水轮泵转动，这种动力叫作水力。

(3) 把其他形式的能转换成（　　）的（　　）叫作电源。

(4) 将电能转换为机械能的（　　）叫作电动机。

2. 直流电动机使用的是什么电源？

3. 将电池装入电池盒时要注意哪些事项（图1-18）？

图1-18　第3题图

第2课 啄木鸟

2.1 电动机转动原理

电动机为什么会转动呢？

直流电动机的主要部件有定子和转子。定子由磁极组成，用于产生磁场；转子由许多线圈组成，用于通过电流。当电流流过线圈时，在磁场的作用下，转子就会开始转动，如果电流持续不断地从线圈里流过，转子就会不断地旋转。直流电动机基本原理示意如图2-1所示。

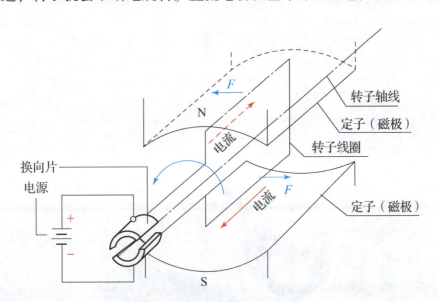

图2-1 直流电动机基本原理示意

电动机的转动有顺时针方向转动和逆时针方向转动之分。面对电动机轴的伸出端（称为D端），标准旋转方向为顺时针方向。如果把顺时针旋转称为正转，则逆时针旋转称为反转。

小课堂

2.2 动手制作

【制作项目】 啄木鸟（图 2-2）。

图 2-2 啄木鸟

1. 结构分析

啄木鸟的结构分为基础部分、嘴与颈部、传动装置、电动机装置四部分,如图 2-3 所示。

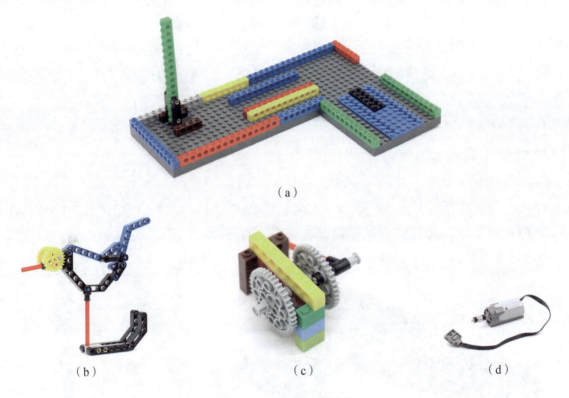

图 2-3 啄木鸟的结构

(a) 基础部分;(b) 嘴与颈部;(c) 传动装置;(d) 电动机装置

2. 所需器材

所需器材如图 2-4 所示。

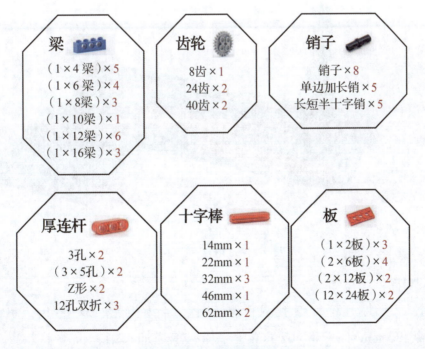

图 2-4 所需器材

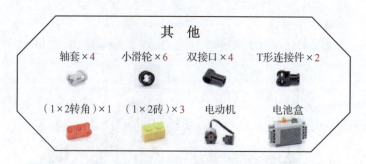

图 2-4 所需器材（续）

3. 分步制作

1）基础部分制作

用 2×6 板、2×12 板、12×24 板、1×4 梁、1×6 梁、1×8 梁、1×10 梁、1×12 梁、1×16 梁、3×5 孔厚连杆、单边加长销、销子做基础部分，如图 2-5 所示。

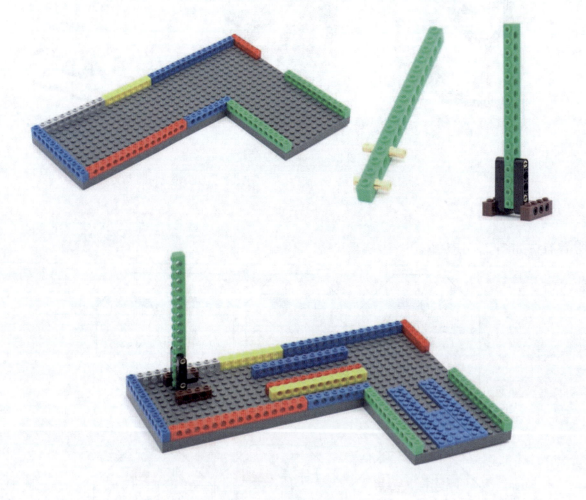

图 2-5 基础部分制作

2）嘴与颈部制作

用 3 孔厚连杆、Z 形厚连杆、12 孔双折厚连杆、24 齿齿轮、双接口、T 形连接件、1×2 转角、14 mm 十字棒、22 mm 十字棒、62 mm 十字棒、单边加长销、长短半十字销、销子做嘴与颈部，如图 2-6 所示。

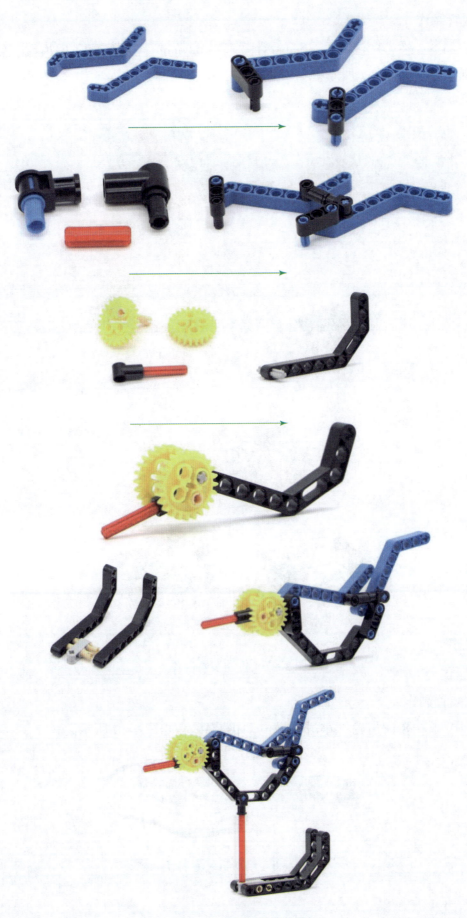

图 2-6 嘴与颈部制作

3）传动装置制作

用1×2砖、1×4梁、1×6梁、46 mm十字棒、62 mm十字棒、40齿齿轮、轴套、小滑轮、双接口做传动装置，如图2-7所示。

图2-7 传动装置制作

4）电动机装置制作

用32 mm十字棒、8齿齿轮、小滑轮做电动机装置，如图2-8所示。

图2-8 电动机装置制作

4. 组装

将各部分组装在一起，啄木鸟就制作完毕了（图2-9）。

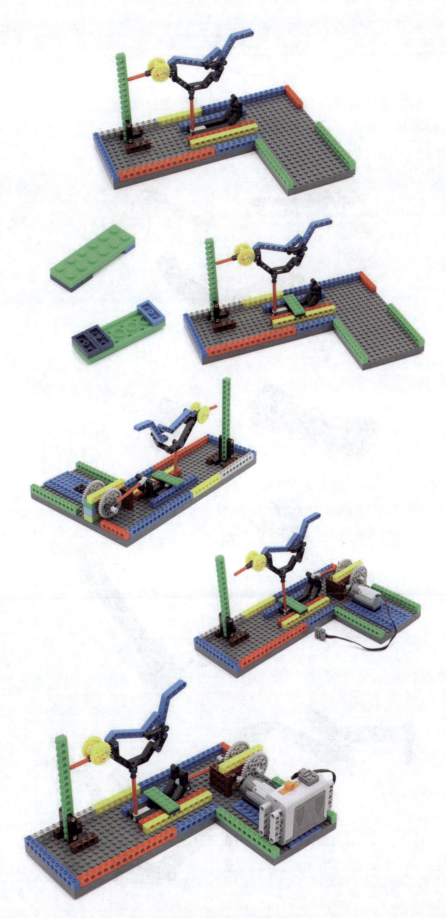

图 2-9 组装

2.3 创意拓展

【拓展项目】 利用电动机提供动力,制作"小鸟啄食"模型。

(1) 制作嘴及颈部,如图 2-10 所示。

图 2-10 制作嘴及颈部

（2）制作弹力装置，如图 2 – 11 所示。

图 2 – 11　制作弹力装置

（3）制作电动机装置，如图 2 – 12 所示。

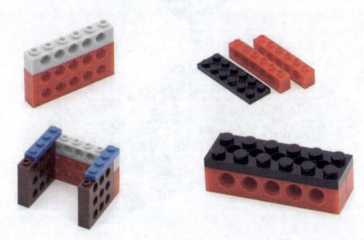

图 2 – 12　制作电动机装置

图 2-12 制作电动机装置（续）

(4) 制作食物台并组装，如图 2-13 所示。

图 2-13 制作食物台并组装

· 20 ·

图 2-13　制作食物台并组装（续）

连接电池盒并打开电源开关进行体验。

 课后思考

1. 简单地说一说电动机是如何转动的。
2. 本课中直流电动机基本原理示意（图 2-1）中的电动机转轴是正转还是反转？
3. 如图 2-14 所示，我们制作的啄木鸟使用的是机械能还是电能？

图 2-14　第 3 题图

4. 细心观察（图2-15）。

图2-15 第4题图

小电钻

3.1 电机的应用

电钻是用来钻孔的电动工具。由于电动机转动的速度很快,所以电钻比手工木钻的效率高很多。

3.2 动手制作

【制作项目】 小电钻（图3-1）。

图3-1 小电钻

1. 结构分析

小电钻结构分为钻头装置、电动机装置、手柄3部分，如图3-2所示。

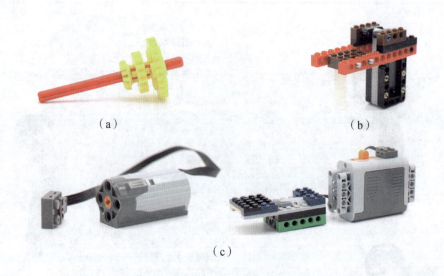

图3-2 小电钻的结构
(a) 钻头装置；(b) 手柄；(c) 电动机装置

2. 所需器材

所需器材如图3-3所示。

图3-3 所需器材

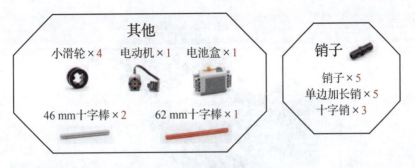

图 3-3 所需器材（续）

3. 分步制作

1）钻头装置制作

用 62 mm 十字棒、16 齿齿轮、24 齿齿轮、伞形齿轮做钻头装置，如图 3-4 所示。

图 3-4 钻头装置制作

2）电动机装置制作

用 1×6 梁、1×2 板、1×4 板、1×6 板、1×10 板、2×4 板、电动机、电池盒做电动机装置，如图 3-5 所示。

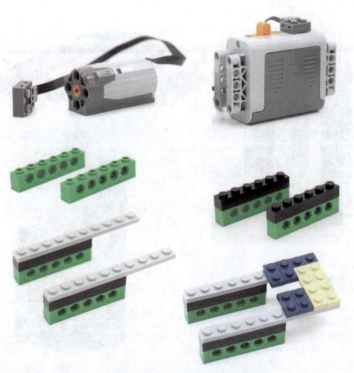

图 3-5 电动机装置制作

图 3-5 电动机装置制作（续）

3）手柄制作

用 3 孔厚连杆、5 孔厚连杆、9 孔厚连杆、12 孔双折厚连杆、3×5 孔厚连杆、1×4 梁、1×12 梁、1×6 板、46 mm 十字棒、单边加长销、长短半十字销、销子、小滑轮做手柄，如图 3-6 所示。

图 3-6 手柄制作

图 3-6 手柄制作(续)

图 3-6 手柄制作（续）

4. 组装

将搭建好的各部分组装起来，小电钻就搭建完毕了（图 3-7）。同学们在体验时要注意安全。

图 3-7 组装

图 3-7 组装（续）

3.3 创意拓展

【拓展项目】 利用电动机制作一把电锯。

（1）制作切割台，如图 3-8 所示。

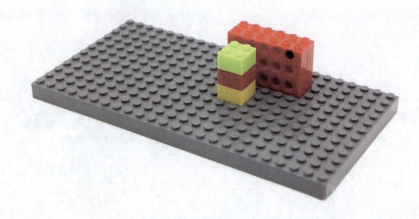

图 3-8 制作切割台

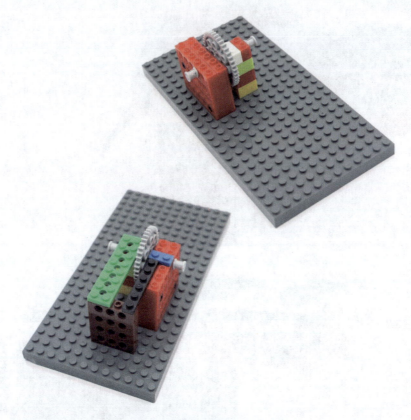

图 3-8 制作切割台（续）

（2）制作输料台，如图 3-9 所示。

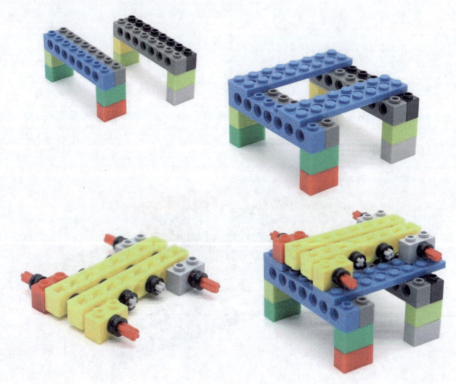

图 3-9 制作输料台

(3) 制作动力装置，如图 3-10 所示。

图 3-10 制作动力装置

(4) 组装，如图 3-11 所示。

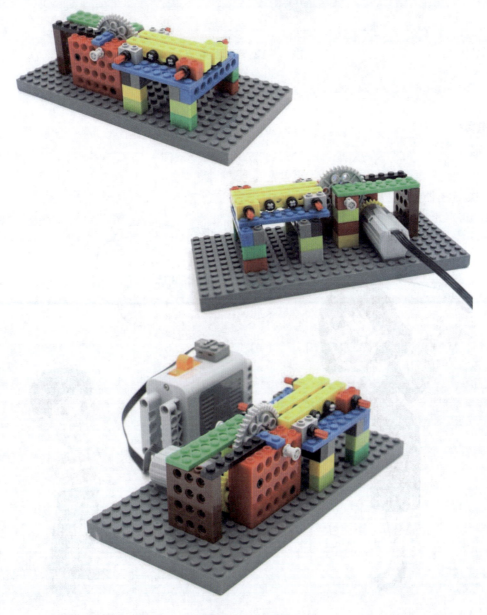

图 3-11 组装

（5）搭建完毕，验证模型，如图3-12所示。

图3-12 验证模型

课后思考

想一想（图3-13）。

图3-13 "课后思考"图

第 2 单元
齿轮传动

- 齿轮的种类
- 齿轮传动的特性
- 齿轮组变速比的计算

第4课 小风扇

4.1 齿轮传动

在前面的制作中已经用到了齿轮，但是还没有真正地介绍齿轮。

齿轮是一种轮缘上有齿，能相互啮合以传递运动和动力的机械零件。

齿轮的种类繁多，分类的方法也有多种。按照齿轮的外形划分，齿轮一般分为：圆柱齿轮（又称平齿轮或平面齿轮）、锥齿轮（又称伞形齿轮）、蜗杆、齿条等，如图4-1所示。

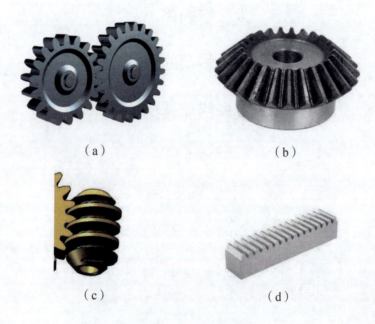

图 4-1 齿轮的分类
(a) 圆柱齿轮；(b) 锥齿轮；(c) 蜗杆；(d) 齿条

齿轮的主要作用是传动，它将一根轴的转动传递给另一根轴。起传动作用的齿轮叫作主动轮，被传动的齿轮叫作从动轮。多个相互传动的齿轮中，最后一个从动轮又叫作输出轮。

圆柱齿轮的传动特点，是它们的传动轴相互平行，而且相邻两根传动轴的转动方向相反。

4.2 动手制作

【制作项目】 小风扇（图4-2）。

图4-2 小风扇

1. 结构分析

小风扇由底座、支撑杆、传动齿轮、扇叶四部分构成，如图4-3所示。

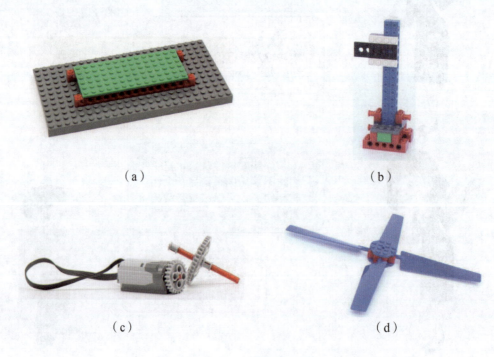

图4-3 小风扇的结构
(a) 底座；(b) 支撑杆；(c) 传动齿轮；(d) 扇叶

2. 所需器材

所需器材如图4-4所示。

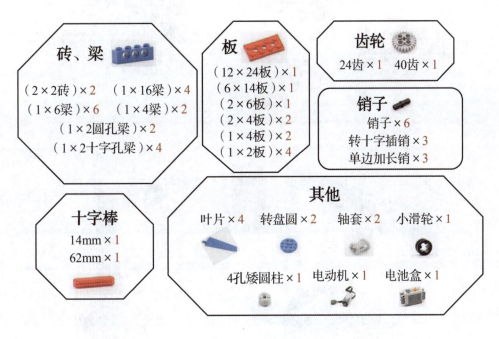

图4-4 所需器材

3. 分步制作

1）底座部分制作

用1×16梁、12×24板、6×14板做底座，如图4-5所示。

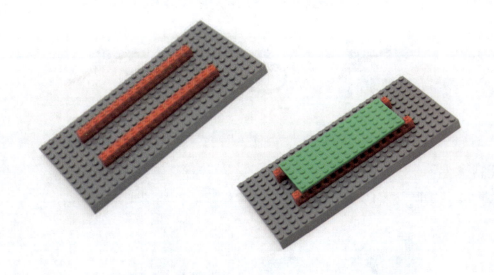

图4-5 底座部分制作

2）支撑杆制作

用1×2圆孔梁、1×4梁、1×6梁、1×16梁、2×2砖、2×4板、2×6板、1×2板、1×4板、单边加长销、转十字插销和销子做支撑杆，如图4-6所示。

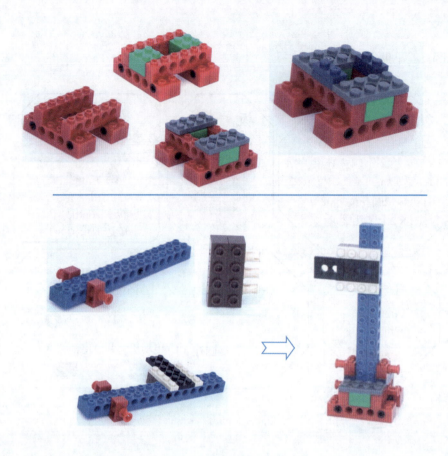

图 4-6 支撑杆制作

3）传动齿轮制作

用 14 mm 十字棒、62 mm 十字棒、24 齿齿轮、40 齿齿轮、轴套、电动机做传动齿轮，如图 4-7 所示。

图 4-7 传动齿轮制作

4）扇叶制作

用转盘圆、4 孔矮圆柱、1×2 十字孔梁、叶片做扇叶，如图 4-8 所示。

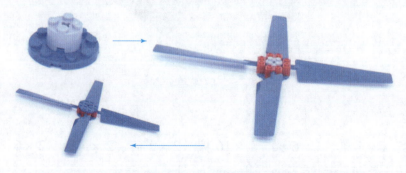

图 4-8 扇叶制作

4. 组装

将制作好的几部分组装起来，再加装电源，小风扇制作就完成了（图 4-9）。小朋友们赶紧让小风扇转起来吧。在操作过程中要千万注意安全，别让旋转的扇叶伤到自己和同学。

图 4-9　组装

4.3　创意拓展

【拓展项目】　改装小风扇，让小风扇的转动方向与电动机的转动方向一致。

（1）制作底座，如图 4-10 所示。

图 4-10　制作底座

（2）制作支撑杆，如图4-11所示。

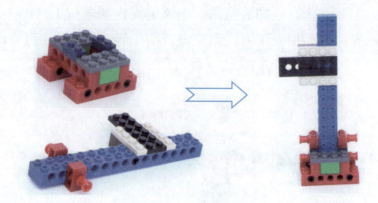

图4-11 制作支撑杆

（3）制作传动部分，将传动部分与支撑杆组装，如图4-12所示。

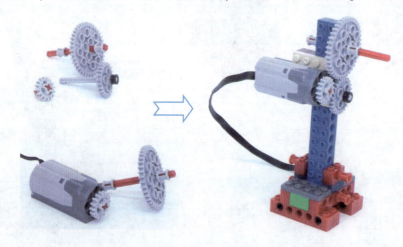

图4-12 制作传动部分并组装

（4）制作扇叶，将搭建好的各部分组装起来，如图4-13所示。

图4-13 制作扇叶并组装

课后思考

1. 齿轮按外形划分一般有哪些种类？
2. 圆柱齿轮有什么特性？
3. 什么是主动轮、从动轮和输出轮？
4. 想一想：图4-14中，齿轮5与齿轮1的转动方向是否相同？在多个齿轮的传动中，第一个齿轮的转动方向与最后一个齿轮的转动方向有什么规律？

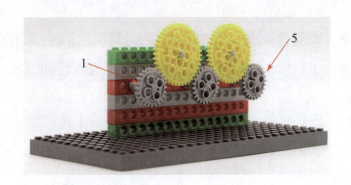

图4-14　第4题图

第5课 小雷达

5.1 齿轮传动速度比

齿轮传动装置具有很多特点。它的优点有：①可以准确无误地传递动力；②齿轮传动力大；③结构紧凑，适用于近距离传动；④不能直接啮合时可以通过多个齿轮传动。它的缺点是：噪声大、易损坏。

齿轮传动在生产生活中有着广泛的应用。但是，不同的应用中对于传动轴的转动速度有严格的要求。本课和下一课，分别按照"不同轴上的齿轮传动"与"同轴上的齿轮传动"两种类型分析、计算齿轮的变速传动。

对于不同轴上的齿轮传动，大齿轮转速小，小齿轮转速大。齿轮的大小可以用齿轮的齿数或半径来定义，如齿数为 24 的齿轮相对于齿数为 8 的齿轮为大齿轮，齿数为 8 的齿轮为小齿轮（图 5-1）。

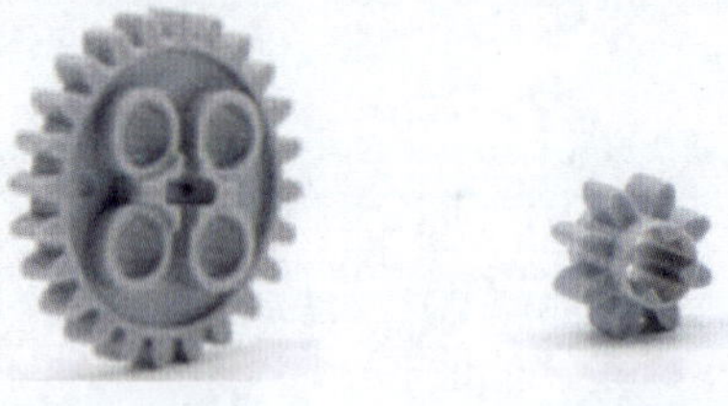

图 5-1 齿轮的大小
(a) 24 齿；(b) 8 齿

在图 5-1 中，两个齿轮传动的速度关系是大齿轮转动 1 圈，小齿轮转动 3 圈，即小齿轮的转动速度是大齿轮的 3 倍。称大齿轮与小齿轮的速度比为 1∶3，读作 1 比 3。

在具有两个以上齿轮的齿轮传动中，无论中间齿轮的齿数或半径是否相同，只需要计算主动轮和输出轮的速度比即可，如图 5-2 所示。

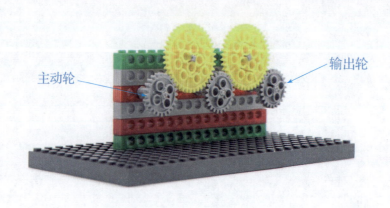

图 5-2 主动轮和从动轮

小课堂

5.2 动手制作

【制作项目】 小雷达（图5-3）。

图5-3 小雷达

1. 结构分析

小雷达的结构分为机座、传动装置和雷达天线三部分,如图 5-4 所示。

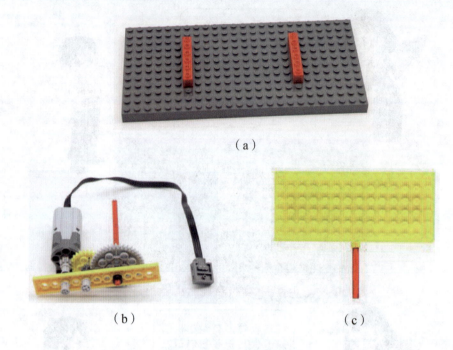

图 5-4 小雷达的结构

(a) 机座；(b) 传动装置；(c) 雷达天线

2. 所需器材

所需器材如图 5-5 所示。

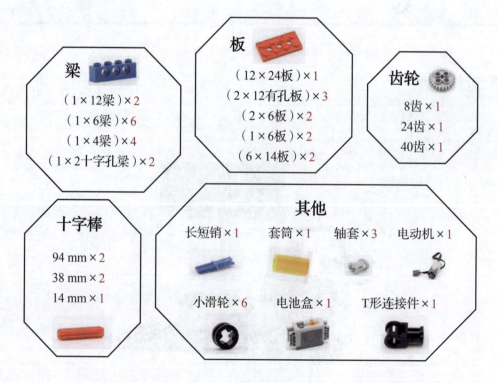

图 5-5 所需器材

3. 分步制作

1）基座制作

用 12×24 板、1×6 梁做机座，如图 5-6 所示。

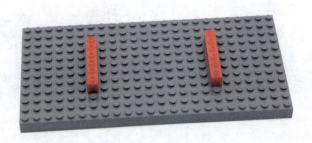

图 5-6 机座制作

2）传动装置制作

用 38 mm 十字棒、94 mm 十字棒、2×12 有孔板、8 齿齿轮、24 齿齿轮、40 齿齿轮、轴套、小滑轮、电动机做传动装置，如图 5-7 所示。

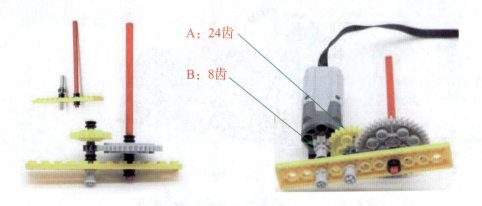

图 5-7 传动装置制作

3）雷达天线制作

用 6×14 板、14 mm 十字棒、套筒、T 形连接件、1×2 十字孔梁做雷达天线，如图 5-8 所示。

图 5-8 雷达天线制作

4）组装

将各个部分组装起来，加装电源，小雷达就制作好了（图5-9），快试试吧。

图5-9　组装

5.3 创意拓展

【拓展项目】 改装小雷达,让电动机每转25圈,雷达天线转1圈。

(1) 制作机座,如图5-10所示。

图 5-10 制作机座

(2) 制作传动动装置和雷达天线,如图5-11所示。

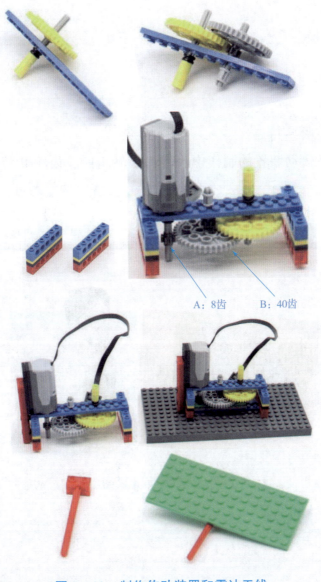

图 5-11 制作传动装置和雷达天线

（3）将制作好的各部分组装起来并开始体验（图5-12）。

图5-12　组装

同学们体验过后，可以取下电动机，用手转动电动机齿轮。数一数，是不是电动机齿轮转25圈后雷达天线齿轮才转1圈？

课后思考

1. 齿轮传动装置具有哪些特点？

2. 在5.2节中小雷达传动装置的制作中，齿轮A转1圈，齿轮B转多少圈？用速度比的表示方法把它写出来。

3*. 有5个不在同一轴上的齿轮依次传动（图5-13）。假设主动轮的半径为3 cm，转速为160 r/min，后面齿轮的半径依次为1 cm、5 cm、2 cm、3 cm，问输出轮的转速是多少？

图5-13　第3题图

第6课 久别重逢

6.1 齿轮的变速传动

在齿轮的运动传递中,最主要的任务之一是改变运动的速度。

对于同轴上的齿轮传动,与不同轴上的齿轮传动相比,同轴带动的齿轮传动效率更高,结构更紧凑。但是,主动轮与输出轮的速度比不能直接得出,需要按传动顺序依次推算。

图6-1中,齿轮B与齿轮C同轴,虽然它们的齿数不同,但在传动过程中它们的转速总是相同的,齿轮B转1圈时齿轮C同样转1圈。这就是同轴传动的特点。

D: 输出轮(40齿)
C: 同轴齿轮(8齿)
B: 从动轮(16齿)
A: 主动轮(8齿)

图6-1 同轴传动

现在根据主动轮的转速推算输出轮的转速。将主动轮的转轴设为"轴1",余下依次为"轴2""轴3"。为直观起见,用列表的形式推算(表6-1),并用同一时间内转动的圈数衡量转速。

表6-1 推算转速(1)

齿轮	轴1/圈	轴2/圈	轴3/圈
A	2		
B		1	
C		1	
D			$1 \times 8 \div 40 = 0.2$

表 6-1 中，主动轮 A 转 2 圈，从动轮 B、C 转 1 圈，输出轮 D 转 8÷40=0.2（圈），主动轮与输出轮的速度比为 2∶0.2。根据习惯表示方法，将速度比换成整数，即主动轮 A 与输出轮 D 的转速比为 10∶1，见表 6-2。

表 6-2　推算转速（2）

齿轮	轴 1/圈	轴 2/圈	轴 3/圈
A	10		
B		5	
C		5	
D			5×8÷40=1

实际上，了解了变速比的计算原理后直接用它们的比（倍数）相乘就行了。

在上面的例子中，齿轮 A 与齿轮 B 的转速比为 1∶0.5，齿轮 C 与齿轮 D 的转速比为 1∶0.2，即 B、D 的比（倍数）分别为 0.5、0.2，于是有

$$0.5 \times 0.2 = 0.1$$

即主动轮 A 与输出轮 D 的转速比为 1∶0.1，同时将它们扩大 10 倍后，得到变速比为 10∶1。

在前面的制作项目中，我们已经接触过有同轴齿轮传动的装置。

是呀！

现在，我们制作一个"久别重逢"模型，注意有同轴齿轮传动的变速运动和它们的转速比。

6.2　动手制作

【制作项目】"久别重逢"模型（图 6-2）。

图 6-2　"久别重逢"模型

1. 结构分析

"久别重逢"模型的结构分为传动装置、底座滑槽和行走装置三部分，如图6-3所示。

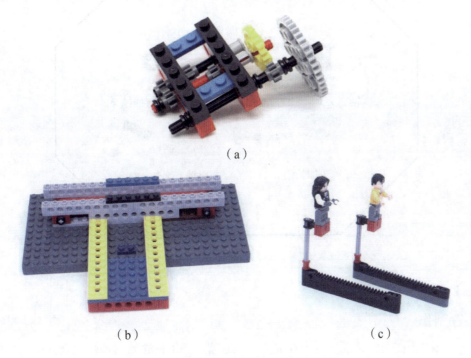

（a）

（b）　　　　　　　　　（c）

图6-3 "久别重逢"模型的结构
（a）传动装置；（b）底座滑槽；（c）行走装置

2. 所需器材

所需器材如图6-4所示。

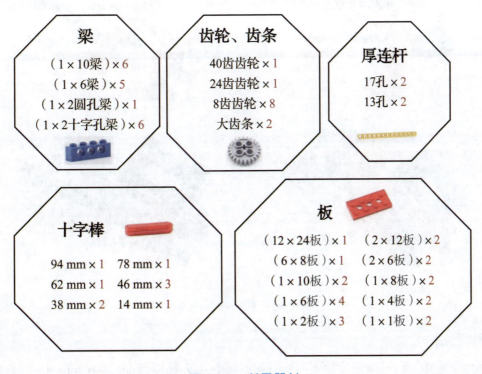

图6-4 所需器材

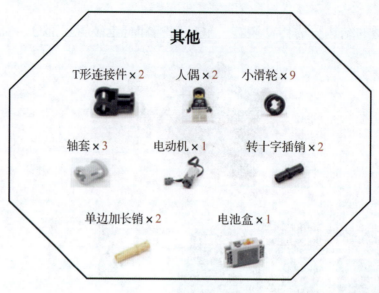

图 6-4 所需器材（续）

3. 分步制作

1）传动装置制作

用 1×1 板、1×2 板、1×4 板、1×6 板、1×6 梁、38 mm 十字棒、62 mm 十字棒、78 mm 十字棒、8 齿齿轮、24 齿齿轮、40 齿齿轮、轴套、小滑轮做传动装置，如图 6-5 所示。

图 6-5 传动装置制作

2）底座滑槽制作

用 1×8 板、1×10 板、1×2 十字孔梁、1×10 梁、17 孔厚连杆、46 mm 十字棒、小滑轮做底座滑槽，如图 6-6 所示。

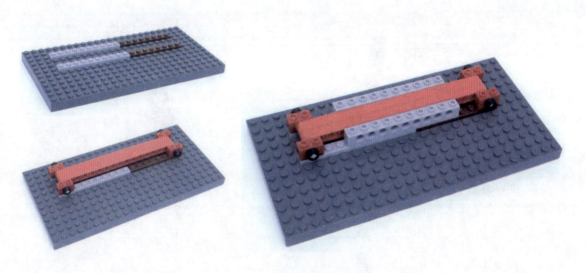

图 6-6 底座滑槽制作（1）

用 1×2 板、1×6 板、2×6 板、6×8 板、2×12 板、1×6 梁、1×10 梁继续制作底座滑槽，如图 6-7 所示。

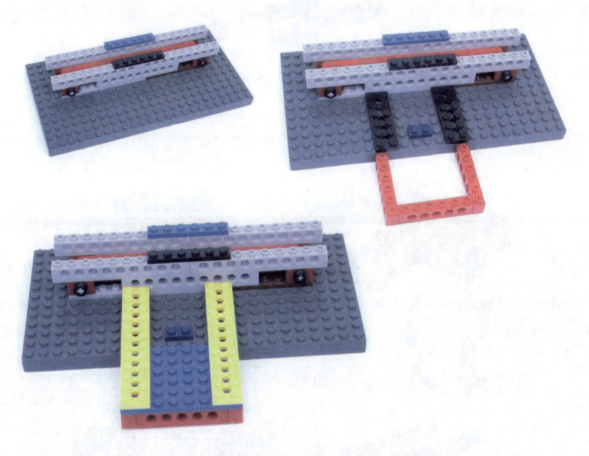

图 6-7 底座滑槽制作（2）

3）行走装置制作

用 1×2 十字孔梁、齿大条、14 mm 十字棒、46 mm 十字棒、T 形连接件、转十字插销、人偶做行走装置，如图 6-8 所示。

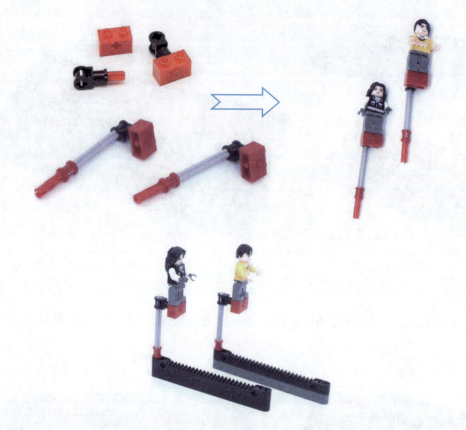

图6-8 行走装置制作

4) 组装

用1×2圆孔梁、94 mm十字棒做传动装置与底座滑槽的连接件(图6-9)。

图6-9 组装(1)

装上电动机传动装置电源,"久别重逢"模型就完成了(图6-10)。

图6-10 组装(2)

6.3 创意拓展

【拓展项目】 利用齿条制作小搬运车。

（1）制作车身及车轮部分，如图 6-11 所示。

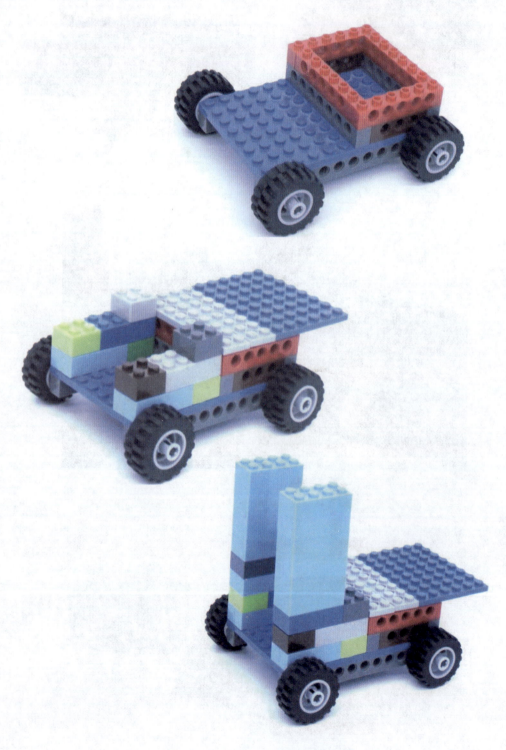

图 6-11 制作车身及车轮部分

(2) 制作传动装置,如图 6-12 所示。

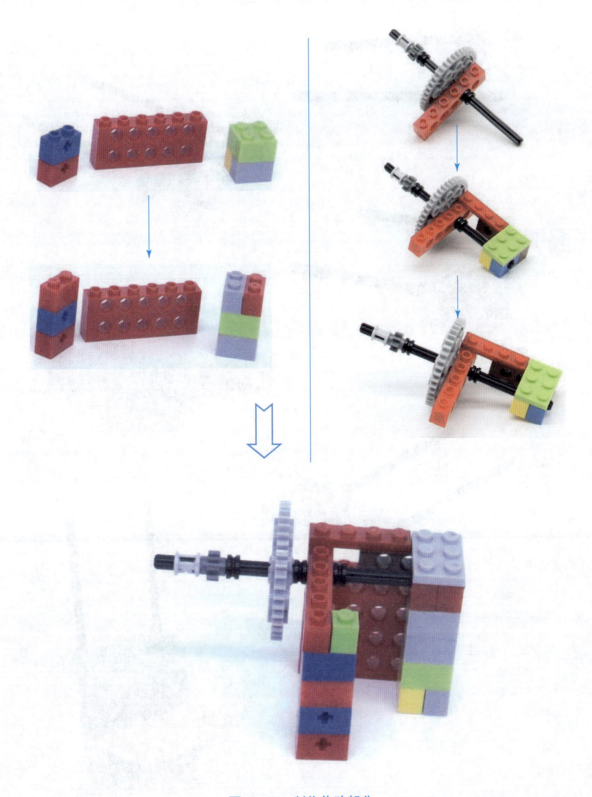

图 6-12 制作传动部分

(3) 制作升降装置,首先搭建升降台,如图 6-13 所示。

图 6-13 搭建升降台

（4）搭建升降传动装置，如图6-14所示。

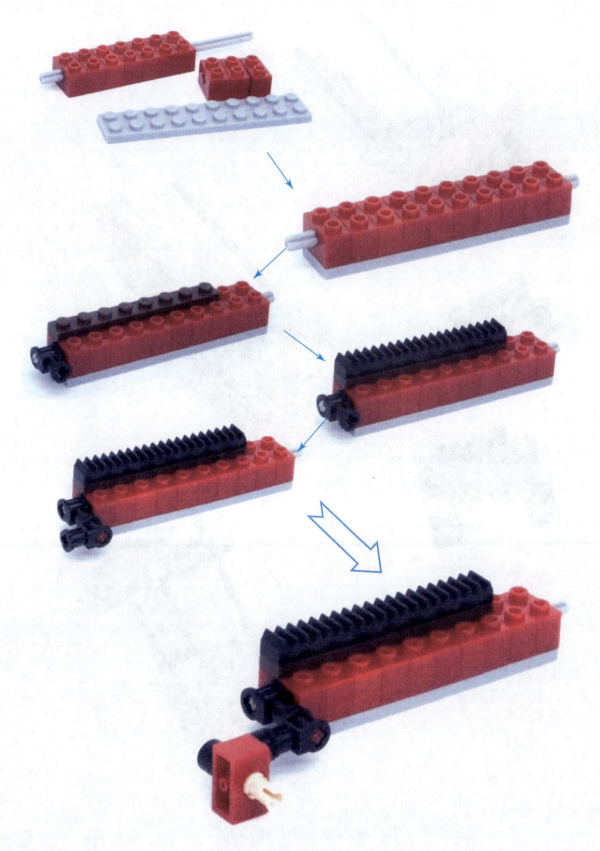

图6-14 搭建升降传动装置

(5) 将升降台与升降传动装置组装起来,如图 6-15 所示。

图 6-15 组装(1)

（6）将车身、车轮与升降台组装起来，如图6-16所示。

图6-16 组装（2）

(7) 将各部分组装起来,小搬运车就搭建完成了(图6-17),同学们,快试试吧。

图6-17 组装(3)

课后思考

1. 什么叫同轴上的齿轮传动？它有什么特点？
2. 计算有同轴齿轮传动的速度比与无同轴齿轮传动的速度比有什么区别？
3. 有一加速齿轮传动装置，主动轮 A 为 16 齿，从动轮 B 的轴上装有齿轮 C 来传动输出轮 D，从动轮 B 为 8 齿，齿轮 C 为 24 齿。计算主动轮与输出轮的转速比。
4. 想一想（图 6-18）。

图 6-18　第 4 题图

5. 传动力分析：有一个半径为 5 cm 的大齿轮传动一个半径为 2 cm 的小齿轮，分析它是省力传动还是费力传动。

注：传动力，指主动轮带动从动轮转动时需要用的力。比如有两个齿轮，大齿轮与小齿轮的齿数或半径比为 3∶1，它们的传动特性见表 6-3。

表 6-3　传动特性

齿轮啮合	半径	齿数	转数	传动力	作用
大齿轮带动小齿轮	3∶1	3∶1	1∶3	3∶1 费力传动	加速装置
小齿轮带动大齿轮	1∶3	1∶3	3∶1	1∶3 省力传动	减速装置

第 7 课

扫地车

7.1 锥齿轮传动

锥齿轮又称为伞形齿轮,它的主要特点是可以改变传动轴的传动方向(图 7-1)。在许多机械装置中,有时候需要将传动轴的运动和动力传递给与它的方向不平行的轴。在这种情况下,圆柱齿轮传动就无法达到目的,而锥齿轮却能轻松地解决这一问题。

图 7-1 锥齿轮

通过图 7-2,比较圆柱齿轮与锥齿轮传动的空间特性:圆柱齿轮的传动轴相互平行;锥齿轮的传动轴相互垂直,两根轴的延长线相交。

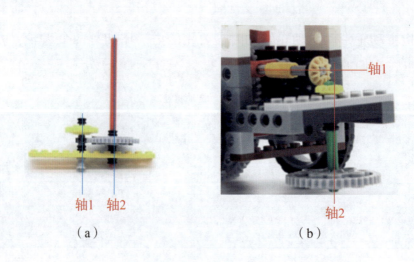

(a) (b)

图 7-2 圆柱齿轮与锥齿轮传动的空间特性比较

(a) 圆柱齿轮传动;(b) 锥齿轮传动

· 64 ·

除了锥齿轮传动可以改变运动与动力的方向外，冠状齿轮、蜗杆、齿条等都具有这一特性（图7-3）。

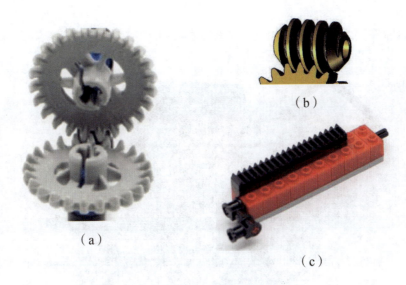

图7-3 不同类型的齿轮传动

(a) 冠状齿轮传动；(b) 蜗杆传动；(c) 齿条传动

 小课堂

我们制作一辆扫地车，红色的轴代表电动机的转轴，黑色的轴代表扫地器的轴，你知道它怎么传动吗？

用两个锥齿轮就行啦！

7.2 动手制作

【制作项目】 扫地车（图7-4）。

图7-4 扫地车

1. 结构分析

扫地车结构分为车轮、驾驶室、电动机传动装置、扫地器装置四部分，如图7-5所示。

图7-5 扫地车的结构
(a) 车轮；(b) 驾驶室；(c) 电动机传动装置；(d) 扫地器装置

2. 所需器材

所需器材如图 7-6 所示。

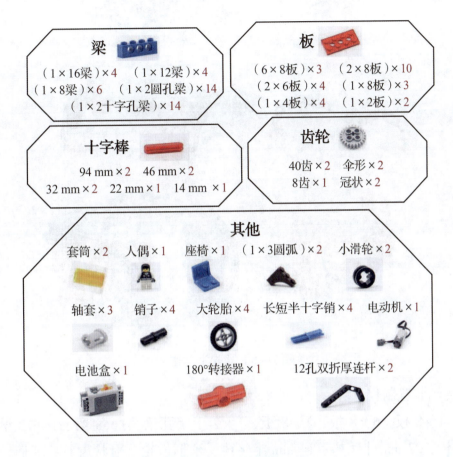

图 7-6 所需器材

3. 分步制作

1）车轮制作

用 1×16 梁、94 mm 十字棒、40 齿齿轮、小滑轮、大轮胎做车轮，如图 7-7 所示。

图 7-7 车轮制作

2）驾驶室制作

用 1×2 板、6×8 板、2×8 板、12 孔双折厚连杆、1×2 十字孔梁、长短半十字销、人偶做驾驶室，如图 7-8 所示。

图 7-8 驾驶室制作

3) 电动机传动装置制作

用 1×4 板、1×8 板、6×8 板、2×8 板、1×2 十字孔梁、1×8 梁、1×12 梁、46 mm 十字棒、32 mm 十字棒、22 mm 十字棒、14 mm 十字棒、伞形齿轮、冠状齿轮、套筒、小滑轮、1×3 圆弧、销子和电动机套装做电动机传动装置,如图 7-9 所示。

图 7-9 电动机传动装置制作

图 7-9 电动机传动装置制作（续）

4）扫地器装置制作

用 2×6 板、2×8 板、46 mm 十字棒、伞形齿轮、40 齿齿轮、小滑轮做扫地器装置，如图 7-10 所示。

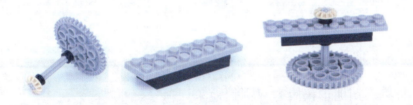

图 7-10 扫地器装置制作

4. 组装

将搭建好的几部分组装起来，扫地车就制作完成了（图 7-11）。

图 7-11 组装

图 7-11 组装（续）

7.3 创意拓展

【拓展项目】 将单刷扫地车拓展为双刷扫地车。

在 7.2 节所搭建的扫地车所使用的是单刷扫地器装置，我们可以将单刷扫地器装置改为双刷扫地器装置，其他部分可以不变。

（1）制作双刷扫地器装置，如图 7-12 所示。

图 7-12 制作双刷扫地器装置

（2）组装，如图7-13所示。

图7-13 组装

课后思考

1. 锥齿轮的运动传递有什么特点？
2. 说说你所了解的锥齿轮传动的例子。
3. 想一想（图7-14）。

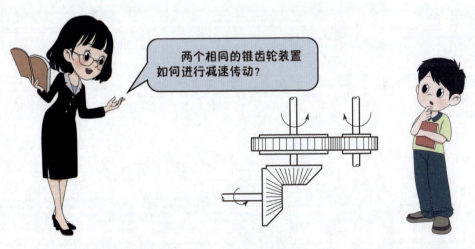

两个相同的锥齿轮装置如何进行减速传动？

图7-14 第3题图

第 3 单元
链传动与滑轮

- 链传动的基本特性
- 链传动的特性
- 定滑轮、动滑轮、滑轮组的基本特性
- 滑轮的应用

压面机

8.1 链传动

链传动是依靠链轮轮齿与链节的啮合来传递运动和动力的机械传动方式。传动链主要有滚子链、齿形链等种类（图8-1、图8-2）。链传动具有如下特点：①能准确无误地传递动力；②传动的距离可以自动调节；③不能改变被传动轴运动的方向；④突然变速时，传动链容易断裂；⑤转速和力的计算方法与齿轮传动的计算方法相同。

图8-1 传动链的种类
（a）滚子链；（b）齿形链

图8-2 链传动（齿形链）

小课堂

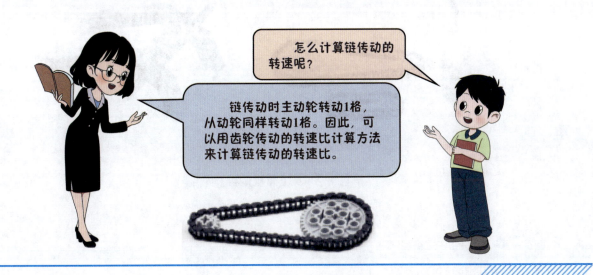

8.2 动手制作

【制作项目】 压面机（图8-3）。

图8-3 压面机

1. 结构分析

压面机结构分为支架、链传动装置、压面滚筒装置三部分，如图8-4所示。

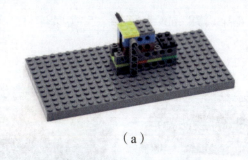

（a）

图8-4 压面机的结构
(a) 支架

图 8-4 压面机的结构（续）

（b）链传动装置；（c）压面滚筒装置

2. 所需器材

所需器材如图 8-5 所示。

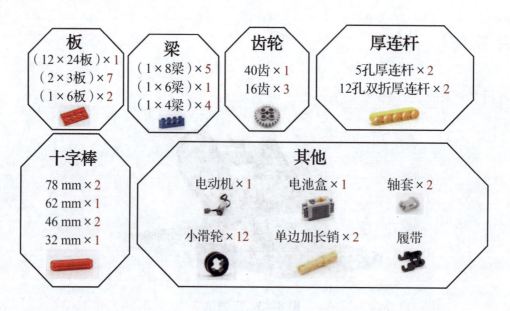

图 8-5 所需器材

3. 分步制作

1）支架制作

用 2×3 板、12×24 板、1×4 梁、78 mm 十字棒、5 孔厚连杆、轴套、销子做支架，如图 8-6 所示。

图 8-6 支架制作

图 8-6 支架制作（续）

2）链传动装置制作

用 32 mm 十字棒、电动机、16 齿齿轮、40 齿齿轮、履带做链传动装置，如图 8-7 所示。

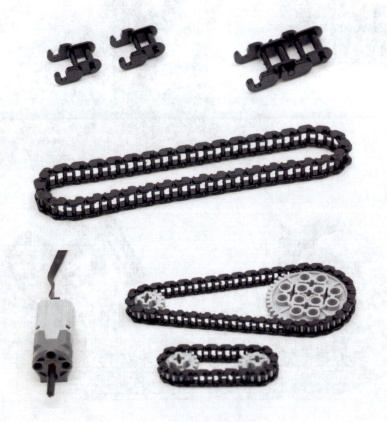

图 8-7 链传动装置制作

3）压面滚筒装置制作

用12孔双折厚连杆、46 mm十字棒、62 mm十字棒、78 mm十字棒、小滑轮做压面滚筒装置，如图8-8所示。

图8-8　压面滚筒装置制作

4）组装

将各部分组装起来，压面机就制作完成了（图8-9）。

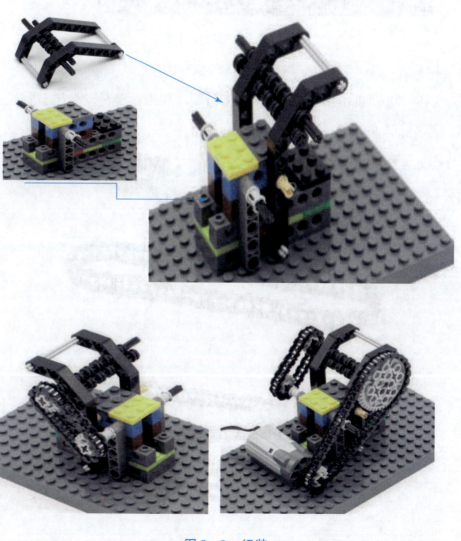

图8-9　组装

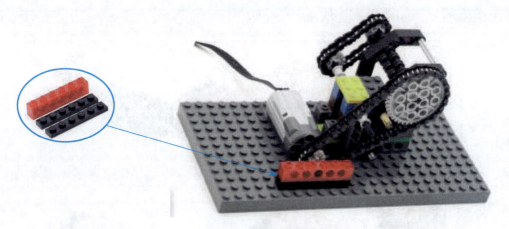

图 8 – 9 组装（续）

8.3 创意拓展

【拓展项目】 制作一辆摩托车。

（1）制作车把手部分，如图 8 – 10 所示。

图 8 – 10 制作车把手部分

(2) 制作横梁部分, 如图 8-11 所示。

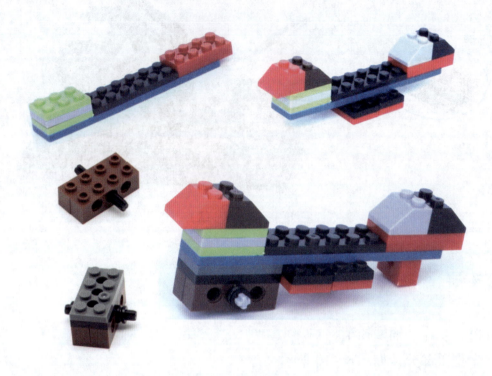

图 8-11 制作横梁部分

(3) 制作三角架和动力装置, 如图 8-12 所示。

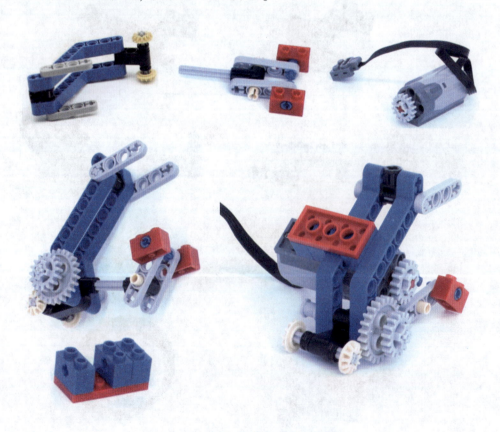

图 8-12 制作三角架和动力装置

(4) 将各横梁与三角架及动力装置组装,如图8-13所示。

图8-13 组装(1)

(5) 制作后轮及链传动装置,如图8-14所示。

图8-14 制作后轮及链传动装置

(6) 将各部分组装在一起,加装电源,摩托车就制作好了(图8-15)。

图8-15 组装(2)

课后思考

1. 链传动的主要特性是什么？
2. 下面的说法中不正确的是（　　）。

A. 链传动能准确无误地传递动力

B. 中心距较大时用链传动装置比较方便

C. 链传动中链条断裂的原因是链条安装得不太松弛

D. 链传动中主动轮的半径为 3 cm，从动轮的半径为 1 cm，主动轮与从动轮的转速比为 1∶3

3. 细心观察，自行车（图 8-16）的传动链是滚子链还是齿形链？

图 8-16　第 3 题图

第9课 履带车

9.1 链传动的应用

履带车是一种用履带替代轮胎的车辆。履带与传动链的主要区别是履带是用履带销将长条状的履带板组合在一起构成的。

履带除了具有传动链的特点外，还具有地面防滑、降低压强等特点。

小课堂

图片中的履带车好像很复杂？

现实中的履带传动结构比我们制作的模型车要复杂得多。

履带车上的履带传动机构由履带、主动轮、负重轮、诱导轮和托带轮组成，履带围绕在它们的外侧。
许多轮式车辆不能去的地方，履带车却毫不畏惧。

履带车的功能真强大！

9.2 动手制作

【制作项目】 履带车(图9-1)。

图9-1 履带车

1. 结构分析

履带车结构分为驾驶室、履带装置、动力装置三部分,如图9-2所示。

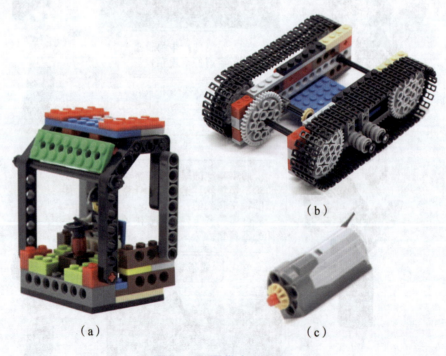

图9-2 履带车的结构
(a) 驾驶室;(b) 履带装置;(c) 动力装置

2. 所需器材

所需器材如图 9-3 所示。

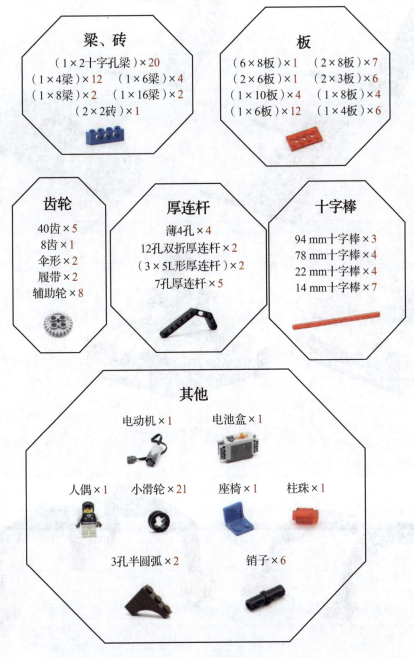

图 9-3 所需器材

3. 分步制作

1）驾驶室制作

用 1×4 板、1×6 板、1×8 板、2×3 板、2×6 板、2×8 板、2×2 砖、1×4 梁、1×8 梁、柱珠、人偶、座椅做驾驶室底座，如图 9-4 所示。

用 2×6 板、2×8 板、2×2 砖、1×2 十字孔梁、1×4 梁、3×5L 形厚连杆、12 孔双折厚连杆、7 孔厚连杆、14 mm 十字棒、78 mm 十字棒、94 mm 十字棒、小滑轮、销子做驾驶室其余部分，如图 9-5 所示。

图 9-4 驾驶室底座制作

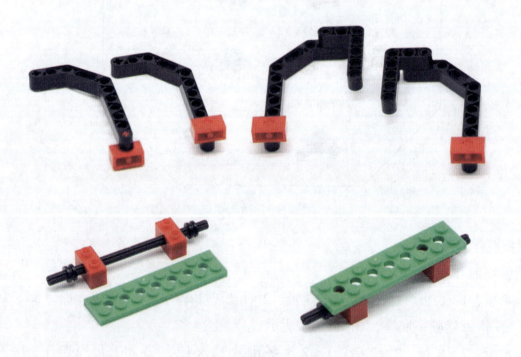

图 9-5 驾驶室其余部分制作

图 9-5 驾驶室其余部分制作（续）

2）履带装置制作

用 1×4 板、1×6 板、1×10 板、6×8 板、1×2 十字孔梁、1×4 梁、1×6 梁、1×16 梁、3×5L 形厚连杆、12 孔双折厚连杆、7 孔厚连杆、8 齿齿轮、40 齿齿轮、伞形齿轮、14 mm 十字棒、22 mm 十字棒、78 mm 十字棒、94 mm 十字棒、薄 4 孔、辅助轮、小滑轮、履带做履带装置，如图 9-6 所示。

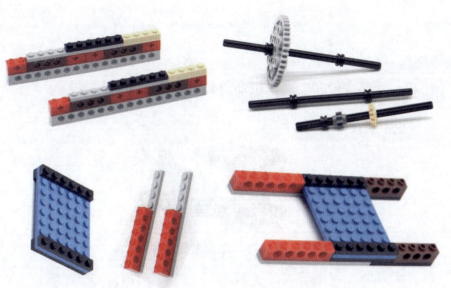

图 9-6 履带装置制作

图 9-6 履带装置制作（续）

3）动力装置制作

用 14 mm 十字棒、伞形齿轮和电动机做动力装置，如图 9-7 所示。

图 9-7 动力装置制作

4. 组装

将驾驶室与履带装置连接，最后加装电源，履带车就制作完了（图 9-8）。

图 9-8 组装

9.3 创意拓展

【拓展项目】 制作一辆履带式坦克。

(1) 制作炮台机座,如图 9-9 所示。

图 9-9 制作机座

(2)制作炮台,如图9-10所示。

图9-10 制作炮台

(3)搭建履带式坦克底盘,如图9-11所示。同学们可以按照履带车的搭建方法制作履带式坦克的底盘。

图9-11 搭建履带式坦克底盘

(4)把各部分组装起来,加装电源,履带式坦克就制作完成了。小朋友们,快去体验威武的履带式坦克模型吧。

课后思考

1. 履带除了具有传动链的特点外还具有哪些特点？
2. 履带传动机构的负重轮有什么作用（图9-12）？

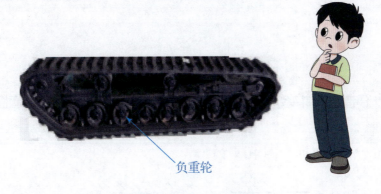

图9-12　第2题图

第 10 课

大吊车

10.1 定滑轮

滑轮，是轮的周边有槽，将柔索套在槽内后可绕轮的中心轴旋转的简单机械。滑轮的主要作用是提升重物。

滑轮分为定滑轮和动滑轮两种（图 10-1）。

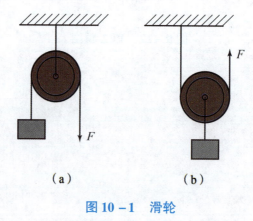

图 10-1 滑轮
（a）定滑轮；（b）动滑轮

定滑轮是中心轴的位置固定不变的滑轮。定滑轮具有以下特点。
（1）改变力的方向，如图 10-2 所示。

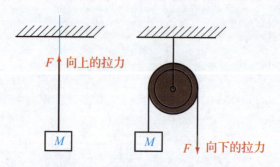

图 10-2 定滑轮改变力的方向

（2）不改变力的大小，既不省力也不费力。
（3）施力端运动的距离和物体上升的距离相等。
定滑轮的作用原理实际上就是杠杆原理。定滑轮相当于一个等臂杠杆，如图 10-3 所示。

如果将图 10-3 中重物所受重力用 M 表示，半径用 R 表示，通过滑轮拉升重物的力用 F 表示，根据杠杆原理计算公式，有

$$F \times R = M \times R$$

得到

$$F = M \times R \div R$$

$$F = M$$

即用定滑轮提升重物时，它的拉力等于物体所受的重力，因此使用定滑轮既不省力，也不费力。

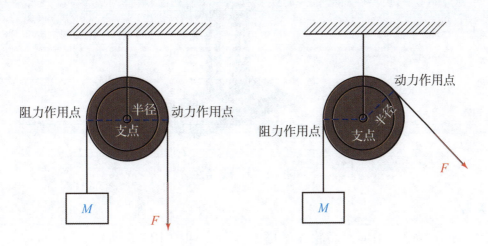

图 10-3 定滑轮的作用原理

10.2 动手制作

【制作项目】 大吊车（图 10-4）。

图 10 - 4　大吊车

1. 结构分析

大吊车结构分为吊臂、吊绳及转轮、吊塔三部分，如图 10 - 5 所示。

图 10 - 5　大吊车的结构

(a) 吊臂；(b) 吊绳及转轮；(c) 吊塔

2. 所需器材

所需器材如图 10-6 所示。

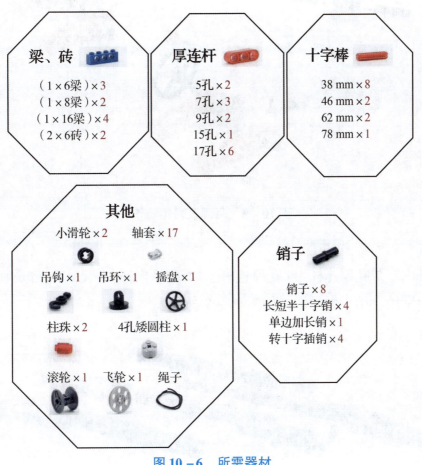

图 10-6 所需器材

3. 分步制作

1）吊臂制作

用 38 mm 十字棒、7 孔厚连杆、15 孔厚连杆、17 孔厚连杆、轴套、长短半十字销、单边加长销做吊臂，如图 10-7 所示。

图 10-7 吊臂制作

2）吊绳及转轮制作

用 78 mm 十字棒、滚轮、轴套、1×6 梁、绳子、吊钩、摇盘、销子、柱珠做吊绳及转轮，如图 10-8 所示。

图 10-8　吊绳及转轮制作

4）吊塔制作

用 62 mm 十字棒、7 孔厚连杆、9 孔厚连杆、17 孔厚连杆、1×8 梁、1×16 梁、轴套、转十字插销、长短半十字销、销子做吊塔，如图 10-9 所示。

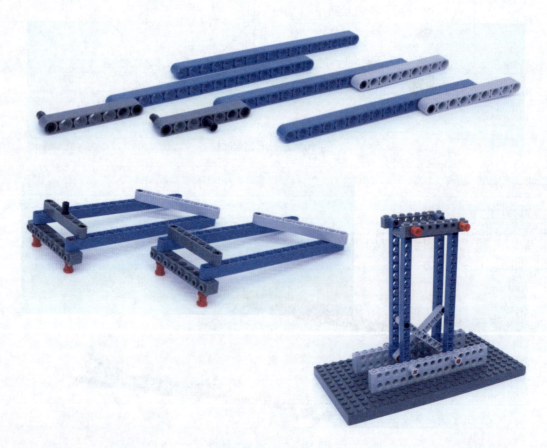

图 10-9　吊塔制作

4. 组装

将各部分组装起来，放置配重块，加挂吊钩和重物，大吊车就制作完毕了。

10.3 创意拓展

【拓展项目】 制作一台轮式吊车。

(1) 制作车体部分,如图10-10所示。

图10-10 制作车体部分

(2) 制作吊机部分,如图10-11所示。

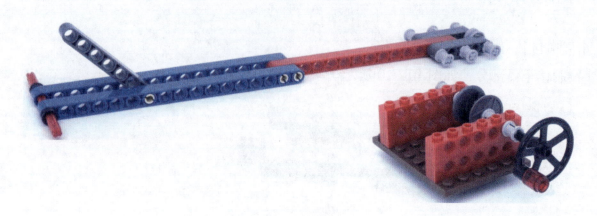

图10-11 制作吊机部分

(3) 组装,如图10-12所示。

图10-12 组装

课后思考

1. 定滑轮有什么特性？
2. 10.2 节中大吊车上的定滑轮有什么作用？
3. 想一想（图 10-13）。

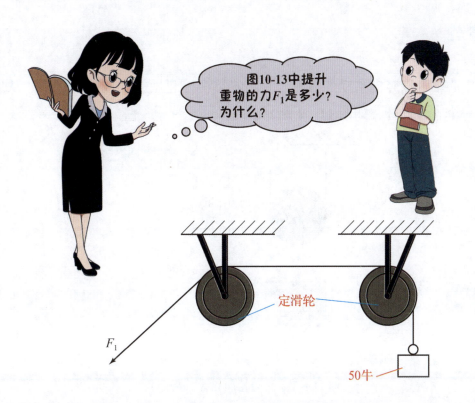

图 10-13　第 3 题图

第 11 课

神仙葫芦

11.1 动滑轮

动滑轮是中心轴可以竖向移动的滑轮，它随着重物一起做上升或下降运动。从原理上讲，动滑轮实质上是一个省力杠杆，如图 11-1 所示。

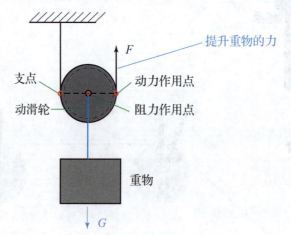

图 11-1 动滑轮简化为杠杆示意

从图 11-1 可以得出，动滑轮具有以下特点。

（1）不改变力的方向。

（2）改变力的大小。动滑轮提升物体的力等于物体所受重力的一半，即使用 1 个动滑轮可以省力一半。

（3）施力端上升距离为物体上升距离的 2 倍。

由两个或两个以上的定滑轮和动滑轮组成的滑轮机构称为滑轮组。滑轮组具有以下特点。

（1）定滑轮可以改变力的方向，但不能省力；动滑轮不能改变力的方向，但可以省力。滑轮组既可以改变力的方向，又能达到省力的效果。

（2）滑轮组提升物体的力等于物体所受重力除以滑轮组中动滑轮个数的 2 倍：

$$F = W \div (2 \times n + i)$$

其中　F——提升物体的力；

　　　W——物体所受重力；

n——动滑轮的个数；

i——从定滑轮连接到动滑轮中心轴上绳子的段数，如图 11-2 所示。

滑轮组也可以用绕过或连接动滑轮绳子的段数计算 F，即提升物体的力 F 等于物体所受重力 W 除以绕过或连接动滑轮绳子的段数 s，如图 11-2 所示。

$$F = W \div s$$

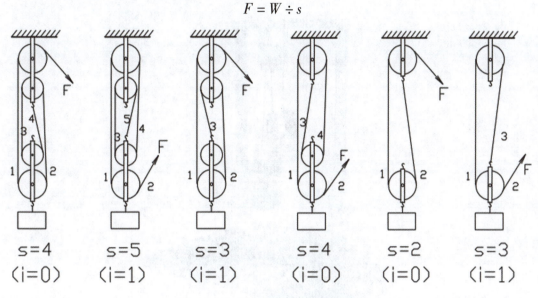

图 11-2 通过绳子段数计算 F

（3）滑轮组虽然省力，但是费距离。施力端移动的距离比物体移动的距离大很多。

小课堂

11.2 动手制作

【制作项目】 神仙葫芦（图11-3）。

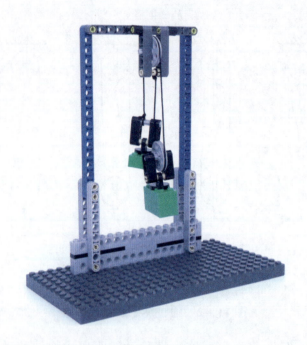

图11-3 神仙葫芦

1. 结构分析

神仙葫芦的结构分为机架和滑轮组两部分，如图11-4所示。

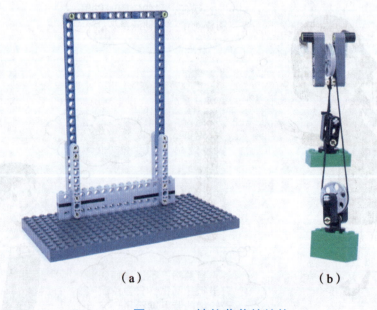

图11-4 神仙葫芦的结构
(a) 机架；(b) 滑轮组

2. 所需器材

所需器材如图 11-5 所示。

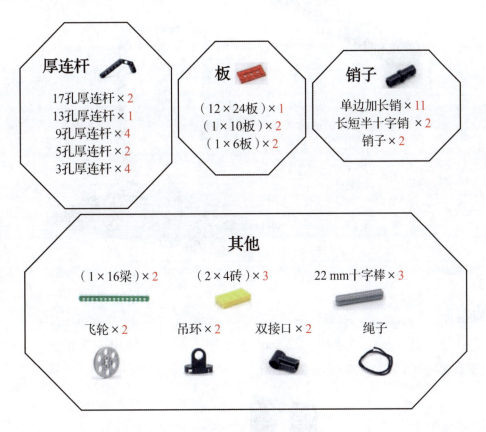

图 11-5 所需器材

3. 分步制作

1）机架制作

用 1×6 板、1×10 板、12×24 板、1×16 梁、9 孔厚连杆、13 孔厚连杆、17 孔厚连杆、销子、单边加长销、长短半十字销做机架，如图 11-6 所示。

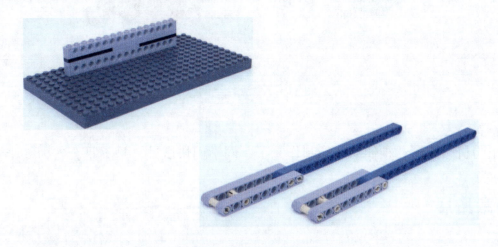

图 11-6 机架制作

图 11-6　机架制作（续）

2）滑轮组制作

用飞轮、5 孔厚连杆、3 孔厚连杆、22 mm 十字棒、销子、单边加长销、吊环、2×4 砖、双接口、绳子做滑轮组，如图 11-7 所示。

图 11-7　滑轮组制作

3）组装

将滑轮组与机架连接，神仙葫芦就制作完了。同学们快试试，是不是会省力一半？

11.3　创意拓展

【拓展项目】　制作一台起重机，使用 2 个动滑轮。

（1）制作底座部分，如图 11-8 所示。

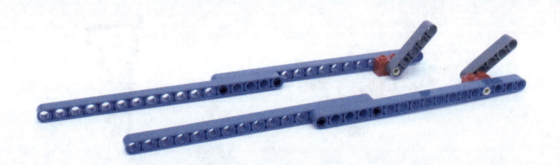

图 11-8 制作底座部分

(2) 制作滑轮组,如图 11-9 所示。

图 11-9 制作滑轮组

图 11-9 制作滑轮组（续）

（3）组装，如图 11-10 所示。

图 11-10 组装

课后思考

1. 动滑轮有什么特性？
2. 什么是滑轮组？它的特点是什么？
3. 在图 11–11 中，重物所受重力 $M=30$ N，分别计算提升重物的力 F_1、F_2 为多少牛？

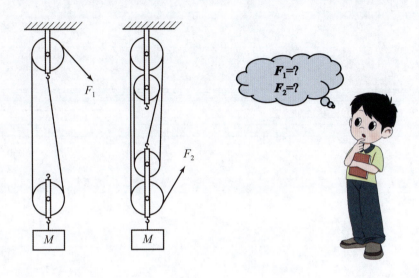

图 11–11　第 3 题图

第4单元
棘轮机构

- 棘轮机构原理
- 齿轮式棘轮机构与摩擦式棘轮机构
- 棘轮机构的应用

第12课 千斤顶

12.1 棘轮机构原理

棘轮机构是由棘轮和棘爪组成的一种单向间歇运动机构，如图12-1所示。

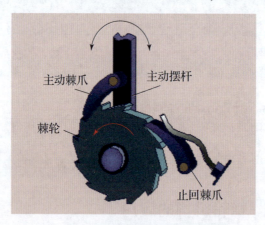

图12-1 棘轮机构

棘轮机构由主动摆杆、主动棘爪、棘轮、止回棘爪和机架组成。摆杆（主动件）空套在与棘轮固连的从动轴上，并与主动棘爪用转动副相连。当主动摆杆逆时针方向摆动时，主动棘爪便插入棘轮的齿槽，使棘轮跟着转过一定角度，这时，止回棘爪在棘轮的齿背上滑动。当主动摆杆顺时针方向摆动时，止回棘爪阻止棘轮发生顺时针方向转动，而主动棘爪却能够在棘轮的齿背上滑过，因此，这时棘轮静止不动。可见，当主动摆杆做连续的往复摆动时，棘轮做单向的间歇运动。

棘轮机构在实际生产生活中的应用十分广泛，如在自行车中棘轮机构用于单向驱动，在手动绞车中棘轮机构用于阻止逆转，机床、千斤顶、机械钟表等都应用了棘轮机构的应用，如图12-2所示。

图12-2 棘轮机构的应用

图 12-2 棘轮机构的应用（续）

棘轮机构按结构形式分类有齿式棘轮机构和摩擦式棘轮机构，如图 12-3 所示。

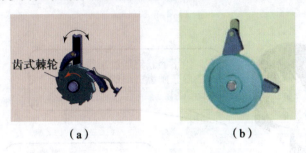

图 12-3 棘轮机构按结构形式分类
（a）齿式棘轮机构；（b）摩擦式棘轮机构

棘轮机构按啮合方式分类有外啮合棘轮机构和内啮合棘轮机构，如图 12-4 所示。

图 12-4 棘轮机构按啮合方式分类
（a）外啮合棘轮机构；（b）内啮合棘轮机构

棘轮机构按从动件运动形式分类有单动式棘轮机构、双动式棘轮机构和双向式棘轮机构，如图 12-5 所示。

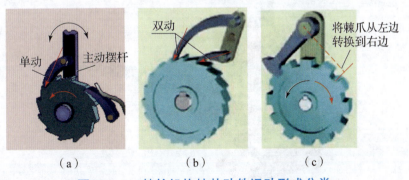

图 12-5 棘轮机构按从动件运动形式分类
（a）单动式棘轮机构；（b）双动式棘轮机构；（c）双向式棘轮机构

不同形式的棘轮机构有各自不同的优点和缺点。在实际应用中，根据需要确定棘轮机构的形式。

齿式棘轮机构的优点是结构简单，制造方便；动与停的时间比可通过选择合适的驱动机构实现。其缺点是只能以"齿"作为最小运动距离，噪声、冲击和磨损较大，不宜用于高速运行场合。

小课堂

12.2 动手制作

【制作项目】 千斤顶（图12-6）。

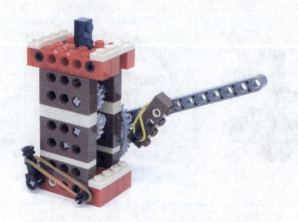

图12-6 千斤顶

1. 结构分析

千斤顶的结构分为底座、缸体、顶盖、摆杆部分，如图 12-7 所示。

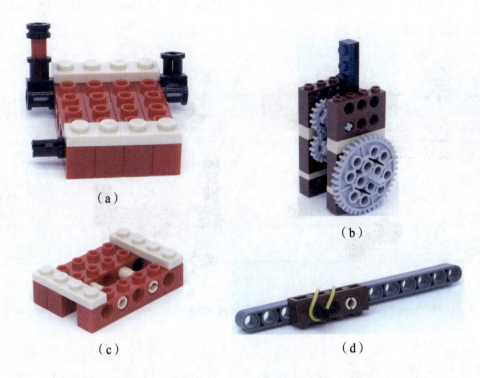

图 12-7　千斤顶的结构

（a）底座；（b）缸体；（c）顶盖；（d）摆杆

2. 所需器材

所需器材如图 12-8 所示。

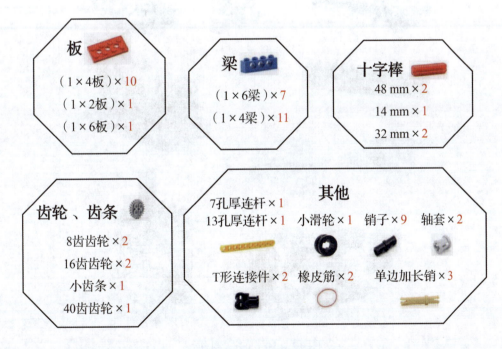

图 12-8　所需器件

3. 分步制作

1）底座制作

用 1×6 梁、1×4 板、销子、单边加长销、T 形连接件、14 mm 十字棒、48 mm 十字棒、小滑轮做底座，如图 12-9 所示。

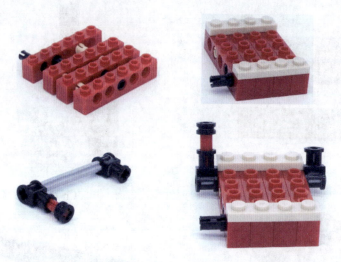

图 12-9　底座制作

2）缸体制作

用 7 孔厚连杆、销子、1×4 梁、1×4 板、轴套、8 齿齿轮、16 齿齿轮、40 齿齿轮、32 mm 十字棒、48 mm 十字棒、1×6 板、1×2 板、小齿条做缸体，如图 12-10 所示。

图 12-10　缸体制作

3）顶盖制作

用 1×6 梁、1×4 板、销子、单边加长销做顶盖，如图 12-11 所示。

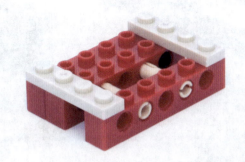

图 12-11　顶盖制作

4）摆杆制作

用 13 孔厚连杆、1×4 梁、销子、单边加长销、橡皮筋做摆杆，如图 12-12 所示。

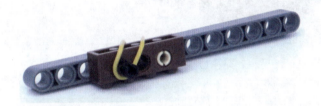

图 12-12　摆杆制作

4．组装

将各部分组装在一起，千斤顶就制作完毕了。

12.3　创意拓展

【拓展项目】　制作一个用蜗杆传动的千斤顶。

（1）制作底座，如图 12-13 所示。

（2）制作缸体，如图 12-14 所示。

图 12-13 制作底座

图 12-14 制作缸体

· 116 ·

图 12-14 制作缸体（续）

（3）制作摆杆，如图 12-15 所示。

图 12-15 制作摆杆

（4）组装，如图 12-16 所示。

图 12-16　组装

课后思考

1. 棘轮机构的分类有哪些？
2. 齿式棘轮机构有哪些优点和缺点？
3. 根据你的了解，举例说一说有哪些棘轮机构的应用。
4. 下面对棘轮机构的说法中不正确的是（　　）。

A. 主动摆杆可以顺时针方向和逆时针方向摆动

B. 所有棘轮机构的棘轮只能向一个方向转动

C. 齿式单动式棘轮机构只有一个主动棘爪

D. 手动绞车中的棘轮机构一般用于阻止逆转

第13课 井辘轳

13.1 止逆棘轮装置

在生产生活中，有时候需要防止某些轮轴逆转，这时候使用止逆棘轮装置是一个好办法。

止逆棘轮装置不需要用主动棘爪推动棘轮，只要用止逆棘爪阻止轮轴逆转就行了，轮轴用其他机构或人力直接驱动，如图13-1所示的井辘轳。

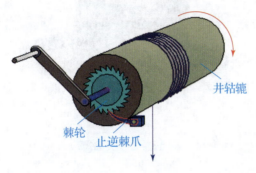

图 13-1 井辘轳

图13-1中的止逆棘爪与棘轮啮合，当井辘轳上的井绳挂着水桶时无须担心水桶会掉下去，打水时很方便。

但是可以发现，当水打上来后水桶再也无法放下去了。因此，同学们在制作井辘轳时，还要加上一个松开棘爪的装置才行。

小课堂

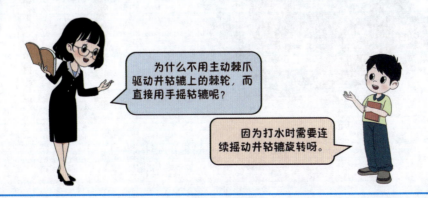

13.2 动手制作

【制作项目】 井辘轳（图13-2）。

图13-2 井辘轳

1. 结构分析

井辘轳由底座和手摇式辘轳两部分组成，如图13-3所示。

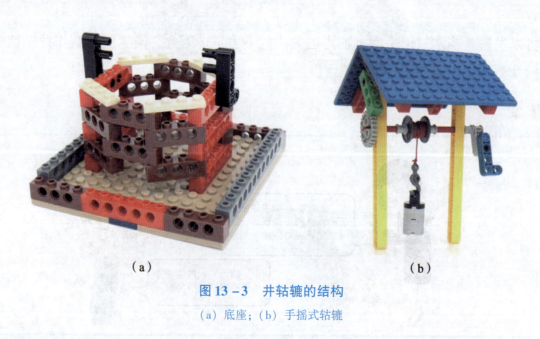

(a)   (b)

图13-3 井辘轳的结构

(a) 底座；(b) 手摇式辘轳

2. 所需器材

所需器材如图13-4所示。

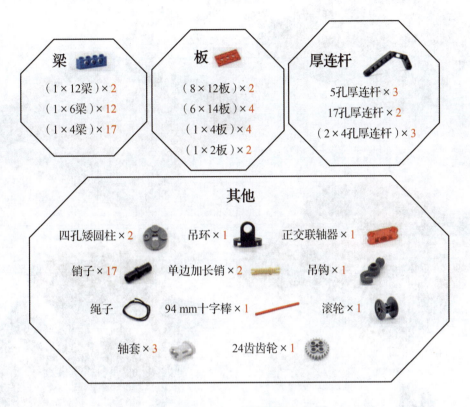

图13-4 所需器材

3. 分步制作

1）底座制作

用1×2板、1×4板、6×14板、1×4梁、1×6梁、1×12梁、2×4厚连杆、销子做底座，如图13-5所示。

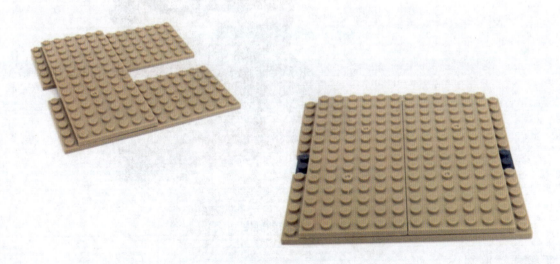

图13-5 底座制作

图 13-5 底座制作（续）

2）手摇式辘轳制作

用 8×12 板、1×4 梁、1×6 梁、5 孔厚连杆、17 孔厚连杆、2×4 孔厚连杆、正交联轴器、绳子、滚轮（用于收绳）、吊钩、轴套、销子、单边加长销做手摇式辘轳，如图 13-6 所示。

图 13-6 手摇式辘轳制作

4. 组装

将各部分组装在一起，井辘轳就制作完毕了（图 13-7）。试着用手摇式辘轳提升物品吧！

图 13-7 组装

13.3 创意拓展

【拓展项目】"猴子爬树"模型。

(1) 制作传动装置,如图 13-8 所示。

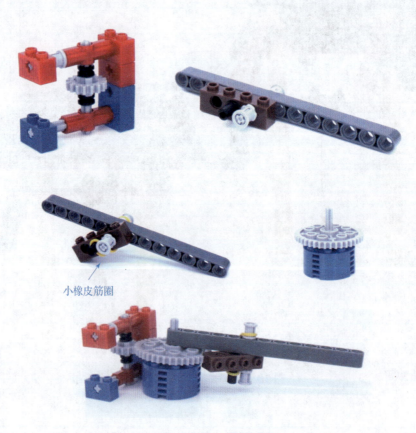

小橡皮筋圈

图 13-8 制作传动装置

(2) 制作主体结构，如图 13-9 所示。

共3节蜗杆

齿条

图 13-9　制作主体结构

(3) 组装,如图 13-10 所示。

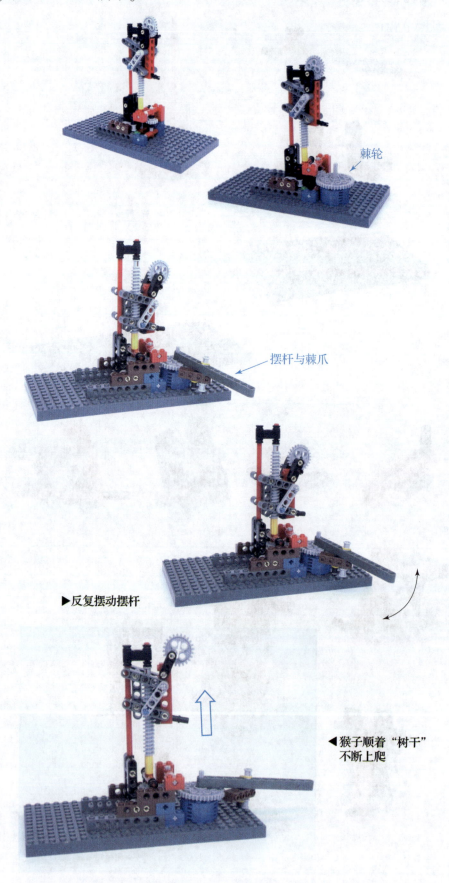

图 13-10 组装

课后思考

如图 13-11 所示,利用滑轮提升重物时,要将重物停在一定的高度处,在 A、B、C 中哪个位置设置棘轮止逆装置比较合适?为什么?

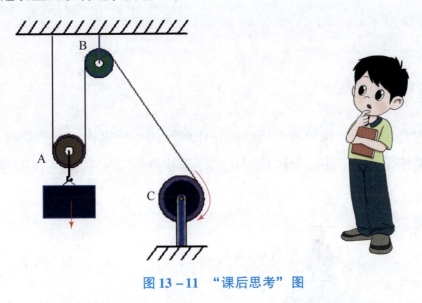

图 13-11 "课后思考"图

第 14 课

升降椅

14.1 摩擦式棘轮机构

摩擦式棘轮机构是用摩擦块作棘爪，用摩擦轮作棘轮的棘轮机构。摩擦块利用与摩擦轮之间的摩擦推动或阻止摩擦轮转动。主动摩擦块与止逆摩擦块都是一个半径 R_1、R_2 不相等的扇形块，如图 14-1 所示。

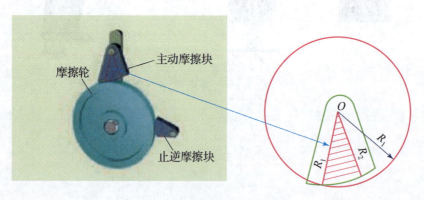

图 14-1 摩擦式棘轮机构

摩擦式棘轮机构的优点是传动平稳、无噪声，传动时不受齿轮间距的限制。其缺点是靠摩擦力传动，会出现打滑现象，传动精度不高。摩擦式棘轮机构适用于低速轻载的场合。

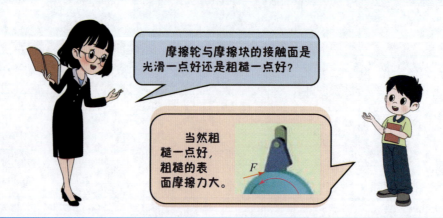

14.2 动手制作

【制作项目】 升降椅（图 14-2）。

图 14-2 升降椅

1. 结构分析

升降椅的结构分为座椅、底座与升降装置两部分，如图 14-3 所示。

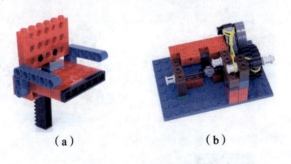

（a） （b）

图 14-3 升降椅的结构

（a）座椅；（b）底座与升降装置

2. 所需器材

所需器材如图 14-4 所示。

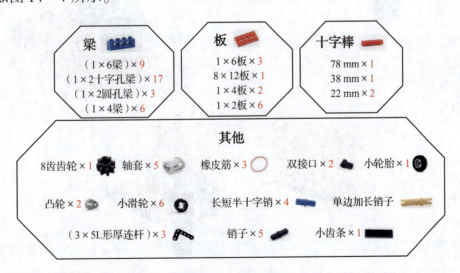

梁
（1×6梁）×9
（1×2十字孔梁）×17
（1×2圆孔梁）×3
（1×4梁）×6

板
1×6板×3
8×12板×1
1×4板×2
1×2板×6

十字棒
78 mm×1
38 mm×1
22 mm×2

其他
8齿齿轮×1　轴套×5　橡皮筋×3　双接口×2　小轮胎×1
凸轮×2　小滑轮×6　长短半十字销×4　单边加长销子
（3×5L形厚连杆）×3　销子×5　小齿条×1

图 14-4 所需器材

3. 分步制作

1）座椅制作

用1×2板、1×6板、1×2十字孔梁、1×6梁、3×5L形厚连杆、小齿条、双接口、单边加长销、销子、长短半十字销做座椅，如图14-5所示。

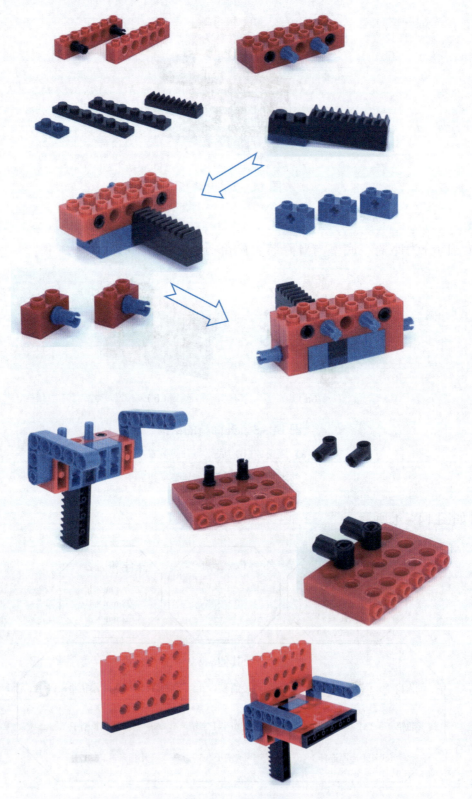

图14-5 座椅制作

2）底座与升降装置制作

用1×2板、1×4板、8×12板、1×2圆孔梁、1×2十字孔梁、1×4梁、1×6梁、3×5L形厚连杆、78 mm十字棒、38 mm十字棒、22 mm十字棒、8齿齿轮、凸轮、双接口、轴套、销子、小滑轮、橡皮筋做底座与升降装置，如图14-6所示。

图14-6 底座与升降装置制作

图 14-6 底座与升降装置制作（续）

4. 组装

将各部分组装在一起,升降椅就制作完毕了(图 14-7)。

图 14-7 组装

14.3 创意拓展

【拓展项目】 以升降椅为基础,制作可以躺下的多功能座椅。

(1) 制作座椅部分,如图 14-8 所示。

图 14-8 制作座椅部分

图 14-8 制作座椅部分（续）

（2）制作底座及升降装置部分，如图 14-9 所示。

图 14-9 制作底座及升降装置部分

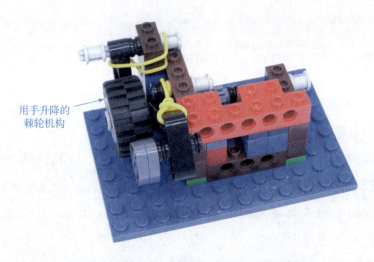

图 14 – 9　制作底座及升降装置部分（续）

（3）组装后试试看，多功能座椅是不是可以多角度放倒（图 14 – 10）。

图 14 – 10　组装

课后思考

1. 摩擦式棘轮机构有哪些优点和缺点？

2. 用摩擦式棘轮机构提升一个质量为5千克的物体，如果不计其他传动部位的摩擦力，主动摩擦棘爪与摩擦棘轮之间至少需要多大的摩擦力？

3. 有一个提升重物的摩擦式棘轮机构，刚使用一段时间后出现了打滑现象，你认为下列原因中哪些原因有可能存在（在括号里打"√"），哪些原因不可能存在（在括号里打"×"）。

（1）提升重物所需要的力可能超过了主动摩擦棘爪与摩擦轮之间的摩擦力。（　　）

（2）摩擦轮可能被浸入了油污。（　　）

（3）使用期间可能多次超出了该摩擦式棘轮机构的设计承受能力。（　　）

（4）使用时间可能超出了设计使用年限。（　　）

第15课 神奇的扳手

15.1 棘轮机构的应用

棘轮扳手是棘轮机构的一种典型应用。

在日常生产生活中,往往会遇到需要拧紧或松开某个机械部位螺丝的情况。如果这个螺丝所处的位置比较狭小,使用普通扳手就会很不方便,如图15-1所示。

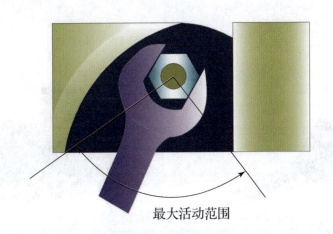

图15-1 普通扳手拧紧狭窄空间中的螺丝示意

于是,人们利用棘轮机构原理制作了棘轮扳手,克服了普通扳手在特殊环境下使用时的缺点。棘轮扳手的头部设置有卡簧、棘爪、弹簧和棘轮。用棘轮扳手拧螺丝时不需要反复取下扳手,操作十分方便,如图15-2所示。

图15-2 棘轮扳手

15.2 动手制作

【制作项目】 棘轮扳手（图 15-3）。

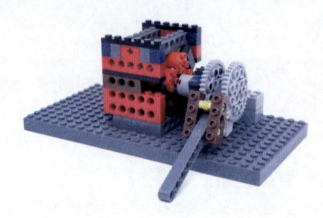

图 15-3 棘轮扳手

1. 结构分析

棘轮扳手的结构分为扳手与被松紧件两部分，如图 15-4 所示。

（a）　　　　　　　　　（b）

图 15-4 棘轮扳手的结构

（a）扳手；（b）被松紧件

2. 所需器材

所需器材如图 15-5 所示。

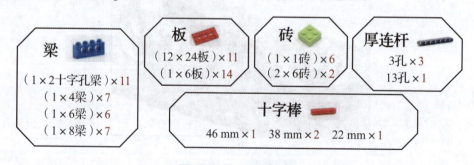

图 15-5 所需器材

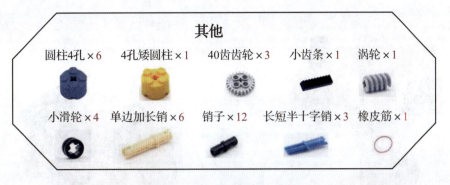

图 15-5 所需器材（续）

3. 分步制作

1）扳手制作

用 1×6 梁、13 孔厚连杆、40 齿齿轮、22 mm 十字棒、单边加长销、销子、橡皮筋做扳手，如图 15-6 所示。

图 15-6 扳手制作

2）被松紧件制作

用 1×1 砖、1×2 十字孔梁、1×4 梁、1×6 梁、1×8 梁、2×6 砖、1×6 板、12×24 板、3 孔厚连杆、圆柱 4 孔、40 齿齿轮、38 mm 十字棒、46 mm 十字棒、4 孔矮圆柱、涡轮、小滑轮、小齿条、单边加长销、长短半十字销、销子做被松紧件，如图 15-7 所示。

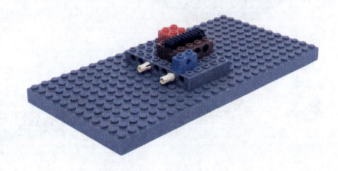

图 15-7 被松紧件制作

图 15-7 被松紧件制作(续)

图 15-7 被松紧件制作（续）

4. 组装

将扳手与被松紧件组装在一起，棘轮扳手就搭建完毕了（图 15-8），同学们，快试试棘轮扳手吧！看看是不是可以很轻松地来回松紧。

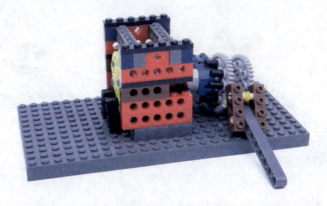

图 15-8 组装

15.3 创意拓展

【拓展项目】 制作双向扳手。

(1) 制作被松紧件,如图 15-9 所示。

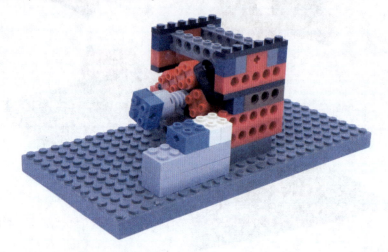

图 15-9 制作被松紧件

(2) 制作扳手,如图 15-10 所示。

图 15-10 制作扳手

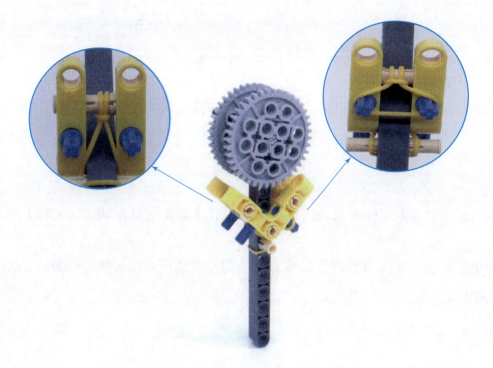

图 15-10 制作扳手（续）

（3）组装后制作完成（图 15-11），试试看，双向扳手与棘轮扳手相比有什么区别。

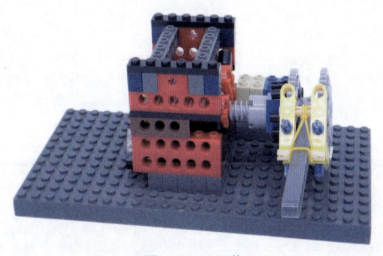

图 15-11 组装

课后思考

1. 棘轮扳手的主要优点是什么？
2. 按照棘爪与棘轮的接触方式划分，棘轮机构有哪几种形式？
3. 下面属于间歇运动的机构是（　　　）。
   A. 齿轮传动机构　　　　B. 链传动机构　　　　C. 棘轮机构　　　　D. 滑轮机构

参 考 文 献

[1] 中国电子学会普及工作委员会. 机器人基础技术教学 [M]. 北京：《电子制作》杂志社，2021.

[2] 中国电子学会，上海享渔教育科技有限公司. 智能硬件项目教程 [M]. 北京：航空航天大学出版社，2018.

机器人创意与编程

JIQIRENCHUANGYIYUBIANCHENG

共6册

机器人
创意与编程（一）

第4册　机械传动（二）

谭立新　刘开新　著

北京理工大学出版社
BEIJING INSTITUTE OF TECHNOLOGY PRESS

内 容 提 要

本套教材体系上符合人工智能进入中小学编程教育的主要技术框架，内容上涵盖了机械结构、电子电路、Mixly 图形化编程、C 语言程序设计基础知识、Arduino C 代码编程、智能硬件应用、传感器应用、红外通信等方面的知识与实践。

本套教材内容尽量简化了文字语言，最大限度地使用图形语言，力求适应不同年龄段的小学生认识事物与理解事物的特点。

版权专有　侵权必究

图书在版编目（CIP）数据

机器人创意与编程. 一 共 6 册 / 谭立新，刘开新著
. -- 北京：北京理工大学出版社，2024.5
ISBN 978-7-5763-3984-0

Ⅰ. ①机… Ⅱ. ①谭… ②刘… Ⅲ. ①机器人 - 程序设计 - 中小学 - 教材 Ⅳ. ①G634.931

中国国家版本馆 CIP 数据核字（2024）第 097364 号

责任编辑：钟　博　　**文案编辑**：钟　博　　**插画设计**：苏玲子
责任校对：周瑞红　　**责任印制**：施胜娟

出版发行 / 北京理工大学出版社有限责任公司
社　　址 / 北京市丰台区四合庄路 6 号
邮　　编 / 100070
电　　话 / (010) 68914026（教材售后服务热线）
　　　　　　(010) 68944437（课件资源服务热线）
网　　址 / http：//www.bitpress.com.cn

版 印 次 / 2024 年 5 月第 1 版第 1 次印刷
印　　刷 / 河北盛世彩捷印刷有限公司
开　　本 / 889 mm × 1194 mm　1/16
印　　张 / 56.25
字　　数 / 1160 千字
总 定 价 / 468.00 元（共 6 册）

图书出现印装质量问题，请拨打售后服务热线，负责调换

前　言

机器人是一个融合机械、电子、计算机、智能控制、互联网、通信、人工智能等诸多技术的综合体，对未来学科启蒙意义重大。随着国家教育体制改革的不断深化，中小学开设以机器人为载体的新一代信息科技课程越来越受到高度重视。

众所周知，机器人技术中的任何一门学科都应该是中专及以上院校开设的课程，对于中小学生特别是小学生来说有什么意义呢？这就好比汉语言文学专业，它是我国大学史上最早开设的专业之一，可是从来没有哪一位学生是在考入大学的这一专业后才开始学习说话和写字的。也没有哪一位学生是在牙牙学语时便学习音韵、语法和修辞课程的。

本套《机器人创意与编程》教材立足于既要解决像汉语言文学专业的学生不需要从零开始学习"说话"和"写字"的问题，又尽量处理好像婴儿在牙牙学语时的"语法"与"修辞"的难题。

本套教材依据中国电子学会推出的《全国青少年机器人技术等级考试标准》，对课程体系的组织与安排充分注重教学内容的系统性、教学阶段的差异性、教学形式的趣味性和手脑并重的创意性。本套教材按照《全国青少年机器人技术等级考试标准》，体系上符合人工智能进入中小学编程教育的主要技术框架，内容上涵盖了机械结构、电子电路、软件编程、智能硬件应用、传感器应用、通信等方面的知识与实践。

本套教材共12册，适用对象为小学1~6年级的学生，其中9~12册也适合7~9年级学生学习。

1~4册，主要通过积木模型介绍机械结构方面的知识，对应1~2年级的学生及一、二级等级考试；

5~8册，主要介绍Mixly图形化编程、电子电路、智能硬件及传感器的应用等知识，对应3~4年级的学生及三级等级考试；

9~12册，主要介绍C语言代码编程、电子电路、智能硬件及传感器的应用、红外通信等知识，对应5~6年级的学生及四级等级考试。

每册教材原则上按单元划分教学内容，即每个单元具有相对独立的知识点。为了便于学生学习与记忆，1~4册每课的知识点在目录中用副标题标出；5~12册每课的标题除应用型项目外，原则上用所学知识点直接标出。

中小学生机器人技术课程开发是一个全新的领域。由于编者水平有限，不妥和疏漏之处在所难免，敬请广大读者提出宝贵的意见和建议。

编　者

目　　录

第 1 单元　皮带传动 ·· 1

第 1 课　旋转塔 ··· 2
1.1　皮带传动工作原理 ··· 2
1.2　动手制作 ··· 4
1.3　创意拓展 ··· 7

第 2 课　抽水机 ··· 12
2.1　皮带开口传动 ··· 12
2.2　动手制作 ··· 13
2.3　创意拓展 ··· 17

第 3 课　两台风扇 ·· 20
3.1　皮带交叉传动 ··· 20
3.2　动手制作 ··· 21
3.3　创意拓展 ··· 25

第 4 课　车床 ·· 29
4.1　传动方式比较 ··· 29
4.2　动手制作 ··· 30
4.3　创意拓展 ··· 35

第 2 单元　凸轮传动 ·· 39

第 5 课　击鼓器 ··· 40
5.1　凸轮机构的工作原理 ··· 40
5.2　动手制作 ··· 41
5.3　创意拓展 ··· 43

第 6 课　此起彼伏 ·· 47
6.1　凸轮机构的分类 ·· 47
6.2　动手制作 ··· 48
6.3　创意拓展 ··· 52

第7课　移动靶 ··· 56
　　7.1　凸轮机构的特点 ··· 56
　　7.2　动手制作 ·· 57
　　7.3　创意拓展 ·· 62

第8课　爬行的乌龟 ·· 67
　　8.1　凸轮机构的趣味应用 ··· 67
　　8.2　动手制作 ·· 68
　　8.3　创意拓展 ·· 71

第3单元　连杆与曲柄机构 ··· 75

第9课　挖掘机 ··· 76
　　9.1　连杆机构 ·· 76
　　9.2　动手制作 ·· 78
　　9.3　创意拓展 ·· 82

第10课　破碎机 ··· 85
　　10.1　曲柄机构 ·· 85
　　10.2　动手制作 ·· 87
　　10.3　创意拓展 ·· 90

第11课　小火车 ··· 93
　　11.1　双曲柄机构 ··· 93
　　11.2　动手制作 ·· 95
　　11.3　创意拓展 ·· 99

第12课　缝纫机 ·· 103
　　12.1　曲柄摇杆机构 ··· 103
　　12.2　动手制作 ··· 105
　　12.3　创意拓展 ··· 110

第4单元　间歇运动机构 ·· 117

第13课　放映机 ·· 118
　　13.1　间歇运动机构 ··· 118
　　13.2　动手制作 ··· 119
　　13.3　创意拓展 ··· 125

第14课　自动钻孔机 ·· 129
　　14.1　间歇运动分类 ··· 129
　　14.2　动手制作 ··· 130

14.3 创意拓展 ………………………………………………………………… 133

第15课 六足步行机器人 ……………………………………………………… 139

15.1 差速运动控制 …………………………………………………………… 139

15.2 动手制作 ………………………………………………………………… 141

15.3 创意拓展 ………………………………………………………………… 145

参考文献 ………………………………………………………………………… 150

# 第1单元 皮带传动

- 皮带传动的工作原理
- 皮带开口传动与皮带交叉传动
- 传动方式比较

第 1 课

旋转塔

1.1 皮带传动工作原理

皮带传动机构由皮带紧套在两个皮带轮上组成,皮带传动是机械传动的一种。两个皮带轮分别装在主动轴和从动轴上,利用皮带与皮带轮之间的摩擦来传递运动和动力(图1-1)。

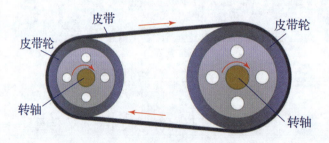

图 1-1 皮带传动示意图

皮带传动又称为带传动。根据皮带的剖面形状,皮带传动可以分为平皮带传动、三角皮带传动和圆皮带传动等,如图1-2所示。

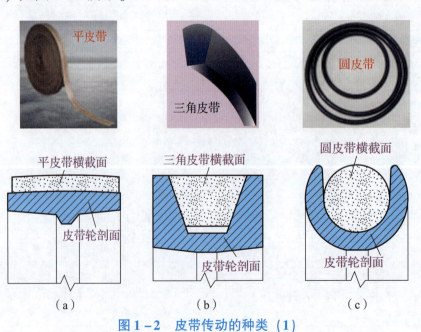

图 1-2 皮带传动的种类(1)
(a) 平皮带传动;(b) 三角皮带传动;(c) 圆皮带传动

根据皮带安装的方式，皮带传动可以分为开口传动、交叉传动、半交叉传动，如图1-3所示。

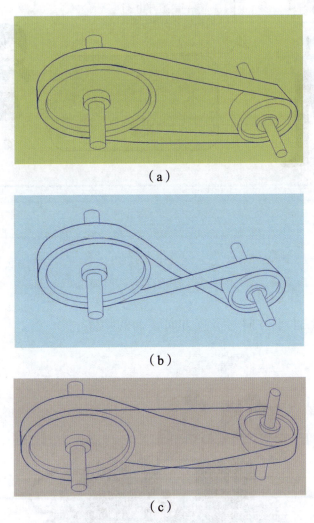

图1-3 皮带传动的种类（2）
(a) 开口传动；(b) 交叉传动；(c) 半交叉传动

在机械设备中，皮带传动的应用很多，它具有以下优点和缺点。

（1）皮带传动的优点。①可以实现远距离传动。当两个传动轴相距较远时用皮带传动非常方便，主动轮只要通过皮带就可以将运动与动力传送到相距较远的从动轮。②传动平稳。在突然施加外力或者突然变速时，可以保护机械，不会损坏零件。③噪声小。

（2）皮带传动的缺点。①传动延迟。比如在传动开始的瞬间，主动轮会首先将其中一边的皮带绷紧拉长，然后带动从动轮转动，从而产生延迟现象。②传动比不准确。由于皮带存在弹性和打滑的问题，在传动时不能准确地传递主动轮的运动与动力，所以传动效率低。③皮带容易破损。

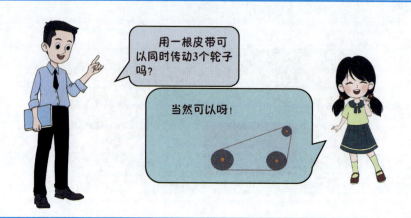

1.2 动手制作

【制作项目】旋转塔（图1-4）。

用皮带传动分别传动在水平方向与竖直方向转动的物体。

图1-4 旋转塔

1. 结构分析

旋转塔的结构分为支座、塔身、电动机传动装置三部分，如图1-5所示。

图1-5 旋转塔的结构

(a) 支座；(b) 塔身；(c) 电动机传动装置

2. 所需器材

所需器材如图 1-6 所示。

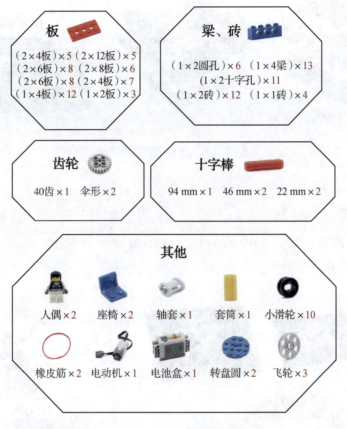

图 1-6 所需器材

3. 分步制作

1）支座制

用 1×2 圆孔梁、1×2 十字孔梁、1×4 梁、2×4 板、2×6 板、1×2 板、1×4 板、1×1 砖做支座，如图 1-7 所示。

图 1-7 支座制作

图 1-7 支座制作（续）

2）塔身制作

用 1×2 梁、1×2 砖、2×4 板、2×6 板、2×8 板、2×12 板、1×4 板、1×6 板、22 mm 十字棒、94 mm 十字棒、套筒、轴套、40 齿齿轮、伞形齿轮、转盘圆、小滑轮、飞轮、橡皮筋、人偶做塔身，如图 1-8 所示。

图 1-8 塔身制作

图1-8 塔身制作（续）

3）电动机传动装置制作

用1×4梁、2×4板、2×6板、22 mm十字棒、46 mm十字棒、伞形齿轮、小滑轮、飞轮做电动机传动装置，如图1-9所示。

图1-9 电动机传动装置制作

4）组装

将各部分组装起来，然后将传动轮用橡皮筋连接（图1-10）。

1.3 创意拓展

【拓展项目】用一根圆皮带传动3个皮带轮，B为主动轮，如图1-11所示。

（1）制作支座，如图1-12所示。

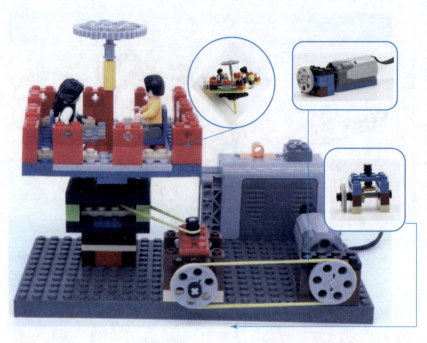

图 1-10 组装

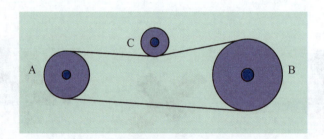

图 1-11 "拓展项目"示意

图 1-12 制作支座

（2）制作旋转底座，如图 1-13 所示。

图 1-13 制作旋转底座

（3）制作旋转部分，如图 1-14 所示。

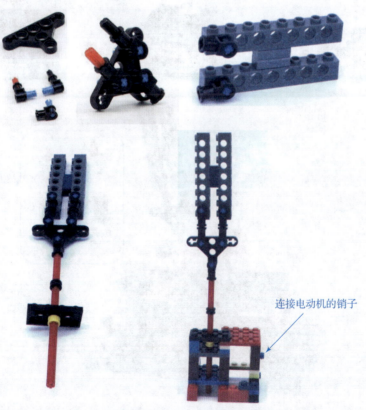

图 1-14 制作旋转部分

（4）将旋转部分与动力装置连接，如图 1-15 所示。

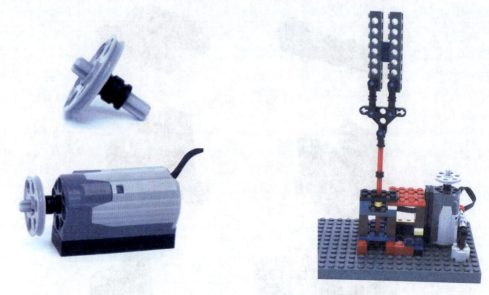

图 1-15　连接

（5）将各部分组装起来，模型就搭建完成了（图 1-16）。

图 1-16　组装

课后思考

1. 根据皮带安装的方式，皮带传动有哪几种形式？
2. 皮带传动有哪些优点和缺点？
3. 下列说法中不正确的是（　　）。

A. 皮带传动机构结构简单，并可以很方便地将运动和动力传送到较远的距离

B. 皮带传动是依靠皮带与皮带轮之间的摩擦力来传递运动和动力的

C. 由于皮带存在弹性与打滑现象，所以它的传动比不准确

D. 皮带传动与链传动没有区别

4. 皮带传动是否可以做变速传动？
5. 说说皮带的打滑现象有什么好处和弊端（图1-17）。

图1-17　第5题图

第2课 抽水机

2.1 皮带开口传动

什么是皮带的开口传动呢？

将皮带直接套在两个皮带轮上，皮带与两根转动轴的连线不相交，采用这种皮带安装方式的皮带传动叫作皮带开口传动，如图2-1所示。

皮带开口传动的特点是：①两个皮带轮的转动轴相互平行；②主动轮和从动轮的转动方向相同，若主动轮做顺时针转动，则从动轮也做顺时针转动。

在皮带传动方式中，如果精度要求不是非常高，仍然可以像齿轮传动一样做加速或减速传动。两个相互传动的皮带轮，半径较大的转速小，半径较小的转速大。但是，由于皮带存在打滑现象，计算两个皮带轮精确的"转速比"是没有意义的。

抽水机是一种典型的皮带开口传动机构。农民伯伯用抽水机抽取塘坝里的水灌溉农田。

抽水机由水泵、动力机械与传动装置组成，如图2-2所示。

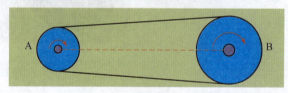

图2-1 皮带开口传动

图2-2 抽水机实物

小课堂

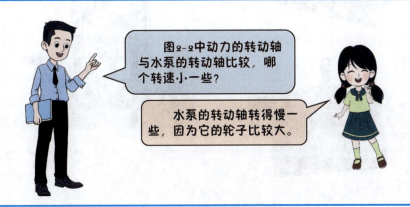

2.2 动手制作

【制作项目】抽水机（图2-3）。

图2-3 抽水机

1. 结构分析

抽水机的结构分为机座、动力装置、水泵（含传动装置）三部分，如图2-4所示。

2. 所需器材

所需器材如图2-5所示。

3. 分步制作

1）机座制作

用12×24板、1×8梁做机座，如图2-6所示。

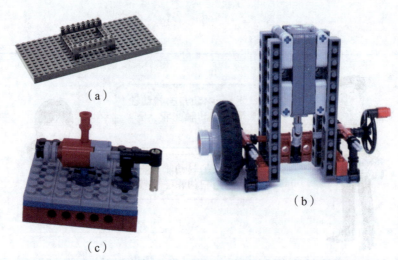

图 2-4 抽水机的结构

(a) 机座；(b) 动力装置；(c) 水泵

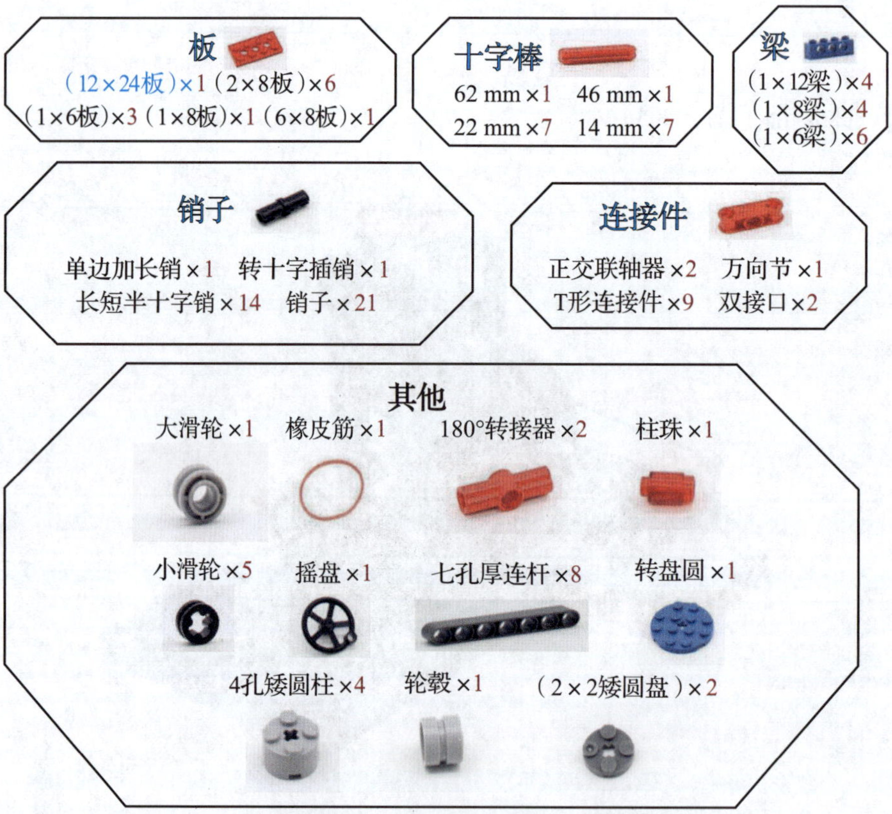

板
(12×24板)×1 (2×8板)×6
(1×6板)×3 (1×8板)×1 (6×8板)×1

十字棒
62 mm ×1　46 mm ×1
22 mm ×7　14 mm ×7

梁
(1×12梁)×4
(1×8梁)×4
(1×6梁)×6

销子
单边加长销×1　转十字插销×1
长短半十字销×14　销子×21

连接件
正交联轴器×2　万向节×1
T形连接件×9　双接口×2

其他

大滑轮×1　橡皮筋×1　180°转接器×2　柱珠×1

小滑轮×5　摇盘×1　七孔厚连杆×8　转盘圆×1

4孔矮圆柱×4　轮毂×1　(2×2矮圆盘)×2

图 2-5 所需器材

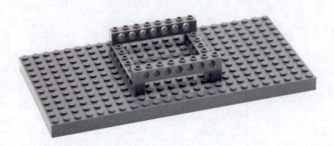

图 2-6 机座制作

· 14 ·

2）动力装置制作

用 1×6 梁、1×12 梁、1×2 转角；14 mm 十字棒、22 mm 十字棒、46 mm 十字棒、62 mm 十字棒，7 孔厚连杆、4 孔矮圆柱、万向节、双接口、T 形连接件、正交联轴器、小滑轮、长短半十字销、销子、摇盘、柱珠和轮毂做动力装置，如图 2-7 所示。

图 2-7　动力装置制作

图 2-7 动力装置制作（续）

3）水泵制作

用 1×8 板、2×8 板、6×8 板、2×2 矮圆盘、4 孔矮圆柱、圆柱 4 孔、1×6 梁、14 mm 十字棒、22 mm 十字棒、双接口、T 形连接件、小滑轮、大滑轮、转十字插销、单边加长销、长短半十字销做水泵，如图 2-8 所示。

图 2-8 水泵制作

4）组装

将各部分组装起来，组装时用 1×6 板、2×8 板进行动力装置与机座的紧固（图 2-9）。

图 2-9 组装

抽水机制作完成后，用手摇动转盘，体验皮带传动的效果；然后取下传动带，将动力装置与水泵换上同样大小的皮带轮，在打滑的情况下看看它们的转速是否相同。

实际中的动力装置并不需要用手摇，但是可以通过这个模型了解动力机械（内燃机）是如何工作的。

2.3 创意拓展

【拓展项目】用电动机提供动力，制作一台抽水机。

（1）制作机座部分，如图 2-10 所示。

图 2-10 制作机座部分

· 17 ·

(2) 制作水泵部分,如图 2-11 所示。

图 2-11 制作水泵部分

(3) 加装动力装置,做带连接,将各部分组装起来,如图 2-12 所示。

图 2-12 组装

课后思考

1. 什么是皮带开口传动？

2. 皮带开口传动的特点是什么？

3. 说一说你所了解的皮带开口传动的应用有哪些。

4. 下面关于皮带传动的说法中哪些是正确的（请在括号里打"√"）？哪些是错误的（请在括号里打"×"）？

(1) 皮带传递运动时，从动轮的转速与皮带长度有关系。（   ）

(2) 皮带传递动力时，它的传递效率跟皮带与皮带轮之间的摩擦力有关系。（   ）

(3) 皮带传动中，如果主动轮和从动轮的半径相同，则从动轮的转速通常会等于主动轮的转速，有时会小于主动轮的转速。（   ）

(4) 皮带开口传动只能是两个皮带轮相互传动。（   ）

5. 有 3 个皮带轮 A、B、C，皮带轮 A 为主动轮，要求皮带轮 B 顺时针方向转动，皮带轮 C 逆时针方向转动。请你设计皮带的安装方式并画在图 2-13 中。

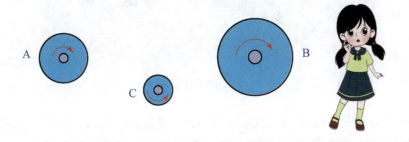

图 2-13　第 5 题图

第3课 两台风扇

3.1 皮带交叉传动

皮带交叉传动，是将皮带圈的两端相对旋转180°后套在两个皮带轮上，在两个皮带轮中间形成交叉，如图3-1所示。

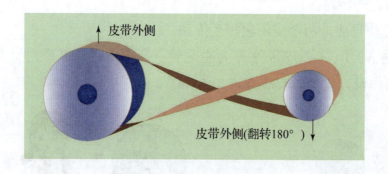

图3-1 皮带交叉传动

皮带交叉传动的运动特性为：①两个皮带轮的转动方向相反；②相互传动的两根转轴相互平行。

皮带传动除了皮带开口传动和皮带交叉传动外，还有皮带半交叉传动。皮带半交叉传动，是将皮带圈的两端相对旋转90°后套在两个皮带轮上，在两个皮带轮中间没有完全交叉，如图3-2所示。

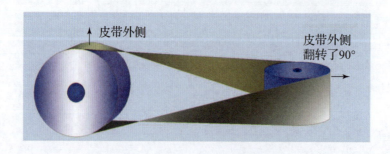

图3-2 皮带半交叉传动

皮带半交叉传动的运动特性为：①两个传动轴的空间投影相互垂直；②沿着皮带的同一边缘看过去，如果主动轮做顺时针方向转动，则从动轮也做顺时针方向转动，如图3-3所示。

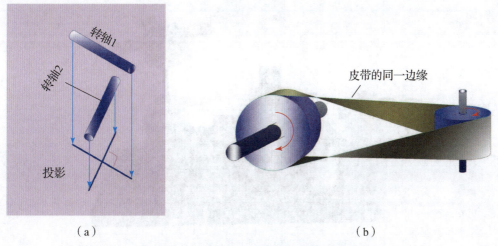

图 3-3 皮带半交叉传动的运动特性
（a）皮带半交叉传动轴空间投影；（b）皮带半交叉传动轴的转动方向

由于皮带半交叉传动不容易调节，所以它在实际应用中使用很少。

3.2 动手制作

【制作项目】利用皮带半交叉传动让两台风扇转动（图3-4）。

1. 结构分析

两台风扇的结构分为支座、小风扇、动力装置三部分，如图3-5所示。

图 3-4 两台风扇

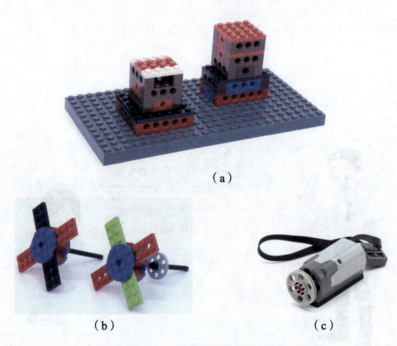

图 3-5 两台风扇的结构
(a) 支座；(b) 小风扇；(c) 动力装置

2. 所需器材
所需器材如图 3-6 所示。

3. 分步制作
1）支座制作

用 1×2 圆孔梁、1×2 十字孔梁、1×4 梁、1×6 梁、12×24 板、2×4 板、1×6 板、1×4 板做支座，如图 3-7 所示。

2）小风扇制作

用 1×2 十字孔梁、2×4 板、转盘圆、4 孔矮圆柱、78 mm 十字棒、94 mm 十字棒、小滑轮、橡皮筋做小风扇，如图 3-8 所示。

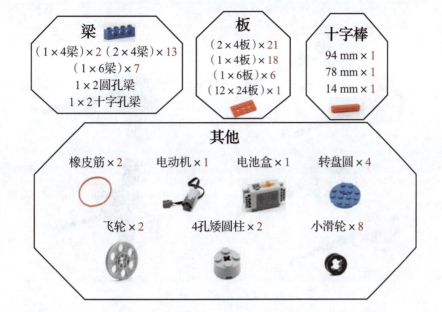

图 3-6 所需器材

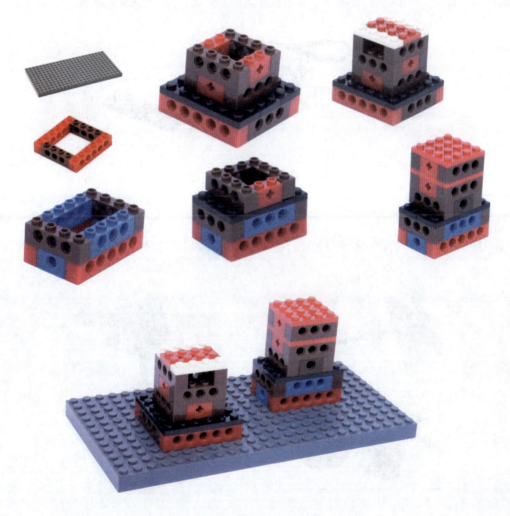

图 3-7 支座制作

· 23 ·

图 3-8　小风扇制作

3）动力装置制作

用 14 mm 十字棒、小滑轮、飞轮、2×6 板做动力装置，如图 3-9 所示。

图 3-9　动力装置制作

4）组装

将各部分组装起来，加装动力装置，做好带连接，如图 3-10 所示。

图 3-10　组装

图 3-10 组装（续）

模型制作完毕，同学们可以体验了。

3.3 创意拓展

【拓展项目】用皮带交叉传动改变两根传动轴的转动方向。

（1）制作底座部分，如图 3-11 所示。

图 3-11 制作底座部分

图 3-11 制作底座部分（续）

（2）制作两台小风扇，如图 3-12 所示。

图 3-12 制作两台小风扇

（3）将两台小风扇分别与底座部分组装在一起，如图 3-13 所示。

图 3-13 组装

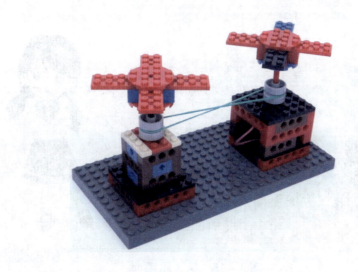

图 3-13 组装（续）

（4）加装动力装置及电源，如图 3-14 所示。

图 3-14 加装动力装置及电源

课后思考

1. 什么是皮带交叉传动与皮带半交叉传动？
2. 皮带交叉传动与皮带半交叉传动的运动特性是什么？
3. 图 3-15 中，两组相互传动的皮带轮属于皮带开口传动、皮带交叉传动还是皮带半交叉传动？请在图中分别画出相应的皮带安装方式。

图 3-15　第 3 题图

第4课

车床

4.1 传动方式比较

我们已经了解了机械传动的 3 种方式,即齿轮传动、链传动和皮带传动。这 3 种传动方式有各自的特点,它们的优点和缺点一般是相对于一定的应用环境而言的。在实际应用中具体使用哪种传动方式,要根据运动传递、动力传递等多种情况综合考虑。

现在,对齿轮传动、链传动与皮带传动 3 种传动方式进行简要的比较,见表 4-1。

表 4-1 齿轮传动、链传动与皮带传动比较

装置	安装方向	转动方向	传动距离	优点	缺点
齿轮	两个齿轮在同一平面内(传动轴平行)	两个齿轮转动方向相反	1. 近距离:两个齿轮直接啮合 2. 远距离:多个齿轮啮合	1. 可以准确无误地传递运动与动力 2. 传动力大 3. 结构紧凑	1. 噪声大 2. 易损坏零件、电动机
齿轮	两个齿轮不在同一平面内(传动轴不平行)	根据实际情况判定			
传动链	两个链齿轮必须在同一平面内	两个传动轴的转动方向相同	远距离传动	1. 可以准确无误地传递运动与动力 2. 传递距离大	噪声大
皮带	两个皮带轮在同一平面内(皮带开口)	两个皮带轮转动方向相同	远距离传动	1. 噪声小 2. 可以起到保护机械的作用 3. 可以远距离传递运动与动力	1. 有时间的延缓,无法准确传递 2. 有能量损失,传递力减小 3. 皮带速度过大或突然加速会导致皮带断裂
皮带	两个皮带轮在同一平面内(皮带交叉)	两个皮带轮转动方向相反			
皮带	两个皮带轮的转轴在空间中垂直(皮带半交叉)	根据实际情况判定			

表4-1的内容虽然很多，但只要掌握它们各自的安装方式，并在制作模型的过程中注意观察和理解就很容易记住了。

比如在车床的传动系统中，用电动机为车床的转动轴传递运动与动力时一般会用皮带传动，为什么呢？这时候你会想到，这里使用皮带传动比其他两种传动方式更有优势。

4.2 动手制作

【制作项目】车床（图4-1）。

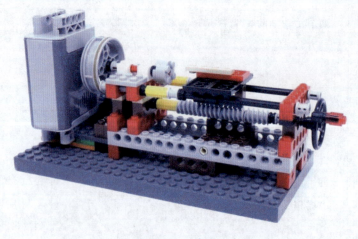

图4-1 车床

1. 结构分析

车床的结构分为工作台与床身两个部分，如图4-2所示。

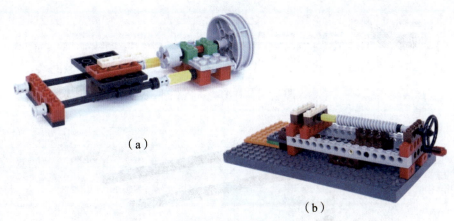

图 4-2 车床的结构
(a) 工作台；(b) 床身

2. 所需器材

所需器材如图 4-3 所示。

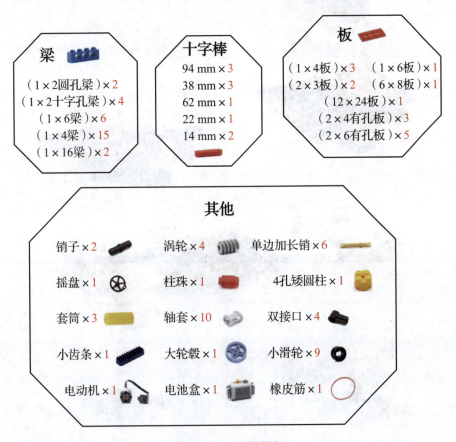

图 4-3 所需器材

3. 分步制作

1）工作台制作

用 1×4 板、1×6 板、2×3 板、2×4 有孔板、1×2 圆孔梁、1×6 梁、1×4 梁、94 mm 十字棒、38 mm 十字棒、14 mm 十字棒、62 mm 十字棒、小齿条、小滑轮、轴套、双接口、销子、大轮毂、4 孔矮圆柱、套筒做工作台，如图 4-4 所示。

图 4-4 工作台制作

2) 床身制作

用 12×24 板、2×4 有孔板、2×6 有孔板、1×4 板、1×2 十字孔梁、1×6 梁、1×4 梁、94 mm 十字棒、38 mm 十字棒、22 mm 十字棒、单边加长销、销子、套筒、涡轮、摇盘、柱珠做床身,如图 4-5 所示。

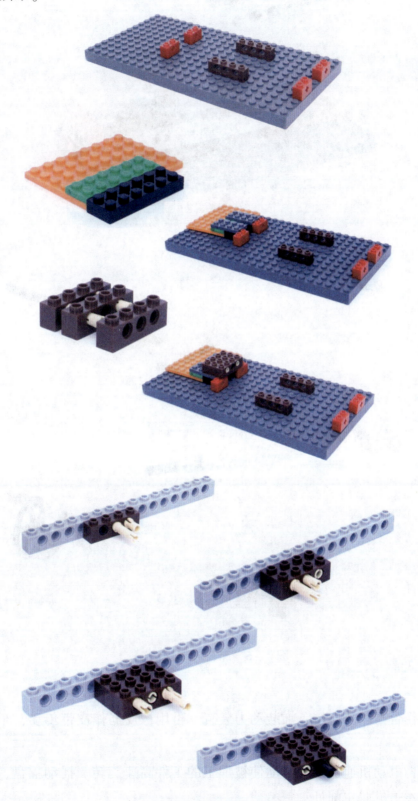

图 4-5 床身制作

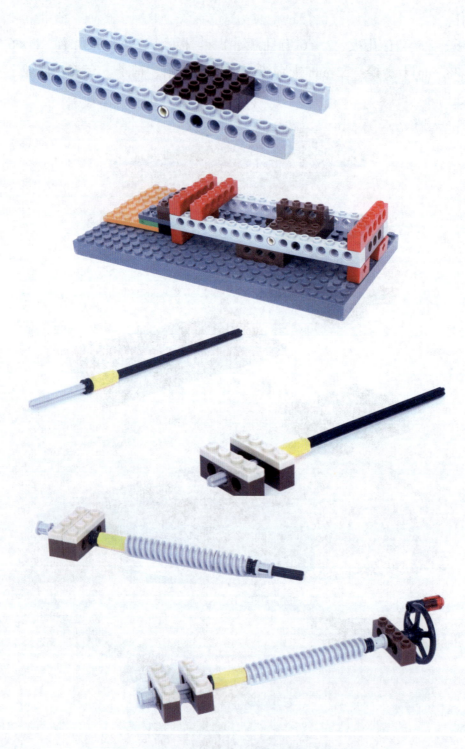

图 4-5 床身制作（续）

4. 组装

将搭建好的工作台与床身连接，加装动力装置，再用橡皮筋作皮带传动，车床就完成了（图 4-6）。

打开电源开关，电动机通过皮带传动使被加工的工件高速旋转。摇动摇盘，车刀会沿纵向移动。注意，不要让车刀触碰车削件。

图 4-6 组装

4.3 创意拓展

【拓展项目】在 4.2 节的基础上对车床进行改进,让车刀可以横向移动。

(1) 制作工作台,如图 4-7 所示。

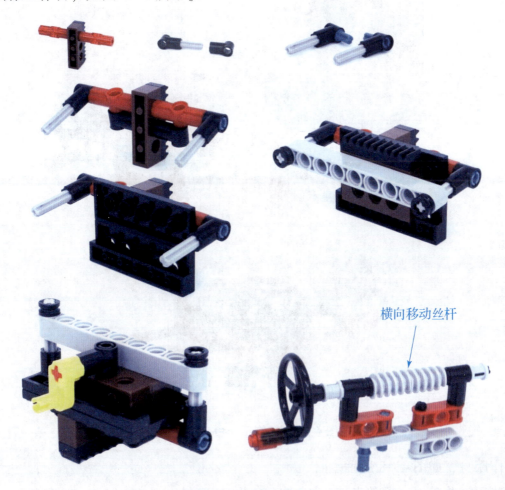

图 4-7 制作工作台

· 35 ·

图 4-7 制作工作台（续）

(2) 制作床身，如图 4-8 所示。

(3) 组装，加装动力装置及皮带，如图 4-9 所示。

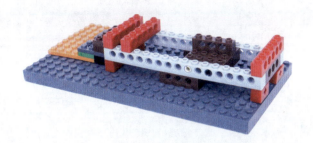

图 4-8 制作床身

图 4-9 组装并加装动力装置和皮带

课后思考

1. 皮带传动、链传动和齿轮传动各有哪些优点和缺点？
2. 3 种传动机构中，两个传动轴在空间投影上来看，能够垂直传递运动与动力的是（　　　）。

A. 平齿轮传动机构　　　B. 链传动机构　　　C. 皮带传动机构　　　D. 都不能

3. 下列说法中不正确的是（　　）

A. 两个圆柱齿轮在同一平面内相互传动时，它们的转动方向相反

B. 两个皮带轮在同一平面内相互传动时，它们的转动方向一定相同

C. 链传动与齿轮传动都可以准确无误地传递运动与动力

D. 皮带传动的传动效率没有齿轮传动和链传动的传动效率高

第 2 单元
凸轮传动

- 凸轮机构的工作原理
- 凸轮机构的分类
- 凸轮机构的应用

击鼓器

5.1 凸轮机构的工作原理

凸轮机构是由凸轮，从动件和机架 3 个基本构件组成的高副机构，如图 5-1 所示。

(1) 凸轮是一个有曲线轮廓或凹槽的构件，它一般为主动件。

(2) 从动件是与凸轮轮廓接触，并传递动力和实现预定的运动规律的构件。

(3) 机架是凸轮机构中用以支持从动件运动的构件。

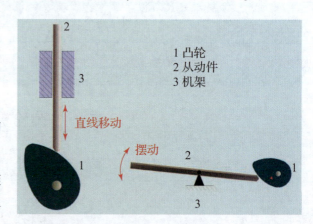

图 5-1 凸轮机构

凸轮机构是由凸轮的回转运动或往复运动，推动从动件做规定性往复移动或摆动的机构。凸轮一般为主动件，从动件一般做连续或间歇性的往复直线运动或摆动。从动件直线运动或摆动的最大距离叫作行程。

凸轮机构在自动机床、内燃机、印刷机和纺织机等机械中得到广泛应用。

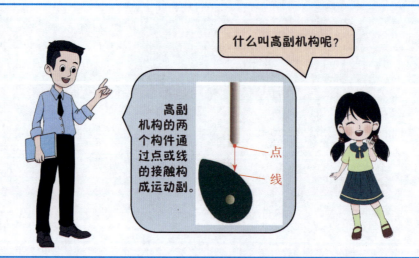

5.2 动手制作

【制作项目】击鼓器（图 5-2）。

图 5-2　击鼓器

1. 结构分析

击鼓器的结构分为凸轮及传动装置、鼓槌、鼓三部分，如图 5-3 所示。

（a）　　　　　　　（b）　　　　　　　（c）

图 5-3　击鼓器的结构

（a）凸轮及传动装置；（b）鼓槌；（c）鼓

2. 所需器材

所需器材如图 5-4 所示。

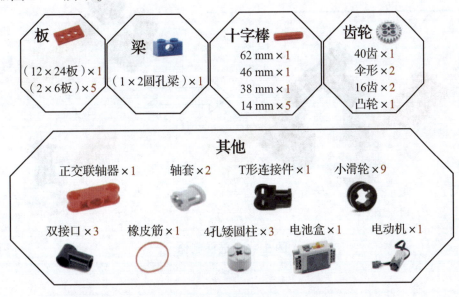

图 5-4　所需器材

3. 分步制作

1) 凸轮及传动装置制作

用 12×24 板、2×6 板、14 mm 十字棒、62 mm 十字棒、16 齿齿轮、凸轮、小滑轮、双接口做凸轮及传动装置，如图 5-5 所示。

图 5-5 凸轮及传动装置制作

2) 鼓槌制作

用 1×2 圆孔梁、T 形连接件、双接口、38 mm 十字棒、46 mm 十字棒、伞形齿轮、轴套、小滑轮、4 孔矮圆柱、正交联轴器、橡皮筋做鼓槌，如图 5-6 所示。

图 5-6 鼓槌制作

3) 鼓制作

用 14 mm 十字棒、40 齿齿轮、4 孔矮圆柱做鼓，如图 5-7 所示。

图 5-7 鼓制作

4)组装

组装各部分,加装电源,击鼓器就搭建好了(图 5-8)。

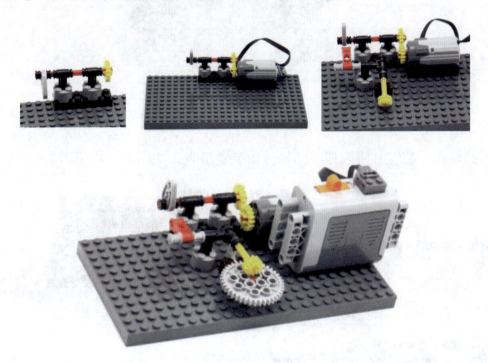

图 5-8 组装

5.3 创意拓展

【拓展项目】将击鼓器拓展为同时击打两面鼓,两个鼓槌轮流击鼓。

(1)制作鼓和鼓槌,如图 5-9 所示。

图 5-9 制作鼓和鼓槌

图 5-9 制作鼓和鼓槌（续）

（2）制作凸轮传动装置，将鼓槌与凸轮传动装置组装，如图 5-10 所示。

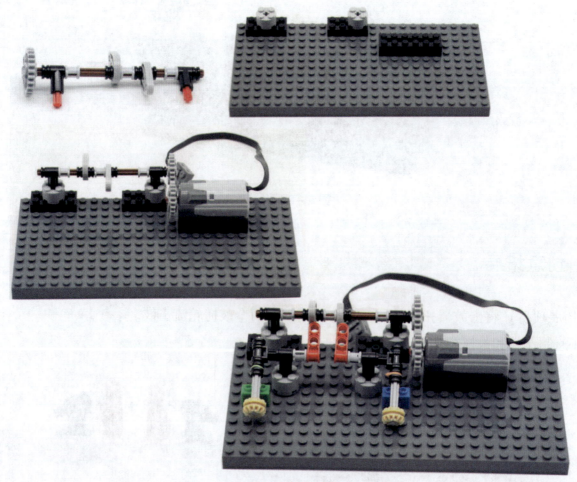

图 5-10 制作凸轮传动装置并组装

（3）将各部分组装，加装电源，模型就制作好了（图 5-11）。

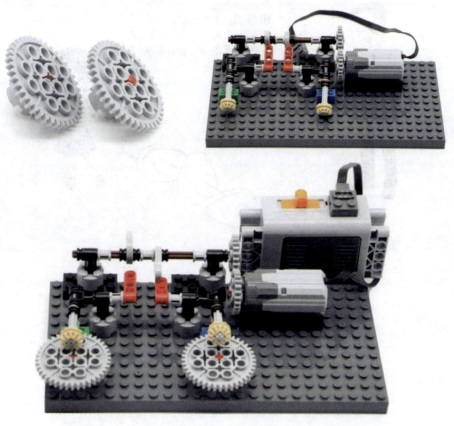

图 5-11　组装

课后思考

1. 凸轮机构由哪几部分组成？它们各自的任务是什么？
2. 凸轮机构中的从动件一般有哪几种运动形式？
3. 如图 5-12 所示，皮带传动机构是不是高副机构？为什么？

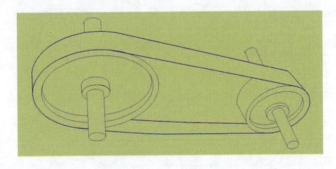

图 5-12　第 3 题图

4. 说一说你所了解的凸轮机构有哪些应用。

5. 想一想（图 5–13）。

图 5–13　第 5 题图

第6课　此起彼伏

6.1　凸轮机构的分类

凸轮机构按照不同的方式有各种各样的分类。

按从动件的运动形式，凸轮机构分为：①直动从动件凸轮机构；②摆动从动件凸轮机构。

（1）直动从动件做往复移动，其尖顶的运动轨迹为一条直线。直动从动件凸轮机构又可根据其从动件轴线与凸轮回转轴心的相对位置分为对心和偏置两种，如图6-1所示。

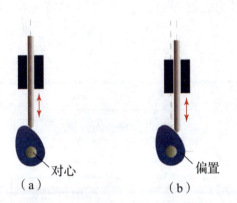

图6-1　直动从动件凸轮机构

(a) 对心；(b) 偏置

（2）摆动从动件做往复摆动，其尖端的运动轨迹为一段圆弧，如图6-2所示。

图6-2　摆动从动件凸轮机构

凸轮机构还可以根据构件的形状进行分类。

（1）按凸轮的形状可以分为盘形凸轮机构、移动凸轮机构和圆柱凸轮机构3种，如图6-3所示。

(2) 按从动件的形状可以分为尖顶从动件凸轮机构、滚子从动件凸轮机构和平底从动件凸轮机构，如图6-4所示。

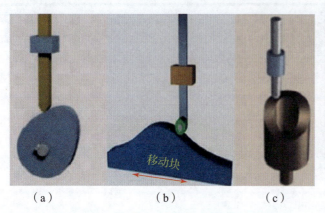

图6-3 凸轮机按凸轮的形状分类

(a) 盘形凸轮机构；(b) 移动凸轮机构；(c) 圆柱凸轮机构

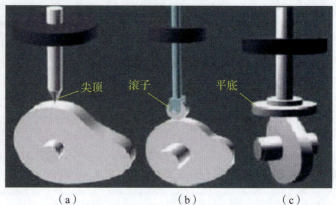

图6-4 凸轮机构按从动件的形状分类

(a) 尖顶从动件凸轮机构；(b) 滚子从动件凸轮机构；
(c) 平底从动件凸轮机构

凸轮机构还有其他分类方式，凸轮的形状和从动件的形状也多种多样，但是万变不离其宗，不管什么形状都是根据实际应用的需要设计的，只需要了解和掌握它们的基本结构原理就行了。

小课堂

6.2 动手制作

【制作项目】"此起彼伏"模型（图6-5）。

图 6-5 "此起彼伏"模型

1. 结构分析

"此起彼伏"模型的结构分为凸轮组合装置、支架、电动机传动装置三部分，如图 6-6 所示。

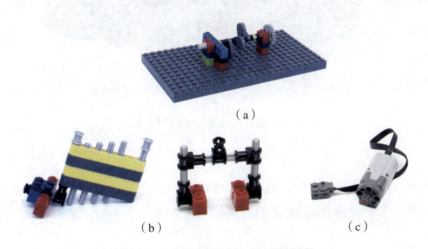

图 6-6 "此起彼伏"模型的结构

(a) 凸轮组合装置；(b) 支架；(c) 电动机传动装置

2. 所需器材

所需器材如图 6-7 所示。

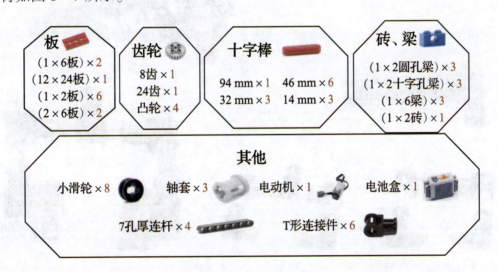

图 6-7 所需器材

3. 分步制作

1) 凸轮组合装置制作

用 12×24 板、1×2 板、1×6 板、1×2 圆孔梁、1×6 梁、1×2 砖、94 mm 十字棒、小滑轮、24 齿齿轮、凸轮做凸轮组合装置，如图 6-8 所示。

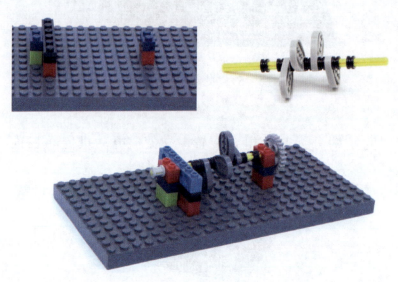

图 6-8 凸轮组合装置制作

2) 支架制作

用 1×2 板、1×2 十字孔梁、1×6 梁、14 mm 十字棒、32 mm 十字棒、46 mm 十字棒、7 孔厚连杆、轴套、小滑轮、T 形连接件做支架，如图 6-9 所示。

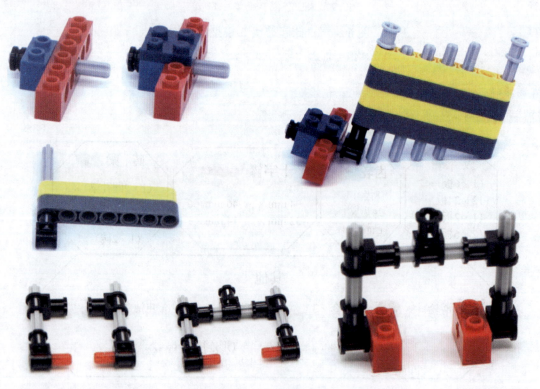

图 6-9 支架制作

3)电动机传动装置制作

用 14 mm 十字棒、8 齿齿轮、电动机做电动机传动装置,如图 6-10 所示。

图 6-10　电动机传动装置制作

4)组装

组装好各部分,加装电源,"此起彼伏"模型就制作好了(图 6-11)。

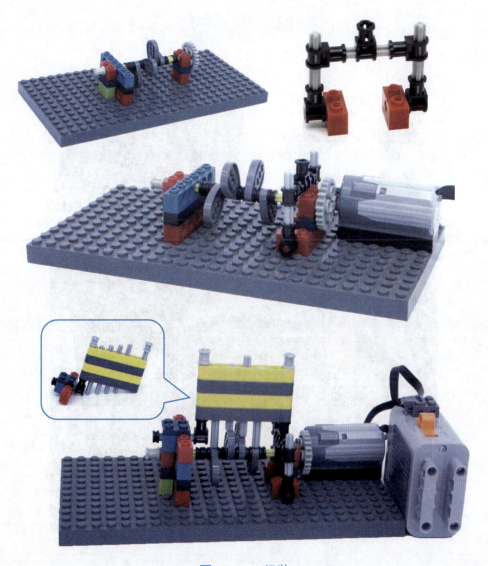

图 6-11　组装

打开电源开关,4根十字棒会上上下下,此起彼伏。

6.3 创意拓展

【拓展项目】"四面射击"模型。

(1) 制作底座部分,如图6-12所示。

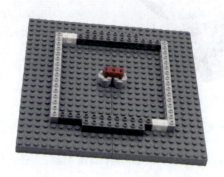

图6-12 制作底座部分

(2) 制作射击装置,与底座连接,如图6-13所示。

图6-13 制作射击装置并连接

(3) 制作凸轮传动部分,如图 6-14 所示。

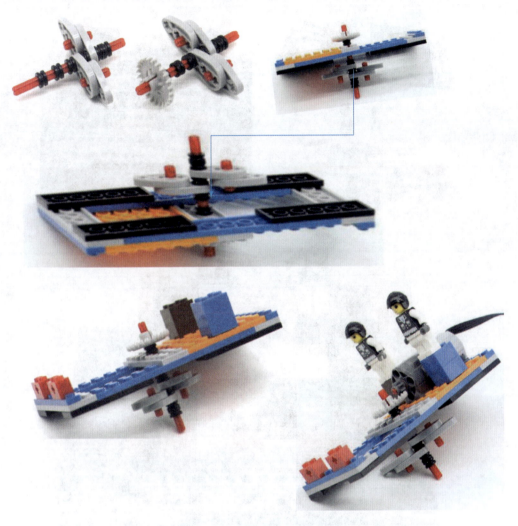

图 6-14 制作凸轮传动部分

(4) 搭建塔身部分,如图 6-15 所示。

图 6-15 搭建塔身部分

(5) 将搭建好的各部分组装起来，加装电源，"四面射击"模型就制作完成了（图6-16）。

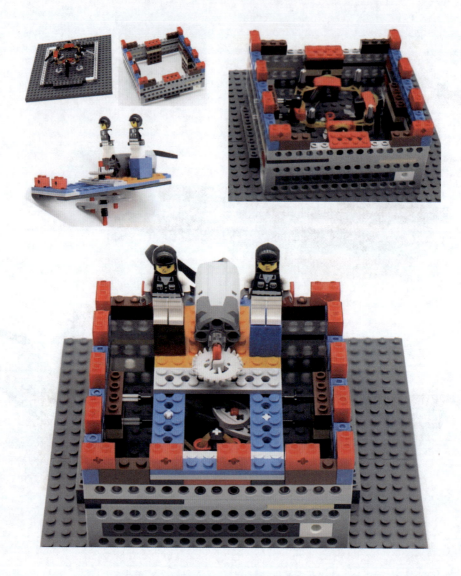

图6-16 组装

课后思考

1. 凸轮机构按从动件的运动形式划分有哪几种类型？
2. 圆柱凸轮机构和尖顶从动件凸轮机构分别是按什么划分的？
3. 下列说法中正确的是（　　）。
   A. 凸轮机构中的凸轮运动是一种往复运动
   B. 凸轮机构中凸轮的形状是根据从动件的实际需要确定的
   C. 直动从动件的尖顶的运动轨迹有时为直线，有时为圆弧
   D. 直动从动件凸轮机构中，从动件的轴线必须与凸轮回转轴的轴心对正

4. 想一想（图6-17）。

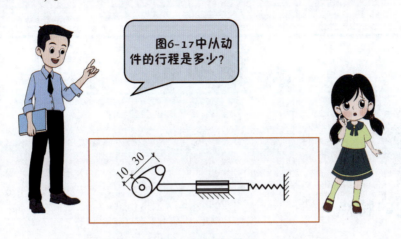

图6-17 第4题图（单位：mm）

第 7 课

移动靶

7.1 凸轮机构的特点

凸轮机构具有很多优点，因此在自动机械和半自动机械中有着广泛的应用。

凸轮机构的优点：①只要设计出适当的凸轮轮廓，就可以使从动件遵循任意预定的运动规律；②结构简单、紧凑，并且设计方便；③动作准确可靠。

但是，在某些方面，凸轮机构也还存在着一定的缺点。

凸轮机构的缺点：①凸轮为高副接触（点或者线接触），压强较高，容易磨损；②凸轮轮廓加工困难，费用较高；③行程不大；④维修困难。

在凸轮机构众多的优点中，凸轮机构能使从动件"准确地遵循任意预定的运动规律"是最主要的。比如车床上的车刀根据凸轮的外廓，能准确无误地车出所需要的零部件，而齿轮传动或其他传动方式就很难或不可能做到，如图 7-1 所示。

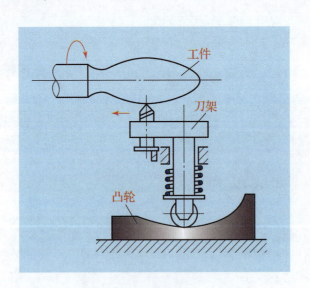

图 7-1 车床上的车刀

在凸轮机构中，凸轮的转速决定从动件运动的快慢，但是从动件的运动规律取决于凸轮的轮廓曲线。凸轮的轮廓曲线的不同直接导致了和它接触的从动件运动的改变。从动件常见的运动有等速运动、等加等减速运动、余弦加速运动和正弦加速运动等 4 类。

（1）等速运动。从动件做等速运动时，在行程始末速度有突变，从而使从动件产生巨大的惯性力，机构受到强烈冲击，存在刚性冲击现象，因此一般适用于低速轻载的场合。

（2）等加等减速运动。从动件做等加速或等减速运动时，在行程的开始和终了存在柔性冲击，因此从动件的这类运动适用于中速轻载的场合。

（3）余弦加速运动。从动件位移为零时有柔性冲击，因此从动件的余弦加速运动适用于中、低速轻载的场合。当从动件做无停歇连续运动时，该类运动可用于高速场合。

（4）正弦加速运动。这类运动任何时候都属于柔性冲击，适用于高速场合。

小课堂

正弦和余弦是什么意思？

在直角三角形中，任意一锐角A的对边与斜边的比叫作角A的正弦，余弦是它的邻边与斜边的比。**现在我们只需要了解它们的运动特点就行了。**

7.2 动手制作

【制作项目】移动靶（图7-2）。

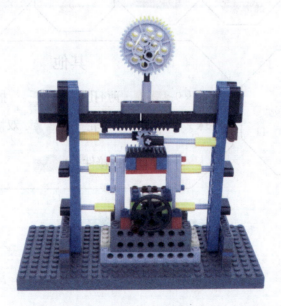

图7-2 移动靶

· 57 ·

1. 结构分析

移动靶的结构分为凸轮传动装置、动力装置、移动靶装置三部分，如图 7-3 所示。

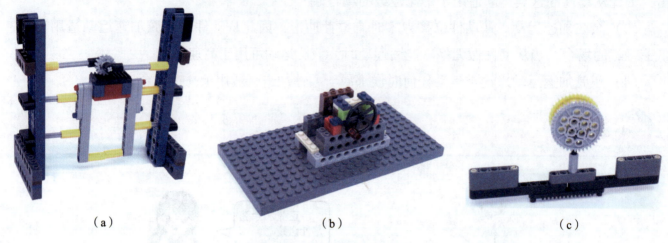

图 7-3 移动靶的结构

(a) 凸轮传动装置；(b) 动力装置；(c) 移动靶装置

2. 所需器材

所需器材如图 7-4 所示。

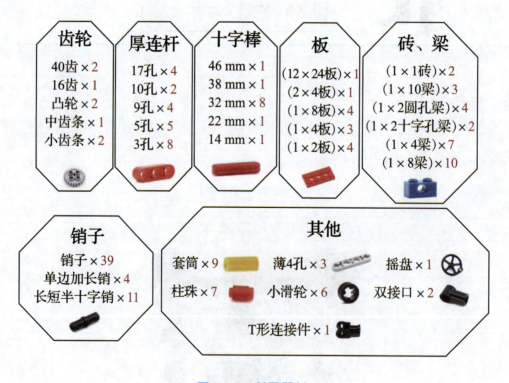

图 7-4 所需器材

3. 分步制作

1) 凸轮传动装置制作

用 3 孔厚连杆、9 孔厚连杆、17 孔厚连杆、1×2 十字孔梁、1×4 梁、1×8 梁、1×8 板、2×4 板、16 齿齿轮、小齿条、薄 4 孔、双接口、套筒、长短半十字销、销子、14 mm 十字棒、

32 mm十字棒、38 mm十字棒、小滑轮做从动件；用1×4板、1×4梁、46 mm十字棒、凸轮、摇盘、柱珠做主动件，如图7-5所示。

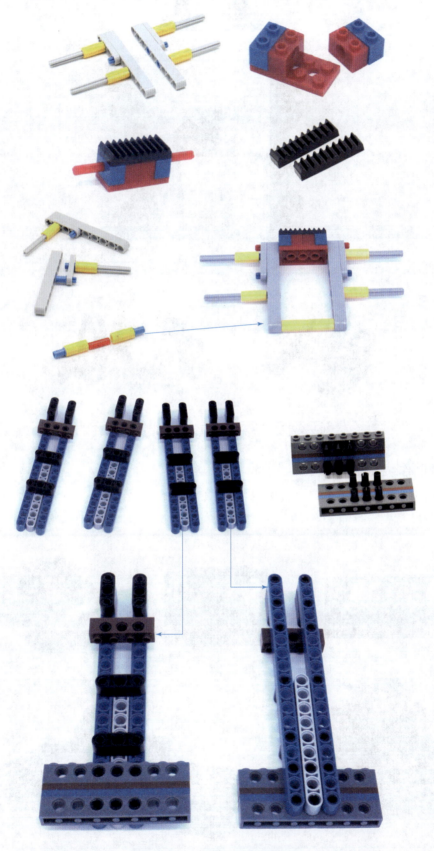

图7-5　凸轮传动装置制作

图 7-5 凸轮传动装置制作（续）

2）动力装置制作

用 1×2 板、1×4 板、1×1 砖；1×2 梁、1×4 梁、1×8 梁、1×10 梁；销子、小滑轮做动力装置，如图 7-6 所示。

图 7-6 动力装置制作

3）移动靶装置制作

用5孔厚连杆、10孔厚连杆、中齿条、套筒、22 mm 十字棒、32 mm 十字棒、T形连接件、40齿齿轮、单边加长销、销子做移动靶装置，如图7-7所示。

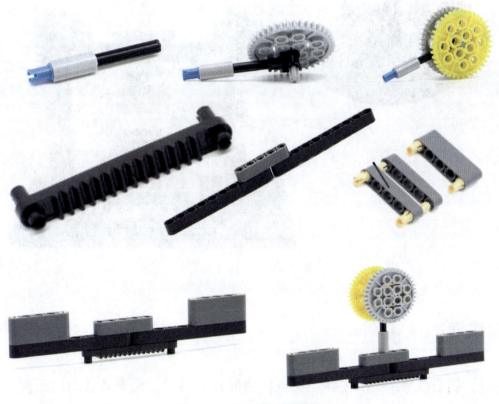

图7-7 移动靶装置制作

4）组装

将搭建好的各部分组装在一起，移动靶就制作完成了（图7-8），大家快试试吧！

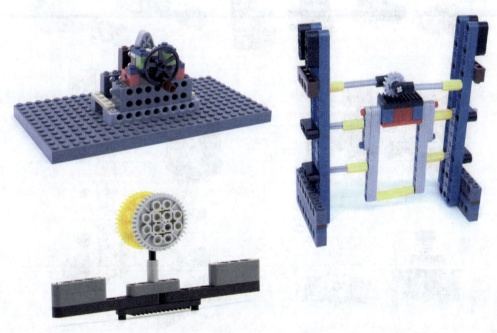

图7-8 组装

图 7-8 组装（续）

7.3 创意拓展

【拓展项目】适当改变 7.2 节中移动靶被传动部分的结构，使靶环移动的距离为原来移动距离的 2 倍以上。

(1) 搭建支撑杆部分，如图 7-9 所示。

图 7-9 搭建支撑杆部分

· 62 ·

（2）制作移动装置，如图7-10所示。

图7-10 制作移动装置

（3）制作传动装置，如图7-11所示。

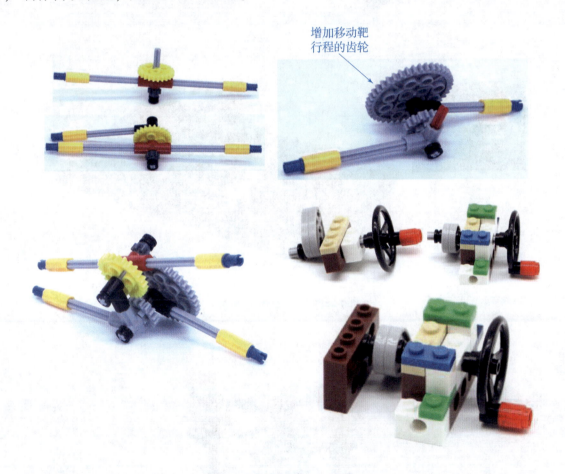

图7-11 制作传动装置

（4）将移动装置、传动装置与支撑杆连接，如图7-12所示。
（5）制作动力装置，如图7-13所示。
（6）将支撑杆、传动装置与动力装置组装，如图7-14所示。
（7）制作移动靶装置，如图7-15所示。
（8）把移动靶装置与前面搭建好的部分组装起来，模型就制作完成了（图7-16）。

图 7-12 连接

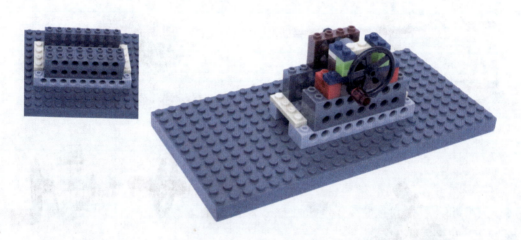

图 7-13 制作动力装置

图 7-14 组装（1）

· 64 ·

图 7-15　制作移动靶装置

图 7-16　组装（2）

课后思考

1. 凸轮机构有哪些优点和缺点？
2. 凸轮机构中从动件常见的运动有哪些？它们各有什么特点？
3. 利用凸轮机构车削加工一个图 7-17（a）所示的工件，凸轮的外轮廓需要设计成什么形状？请在图 7-17（b）中把它画出来。

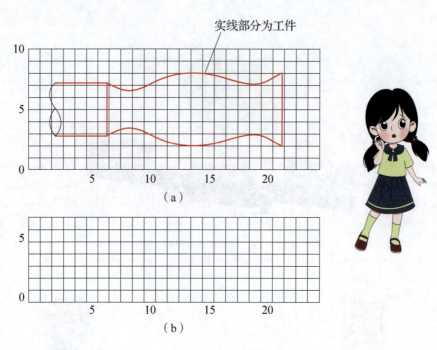

图 7-17 第 3 题图

第8课 爬行的乌龟

8.1 凸轮机构的趣味应用

乌龟隶属于龟科，是常见的龟鳖目动物之一。乌龟是现存最古老的爬行动物（图8-1）。

（1）乌龟的形态特征。乌龟身上长有非常坚硬的甲壳，乌龟受袭击时可以把头、尾及其四肢缩回龟壳内。

（2）乌龟的生活习性。乌龟是水陆两栖动物，用肺呼吸，其体温随着外界温度的变化而变化。大多数乌龟为肉食性，以蠕虫、螺类、虾及小鱼等为食，也食植物的茎叶。

（3）乌龟的分布范围。我国各地几乎都有乌龟分布，但以长江中下游各省的产量较高。广西、山东各地也都有出产，尤以桂东南、桂南等地数量较多。乌龟在国外主要分布在日本、巴西和朝鲜。

（4）乌龟的保护现状。我国将野外种群的乌龟列入了《国家重点保护野生动物名录》，乌龟属于二级保护动物。

图8-1 乌龟

8.2 动手制作

【制作项目】爬行的乌龟（图8-2）。

图8-2 爬行的乌龟

1. 结构分析

爬行的乌龟的结构分为托架和乌龟两部分，如图8-3所示。

（a） （b）

图8-3 爬行的乌龟的结构

(a) 托架；(b) 乌龟

2. 所需器材

所需器材如图 8-4 所示。

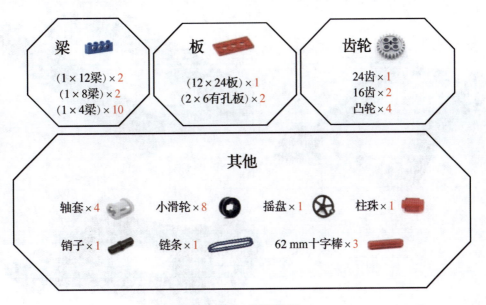

图 8-4　所需器材

3. 分步制作

1）托架制作

用 12×24 板、1×4 梁做托架，如图 8-5 所示。

图 8-5　托架制作

2）乌龟

用 1×8 梁、1×12 梁、62 mm 十字棒、2×6 有孔板、16 齿齿轮、凸轮、轴套、小滑轮、摇盘、柱珠、销子、链条做乌龟，如图 8-6 所示。

图 8-6　乌龟制作

图 8-6 乌龟制作（续）

图 8-6 乌龟制作（续）

3）组装

将各部分组装在一起，如图 8-7 所示。

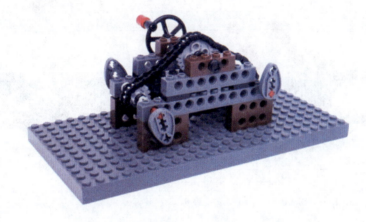

图 8-7 组装

用手摇动摇盘，观察乌龟"爬行"的动作。

8.3 创意拓展

【拓展项目】自动爬行的乌龟。

（1）制作爬行部分，如图 8-8 所示。

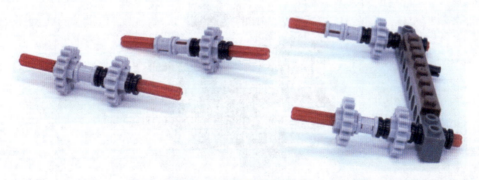

图 8-8 制作爬行部分

· 71 ·

图 8-8 制作爬行部分(续)

(2)制作动力装置,如图 8-9 所示。

图 8-9 制作动力装置

（3）加装链条，把动力装置与爬行部分组装，安装好紧固件，自动爬行的乌龟就搭建完毕了（图 8-10），同学们快去试试吧！

图 8-10　组装

课后思考

1. 假设有一凸轮机构，它的从动件可以上下、左右移动，如图 8-11 所示。

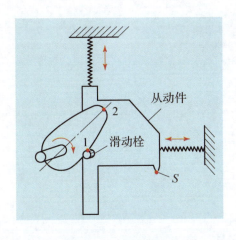

图 8-11　第 1 题图

当从动件的滑动栓在凸轮的点 1 和点 2 之间运动时，从动件上点 S 的运动轨迹是（　　）。

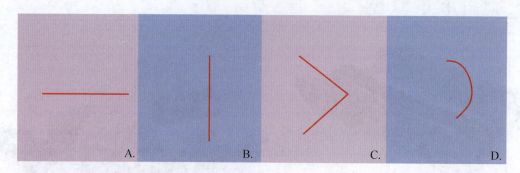

2. 8.3 节中自动爬行的乌龟是凸轮机构的哪一种？（　　）

A. 尖顶从动件凸轮机构　　　　　　C. 平底从动件凸轮机构

B. 滚子从动件凸轮机构　　　　　　D. 都不是

第 3 单元
连杆与曲柄机构

- 连杆与曲柄机构的基本工作原理
- 双曲柄机构
- 曲柄摇杆机构

第9课 挖掘机

9.1 连杆机构

在前面的学习中,我们已经多次接触过连杆机构。现在我们来认识连杆机构的基本原理与结构。

连杆机构是由若干个(两个以上)刚性构件通过低副连接组成的机构。各杆件的运动面在同一平面内或相互平行的连杆机构,称为平面连杆机构。

平面连杆机构中最常见的是四杆机构,它的构件数目最少,且能转换运动。多于四杆的平面连杆机构称为多杆机构。

连杆机构中的构件一般称为杆件。固定不动的杆件称为机架,与机架连接的杆件称为连架杆,两端没有直接与机架连接的杆件称为连杆,只有1根连杆的机构称为平面四杆机构,如图9-1(a)所示。

在平面四杆机构中,能够摇动的连架杆称为摇杆,有两个摇杆的平面四杆机构称为双摇杆机构,如图9-1(b)所示。

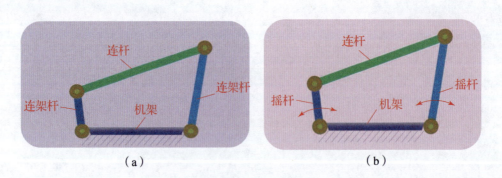

图9-1 连杆机构
(a)平面四杆机构;(b)双摇杆机构

平面连杆机构在各种机械和仪器中有广泛的应用,如挖掘机的动臂、斗杆和铲斗部位的结构就是连杆机构(图9-2)。

现在,利用将要制作的挖掘机模型(图9-3)上的斗杆结构,练习如何分析连杆机构,加深对连杆机构的认识。

将挖掘机模型的斗杆部位连杆机构进行简化,如图9-4所示。

图 9-2 挖掘机上的连杆机构

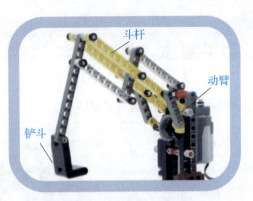

图 9-3 挖掘机模型

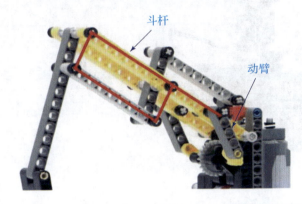

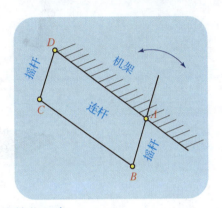

图 9-4 斗杆部件连杆机构简化示意

图 9-4 中，AB 与 CD 为摇杆，BC 为连杆，AD 为机架。AD 虽然是可以运动的，但它相对于 AB、BC、CD 来说却是固定的。

连杆机构像其他运动机构一样具有其自身的优点与缺点。

连杆机构的优点是：①低副接触压强低，耐磨损；②易于加工，几何形状能保证本身封闭；③转动副和移动副的接触表面是圆柱面和平面，制造简单，易于获得较高的制造精度。

连杆机构的缺点是：①低副中存在间歇，数目较多的低副会引起运动累积误差；②设计比较复杂，不易精确地遵循复杂的运动规律。

小课堂

9.2 动手制作

【制作项目】挖掘机（图9-5）。

图9-5 挖掘机

1. 结构分析

挖掘机的结构分布为车体、机械臂（动臂、斗杆）、铲斗、驱动装置四部分，如图9-6所示。

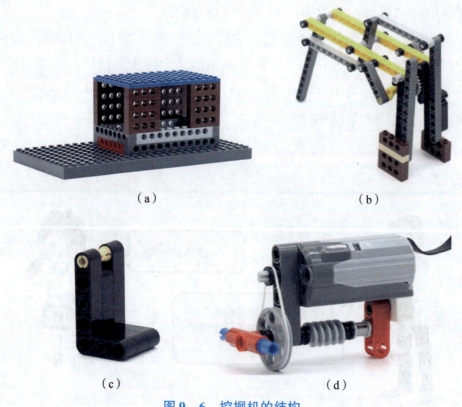

图9-6 挖掘机的结构

(a) 车体；(b) 机械臂；(c) 铲斗；(d) 驱动装置

· 78 ·

2. 所需器材

所需器材如图 9-7 所示。

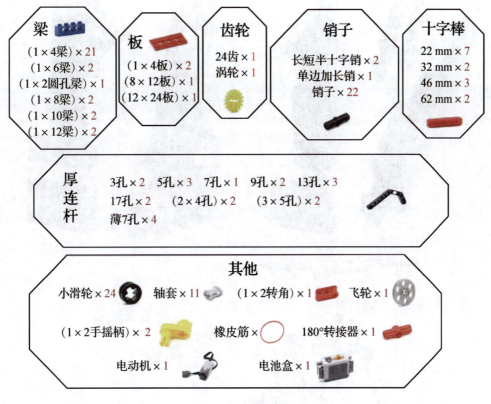

图 9-7 所需器材

3. 分步制作

1) 车体制作

1×4 梁、1×6 梁、1×8 梁、1×10 梁、1×12 梁、8×12 板、12×24 板做车体，如图 9-8 所示。

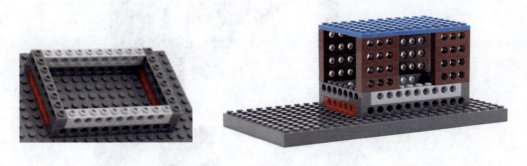

图 9-8 车体制作

2) 机械臂制作

用 1×4 梁、1×4 板、5 孔厚连杆、7 孔厚连杆、9 孔厚连杆、13 孔厚连杆、17 孔厚连杆、薄 7 孔、22 mm 十字棒、32 mm 十字棒、46 mm 十字棒、24 齿齿轮、小滑轮、1×2 手摇柄、销子做机械臂，如图 9-9 所示。

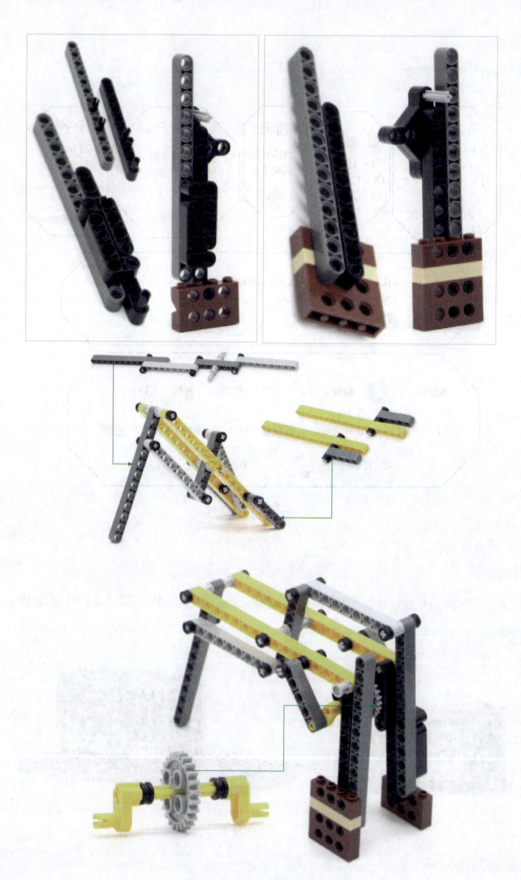

图 9-9 机械臂制作

3) 铲斗

用 3 孔厚连杆、3×5 孔厚连杆、单边加长销、销子做挖斗,如图 9-10 所示。

图 9-10　铲斗制作

4）驱动装置制作

用 1×2 圆孔梁、1×2 转角、5 孔厚连杆、22 mm 十字棒、62 mm 十字棒、小滑轮、轴套、涡轮、飞轮、180°转接器、橡皮筋、销子做驱动装置，如图 9-11 所示。

图 9-11　驱动装置制作

5）组装

将各部分组装起来，挖土机就搭建好了（图 9-12）。

图 9-12　组装

图 9-12 组装（续）

9.3 创意拓展

【拓展项目】增加挖掘机车体的旋转装置，让挖掘机能水平旋转。

（1）改进车体部分，如图 9-13 所示。

图 9-13 改进车体部分

图 9-13 改进车体部分（续）

（2）组装，如图 9-14 所示。

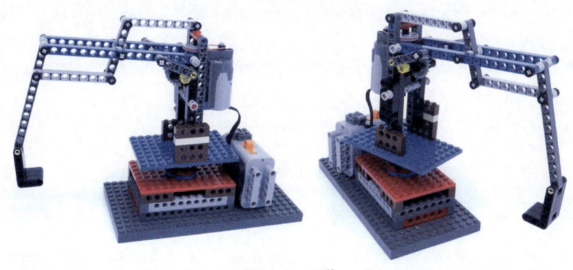

图 9-14 组装

课后思考

1. 什么是平面连杆机构？它有哪些优点和缺点？
2. 下面的说法中正确的是（　　）。
A. 连杆机构的优点是能够精确地遵循复杂的运动规律
B. 平面连杆机构的特点是每根杆件的轴线都在同一平面内
C. 平面连杆机构中有的连架杆可以转动，有的连架杆不能转动
D. 有两个摇杆的平面四杆机构称为双摇杆机构
3. 图 9-15 中的杆件机构是不是平面连杆机构？如果它不是平面连杆机构，说说为什么。如果它是平面连杆机构，那么它是几杆机构？标出所有杆件的名称。

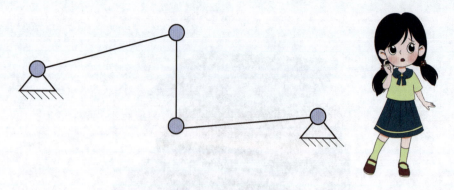

图 9-15 第 3 题图

第 10 课 破碎机

10.1 曲柄机构

在连杆机构中，能够做360°转动的连架杆称为曲柄，如图10-1所示。

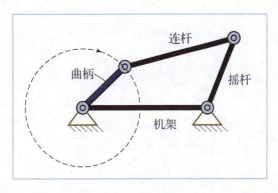

图 10-1 曲柄

曲柄机构实质上是至少含有一个曲柄的连杆机构。根据曲柄与其他杆件组成的形式划分，曲柄机构的类型主要有：①双曲柄机构，包括不等长双曲柄机构、平行双曲柄机构和反向双曲柄机构；②曲柄摇杆机构；③曲柄滑块机构，有时称为曲柄连杆机构，它是连杆机构的一种特殊形式。各种曲柄机构在机械中有着广泛的应用。比如汽车发动机的主要运动机构就是曲柄机构，它叫作曲柄连杆机构，如图10-2所示。

图 10-2 发动机曲柄连杆机构示意

曲柄摇杆机构或曲柄滑块机构的作用，是将圆周运动转化为往复运动或者将往复运动转化为圆周运动。当曲柄为主动件，摇杆或滑块为从动件时，圆周运动转化为往复运动，如图10-3所示；反之则往复运动转化为圆周运动，如图10-4所示。

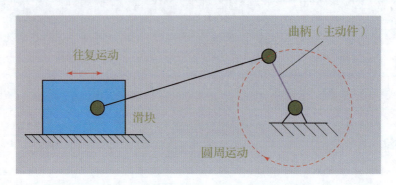

图10-3　曲柄滑块机构的往复运动（1）

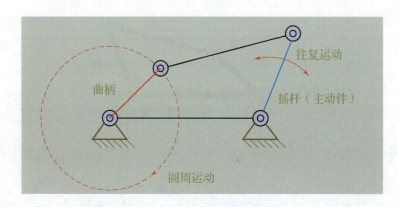

图10-4　曲柄摇杆机构的往复运动（2）

10.2 动手制作

【制作项目】破碎机（图10-5）。

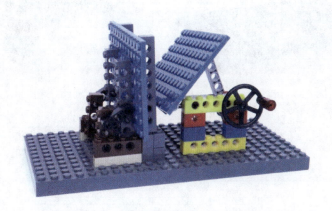

图 10-5 破碎机

1. 所需器材

所需器材如图10-6所示。

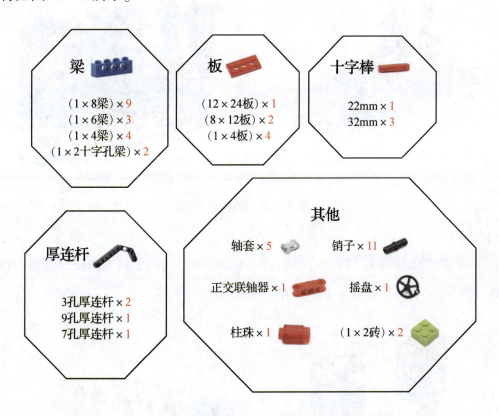

梁
(1×8梁)×9
(1×6梁)×3
(1×4梁)×4
(1×2十字孔梁)×2

板
(12×24板)×1
(8×12板)×2
(1×4板)×4

十字棒
22mm×1
32mm×3

厚连杆
3孔厚连杆×2
9孔厚连杆×1
7孔厚连杆×1

其他
轴套×5　　销子×11
正交联轴器×1　　摇盘×1
柱珠×1　　(1×2砖)×2

图 10-6 所需器材

2. 结构分析

破碎机的结构分为机体和主动件两部分，如图10-7所示。

· 87 ·

图 10-7 破碎机的结构
(a) 机体；(b) 主动件

3. 分步制作

1）机体制作

用 1×4 梁、1×6 梁、1×8 梁、8×12 板、12×24 板、1×4 板、销子做机体，如图 10-8 所示。

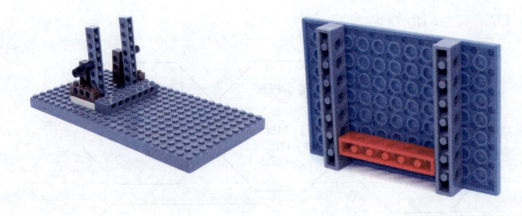

图 10-8 机体制作

2）主动件制作

用 1×2 十字孔梁、1×6 梁、8×12 板、1×2 砖、正交联轴器、摇盘、柱珠、销子、22 mm 十字棒、32 mm 十字棒做主动件，如图 10-9 所示。

图 10-9 主动件制作

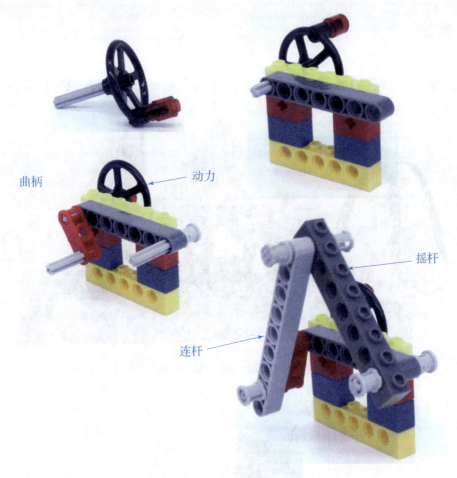

图 10-9 主动件制作（续）

3）组装

将各部分组装在一起（图 10-10）。

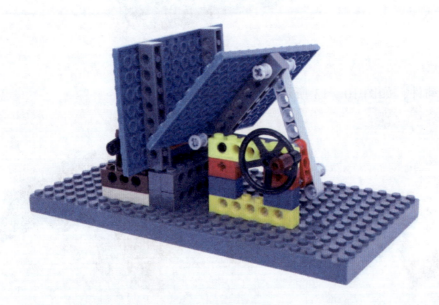

图 10-10 组装

10.3 创意拓展

【拓展项目】制作一台省力破碎机：用小齿轮带动大齿轮（曲柄）（图10-11）。

图10-11 省力破碎机

（1）制作机体，如图10-12所示。

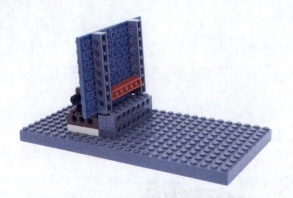

图10-12 制作机体

（2）制作主动件，如图10-13所示。

图10-13 制作主动件

图 10-13 制作主动件（续）

(3) 制作动力装置，如图 10-14 所示。

图 10-14 制作动力装置

(4) 组装，如图 10-15 所示。

图 10-15 组装

课后思考

1. 曲柄机构有哪些类型？
2. 说说你所了解的曲柄机构有哪些应用。
3. 什么叫作往复运动？它主要存在哪几种类型的机构中？
4. 将图 10-16 中曲柄机构所属的类型分别填入对应的括号。

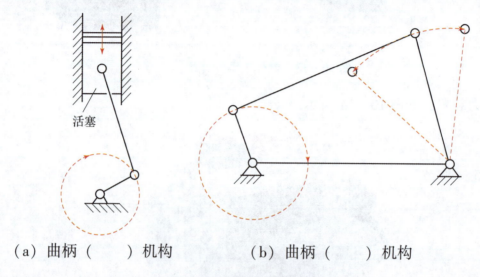

（a）曲柄（　　）机构　　（b）曲柄（　　）机构

图 10-16　第 4 题图

5*. 图 10-17 所示是一个曲柄滑块机构，要求滑块上的点 C 不能超出滑槽上 A、B 两点间的范围，算一算：

（1）L_1 的最大距离应该是多少？

（2）L_2 的最小长度应该是多少？

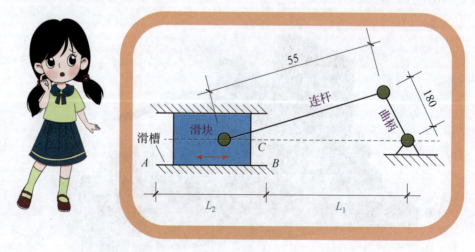

图 10-17　第 5 题图（单位：cm）

第11课 小火车

11.1 双曲柄机构

在平面四杆机构中,如果两连架杆均为曲柄,则这个平面四杆机构称为双曲柄机构。双曲柄机构又分为:①不等长双曲柄机构;②平行双曲柄机构;③反向双曲柄机构。

(1) 不等长双曲柄机构(图11-1)。两个曲柄长度不相等,其中最短杆与最长杆之和小于或等于其余两杆之和。不等长双曲柄机构中主动曲柄做匀速圆周运动,从动曲柄做变速圆周运动。利用不等长双曲柄机构的变速运动原理可以制作惯性筛等。

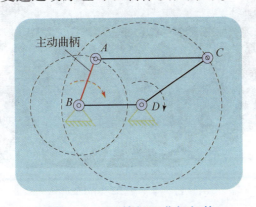

图11-1 不等长双曲柄机构

(2) 平行双曲柄机构(图11-2)。两曲柄的长度相等,连杆与机架的长度也相等,它实际上是一个平行四边形。平行双曲柄机构的运动特点是:当主动曲柄AB做匀速圆周运动时,从动曲柄CD会以相同的角速度沿同一方向做匀速圆周运动,连杆AC则做平行移动。

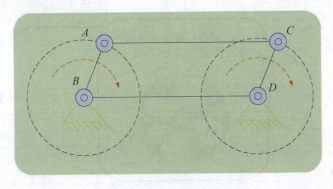

图11-2 平行双曲柄机构

（3）反向双曲柄机构（图11-3）。在双曲柄机构中，连杆与机架的长度相等，两个曲柄的长度相等且转向相反，称为反向双曲柄机构，又称反平行四边形机构。反向双曲柄机构的特点是，当主动曲柄做匀速圆周运动时，从动曲柄也做匀速圆周运动，但转动方向与主动曲柄相反。

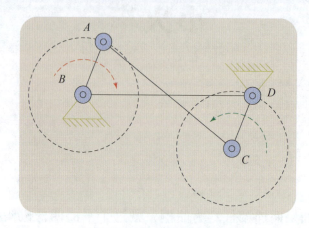

图11-3　反向双曲柄机构

双曲柄机构被应用在不同的场合，比如火车头的车轮就是平行双曲柄机构，如图11-4所示。

图11-4　火车头的车轮

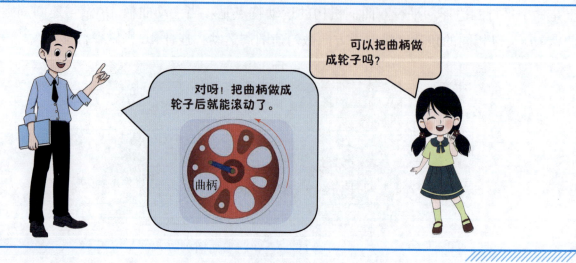

11.2 动手制作

【制作项目】小火车（图 11-5）。

图 11-5 小火车

1. 结构分析

小火车的结构分为车体和动力装置两部分，如图 11-6 所示。

（a）　　　　　　　　　　　　　　　（b）

图 11-6 小火车的结构

（a）车体；（b）动力装置

2. 所需器材

所需器材如图 11-7 所示。

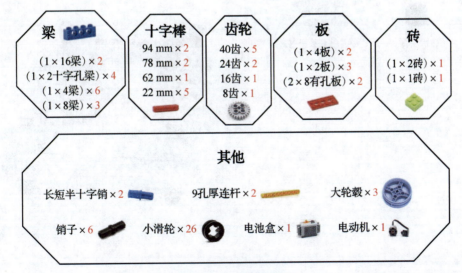

梁
(1×16梁)×2
(1×2十字孔梁)×4
(1×4梁)×6
(1×8梁)×3

十字棒
94 mm×2
78 mm×2
62 mm×1
22 mm×5

齿轮
40齿×5
24齿×2
16齿×1
8齿×1

板
(1×4板)×2
(1×2板)×3
(2×8有孔板)×2

砖
(1×2砖)×1
(1×1砖)×1

其他

长短半十字销×2　　9孔厚连杆×2　　大轮毂×3
销子×6　　小滑轮×26　　电池盒×1　　电动机×1

图 11-7 所需器材

3. 分步制作

1）车体制作

用 1×16 梁、1×8 梁、1×4 梁、1×2 十字孔梁、94 mm 十字棒、78 mm 十字棒、62 mm 十字棒、22 mm 十字棒、40 齿齿轮、24 齿齿轮、8 齿齿轮、1×4 板、1×2 板、2×8 有孔板、1×2 砖、1×1 砖、9 孔厚连杆、大轮毂、小滑轮、销子、长短半十字销做车体，如图 11-8 所示。

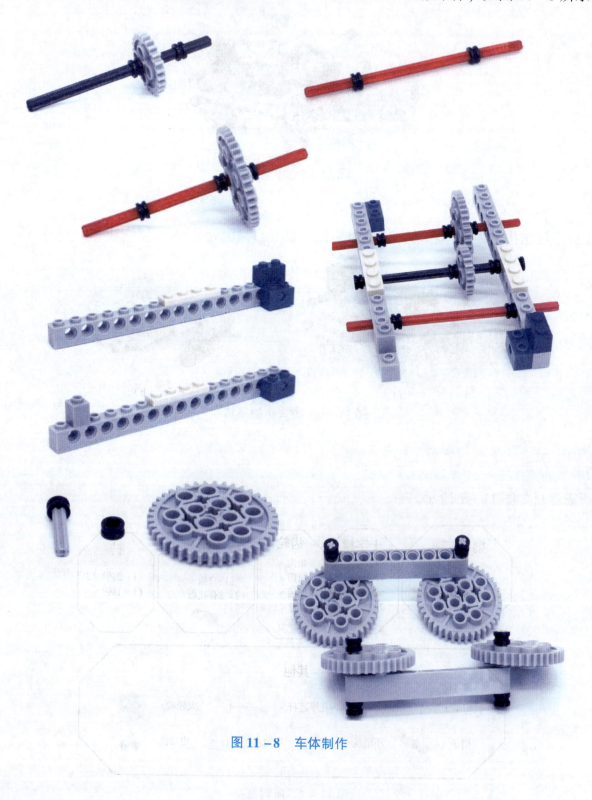

图 11-8　车体制作

图 11-8 车体制作（续）

图 11-8 车体制作（续）

2）动力装置制作

用 1×4 梁、1×8 梁、22 mm 十字棒、销子、电动机、电池盒做动力装置，如图 11-9 所示。

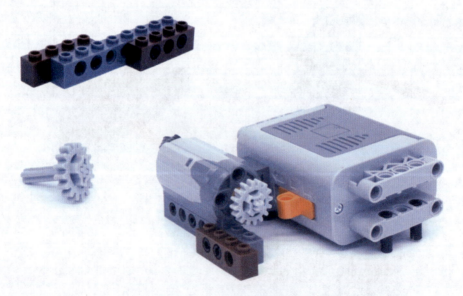

图 11-9 动力装置制作

3）组装

将车体和动力装置组装在一起，小火车就搭建完成了。

用手推着小火车运动,观察双曲柄机构(火车轮)的运动状态。

11.3 创意拓展

【拓展项目】制作每边有 3 个轮子的小火车。

(1)制作车轮部分,如图 11-10 所示。

图 11-10 制作车轮部分

图 11-10　制作车轮部分（续）

（2）制作车体部分，如图 11-11 所示。

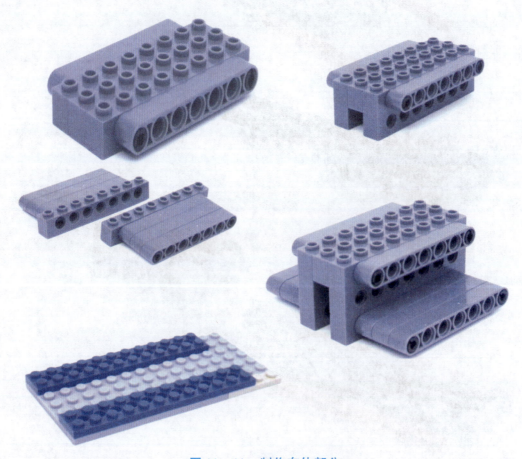

图 11-11　制作车体部分

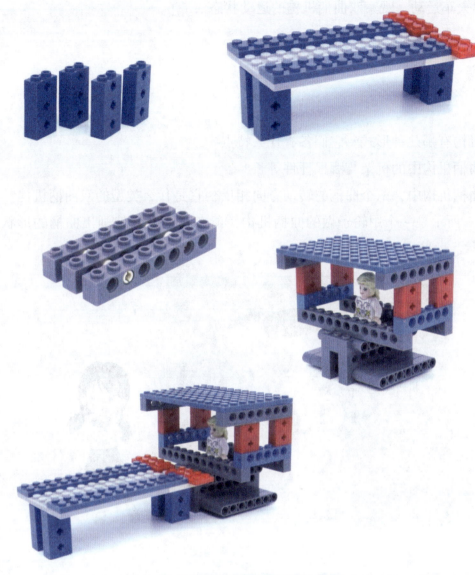

图 11-11 制作车体部分（续）

（3）组装，如图 11-12 所示。

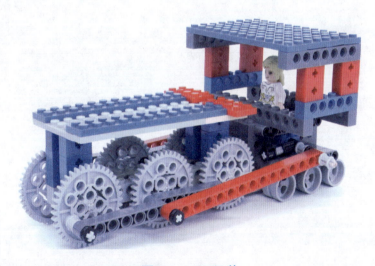

图 11-12 组装

用手推着小火车运动,观察双曲柄机构的运动状态。

课后思考

1. 双曲柄机构有哪几种形式?它们各有什么特点?
2. 平行双曲柄机构中的机架与哪根杆件等长?
3. 在某双曲柄机构中,两个曲柄的转动方向相反,它是什么类型的双曲柄机构?
4. 图11-13所示是一个用轮子做的曲柄机构,请在图上大致勾画出曲柄的形状,将轮子的多余部分用斜划线("/////")去掉。

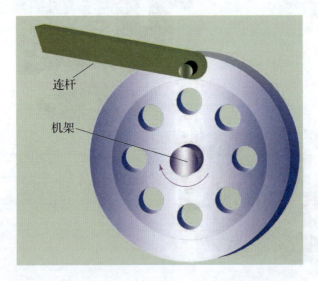

图11-13　第4题图

第 12 课

缝纫机

12.1 曲柄摇杆机构

平面四杆机构中，一根连架杆为曲柄，另一根连架杆为摇杆的机构称为曲柄摇杆机构。在通常情况下，曲柄为主动杆，做匀速圆周转动，带动摇杆做往复摆动。有的机构中也用摇杆作主动杆，通过摇杆的往复摆动带动曲柄做圆周运动。如图 12-1 所示。

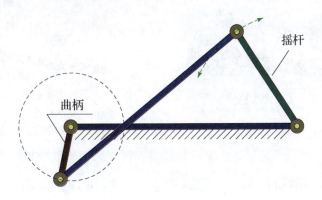

图 12-1 曲柄摇杆机构

脚踏式缝纫机中传递运动与运力的机构是典型的曲柄摇杆机构，如图 12-2 所示。

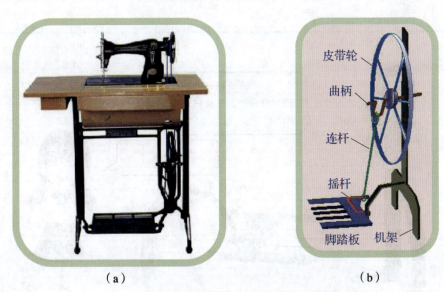

(a) (b)

图 12-2 脚踏式缝纫机及其曲柄摇杆机构

(a) 脚踏式缝纫机；(b) 脚踏式缝纫机的曲柄摇杆机构

使用脚踏式缝纫机时，用脚摇动踏板，踏板的往复摆动通过连杆带动皮带轮上的曲柄做圆周运动，从而将运动与运力传递到机头。机头再通过一系列传动装置将运动与运力传递到机针、送料等终端装置。

曲柄连杆机构与滑杆机构结合在一起，带动机针上下运动，不妨把它叫作曲柄滑杆机构。什么是滑杆机构呢？在制作缝纫机模型之前，先认识一下什么是滑杆机构。

滑杆机构是由滑块、滑杆、回转体和机体组成的一种机械装置，如图12-3所示。

图12-3所示是一般滑杆机构的结构。脚踏式缝纫机机针的滑杆机构与一般滑杆机构部位对应示意如图12-4所示。

图12-3　滑杆机构

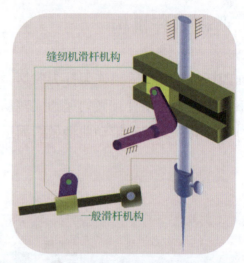

图12-4　脚踏式缝纫机机针滑杆机构与一般滑杆机构部位对应示意

滑杆机构中的回转体为主动件，做匀速圆周运动，滑块为从动件，带动滑杆做往复直线运动或往复摆动。具体情形同学们可以在12.3节"创意拓展"中认真体会。

12.2 动手制作

【制作项目】缝纫机（图 12-5）。

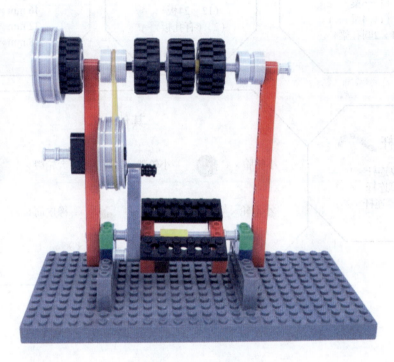

图 12-5 缝纫机

1. 结构分析

缝纫机的结构分为传动装置、脚踏装置两部分，如图 12-6 所示。

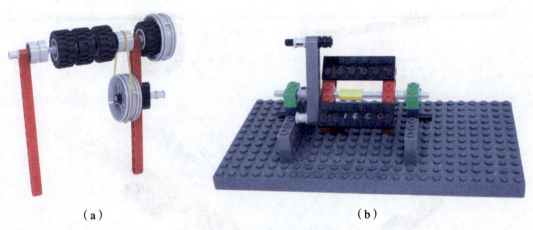

（a） （b）

图 12-6 缝纫机的结构
（a）传动装置；（b）脚踏装置

2. 所需器材

所需器材如图 12-7 所示。

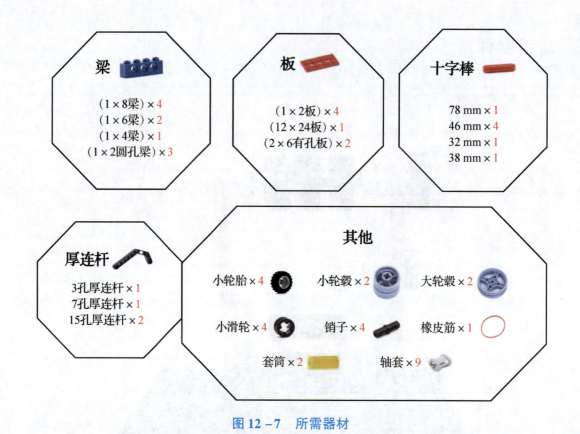

图 12-7 所需器材

3. 分步制作

1) 传动装置制作

用 78 mm 十字棒、46 mm 十字棒、3 孔厚连杆、15 孔厚连杆、小轮胎、小轮毂、大轮毂、套筒、轴套、销子、橡皮筋做传动装置，如图 12-8 所示。

图 12-8 传动装置制作

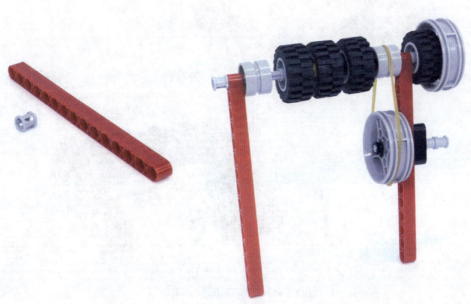

图 12-8 传动装置制作(续)

2）脚踏装置制作

用 46 mm 十字棒、38 mm 十字棒、32 mm 十字棒、1×2 圆孔梁、1×6 梁、1×8 梁、1×2 板、2×6 有孔板、12×24 板、套筒、轴套、销子做脚踏装置，如图 12-9 所示。

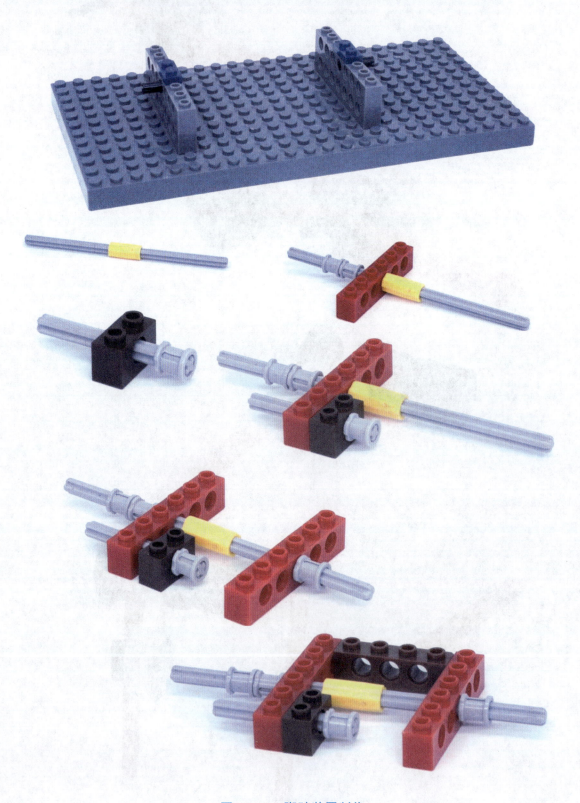

图 12-9　脚踏装置制作

图 12-9 脚踏装置制作（续）

3）组装

将各部分组装起来，缝纫机就制作完毕了（图 12-10）。
用手转动机头上的大轮子，观察曲柄摇杆机构的运动状态。

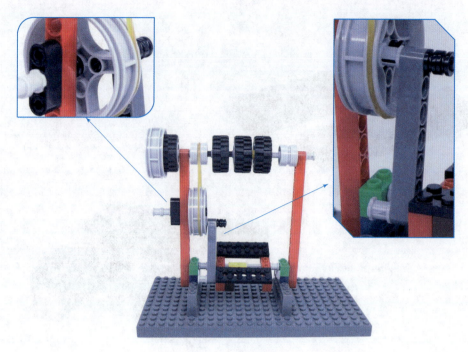

图 12-10 组装

12.3 创意拓展

【拓展项目】搭建一台有机针的缝纫机（让针机上下运动）。

（1）制作踏板装置部分，如图 12-11 所示。

图 12-11 制作踏板装置部分

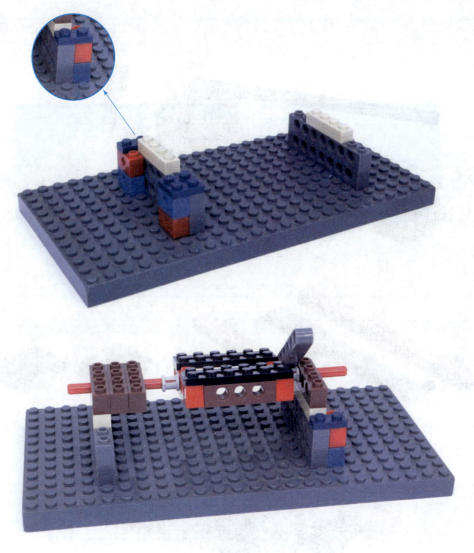

图 12-11 制作踏板装置部分（续）

（2）制作传动装置部分，如图 12-12 所示。

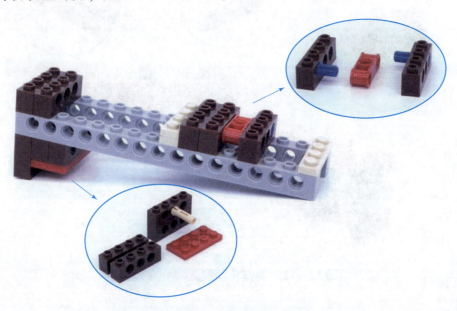

图 12-12 制作传动装置部分

机针

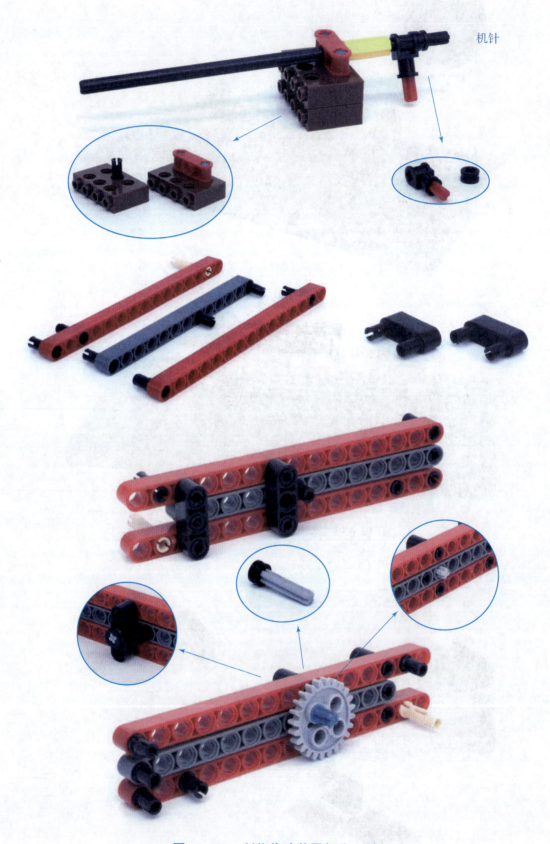

图 12-12 制作传动装置部分（续）

图 12-12　制作传动装置部分（续）

图 12-12 制作传动装置部分（续）

（3）组装，如图 12-13 所示。

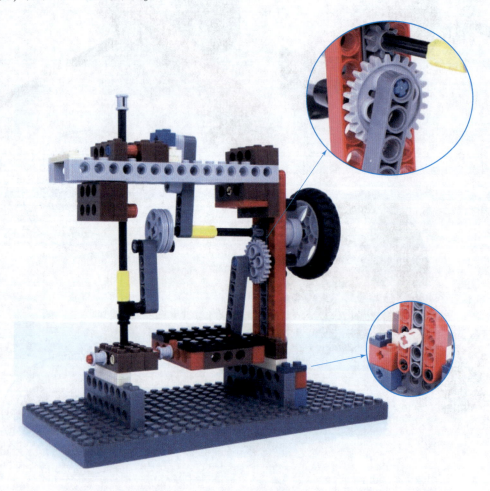

图 12-13 组装

· 114 ·

先用手转动右边的大轮子，让右边的曲柄处于适当的位置，然后用手摇动踏板，机针就会上下运动。

课后思考

1. 什么是曲柄摇杆机构？
2. 下列说法中正确的在括号中打"√"，不正确的在括号中打"×"。
（1）在曲柄摇杆机构中，曲柄做匀速圆周运动。（　　）
（2）在曲柄摇杆机构中，肯定有一个连杆为摇杆。（　　）
（3）曲柄为主动件时，摇杆为从动件，并做往复摆动。（　　）
（4）如果用手转动缝纫机机头上右端的轮子，则踏脚板上的摇杆为从动杆件。（　　）

3*. 阅读下面的说明文字与图 12-14，再说一说为什么缝纫师傅有时在踩动踏板之前要用手转动一下机头上的轮子。

在曲柄摇杆机构中，如果摇杆为主动件，曲柄为从动件，则当曲柄和连杆处于同一直线时的位置叫作死点位置，这时不论摇杆用多大的力都无法转动曲柄。

图 12-14　第 3 题图

第 4 单元
间歇运动机构

- 间歇运动机构的基本工作原理
- 间歇运动机构的分类
- 差速运动

第13课 放映机

13.1 间歇运动机构

在前面的学习中,我们认识了棘轮机构、凸轮机构和曲柄机构等一些特殊的运动机构。这些机构又称为间歇运动机构。

间歇运动机构,是能够将主动件的连续运动转变为从动件的间歇运动的机构。常见的间歇运动机构主要有:①棘轮机构;②凸轮机构;③槽轮机构;④不完全齿轮机构等。

(1) 棘轮机构。棘爪每驱使一次棘轮转动后,棘轮就要停歇一会儿,等待棘爪的下一次驱动,如图13-1所示。

(2) 凸轮机构。凸轮每转动一周,凸轮上凸起的部分带动从动件运动,在以转动轴为圆心的圆弧段从动件的运动就会停歇,下一次再从凸起的部分开始运动,如图13-2所示。

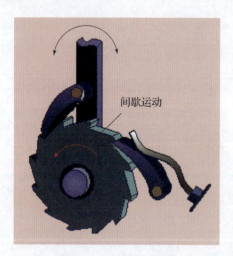

图13-1 棘轮机构

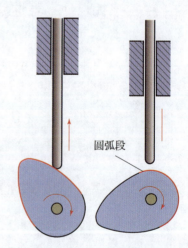

图13-2 凸轮机构

(3) 槽轮机构。槽轮机构由一个带槽的槽轮与一个带圆销件的机构组成。当圆销插入槽轮的槽时,带动槽轮转动;当圆销离开槽轮时,槽轮停止转动,如图13-3所示。

(4) 不完全齿轮机构。用一个没有布满圆周的齿轮作主动轮,带动从动轮转动时,主动轮上没有齿的一段圆弧不能带动从动轮转动,从动轮就会停歇一会儿,如图13-4所示。

间歇运动机构有着广泛的应用,如自动机床的进给机构、电影放映机的送片机构、刀架的转位机构、送料机构等。

图 13-3 槽轮机构

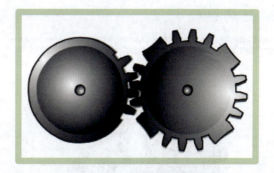

图 13-4 不完全齿轮机构

现在，我们用槽轮机构制作一个电影放映机的模型。

 小课堂

电影银幕上的影像不是连续的吗？

电影银幕上的影像是一幅幅间歇闪动的画面组成的，每秒闪过24幅画面。
因为人眼有视觉暂留的特性，所以这些画面看起来是连续的。

13.2 动手制作

【制作项目】电影放映机（图 13-5）。

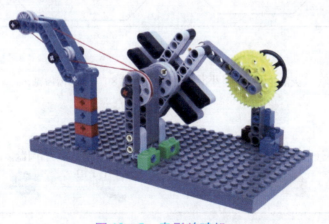

图 13-5 电影放映机

· 119 ·

1. 结构分析

电影放映机的结构分为槽轮机、主动件、机体三部分，如图13-6所示。

图13-6 电影放映机的结构

（a）槽轮机；（b）主动件；（c）机体

（2）所需器材

所需器材如图13-7所示。

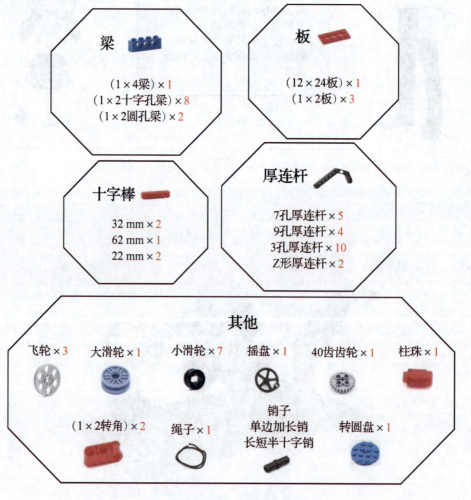

图13-7 所需器材

3. 分步制作

(1) 槽轮机制作

用 3 孔厚连杆、9 孔厚连杆、7 孔厚连杆、1×2 圆孔梁、1×2 转角、62 mm 十字棒、飞轮、销子、单边加长销、长短半十字销、小滑轮做槽轮机，如图 13-8 所示。

图 13-8　槽轮机制作

图 13-8 槽轮机制作（续）

2）主动件制作

用1×4梁、1×2十字孔梁、1×2板、7孔厚连杆、40齿齿轮、22 mm 十字棒、长短半十字销、单边加长销、转圆盘、柱珠、小滑轮做主动件，如图13-9所示。

图 13-9 主动件制作

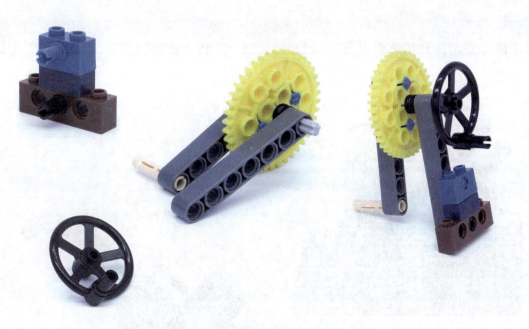

图 13-9 主动件制作（续）

3）机体制作

用 Z 形厚连杆、大滑轮、1×2 十字孔梁、32 mm 十字棒、小滑轮、飞轮做机体，如图 13-10 所示。

图 13-10 机体制作

· 123 ·

4）组装

将槽轮机、主动件和机体组装起来（图13-11），电影放映机就搭建完毕了。用细绳子做胶卷，试一试吧。

图13-11　组装

13.3 创意拓展

【拓展项目】利用槽轮机构做一个送料机。

(1) 制作送物料台,如图 13-12 所示。

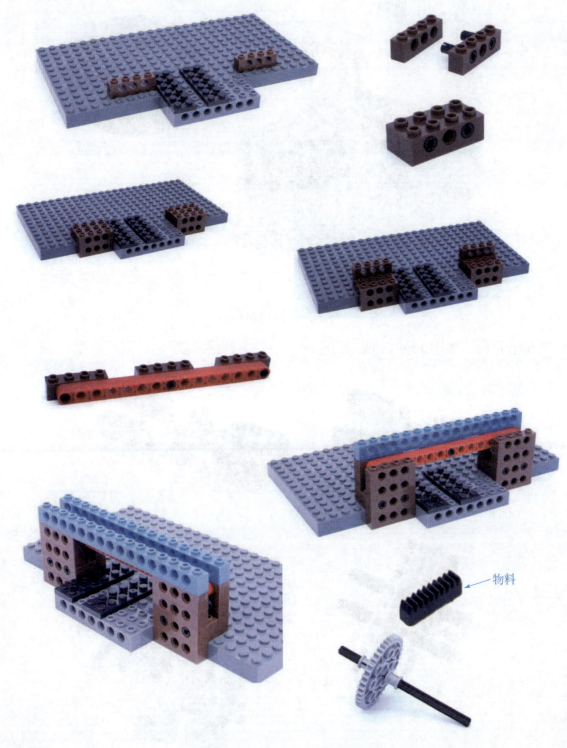

图 13-12 制作送物料台

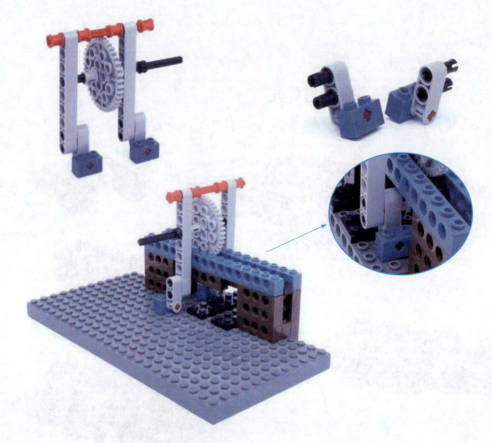

图 13 – 12　制作送物料台（续）

（2）制作槽轮机，如图 13 – 13 所示。

图 13 – 13　制作槽轮机

(3) 制作主动件，如图 13-14 所示。

图 13-14 制作主动件

(4) 组装，如图 13-15 所示。

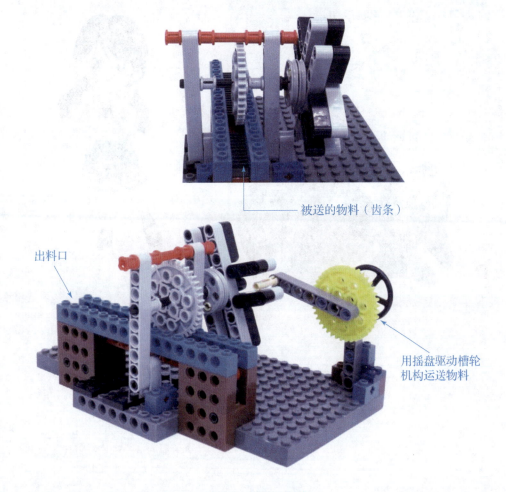

图 13-15 组装

课后思考

1. 什么是间歇运动机构？
2. 常见的间歇运动机构有哪些？
3. 下列不属于间歇运动机构的是（　　）。

第 14 课

自动钻孔机

14.1　间歇运动分类

前面的学习中，我们已经多次接触过单向运动与往复运动。例如：齿轮机构的齿轮始终沿着某一方向转动，是一种单向运动；连杆机构的摇杆始终在某一范围内来回摆动，是一种往复运动。这些运动有一个共同点，即它们在运动过程中从来不会停歇，也就是说它们的运动不是间歇的。因此，它们不是间歇运动。

间歇运动是在运动过程中有停歇的一种运动。

间歇运动按从动件的运动方向，可以分为单向间歇运动与往复间歇运动。

（1）单向间歇运动。从动件始终向某一方向运动，在运动过程中会有停歇。如槽轮机构中的槽轮，主动件每转动一周就会带动槽轮运动一次，当主动件上的圆销离开槽轮时槽轮就会停歇下来，如图 14-1 所示。

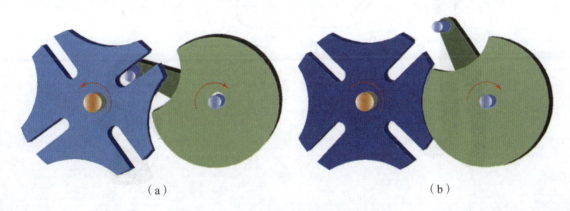

图 14-1　槽轮机构的单向间歇运动
(a) 运动；(b) 停歇

（2）往复间歇运动。从动件在某一区间内周期性地来回运动，在运动过程中做有规律的停歇。如凸轮机构中的从动件，与凸轮边缘上的凸出部分接触时做往复运动，与凸轮上的圆弧段接触时从动件就会停歇下来，如图 14-2 所示。

间歇运动在生产生活中是十分重要的。比如在自动化生产过程中，一个工件需要在流水线上完成多道工序，如果它总是不停地运动，其他工序就无法进行了。

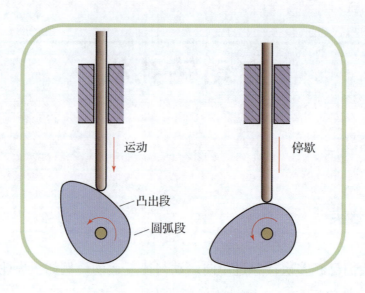

图 14-2 凸轮机构的往复间歇运动

14.2 动手制作

【制作项目】自动钻孔机（图 14-3）。

图 14-3 自动钻孔机

1. 结构分析

自动钻孔机的结构分为机体和动力装置两部分，如图 14-4 所示。

(a)   (b)

图 14-4 自动钻孔机的结构

(a) 机体；(b) 动力装置

2. 所需器材

所需器材如图 14-5 所示。

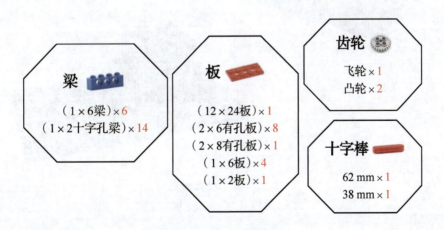

图 14-5 所需器材

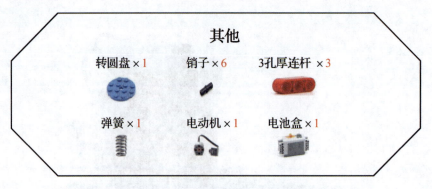

图 14-5 所需器材（续）

3. 分步制作

1）机体制作

用 1×6 梁、1×2 十字孔梁、1×6 板、2×6 有孔板、12×24 板、十字棒、转圆盘、弹簧做机体，如图 14-6 所示。

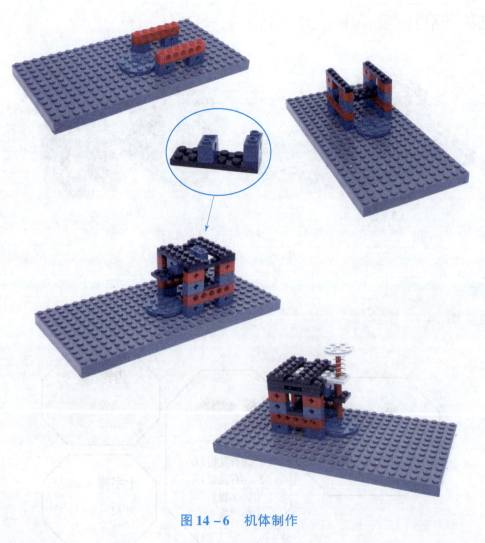

图 14-6 机体制作

2）动力装置制作

用 1×6 梁、1×6 板、3 孔厚连杆、销子、凸轮、飞轮、电动机、电池盒做动力装置，如图 14-7 所示。

图 14-7　动力装置制作

3）组装

将机体和动力装置组装起来，自动钻孔机就搭建完毕了。打开开关，试试吧。

14.3　创意拓展

【拓展项目】搭建利用槽轮机构驱动被钻孔件做间歇转动的自动钻孔机。

（1）制作主动件，如图 14-8 所示。

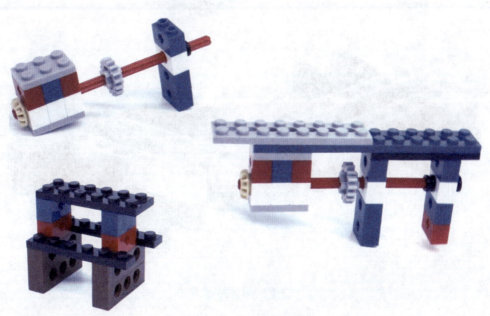

图 14-8　制作主动件

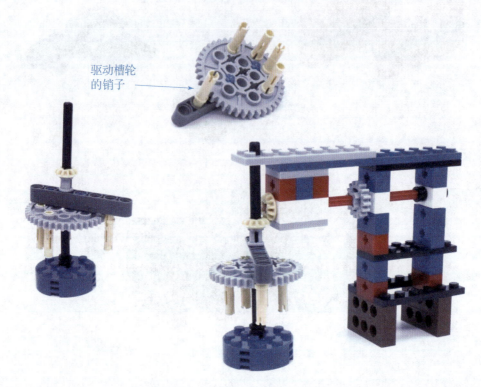

图 14-8　制作主动件（续）

（2）制作槽轮机构，如图 14-9 所示。

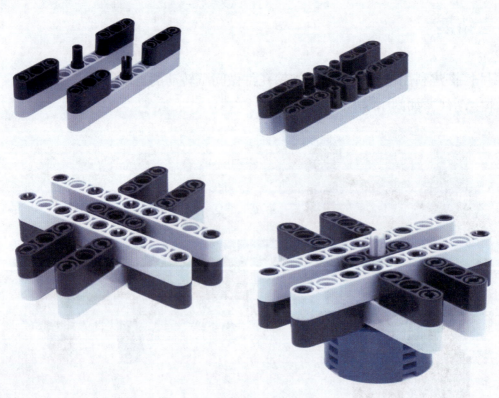

图 14-9　制作槽轮机构

（3）制作机体部分，如图 14-10 所示。

图 14−10 制作机体部分

图 14-10 制作机体部分（续）

（4）组装，如图 14-11 所示。

图 14-11 组装

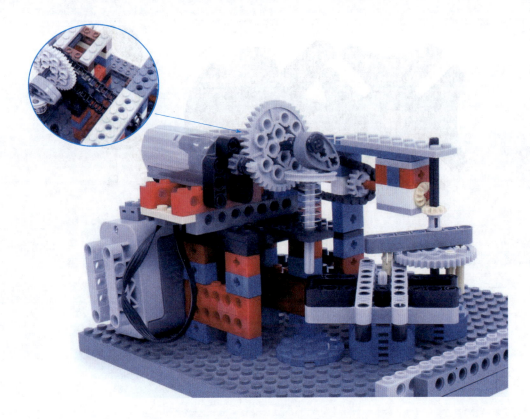

图 14-11　组装（续）

连接好链条，做好紧固，模型就制作成功啦！装上电源，同学们快快体验吧。

课后思考

1. 间歇运动机构的运动形式有哪几类？
2. 下列说法中正确的是（　　）。
   A. 单向间歇运动中，从动件的运动轨迹是一条直线
   B. 往复间歇运动中，从动件的停歇没有一定的规律
   C. 所有间歇运动机构的主动件都做单向运动
   D. 所有主动件做单向运动的机构都是间歇运动机构
3. 下列机构中，不能实现间歇运动的是（　　）。
   A. 棘轮机构
   B. 不完全齿轮机构
   C. 全齿轮机构
   D. 凸轮机构
4. 14.3 节"创意拓展"中的自动钻孔机，如果钻 4 个孔用时 8 秒，那么槽轮机构中主动件

的转速是多少（图 14-12）？

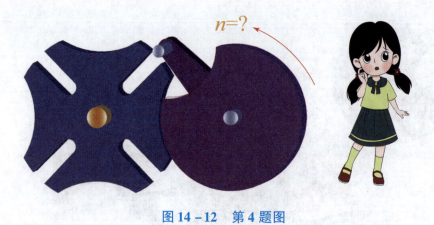

图 14-12　第 4 题图

第15课 六足步行机器人

15.1 差速运动控制

随着机器人的应用越来越广泛，机器人的智能化程度也越来越高。足式行走机器人可以模仿人类或动物的行走机理用腿走路，它就是一种高度智能化的仿生机器人。

用腿走路的机器人叫作足式行走机器人，又称为步行机器人。根据"足"的多少，步行机器人有两足机器人、三足机器人、四足机器人和六足机器人等，三足以上的称为多足机器人，如图15-1所示。

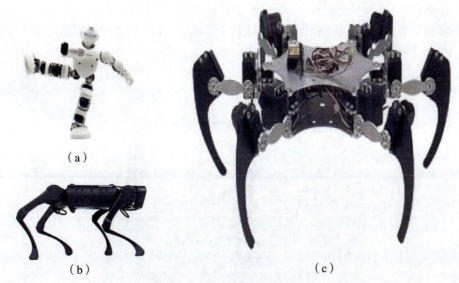

图15-1 步行机器人
(a) 两足机器人；(b) 四足机器人；(c) 六足机器人

六足步行机器人的行走方式是多种多样的，其中最典型的行走方式是模仿六足纲昆虫的三角步态。

什么是三角步态呢？

六足纲昆虫行走时，一般不是六足同时直线爬行，而是将三对足分成两组，以三角形支架结构交替前进。分组方式为：身体左侧的前、后足及右侧中足为一组；身体右侧的前、后足及左侧的中足为一组，分别形成两个三角形支架。其行走时两个"三角形"交替移动，如图15-2所示。

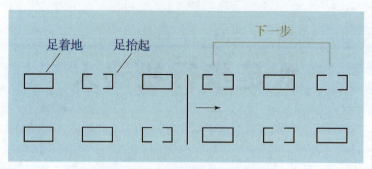

图 15-2 三角步态分组示意

用三角步态原理控制行走方式的六足步行机器人又叫作蜘蛛机器人。自然界中的蜘蛛行走时改变方向是一件本能而又非常容易的事情，但是对于六足步行机器人（其实是所有步行机器人），行走时改变方向就不是一件很容易的事情了。

实际意义上的六足步行机器人，在每一个足关节都装有一个叫作舵机的电动机控制关节的运动。六足步行机器人的每条腿上有 3 个关节，共需安装 18 个舵机来控制机器人 6 条腿的相互协调运动。

在积木模型中实现如此复杂的运动控制是不可能的。制作六足步行机器人模型时，将它简化为只对左、右两组运动进行速度控制。

用一个电动机分别控制六足步行机器人两边的运动。当六足步行机器人直行时，两边速度相等；当六足步行机器人左转时，让左边的速度小于右边的速度；当六足步行机器人右转时，让右边的速度小于左边的速度，如图 15-3 所示。

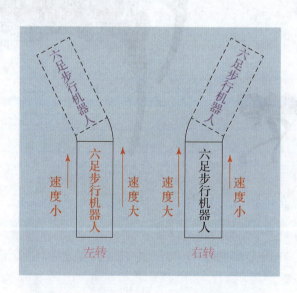

图 15-3 六足步行机器人方向控制示意

将六足步行机器人两侧不同的运动（行走）单元设置为不同的速度，利用它们之间的速度差实现六足步行机器人行走时的转向功能，这就是所谓的差速转向，这种控制方法叫作差速运动控制。

小课堂

15.2 动手制作

【制作项目】六足步行机器人（图15-4）。

图15-4 六足步行机器人

1. 结构分析

六足步行机器人的结构分为机体和行走部两部分，如图15-5所示。

（a） （b）

图 15-5 六足步行机器人的结构

(a) 机体；(b) 行走部

2. 所需器材

所需器材如图 15-6 所示。

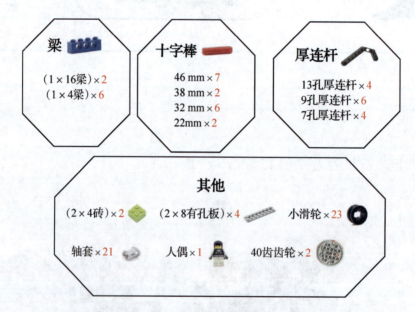

图 15-6 所需器材

3. 分步制作

1）机体制作

用 1×16 梁、1×4 梁、2×8 有孔板、40 齿齿轮、2×4 砖、46 mm 十字棒、轴套、人偶做机体，如图 15-7 所示。

图 15-7 机体制作

图 15-7 机体制作（续）

2）行走部制作

用 7 孔厚连杆、9 孔厚连杆、13 孔厚连杆、46 mm 十字棒、38 mm 十字棒、32 mm 十字棒、22 mm 十字棒、1×4 梁、轴套、小滑轮做行走部，如图 15-8 所示。

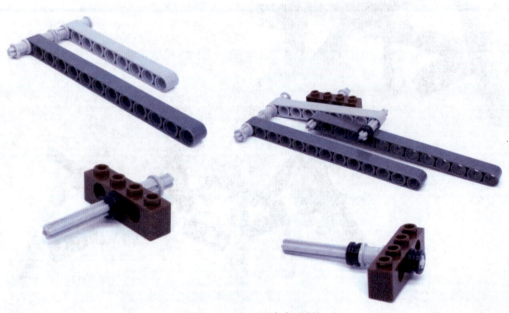

图 15-8 行走部制作

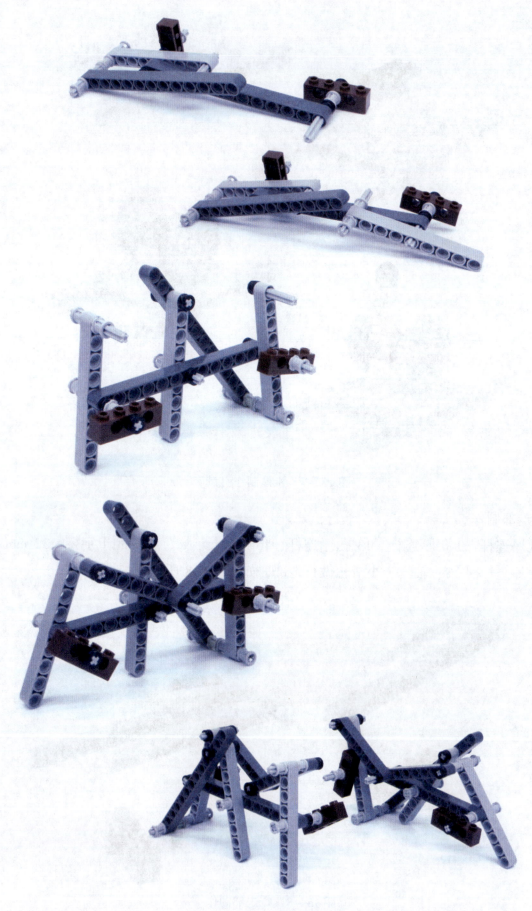

图 15-8 行走部制作（续）

3）组装

将机体和行走部组装在一起，六足步行机器人就搭建完成了（图 15-9）。

图 15-9　组装

制作项目中没有安装动力装置，可以用手转动齿轮，体验六足走行机器人的行走效果。

15.3　创意拓展

【拓展项目】将"动手制作"项目改装为由电动机控制的六足步行机器人。

对六只步行机器人实行差速控制，将左、右两个曲柄（齿轮）的连轴改为独立的轴。

（1）制作机体，如图 15-10 所示。

图 15-10　制作机体

（2）制作行走部，如图 5-11 所示。

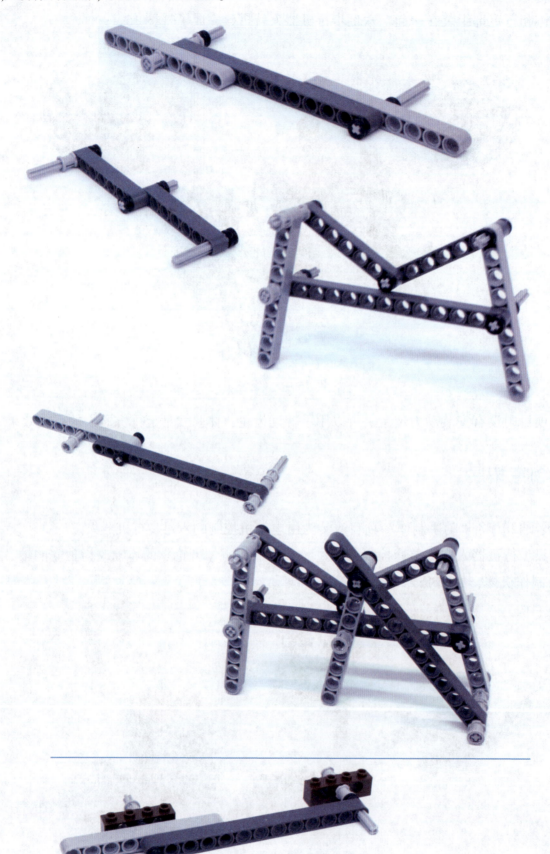

图 15-11　制作行走部

图 15-11 制作行走部（续）

（3）组装，如图 15-12 所示。

图 15-12　组装

课后思考

1. 仿生机器人模仿的是（　　）。

   A. 蜘蛛 B. 生物

   C. 动物 D. 人和动物

2. 六足步行机器人的三角步态是（　　）。

   A. 左边的前、后足与右边的中足组成一个三角形

   B. 右边的前、后足与左边的中足组成一个三角形

   C. A 和 B 两种情况组成的两个三角形

   D. A 和 B 两种情况交替组成一个三角形

3. 六足步行机器人模型中曲柄摇杆机构（图 15-13）的从动件的运动形式是（　　）。

   A. 单向运动 B. 往复运动

   C. 间歇运动 D. 往复间歇运动

图 15-13　第 3 题图

参 考 文 献

［1］中国电子学会普及工作委员会. 机器人基础技术教学［M］. 北京：《电子制作》杂志社，2021.

［2］中国电子学会，上海享渔教育科技有限公司. 智能硬件项目教程［M］. 北京：航空航天大学出版社，2018.

机器人创意与编程

JIQIRENCHUANGYIBIANCHENG

共6册

机器人创意与编程（一）

第5册 Mixly C语言基础知识

谭立新 刘开新 著

北京理工大学出版社
BEIJING INSTITUTE OF TECHNOLOGY PRESS

内 容 提 要

本套教材体系上符合人工智能进入中小学编程教育的主要技术框架，内容上涵盖了机械结构、电子电路、Mixly 图形化编程、C 语言程序设计基础知识、Arduino C 代码编程、智能硬件应用、传感器应用、红外通信等方面的知识与实践。

本教材内容尽量简化了文字语言，最大限度地使用图形语言，力求适应不同年龄段的小学生认识事物与理解事物的特点。

版权专有　侵权必究

图书在版编目（CIP）数据

机器人创意与编程. 一 共 6 册 / 谭立新，刘开新著. -- 北京：北京理工大学出版社，2024.5
ISBN 978 - 7 - 5763 - 3984 - 0

Ⅰ. ①机… Ⅱ. ①谭… ②刘… Ⅲ. ①机器人 – 程序设计 – 中小学 – 教材 Ⅳ. ①G634.931

中国国家版本馆 CIP 数据核字（2024）第 097364 号

责任编辑：钟　博	文案编辑：钟　博
责任校对：周瑞红	责任印制：施胜娟

出版发行 ／ 北京理工大学出版社有限责任公司
社　　址 ／ 北京市丰台区四合庄路 6 号
邮　　编 ／ 100070
电　　话 ／ （010）68914026（教材售后服务热线）
　　　　　　（010）68944437（课件资源服务热线）
网　　址 ／ http://www.bitpress.com.cn

版 印 次 ／ 2024 年 5 月第 1 版第 1 次印刷
印　　刷 ／ 河北盛世彩捷印刷有限公司
开　　本 ／ 889 mm × 1194 mm　1/16
印　　张 ／ 56.25
字　　数 ／ 1160 千字
总 定 价 ／ 468.00 元（共 6 册）

图书出现印装质量问题，请拨打售后服务热线，负责调换

前　言

机器人是一个融合机械、电子、计算机、智能控制、互联网、通信、人工智能等诸多技术的综合体，对未来学科启蒙意义重大。随着国家教育体制改革的不断深化，中小学开设以机器人为载体的新一代信息科技课程越来越受到高度重视。

众所周知，机器人技术中的任何一门学科都应该是中专及以上院校开设的课程，对于中小学生特别是小学生来说有什么意义呢？这就好比汉语言文学专业，它是我国大学史上最早开设的专业之一，可是从来没有哪一位学生是在考入大学的这一专业后才开始学习说话和写字的，也没有哪一位学生是在牙牙学语时便学习音韵、语法和修辞课程的。

本套《机器人创意与编程》教材立足于既要解决像汉语言文学专业的学生不需要从零开始学习"说话"和"写字"的问题，又尽量处理好像婴儿在牙牙学语时的"语法"与"修辞"的难题。

本套教材依据中国电子学会推出的《全国青少年机器人技术等级考试标准》，对课程体系的组织与安排充分注重教学内容的系统性、教学阶段的差异性、教学形式的趣味性和手脑并重的创意性。本套教材按照《全国青少年机器人技术等级考试标准》，体系上符合人工智能进入中小学编程教育的主要技术框架，内容上涵盖了机械结构、电子电路、软件编程、智能硬件应用、传感器应用、通信等方面的知识与实践。

本套教材共12册，适用对象为小学1~6年级的学生，其中9~12册也适合7~9年级学生学习。

1~4册，主要通过积木模型介绍机械结构方面的知识，对应1~2年级的学生及一、二级等级考试；

5~8册，主要介绍Mixly图形化编程、电子电路、智能硬件及传感器的应用等知识，对应3~4年级的学生及三级等级考试；

9~12册，主要介绍C语言代码编程、电子电路、智能硬件及传感器的应用、红外通信等知识，对应5~6年级的学生及四级等级考试。

每册教材原则上按单元划分教学内容，即每个单元具有相对独立的知识点。为了便于学生学习与记忆，1~4册每课的知识点在目录中用副标题标出；5~12册每课的标题除应用型项目外，原则上用所学知识点直接标出。

中小学生机器人技术课程开发是一个全新的领域。由于编者水平有限，不妥和疏漏之处在所难免，敬请广大读者提出宝贵的意见和建议。

编　者

目　　录

第1单元　编程环境与基本电路 ··· 1

　第1课　图形化编程环境 ·· 2
　　1.1　基本要点 ·· 2
　　1.2　元器件原理 ·· 5
　　1.3　编写程序 ·· 7
　　1.4　创意体验 ·· 10

　第2课　电路的基本组成 ·· 13
　　2.1　基本要点 ·· 13
　　2.2　元器件原理 ·· 15
　　2.3　电路原理图 ·· 16
　　2.4　创意体验 ·· 17

　第3课　串联电路 ··· 21
　　3.1　基本要点 ·· 21
　　3.2　元器件原理 ·· 24
　　3.3　创意体验 ·· 26

　第4课　并联电路 ··· 30
　　4.1　基本要点 ·· 30
　　4.2　元器件原理 ·· 32
　　4.3　创意体验 ·· 34

第2单元　数据类型与数学运算符 ··· 41

　第5课　算术运算符与算术表达式 ·· 42
　　5.1　基本要点 ·· 42
　　5.2　编写程序 ·· 44
　　5.3　创意体验 ·· 47

　第6课　数据的基本类型 ·· 50
　　6.1　基本要点 ·· 50
　　6.2　编写程序 ·· 54

| 6.3   创意体验 ······ 56

第7课 变量与赋值运算符 ······ 59
    7.1   基本要点 ······ 59
    7.2   编写程序 ······ 62
    7.3   创意体验 ······ 66

第8课 复合赋值运算符 ······ 68
    8.1   基本要点 ······ 68
    8.2   编写程序 ······ 71
    8.3   创意体验 ······ 73

第9课 自增自减运算符 ······ 77
    9.1   基本要点 ······ 77
    9.2   编写程序 ······ 80
    9.3   创意体验 ······ 82

第3单元 关系运算符 ······ 85

第10课 关系运算符（一） ······ 86
    10.1   基本要点 ······ 86
    10.2   编写程序 ······ 88
    10.3   创意体验 ······ 92

第11课 关系运算符（二） ······ 95
    11.1   基本要点 ······ 95
    11.2   编写程序 ······ 98
    11.3   创意体验 ······ 102

第4单元 逻辑运算符 ······ 105

第12课 逻辑与运算符 ······ 106
    12.1   基本要点 ······ 106
    12.2   编写程序 ······ 109
    12.3   创意体验 ······ 113

第13课 逻辑或运算符 ······ 115
    13.1   基本要点 ······ 115
    13.2   编写程序 ······ 117
    13.3   创意体验 ······ 122

第14课 逻辑非运算符 ······ 124
    14.1   基本要点 ······ 124
    14.2   编写程序 ······ 126

14.3　创意体验 ………………………………………………………………… 131

第15课　运算符的应用 ……………………………………………………… 134

15.1　基本要点 ………………………………………………………………… 134

15.2　编写程序 ………………………………………………………………… 135

15.3　创意体验 ………………………………………………………………… 140

参考文献 …………………………………………………………………………… 143

第1单元
编程环境与基本电路

- Mixly 图形化编程环境
- 电路的基本组成
- 欧姆定律
- 串联电路与并联电路

第 1 课 图形化编程环境

要让机器人具有一定的智能,就必须为机器人编写运行程序,然后将运行程序上传给机器人控制中心来控制机器人的所有行为。这种编写程序和上传程序的载体称为编程环境,也称为开发环境或开发平台。

1.1 基本要点

怎样为机器人编写程序呢?首先要确定一种编程语言,然后在它的开发平台上编写程序。在现阶段的学习中,我们所使用的是 C 语言图形化编程平台,以及基于 C 语言的 Arduino 开发板。

1. Mixly 图形化编程软件

Mixly 的中文名称"米思齐",是北京师范大学教育学部创客教育实验团队基于 Blockly 和 Java 8 开发的一款图形化编程软件。它可以应用于 Arduino 硬件中的 AVR 系列单片机的控制器。

1)进入 Mixly 界面

安装 Mixly 软件后,在桌面上双击 Mixly 快捷键 ,进入 Mixly 2.0 rc3 或其他 Mixly 版本的界面,然后找到 Arduino AVR 图标并单击,便可进入基于 Arduino 的图形化编程窗口,如图 1-1 所示。

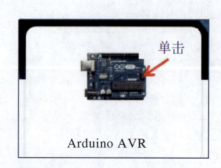

图 1-1 单击 Arduino AVR 图标

图 1-2 所示是 Mixly 2.0 rc3 版本的 Arduino AVR 界面。该界面共分菜单栏、模块区、编程区、代码显示区和提示区五大区域。下面初步认识这些区域的功能与作用。

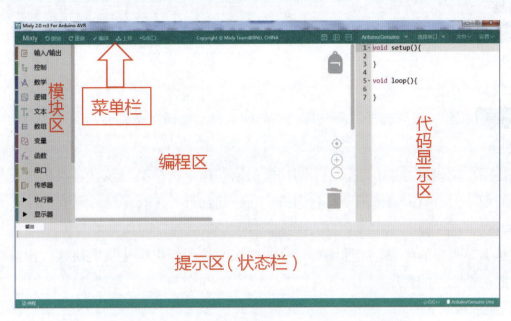

图 1-2 Mixly 2.0 rc3 版本的 Arduino AVR 界面

2）菜单栏

菜单栏主要提供一些系统的执行功能，如图 1-3 所示。

图 1-3 菜单栏

（1）撤销/重做。

在编写程序时误操作后，可单击 撤销 按钮恢复误删除的内容；重做功能和撤销功能相反，单击 重做 按钮，可以恢复上一步操作。

（2）编译。

程序编写完成后，单击 编译 按钮，编译器对程序代码进行编译，如果程序的语法规则无误，则会显示"编译成功"。编译成功后就可以上传程序了。

（3）上传。

单击 上传 按钮，可将程序上传到 Arduino 主控板。程序成功上传后提示"上传成功"，如果确信程序代码无误，也可以直接单击"上传"按钮。

（4）串口。

串口即"串口监视器"，用于查看输出变量、传感器数值等数据。单击 串口 按钮，可以打开串口监视器。

（5）板卡选择。

单击板卡选择按钮 Arduino/Genuino 上的倒三角形"▼"，将弹出多种可供选择的板卡。

（6）文件。

单击 文件▼ 按钮右侧的倒三角形"▼"，可选择"新建文件""打开文件""保存文件""另存为"和"导出库"等命令。

（7）设置。

单击 设置▼ 按钮，可以选择"管理库""Wiki"和"反馈"等命令。

3）模块区

模块区是图形化编程的核心部分，不同功能的语句指令被分类封装在各类图形化模块中。编写一个特定的程序时，只需要按规则将它们搭建在一起就行了，既直观又简单。

4）编程区

编程区是编写程序的区域。按照编写程序的要求，将图形化模块从模块区找出来在编程区进行组合，形成一个完整的程序。

5）代码显示区

代码显示区是一个可以切换的区域。单击 ◁ 和 ▷ 按钮可以显示或隐藏这个区域。另外，单击 </> 按钮可以全屏打开代码显示区。

6）提示区（状态栏）

提示区（状态栏）用于提示信息和显示状态。单击菜单栏中的 ▯ 和 ▯ 按钮，可以显示或隐藏提示区（状态栏）。

2. Arduino 开发板

Arduino 是一个可编程的开源硬件平台。它的核心是一个位于板上的微控制器，叫作 ATmega328P-PU 单片机。由这种单片机和它周围的元器件共同构成的一块蓝色板子就叫作 Arduino 开发板，如图 1-4 所示。

图 1-4　Arduino 开发板

Arduino 开发板上各编号所对应部位的名称及功能如下。

0——ATmega328P-PU 单片机；

1——数字输入/输出引脚；

2——模拟输入/输出引脚；

3——电源引脚；

4——接地引脚；

5——USB 接口；

6——7~12 V 外接直流电源接口。

Arduino 开发板有多种型号，如 Arduino UNO、Arduino Nano、LilyPad Arduino 等。在本书的学习中使用的是 Arduino UNO 标准开发板。

1.2 元器件原理

元器件原理指学习中用到的一些元器件的简单的工作原理。今后在实际操作中，对每一种元器件先要了解它的工作原理、基本参数和使用方法。下面介绍本课程中用到的几种元器件。

1. LED 灯

LED 灯实际上是一个发光二极管（Light Emitting Diode，LED）。LED 是一种将电能转化成光能的元件，具有极性。在它的两根引脚中，较长的一根是阳极（正极），较短的一根是阴极（负极）。同时 LED 底缘有一个小切口，表示靠近这个切口的引脚是阴极，如图 1-5（a）所示。在后面的课程中，我们会经常将 LED 灯连接到面包板上，这时用一折弯的引脚表示 LED 的阳极，如图 1-5（b）所示。

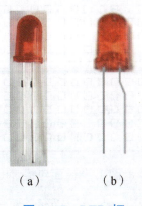

图 1-5 LED 灯

不同规格的 LED 有不同的工作参数。一般直径为 5 mm 的 LED 的额定工作电压为 1.7~2.2 V；圆头 LED 灯的额定工作电压为 2~3.2 V。在电路图中，LED 的电路符号如图 1-6 所示。

图 1-6 LED 的电路符号

2. 跳线

跳线，又称为信号线或杜邦线，如图1-7所示。跳线是一种导线，用它将各种元器件与主控板连接十分方便。跳线有针的一端叫作公头，没有针而有孔的一端叫作母头。跳线根据两端的结构共分3种：

针（公头）—孔（母头），针—针，孔—孔

使用跳线时，习惯上用红色跳线作电源线，黑色跳线作接地线，其他颜色的跳线作信号线，以便于检查减少失误。

图1-7 跳线样式

（a）公头；（b）母头

3. 面包板

面包板是一个帮助我们快速建立原型电路的辅助器件，如图1-8所示。以前制作模拟收音机的电子爱好者，把电路中的每件东西用电线简单地插在一小块切片面包上，这就是面包板的由来。

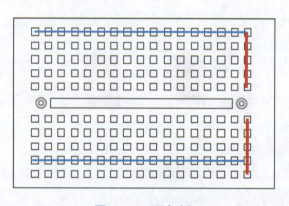

图1-8 面包板

面包板有不同的样式，它们的内部结构也会有微小的不同，因此使用面包板时一定要弄清楚它的内部构造。本书所使用的是图1-8所示的170孔面包板。它的内部结构是，在图中的水平方向（蓝色线条）各孔之间是相互断开的，在竖直方向（红色线条）的两个区域，各孔之间是分别连通的。

4. 教学小车

教学小车是机器人课程学习中的主要教具，如图1-9所示。它将Arduino开发板、面包板、电动机、超声波传感器以及红外循迹传感器接口等常用的元器件集于一体，并可搭建必要的积木结构。教学小车的具体功能与使用将在后面的学习中分别讲解。

图 1-9 教学小车

1.3 编写程序

项目：让 LED 灯亮起来。

用 Mixly 图形化编程平台编写一个程序，让这个程序通过 Arduino 开发板点亮一只 LED 灯。

1. 新建项目

打开 Mixly/Arduino AVR 界面，单击界面右上角的"文件"按钮，弹出图 1-10（a）所示的菜单；选择"新建"命令，这时会弹出一个询问是否清除编程区（画布）所有内容的对话框，如图 1-10（b）所示。

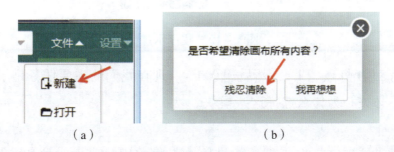

（a）　　　　　　　　（b）

图 1-10 新建项目

单击"残忍清除"按钮，就可以开始编辑程序了。执行这一步是为了防止编程区有未被发现的没有清除的残留内容。

2. 拖放模块

1）编程形式选择

　和　按钮用来进行编程形式的切换。单击　按钮，将会全屏打开代码显示，此时处于代码编程形式，如图 1-11 所示。若编程区处于代码编程形式时，单击　按钮可以回到模块编程界面。

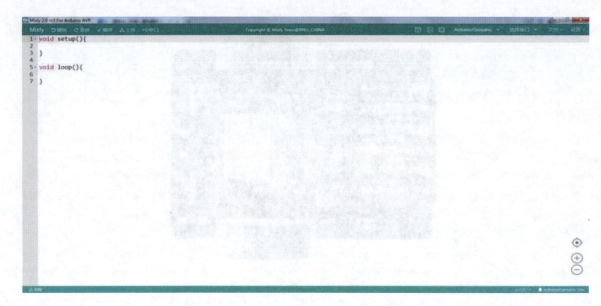

图1-11 模块/代码编程形式切换示意

2）拖放模块

在模块区选择点亮LED灯所需要的模块，然后在编程区按规则要求把它们组织好，如图1-12所示。

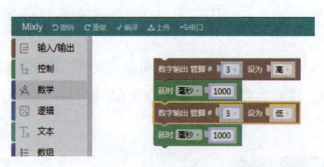

图1-12 程序示意

上面的程序是将LED灯点亮1 s，然后熄灭1 s。现在我们的主要任务是了解与熟悉程序的编写与实现过程，先不必关心为什么选择这些模块。

3）复制模块

拖放模块时，如果编程区已有所需要的模块，下次使用时可以直接用复制的方法复制模块，如图1-13所示。将鼠标放在需要复制的模块上，然后单击鼠标右键，弹出图1-13所示的菜单。选择"复制"命令，模块就被复制出来了。

图1-13 复制模块

4）编译程序

单击菜单栏中的"编译"按钮，对已编写好的程序进行编译。编译成功后会在状态栏提示"编译成功"信息，如图 1-14 所示。

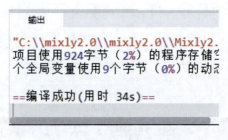

图 1-14　编译结果提示

3. 保存/打开文件

1）保存文件

保存文件是一个很重要的环节。首先在桌面上创建一个"我的程序"文件夹，如图 1-15 所示。文件夹名称可以根据自己的喜好而定。

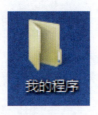

图 1-15　"我的程序"文件夹

单击菜单栏右边的"文件"按钮，选择"保存"命令，弹出"保存"对话框（图 1-16）。在对话框中找到桌面上"我的程序"文件夹，双击打开这个文件夹，在对话框下方的"文件名"栏中输入程序名称，然后单击"保存"按钮，程序保存完成。

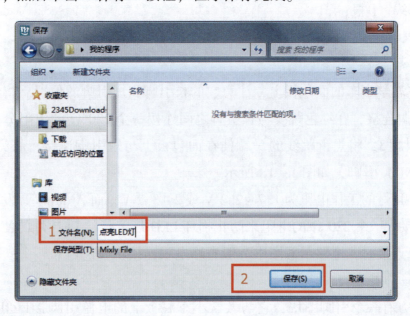

图 1-16　"保存"对话框

保存后的程序可以另存到 U 盘或计算机的某个硬盘中，不过要记住程序（文件）保存的路径，以方便下次查找。

2）打开文件

根据文件保存的路径，找到所要的文件，然后双击打开文件。

例如，找出 Mixly 2.0 中的"arduino"文件夹（以安装在 C 盘为例），它在 C 盘的路径为"C：\mixly\mixly2.0"，打开 C 盘后按照这个路径就可以找到"arduino"文件夹了，如图 1 – 17 所示。

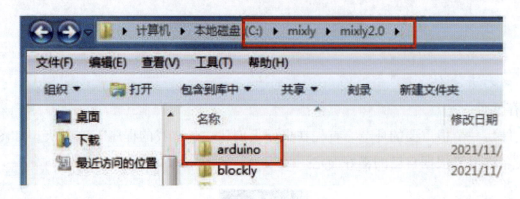

图 1 – 17　打开文件示意

1.4　创意体验

1. 所需器材

（1）LED 灯，1 只；

（2）公对公跳线，2 根；

（3）USB 数据线，1 根；

（4）教学小车，1 台。

2. 连接 LED 灯

将 LED 灯插在教学小车的面包板上，注意它的长引脚和短引脚的位置。将红色跳线的一端插在面包板上与长引脚连接，在红色跳线与长引脚之间连接一个 220 Ω 的电阻分压；将另一端插在 Arduino 开发板的引脚 3；将黑色跳线的一端插在面包板上与短引脚连接，将另一端插在 Arduino 开发板的接地（GND）引脚，如图 1 – 18 所示。

说明：因为 LED 灯的工作电压为 1.7～2.2 V 或 2～3.2 V，而 Arduino 开发板引脚正常提供的电压为 5 V，所以接入一个 220 Ω 的电阻来防止损坏 LED 灯，延长 LED 灯的使用寿命，但在后面课程中涉及 LED 灯连接时，电路示意图中一般省略电阻连接步骤。

3. 连接电源

图 1 – 18 的下方有一个引脚图块，它与教学小车底板上的电源引脚接口 JP2、JP3 对应。JP2 为接地引脚 GND，JP3 为电源引脚 VCC。VCC 的 4 个引脚与 GND 的 4 个引脚分别是相通的。

将教学小车底板上的电源引脚分别与 Arduino 开发板上的对应引脚连接起来，如图 1-18 所示。

连接完成后一定要仔细检查，确定正确无误！

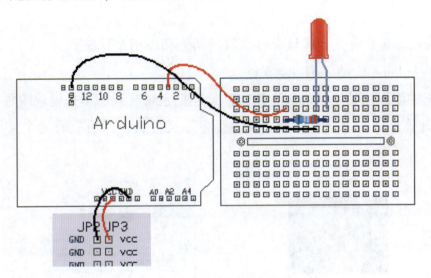

图 1-18　LED 灯、电源连接示意

4. 上传程序并体验效果

将数据线的一端插入计算机 USB 接口，将另一端插入 Arduino 开发板的 USB 接口，确认连接好后单击菜单栏中的 上传 按钮。程序上传成功后编程区显示"上传成功"，状态栏左边提示"已打开串口：COM3"，不过"COM3"会根据不同的设备而有所不同，如图 1-19 所示。

图 1-19　提示信息

小心地拔下数据线！体验程序的运行效果，如图 1-20 所示。

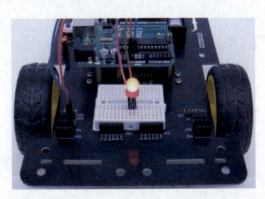

图 1-20　实物效果

课后思考

1. Mixly 的窗口界面共有几大区域？各区域的功能和作用是什么？

2. Arduino 和 Arduino UNO 有什么区别？

3. 如果 Mixly 的编程区处于代码编程模式，怎样把它切换到图形化模块编程模式？

4. 请在你的计算机桌面上创建一个"我的程序"文件夹，然后查看这个文件夹所在的位置，操作方法如图 1-21 所示。

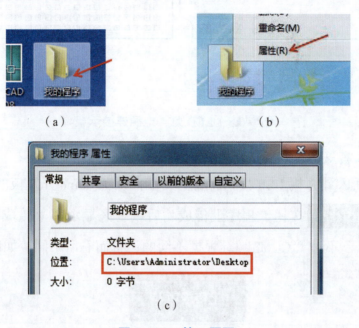

图 1-21　第 4 题图

（a）选中；（b）单击鼠标右键；（c）查看路径

5. 不使用桌面快捷键，直接从计算机硬盘中打开"我的程序"文件夹中的文件。

6. 发光二极管是一种有极性的元件，回答以下问题。

（1）它的简称是什么？

（2）它的长引脚是阳极还是阴极？

（3）阴极还是阳极与 GND（地）连接？

（4）若它的直径为 5 mm，则它的工作电压范围是多少？

第2课 电路的基本组成

任何机器人都离不开电路。因此，有关电路基础知识的学习对于学习机器人课程是十分重要的。在接下来的几节课程中，我们将学习和了解有关电路的一些简单的基础知识。

2.1 基本要点

什么是电路？

电路是电流流过的回路。直流电流流过的回路叫作直流电路；交流电流流过的回路叫作交流电路。电路导通时叫作通路，电路断开时叫作开路。只有通路，电路中才有电流通过。

在电路中，电源的正极与负极之间直接接通叫作短路。电路发生短路时，整个电路会被瞬间烧毁，甚至会造成更严重的后果。因此，这种情况是绝对不能允许的。

1. 电路的基本组成

一个完整的、最简单的电路，至少由电源、负载、导线、控制装置4部分组成，如图2-1所示。

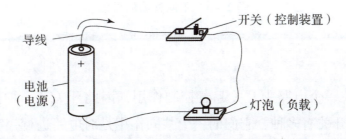

图2-1 电路示意

在图2-1中，电池是电源，灯泡是负载，开关是控制装置，连接这3部分的导体就是导线。由于该电路中使用的电源是电池（直流电源），所以这个电路是直流电路。

2. 电源

电源是供给电能的装置，它把其他形式的能量转换成电能。例如，图2-1中的电池把化学能转换成电能，然后提供给各种相应的用电器。

电源是有极性的，即正极和负极。如图2-1所示，正极用符号"+"表示，负极用符号"-"表示。当有极性的元器件接入电路时，一定要注意它的正、负极的方向。

3. 负载

实际生活电路的负载是多种多样的。家里的空调、冰箱、洗衣机等都是负载。在机器人课程中将会用到的直流电路的负载也有很多种。

负载也称为用电设备或用电器，它是应用电能的装置，它把电能转换成其他形式的能量。

例如，直流电路中的 LED 灯是一种负载，它把电能转换成光能；教学小车上的直流电动机是一种负载，它把电能转换成机械能；我们马上要用到的蜂鸣器是一种负载，它把电能转换成声波等，如图 2-2 所示。

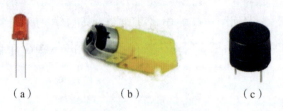

图 2-2 负载示例

(a) LED 灯；(b) 直流电动机；(c) 蜂鸣器

4. 导线

导线是把电源和负载连接成闭合回路的金属线，常见的导线是铜线和铝线（图 2-3）。我们使用的跳线是一种铜质导线。

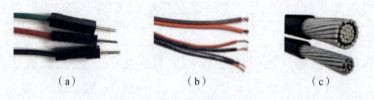

图 2-3 不同材质的导线

(a) 跳线；(b) 铜导线；(c) 铝导线

5. 控制装置

如图 2-1 所示，在一个电路中开关起着控制作用，因此开关是一种控制装置。对于交流电路而言，实际应用中的开关有多种，它们的一个共同作用是对电路进行控制与保护。

在机器人电路中，控制开关的主要作用是控制机器人工作。常见的控制开关类型有按键开关，拨动开关等，如图 2-4 所示。

图 2-4 常见的控制开关类型

(a), (b) 拨动开关；(c), (d) 按键开关

2.2 元器件原理

1. 按键开关

按键开关又称为轻触开关，是一种电子开关，属于电子元器件类。如图 2-5 所示，按键开关由嵌件、基座、弹片（开关内部）、按钮、盖板组成。4 脚按键开关有 4 个引脚。当开关断开时，只有同侧的 2 个引脚导通；当开关闭合时，4 个引脚全部导通。按键开关的默认状态为断开。按键开关引脚连接如图 2-6 所示。

图 2-5 按键开关实物

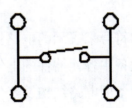

图 2-6 按键开关引脚连接

按键开关广泛应用于各种电子电器产品。它的额定电压为 12 V，额定电流为 50 mA。

2. 导电材料

在通常情况下，电在有的物质中很容易流动，在有的物质中则不容易流动。用不同的物质做成的导电材料传导电流的能力也不同。根据材料的导电性能划分，导电材料有导体、半导体和绝缘体，如图 2-7 所示。

（a）

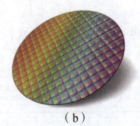
（b）

（c）

图 2-7 导电材料实物

（a）导体；（b）半导体/硅晶圆；（c）绝缘体/瓷绝缘子

（1）导体，是指电阻率很低且容易传导电流的物质。金属和石墨是最常见的导体。金属导体的电阻率一般随温度的降低而降低。在极低温度下，某些金属与合金的电阻率将消失而转化为"超导体"。

（2）绝缘体，是指在通常情况下不传导电流的物质。绝缘体可分为气态、液态和固态 3 类。玻璃、陶瓷、橡胶、石英等是常见的固态绝缘体。

（3）半导体，指常温下导电性能介于导体与绝缘体之间的材料。半导体在集成电路、消费电子、通信系统、光伏发电、照明、大功率电源转换等领域都有应用，如二极管就是采用半导体制作的器件，如图2-8所示。

常见的半导体材料为硅和锗。硅在地壳元素中的数量排第二，生活中随处可见的沙子的主要成分就是二氧化硅。

在形成晶体结构的半导体中，人为地掺入特定的元素时，其导电性能具有可控性，而且在光照和热辐射等条件下，其导电性能会有明显的变化。这些特殊的性质决定了半导体可以成为各种电子元器件的核心材料。

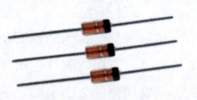

图2-8 二极管实物

2.3 电路原理图

用统一规定的符号来表示的电路称为电路图。电路图一般又称为电路原理图，它是一种反映电子产品和电子设备中各元器件的电气连接情况的图纸。电路原理图是一种工程语言，可帮助人们尽快熟悉电子设备的电路结构及工作原理，如图2-9（b）所示。

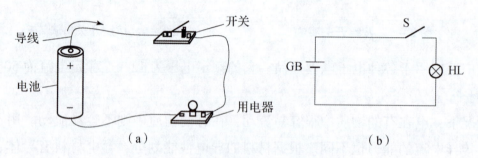

图2-9 电路实物图和电路原理图
(a) 实物图；(b) 电路原理图

电路原理图的图形符号相当多。根据我们目前的学习特点，只要了解其中一些最常用的图形符号就可以了，见表2-1。

表2-1 部分电路原理图图形符号

名称	图形符号	名称	图形符号	名称	图形符号
电阻	─[R]─	二极管	+ ─▷├─ −	蜂鸣器	HA
电位器	RP	三极管	NPN型 B(P) C(N) E(N) / PNP型 B(N) C(P) E(P)	电池	GB
光敏电阻	RL			直流电源	VCC
发光二极管	LED	按键开关	S	接地	⏚

· 16 ·

绘制电路原理图时注意以下事项。

（1）正确使用图形符号。

（2）注意元器件的极性方向。

（3）导线只有水平走向和垂直走向，不能用斜线表示导线。

（4）两条导线交叉时，交叉处用小圆点表示两条导线连通，半交叉的导线连通不用小圆点，如图 2-10 所示。

（5）元器件要标识名称，如图 2-9（b）所示。

（6）对于没有找到通用图形符号的元器件，可以自画图形符号，但要标出它的名称和它的引脚及功能。

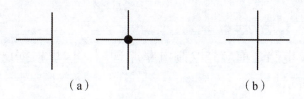

图 2-10　电路连通与不连通的表示方法

（a）电路连通；（b）电路不连通

2.4　创意体验

项目：根据给出的电路实物图，点亮一只 LED 灯，并画出电路原理图。

1. 所需器材

（1）LED 灯，1 只；

（2）按键开关，1 个；

（3）1000 Ω 电阻，1 个；

（4）跳线，2 根；

（5）教学小车，1 台。

2. 搭设电路

利用教学小车上的电源和面包板，搭设一个简单的电路。将 LED 灯与按键开关插在面包板上，如图 2-11 所示。

电路搭设完成后进行认真的检查，确认无误后打开教学小车上的电源开关，松开按键开关后，电路断开，LED 灯熄灭，再按下按键开关，LED 灯会点亮，不过这时的 LED 灯不会闪烁。

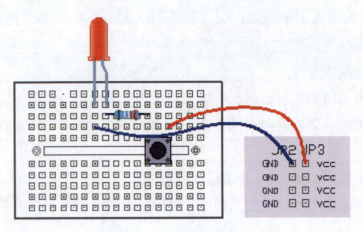

图 2-11 电路实物示意

3. 绘制电路原理图

在实际操作中，在搭设电路之前应先绘制电路原理图。这里根据已经搭设好的实物电路绘制电路原理图，如图 2-12 所示。

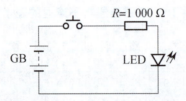

图 2-12 创意体验原理图

4. 让 LED 灯闪烁

用 Arduino 开发板灯控制 LED 灯闪烁。搭设电路，如图 2-13 所示，并绘制电路原理图，如图 2-14 所示。

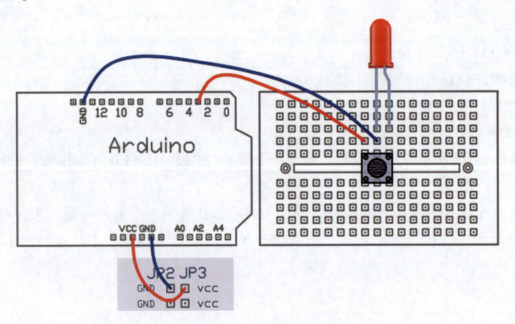

图 2-13 电路实物图

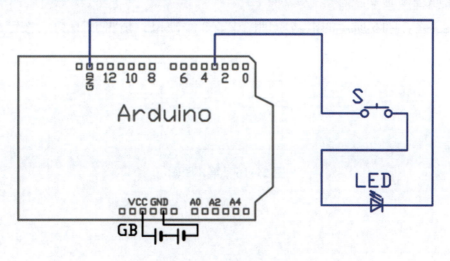

图 2-14　电路原理图

5. 上传程序并体验效果

将图 2-15 所示的程序上传到 Arduino 开发板，然后按住按键开关"S"，体验 LED 灯的程序控制效果。

图 2-15　闪烁 LED 的程序示意

课后思考

1. 电路的含义是什么？
2. 电路主要由哪几部分组成？
3. 电源和负载的含义是什么？
4. 导体、半导体和绝缘体是以什么为依据划分的？
5. 某些金属在什么条件下会转化为超导体？
6. 按键开关的工作原理是什么？

7. 绘制电路原理图时要注意哪些事项？

8. 注意观察，图2-16所示的电路原理图中有3个缺口，请将LED灯、按键开关、电阻分别接入缺口。

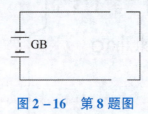

图2-16 第8题图

第3课

串联电路

我们已经认识了电路的基本组成,但是实际应用中的电路并不总是那么简单。根据电路中元器件的连接方式,电路有串联电路和并联电路两种。本课学习什么是串联电路,并简单了解电流、电压与接地的基本概念。

3.1 基本要点

1. 电流

1)电流的基本概念

电流,顾名思义是电在流动。比如水流,就是水在流动。那么电流和水流是不是相像呢?

水是一种物质,这种物质的成分叫作 H_2O,在一定的条件下它会产生流动现象;电也是一种物质,这种物质的成分叫作电荷 Q,如图3–1所示。在一定的条件下它同样会产生流动现象。不同的是,我们的眼睛能够看见水而不能看见电。

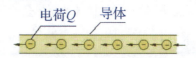

图3–1 电荷流动示意

衡量电流大小或强弱的物理量叫做电流强度,简称电流。

电流的单位是 A,中文为"安"或"安培"。电流一般用字母 I 表示,如 $I = 2$ A,表示某电路中的电流为 2 A。A 是比较大的单位,对于电子元器件来说一般采用 mA(毫安)作单位。它们的换算关系是:1 A = 1000 mA。

2)Arduino UNO I/O 引脚的电流

前面点亮一只 LED 灯的时候并没有将它的长引脚连接到电源引脚上,为什么 LED 灯会亮呢?因为 Arduino UNO 的输入/输出引脚即 I/O 引脚提供电流。

Arduino UNO 的每个 I/O 引脚最大可以输出 40 mA 的电流。整个 Arduino UNO 控制器最大输出电流为 200 mA。如果在"创意体验"中所使用的元器件的负载电流大于 200 mA 则会出现工作不正常的情况。

2. 电压

1) 电压的基本概念

渠道或池子里的水为什么会流动呢？因为它们存在水位差，如图3-2所示。

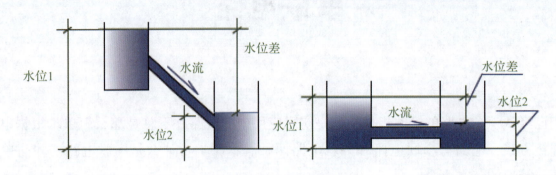

图3-2 水体流动示意

很明显，图3-2中两个池子里的水过一会儿就不会流动了。为什么呢？因为连通它们的管道两端的水位差消失了。

电和水一样，电路中两点之间存在电位差的时候，电就会在电路中流动；当两点之间的电位差为0时，电就不会流动了。

电压是电路中两点之间的电位差。

电压的单位是V，中文为"伏"或"伏特"。电压的单位还有kV（千伏）和mV（毫伏），它们之间的关系为：

$$1\ kV = 1000\ V$$

$$1\ V = 1000\ mV$$

现在我们看看图3-3中灯泡两端导体中的电流为什么会流动。同学们一定会肯定地回答：灯泡右边导体中的电压比左边的电压高！

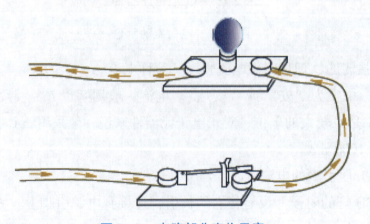

图3-3 电路部分实物示意

2) Arduino UNO 控制器的工作电压

Arduino UNO 控制器的工作电压是 5 V。教学小车为 Arduino 开发板直接提供 5 V 电压。当 Arduino 开发板外接电源时，一定要注意它的电压允许范围。

3. 接地

1)接地的基本概念

接地根据不同的应用情况有不同的定义。从电子电路的角度来说,接地通常是指电路电压的参考点。一般情况下,接地端位于电池(电源)的负极,整个电路的电压都以负极作为参考点。

比如,Arduino开发板上的接地只是搭设电路系统的一个参考点,而不是真正把它连接到大地上。当然,也有连接到大地上的接地,不过这超出了我们现在的学习范围。

接地是一个电路系统中电压的公共参考点,系统中所有元器件的地(GND)都应该连接到这个参考点上。

2)Arduino UNO 的接地

Arduino开发板上共有3个接地引脚,但在"创意体验"中有时候根本不够用。这时候需要把Arduino板子的接地引脚引到面包板上来,再与其他元器件连接。连接时一定要注意"共点"的要求。

稍后在"创意体验"中,按照如图3-4所示的电路将2只LED灯连接到Arduino开发板,会发现LED2不会被点亮,想一想为什么,并把它纠正过来。

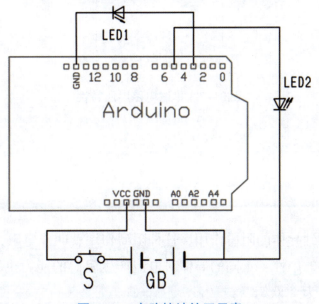

图3-4 电路接地练习示意

4. 串联电路

串联电路是指电流只有一条通路的电路。在串联电路中,当某个元器件处于断开状态时,整个电路都处于断开状态,如图3-5所示。

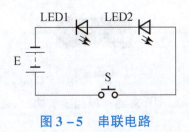

图3-5 串联电路

串联电路在电流与电压方面的特点如下。

（1）串联电路的电流处处相等。如图3-6所示，流经R_1的电流与流经R_2的电流是相等的，即

$$I = I_1 = I_2$$

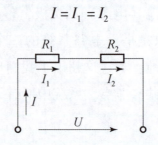

图3-6　串联电路电流特性

（2）串联电路的总电压等于电路上各分电压之和。如图3-7所示，总电压U等于R_1的电压与R_2的电压之和，即

$$U = U_1 + U_2$$

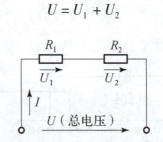

图3-7　串联电路电压特性

3.2　元器件原理

1. 电阻的概念

电流通过导体时会受到导体的阻碍作用，这种阻碍作用就叫作电阻，用字母R表示。

电阻是导体本身具有的属性，不同的导体对电流产生阻碍的能力也不同，衡量电阻大小的量即电阻的单位是Ω，中文为"欧姆"或"欧"。

2. 电阻器

根据电阻的特性制作的，让它在电路中对电流起阻碍作用的元器件就叫作电阻器，一般习惯简称电阻，如图3-8所示。电阻器在电路中常用于控制电流的大小和分配电压，它是一种没有极性的元件。

图3-8　电阻器实物

电阻器的制作材料和外形有很多种。对于体积小的电阻，为了标识它的阻值，一般用色环来表示，如图3-9所示。

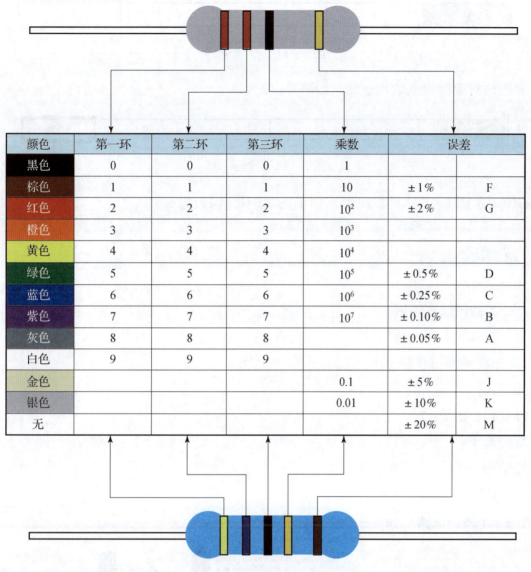

颜色	第一环	第二环	第三环	乘数	误差	
黑色	0	0	0	1		
棕色	1	1	1	10	±1%	F
红色	2	2	2	10^2	±2%	G
橙色	3	3	3	10^3		
黄色	4	4	4	10^4		
绿色	5	5	5	10^5	±0.5%	D
蓝色	6	6	6	10^6	±0.25%	C
紫色	7	7	7	10^7	±0.10%	B
灰色	8	8	8		±0.05%	A
白色	9	9	9			
金色				0.1	±5%	J
银色				0.01	±10%	K
无					±20%	M

图3-9 电阻色环及阻值对照

常用的为4条色环标记：第一条色环和第二条色环为阻值的有效数字；第三条色环代表乘数，即10的位数；第四条色环表示误差，颜色为金色或银色。

五条色环常用于精密电阻，前三条色环表示有效数字，第四条色环是乘数，第五条色环表示误差。第五条色环的间距比其他色环之间的间距要大。

例：计算图3-9上方所示电阻的阻值是多少。

（1）查图3-9，红色栏内第一、二条色环对应的有效数字为22（图3-10）。

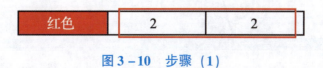

图3-10 步骤（1）

· 25 ·

(2) 黑色栏对应的乘数为1（图3-11）。

颜色	第一段	第二段	第三段	乘数
黑色	0	0	0	1

图3-11 步骤（2）

(3) 金色栏对应的误差数为±5%（图3-12）。

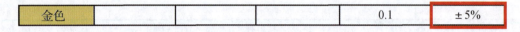

图3-12 步骤（3）

计算阻值，$R = 22 \times 1\ \Omega$ 即该电阻的阻值为22 Ω，误差为±5%。

3.3 创意体验

项目一：元器件接地体验；
项目二：电阻的串联电路体验。

1. 元器件接地体验

1）所需器材

（1）LED灯，2只；

（2）跳线若干；

（3）教学小车。

2）搭设电路

根据图3-4搭设电路，如图3-13所示。

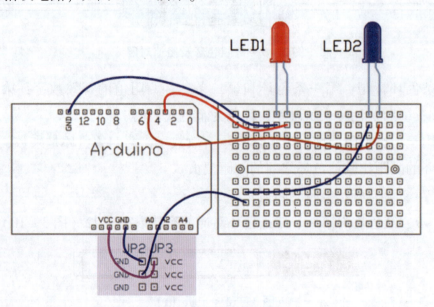

图3-13 接地练习实物

电路搭设好后，将图 3-14 所示的程序上传到 Arduino 开发板，然后取下数据线，打开教学小车上的按键开关后会发现蓝色的 LED2 灯没有点亮。这是为什么呢？因为 LED2 的接地引脚与 Arduino 开发板的接地不是同一个公共参考点，它所连接的是外部电源的"地"。

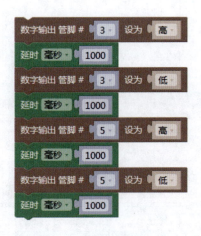

图 3-14 接地练习程序

现在，将 LED2 的接地引脚重新连接，如图 3-15 中的虚线所示。

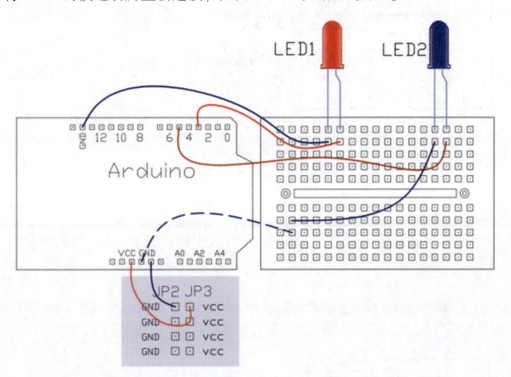

图 3-15 修改后的电路示意

再打开教学小车上的按键开关，LED2 灯就开始闪烁啦！还有其他的连接办法吗？请同学们想一想。

2. 电阻的串联电路体验

前面的 LED 电路中，我们直接将 LED 连接到 Arduino 开发板的 I/O 引脚。其实，这会影响 LED 的使用寿命。

LED 的一般工作电压为 1.8～2.4 V，最大工作电流为 20 mA。当 Arduino 开发板的工作电压处于正常状态时，直接连接就会对 LED 造成损害。

现在，搭设一个限流电阻与 LED 灯串联的电路。

1）所需器材

（1）LED 灯，1 只；

（2）220 Ω 电阻，1~2 个；

（3）路线若干；

（4）教学小车；

（5）开关，1 只。

2）搭设电路（一）

直接利用教学小车电源搭设电路，如图 3 – 16 所示。

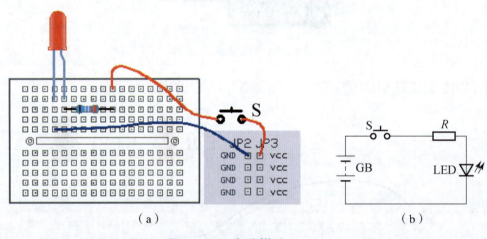

图 3 – 16　电路搭设（一）

(a) 电路示意图；(b) 电路原理图

3）搭设电路（二）

在图 3 – 16 所示的电路中串联 2 个 220 Ω 的限流电阻，比较 LED 灯的亮度，如图 3 – 17 所示。

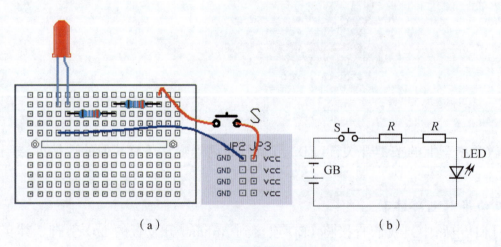

图 3 – 17　电路搭设（二）

(a) 电路实物图；(b) 电路原理图

课后思考

1. 分别说说电流与电压的含义是什么。
2. Arduino 开发板上的接地的作用是什么？
3. 电阻在电路中起什么作用？
4. 什么是串联电路？串联电路中的电流和电压分别有什么特性？
5. Arduino 开发板上的每个 I/O 引脚的最大输出电流是多少？
6. 如果将一个额定电压为 9 V 的元器件连接到 Arduino 开发板的 9 号引脚上，它能不能正常工作？
7. 图 3－18 所示的电路是一个什么电路？请画出它的电路原理图。

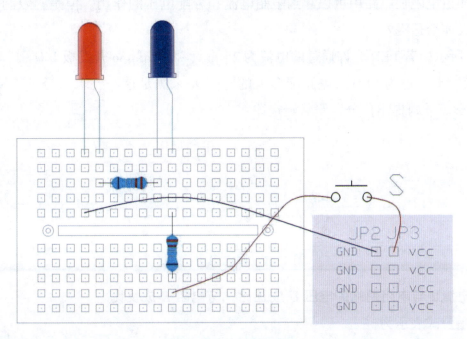

图 3－18　第 7 题图

第4课 并联电路

4.1 基本要点

1. 欧姆定律

我们已经知道电阻在电路中可以起到限制电流和分配电压的作用。但是，限制电流或分配电压的电阻要多大才合适呢？

如图4-1所示，若LED允许通过的电流为25 mA，而Arduino开发板I/O引脚的输出电流为40 mA，这时就需要知道为LED的电路配多大的电阻R来满足这一要求。经过长期的科学研究，1826年德国科学家欧姆提出部分电路欧姆定律：

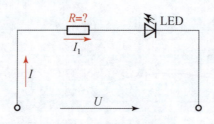

图4-1 限流电阻示意

电路中的电流I与电阻两端的电压U成正比，与电阻R成反比。

欧姆定律用公式表示为

$$I = \frac{U}{R}$$

其中 I——电路中的电流强度，单位是A（安培）；

U——电阻两端的电压，单位是V（伏特）；

R——电阻，单位是Ω（欧姆）。

上面的公式可以改写为

$$R = \frac{U}{I} \quad 即 \quad R = U \div I$$

现在计算图4-1中限流电阻的阻值。

已知Arduino开发板的工作电压为5 V，若LED的允许电压为2 V，电流为10 mA，那么限流电阻应当承担3 V的电压来限制电流。

根据欧姆定律公式，有

$$R = U \div I$$
$$= 3 \div 0.01$$
$$= 300 \ (\Omega)。$$

即为了保护 LED 不被烧坏，应在电路中连接 300 Ω 的限流电阻。如果实际连接的电阻大于这个阻值，LED 的亮度可能会暗一点。

需要注意的是，科学家欧姆提出的"部分电路"是针对"全电路"而言的。全电路包括电源，因为线路中没有电源则不称其为电路（图 4-2）。同学们只要知道它们的区别就行了。

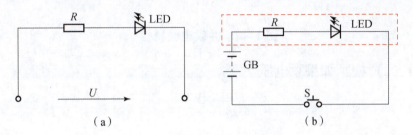

图 4-2 部分电路与全电路示意
(a) 部分电路；(b) 全电路

2. 并联电路

1）基本概念

在电路中，负载的连接除了串联外，还有并联的形式。

将两个或两个以上的负载并接在电路上的某两点之间，这两点之间的电路称为并联电路，如图 4-3 所示。

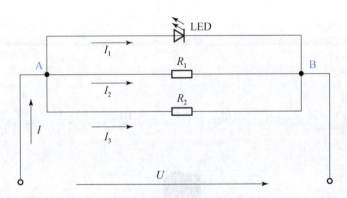

图 4-3 A、B 两点间的并联电路示意

2）并联电路的电压与电流特点

（1）电压特点。

并联电路两端的电压相等 [图 4-4（a）]，即

$$U = U_1 = U_2 = U_3$$

（2）电流特点。

并联电路的总电流等于各分电路的电流之和 [图 4-4（b）]，即

$$I = I_1 + I_2 + I_3$$

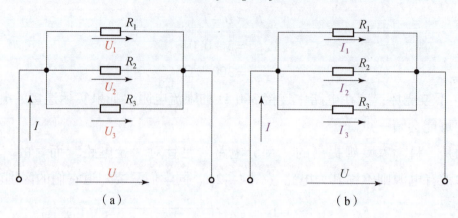

图 4-4 并联电路特性

(1) 在图 4-4 (a) 中,如果总电压

$$U = 3.3 \text{ V},$$

则

$$U_1 = U_2 = U_3 = 3.3 \text{ V}$$

(2) 在图 4-4 (b), 中如果各分电流

$$I_1 = 5 \text{ mA}, I_2 = 15 \text{ mA}, I_3 = 20 \text{ mA},$$

则

$$\begin{aligned} I &= I_1 + I_2 + I_3 \\ &= 5 + 15 + 20 \\ &= 40 \text{ (mA)} \end{aligned}$$

4.2 元器件原理

1. 电位器

电位器是可变电阻的一种,它的作用是调节电压和电流的大小。电位器由一个电阻体和一个转动系统组成,如图 4-5 所示。

图 4-5 电位器

电位器的电阻体有两个固定端。由于电位器没有极性，所以两个固定端可以任意接入电路。转动系统在电阻体的两端之间有一个可以转动的触点。这个触点与电位器的输出引脚连接，通过手动调节转轴，改变触点在电阻体上的位置，从而改变电位器输出的电压值，如图4-6所示。

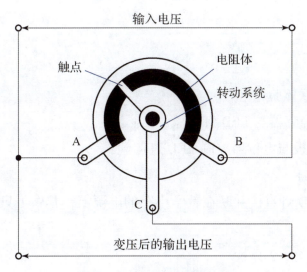

图4-6 电位器原理示意

变压器有3个引脚A、B、C，其中A、B两个引脚分别为VCC与GND，C引脚为电压输出引脚。如果直接使用已经封装好的电位器模块，则模块上会有引脚标识。

如果将电位器接入Arduino开发板，电位器上的起始电压为0 V，终点电压为5 V，如图4-7所示。

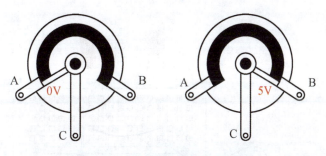

图4-7 电位器端点电压示意

2. 蜂鸣器

蜂鸣器是一种一体化结构的电子讯响器，采用直流电压供电，广泛应用于计算机、打印机、报警器、汽车电子设备等电子产品中作发声器件。蜂鸣器分为有源蜂鸣器和无源蜂鸣器。本书使用的是一种有源蜂鸣器。如图4-8所示。

图4-8 有源蜂鸣器

"有源"是指蜂鸣器只要一通电就会发出声音，无源蜂鸣器当然就不行了。

有源蜂鸣器是有极性的。在有源蜂鸣器顶部正对着长引脚的一侧标有正极符号"+"，表示有源蜂鸣器的长引脚是正极，短引脚是负极。

4.3 创意体验

项目一：LED 灯的并联体验；

项目二：电位器控制蜂鸣器与 LED 灯体验；

项目三：Arduino 开发板与电位器控制 LED 灯体验；

1. LED 灯的并联体验

将 2 只颜色相同的 LED 灯直接并联在教学小车的电源上，其中 1 只串联 1 个 1000 Ω 的电阻。

1）所需器材

（1）颜色相同的 LED 灯，2 只；

（2）跳线，若干；

（3）教学小车。

2）搭设电路

将 2 只 LED 灯并联在面包板上，其中 1 只 LED 灯的正极与另一只串联电阻的引脚连接到教学小车电源引脚 VCC，它们的负极连接到 GND。LED 灯并联示意如图 4-9 所示，电路原理图如图 4-10 所示。

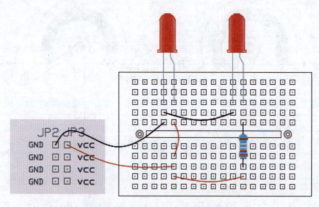

图 4-9 LED 灯并联示意

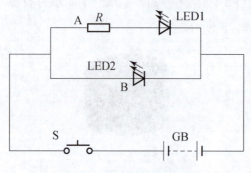

图 4-10 电路原理图

3）体验效果，想一想

（1）LED1 与 LED2 的亮度不同，验证了并联电路的哪一个特点？

（2）电路中，A 点和 B 点的电压有什么特点？

2. 电位器控制蜂鸣器与 LED 灯体验

直接利用教学小车上的电源，将蜂鸣器与 LED 灯并联在电位器的电压输出端，让它们的声音与亮度同时变大或变小。

1）所需器材。

（1）LED 灯，1 只；

（2）蜂鸣器，1 个；

（3）电位器，1 个。

（4）教学小车

2）搭设电路

（1）将电位器插在教学小车左前部的 JS6 引脚接口上，两个固定端点的引脚分别连接到教学小车电源的 VCC、GND 引脚。

（2）将蜂鸣器与 LED 灯的正极并联在电位器的电压输出端，负极连接引脚 GND，如图 4-11、图 4-12 所示。

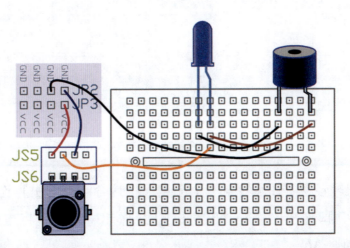

图 4-11 电位器控制示意

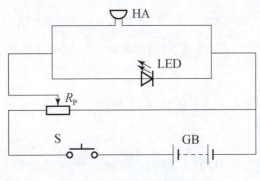

图 4-12 电路原理图

3）体验效果

打开教学小车电源开关，旋转电位器旋钮。随着旋钮从起始位置不断地被旋转，LED 灯的亮度和蜂鸣器的声音会逐渐增大。

想一想，这时电位器输出端的电压是在变大还是在变小？

3. Arduino 开发板与电位器控制 LED 灯体验

通过 Arduino 开发板与电位器联合控制 LED 灯，进一步加深对欧姆定律的理解与熟悉电位器的操作运用，并初步体验计算机程序控制的奇妙。

用电位器控制 LED 灯的输入电压，当输入电压大于控制电压时 LED 灯熄灭，蜂鸣器开始报警。

若 LED 灯的控制电压为 2.5 V，电流为 20 mV，则电位器的阻值应为

$$R = U \div I$$
$$= 2.5 \div 0.02$$
$$= 125 \ (\Omega)$$

即电位器的输出电压不能大于 2.5 V，这时最小阻值为 125 Ω。

1）所需器材

（1）电位器，1 个；

（2）LED 灯，1 只；

（3）蜂鸣器，1 个；

（4）跳线若干；

（5）教学小车。

2）搭设电路

（1）将电位器旋钮轻轻逆时针旋转至一个端点，将这个端点的引脚连接 Arduino 开发板的引脚 GND，再将另一端引脚连接 Arduino 开发板的引脚 5 V，然后将电位器的输出引脚连接 Arduino 开发板的输入引脚 A0。

（2）将 LED 灯正极连接到 Arduino 开发板的引脚 3，负极连接引脚 GND。

（3）将蜂鸣器正极连接到 Arduino 开发板的引脚 4，负极连接引脚 GND。

（4）将教学小车电源引脚 VCC 连接到 Arduino 开发板电源输入引脚 Vin，引脚 GND 连接 Arduino 开发板的引脚 GND。

电路示意与电路原理图如图 4-13、图 4-14 所示。

3）编写程序

在老师的指导下，从模块区找出相应的程序模块，编写 Arduino 开发板控制 LED 灯与蜂鸣器的程序，如图 4-15 所示。

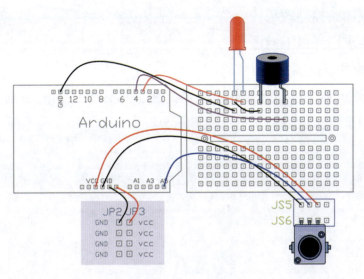

图 4-13 电路示意

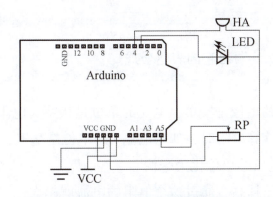

图 4-14 电路原理图

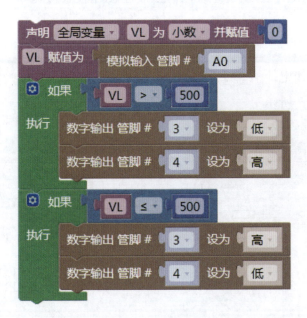

图 4-15 控制程序

4）上传程序并体验效果

将图 4-15 所示的程序上传到 Arduino 开发板，然后拔下数据线，打开教学小车电源开关，

· 37 ·

慢慢旋转电位器旋钮来体验控制效果。

结合程序设计的要求思考以下问题。

(1) LED 灯亮起的电压范围是多少？

(2) 如果 LED 灯熄灭后继续适当旋转电位器旋钮，那么电位器的输出端还有没有电压存在？如果没有，为什么？如果有，LED 灯为什么会熄灭？

课后思考

1. 欧姆定律的含义是什么？写出它的表达公式。

2. 下列说法中不正确的是（　　　）。

A. 在欧姆定律中，电流的单位是安培，电压的单位是伏特，电阻的单位是欧姆

B. 利用欧姆定律的公式计算电阻时，如果电流 I 的单位是毫安，电压的单位是伏特，则必须把电流的单位化为安培或把电压的单位化为毫伏

C. 电路中电阻两端的电压越高，通过这个电阻的电流就越大

D. 电路中一个电阻两端的电压为 2.5 V，这个电阻的阻值为 1000 Ω，当电压升为 5 V 时，这个电阻的阻值减为 500 Ω

3. 什么是并联电路？

4. 并联电路中的电流和电压有什么特点？

5. 混联电路如图 4-16 所示。

(1) 绿色部分的电路是什么电路？

(2) 蓝色部分的电路是什么电路？

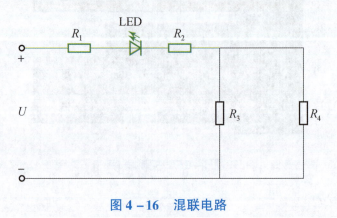

图 4-16　混联电路

6. 图 4-16 中，若各个电阻 R 的阻值互不相等，下列对电流与电压关系的表述中正确的请在括号中打"√"，错误的请在括号中打"×"。

（1）通过 R_1 的电流等于通过 R_2 的电流。（　　）

（2）通过 R_3 的电流等于通过 R_4 的电流。（　　）

（3）R_3 两端的电压等于 R_4 两端的电压。（　　）

（4）R_2 两端的电压加 R_3 两端的电压等于 R_4 两端的电压。（　　）

7. 电位器的作用是什么？

8. 如图 4-17 所示，电位器的触点向左转动时，输出引脚的电压升高还是降低？

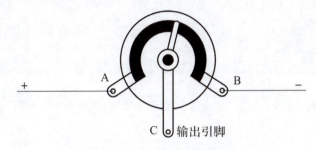

图 4-17　电路中的电位器示意

9. 直接通电后就能发出声音的是有源蜂鸣器还是无源蜂鸣器？

10. 在图 4-14 所示的电路原理图中，蜂鸣器的电压与 LED 灯的电压有什么关系？

第 2 单元
数据类型与数学运算符

- 数据的基本类型
- 算术运算符与算术表达式
- 赋值运算符与赋值表达式

第5课 算术运算符与算术表达式

程序中的绝大多数基本操作都是由运算符来处理的。因此，运算符的正确使用在 C 语言程序设计中是十分重要的。运算符按性质分类有算术运算符、关系运算符、逻辑运算符、赋值运算符等 8 种；按操作对象的数量分类有单目运算符、双目运算和三目运算符等。现在，我们只学习和了解几种最常用的运算符。

5.1 基本要点

1. 算术运算符模块

算术运算符，指加（+）、减（-）、乘（×）、除（÷）、模（%）运算符。算术运算符的运算法则与数学规则相同，即自左向右，先乘除后加减。但是，模运算符的两个操作数只能为整数。

算术运算符模块在 Mixly Arduino AVR 界面模块区的"数学"分类中。

"数学"分类包括一些与数学计算有关的模块。单击模块区的  分类，会弹出图 5-1 所示的模块列表。

算术运算符包含在图 5-1 所示的第二个模块中。单击该模块它就会被放置在编辑区，如图 5-2 所示。单击算术运算符模块中间的倒三角形，弹出图 5-3 所示的菜单，可以在其中选择需要的算术运算符。

算术运算符模块的两个操作对象"1"是默认值，单击默认值可以改变操作数，也可以在其中一个操作对象中放入另一个运算模块。

2. 算术表达式

由运算符和运算对象构成的式子称为算术表达式。如下面所列的式子都是算术表达式：

$$3 + 125 \times 7 \qquad (1)$$
$$120 \div 2 - 10 \qquad (2)$$
$$9 \times ((45 - 50 \div 2) + 6) \qquad (3)$$
$$a + 5 \times b \times (a \times a - 1) \qquad (4)$$

上述算术表达式中乘（×）、除（÷）运算符的书写形式只适用于图形化编程环境，而且一个模块代表一个括号。

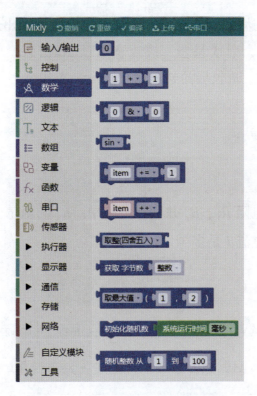

图 5-1 "数学"分类中的模块

图 5-2 算术运算符模块

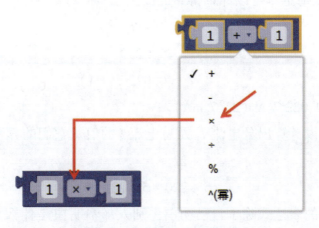

图 5-3 选择算术运算符

例如，将算术表达式（3）用图形化模块表示，如图 5-4 所示。

图 5-4 图形化模块表示的算术表达式

请同学们将前面的算术表达式（1）、（2）用图形化模块表示出来。

5.2 编写程序

程序一：电路中的电流计算；
程序二：模运算。

1. 程序一

如图5-5所示，有两个电阻R_1、R_2并联在电路中。R_1的阻值为220 Ω，R_2的阻值为22 Ω，电压$U=5$ V，计算电路中的电流I是多少。

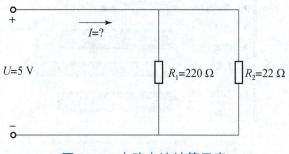

图5-5 电路电流计算示意

1）告诉计算机怎么计算

根据并联电路的电流特性，电流I等于分别通过两个电阻R_1、R_2电流的和。根据并联电路的电压特性，两个电阻的端电压相等，即它们的端电压为5 V。设通过电阻R_1的电流为I_1，通过电阻R_2的电流为I_2，根据欧姆定律可以计算得

$$I_1 = U \div R_1$$
$$= 5 \div 220$$
$$= 0.022\ 7\ (A)$$

即通过电阻R_1的电流为0.022 7 A（22.7 mA）。

根据欧姆定律同样可以计算出分电流I_2及总电流I的值。它们的算术表达式如下：

$$5 \div 22$$
$$5 \div 220 + 5 \div 22$$

同学们会发现，上面的表达式除了自己明白，别人却不明白是什么意思，计算机就更不明白了。因此，在编写计算程序的时候要设置一个存储单元，并给这个存储单元取个名字，将计算结果通过运算符存储到存储单元中。这样，计算机才明白你要做的事情，如图5-6所示。

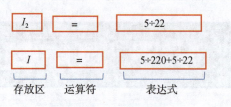

图5-6 存储单元

设置存储单元就是设置变量。很快我们将学习什么是变量，这里只要知道它的作用就行了。

2）构建程序模块

构建程序模块时，首先要知道从哪里找到模块。这就需要根据程序的用途来确定在哪个分类中找。

现在我们的任务是计算电路中的电流，根据前面的分析，构建程序模块的步骤如下。

第一步：设置存储单元。

存储单元用于存储算术表达式的计算结果，因此需要设置3个存储单元存储电流 I_1、I_2 和 I。设置存储单元的模块在模块区的"变量"分类中，如图5-7所示。

图5-7 设置存储单元的模块

将模块中的"item"分别修改为"I1""I2"和"I"，将"整数"修改为"小数"，在"并赋值"缺口内插入数字模块"0"，如图5-8所示。

图5-8 设置模块

第二步：计算算术表达式并存入存储单元。

很容易知道，计算算术表达式的模块在"数学"分类中。先从"变量"分类中找出变量模块，然后将计算模块插入它的右侧缺口。一定要注意，算术表达式中的数据一定要用小数表示，如图5-9所示。

图5-9 计算算术表达式

第三步：输出计算结果。

利用Arduino开发平台编写的计算程序不能直接在界面上输出计算结果，需要将程序上传到Arduino开发板后通过串口查看计算结果。

先在"串口"分类中找出串口"原始输出"模块，然后在"文本"分类中找出字符串模块，将默认值"hello"修改为"I="，再在"串口"分类中找出"打印"模块，并将存放的"I"值放在它的右侧缺口内，如图5-10（a）所示。

注意：在"打印"模块的右边缺口也可以直接放入一个算术表达式，"打印"模块会在计算算术表达式后再打印结果，如图5-10（b）所示。

（a） （b）

图 5-10 "原始输出"及"打印"模块

3）Arduino C 的基本结构

在系统地构建程序模块之前，有必要简单地了解 Arduino C 的基本结构。

Arduino C 有两个基本函数，即 setup( ) 和 loop( ) 函数。

```
void setup() {
}
void loop() {
}
```

setup( ) 函数从 Arduino 开发板上电后只运行一次，接着执行 loop( ) 函数。loop( ) 函数执行时会在内部从上往下反复循环运行。

Mixly 图形化编程界面的编辑区中，许多模块的内容都会默认放在 loop( ) 函数中被反复执行。但是，有关数据计算的程序只需要执行一次就行了，因此我们希望把计算程序放在 setup( ) 函数中。这时，用"控制"分类中的"初始化"模块就行了，如图 5-11 所示。

图 5-11 "初始化"模块

4）程序模块示意图

某电路中的电流计算程序如图 5-12 所示。

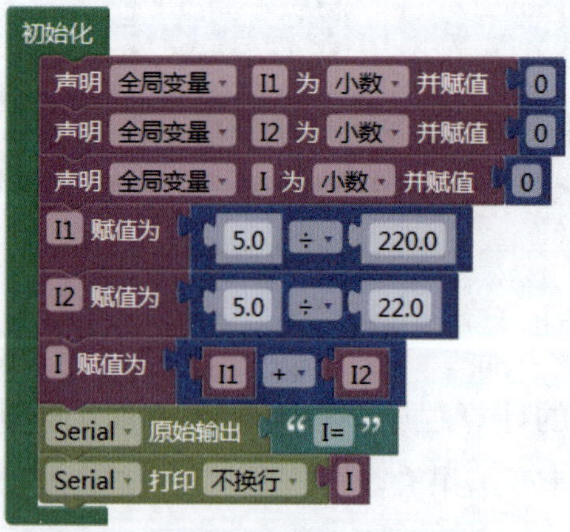

图 5-12 某电路中的电流计算程序

5）保存程序

将编写好的程序保存到"我的程序"文件夹中，注意为所保存的程序取一个易于查找的名称。

2. 程序二

（1）编写一个模运算程序。

模运算又称为求余运算，运算符为"%"，即求一个数除以另一个数的余数。模运算的操作数只能是整数。

例如，求3除以2的余数的表达式为：3%2。

现在编程计算157除以9的余数是多少。模块算程序如图5-13所示。同学们自己从模块区找出相应的模块并把它构建好。

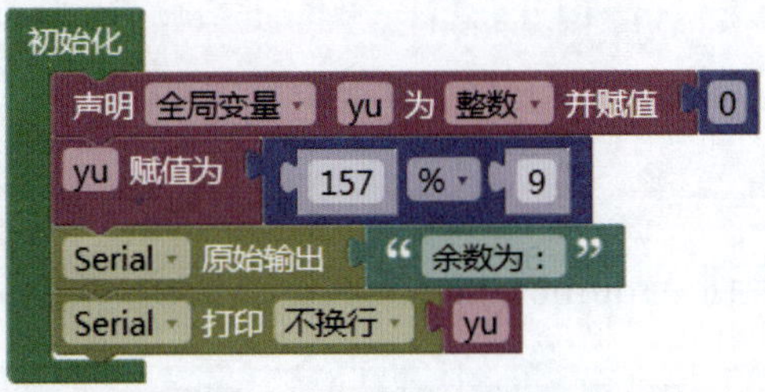

图5-13 模运算程序

（2）保存程序。

5.3 创意体验

1. 程序一体验

1）编译程序

从"我的程序"文件夹中找出图5-12所示的程序，然后编译这个程序。

2）查看Arduino C的程序结构

单击Mixly界面右边的 按钮，弹出所编写的程序结构与代码，如图5-14所示。绿色方框内就是我们编写的程序代码，它们全部被放在了setup()函数内，而loop()函数内则空荡荡的，不过这没关系，现在我们不要去了解它的细节，只要认识一下它的"面貌"就行了。

```
1  volatile float I1;
2  volatile float I2;
3  volatile float I;
4
5  void setup(){
6    I1 = 0;
7    I2 = 0;
8    I = 0;
9    Serial.begin(9600);
10   I1 = 5.00 / 220.00;
11   I2 = 5.00 / 22.00;
12   I = I1 + I2;
13   Serial.print("I=");
14   Serial.print(I,DEC);
15  }
16
17  void loop(){
18
19  }
```

图5-14 程序结构与代码示意

3）上传程序

将程序上传到 Arduino 开发板。上传成功后，在 Mixly 界面左下方的状态栏内显示运算结果，如图 5-15 所示。

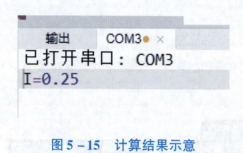

图 5-15　计算结果示意

2. 程序二体验

将图 5-13 所示的程序上传到 Arduino 开发板后，显示运算结果如图 5-16 所示。

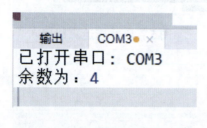

图 5-16　计算结果示意

课后思考

1. 算术运算符有哪几种？它们的运算规则是什么？
2. 在算式 $7+3\times(5-2)$ 中，计算机先计算哪个操作？
3. 什么是算术表达式？
4. 下列不合法的算术表达式是（　　）。

   A. $3+5\div 2$

   B. $100-6.8\%2$

   C. $(a+b)\times(a-b)$

   D. $55-2\times((3+4)-7)+13\%4$

5. 看一看模块区的"数学"分类中还有哪些与数学有关的运算模块，和它们"见见面"。
6. 编程计算下列算术表达式的值。

   （1）$12+132\div 12-9$；

   （2）$3\times(7-1)$；

   （3）$98\%2$。

7. 修改图 5-12 所示的程序，在输出结果中显示单位"安培"，格式为"I = 0.25 安培"，如图 5-17（b）所示。

图 5-17 第 7 题图

（a）输出没有单位；（b）输出有单位

第6课 数据的基本类型

数据类型是数据的基本属性，描述的是数据存储格式的运算规则。不同的数据类型能够支持的运算、相应的运算规则也不同。因此，在学习 C 语言编程的时候，准确地掌握和运用数据的数据类型是非常重要的。

C 语言的数据类型有基本类型、构造类型、空类型和指针类型四大类，其中有的大类又分为若干小类。下面我们对数据的基本类型与使用进行简单的了解。

6.1 基本要点

1. 整型数据

编写 C 语言程序时，在使用数据之前必须先确定它的数据类型，否则程序在运行（或编译）的时候就会出错。在模块区"变量"分类中的"声明"模块内设置数据类型，如图 6-1 所示。

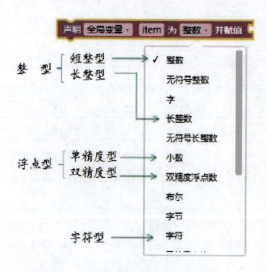

图 6-1 部分数据类型示意

整型数据就是整数，它又可以分为短整型和长整型。短整型对应"声明"模块对话框中的"整数"选项，长整型对应"长整数"选项。它们的取值范围是不同的。后面的叙述中除非必要，都以"声明"对话框中选项的名称为准。

整数的取值范围为 -32768~32767。

长整数的取值范围为 -2147483648～2147483647。

现在来检验一下整数的取值范围。在图 6-2 所示的程序中分别输入 32767 和 32770 两个数，看看它们的输出结果是什么。

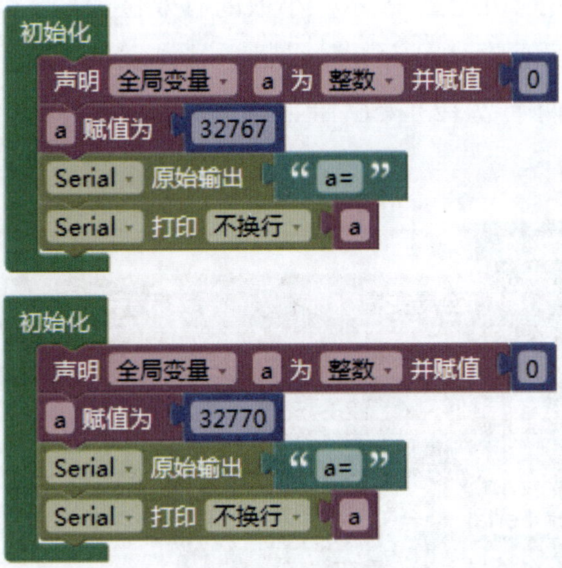

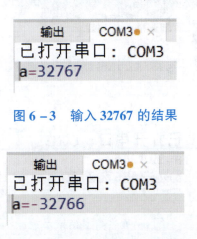

图 6-2　整数数据取值范围检验程序示意

将图 6-2 中的两个程序分别上传到 Arduino 开发板，运算结果如图 6-3、图 6-4 所示。

图 6-3　输入 32767 的结果

图 6-4　输入 32770 的结果

很显然，图 6-4 的输出结果是错误的，原因是使用的数据超出了整型数据规定的取值范围。在程序中出现这样的错误会导致程序运行失败。不过，我们现阶段的学习中使用"整数"就足够了。

2. 浮点型数据

我们在生活中所遇到的数并不都是整数。比如从超市买回 20 斤大米并不能一餐吃掉，也不能一斤一斤地吃，这时就要用小数表示一餐吃多少斤大米。计算机在运行过程也是这样，并不能在它的存储单元中总是存储整数，有时也需要存储带小数的数。

浮点数就是小数。浮点型是指计算机存储小数的方式，因为计算机存储小数有两种方式，即定点数（小数点固定）和浮点数（小数点不固定）。

如图6-1所示，浮点型数据有单精度型和双精度型。

1) 单精度浮点数

单精度浮点数在模块中用"小数"表示。小数的有效位为6~7位，超过这个范围的小数位则会无效。

例如，编写程序时输入两个数123.456、123456789.123，查看它们的输出结果，如图6-5、图6-6所示。

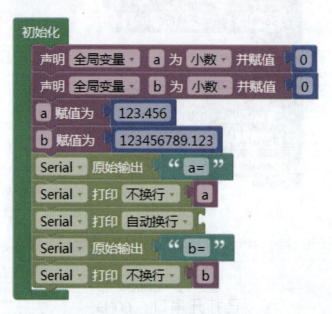

图6-5 小数精度示例程序

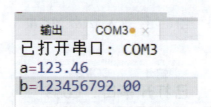

图6-6 输出结果示意

在图6-6中，数据123.456的显示结果为123.46。该数据没有超过7位，结果是准确的。由于"输出结果"只保留小数点后面2位有效数，所以第3位四舍五入后结果为123.46。数据123456789.123的输出结果显然是错误的，因为它超出了有效位7位。

注意：在使用数据时，一定要注意数据的类型，否则会出现错误结果。例如，在算术表达式

$$3 \div 2 + 1.5 + 6$$

中，"3÷2"和"1.5"是小数，其他数据是整数，如果不注意它们的数据类型，程序运算结果就会出错，如图6-7所示。

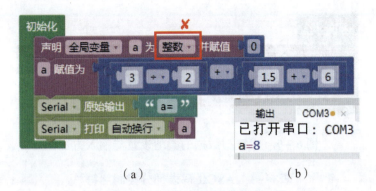

（a） （b）

图6-7　错误的数据类型使用

图6-7说明，在一个表达式中如果有小数数据类型，那么表达式的数据类型应该为"小数"。图6-7中的数据类型应修改为"小数"，并将"3÷2"用小数表示，如图6-8所示。

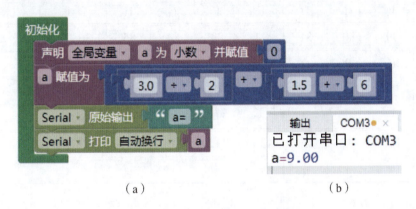

（a） （b）

图6-8　正确的数据类型使用

2）双精度浮点数

双精度浮点数在模块中仍用"双精度浮点数"表示。双精度浮点数的有效位为15~16位，它已经足够大了。

不过，Arduino开发板上的"双精度浮点数"没有这么多位数，它的实际精度与"小数"的精度完全相同，同学们可以自己验证一下。这并不影响我们的学习。

3. 字符型数据

用字符表示一个数据时，这个数据就叫作字符型数据，在模块的数据类型列表中用"字符"表示，如图6-1所示。

例如，用'A'代表65，'a'代表97，'3'代表51，这里的'A'、'a'和'3'都是字符型数据。注意，只有加上单引号才是字符型数据。

字符型数据的类型设置与输入方法如图6-9所示。

现在的问题是，为什么'A'代表65，'3'代表51呢？

其实道理很简单，这只是人们的一种规定而已。用一组有规律的数字来对应不同的字符，把这种对应关系制成一种对照表，叫作ASCII码表，然后在计算机系统中都遵循这种规则。

例如，26个英文字母与10个阿拉伯数字的ASCII码部分对照结果见表6-1。

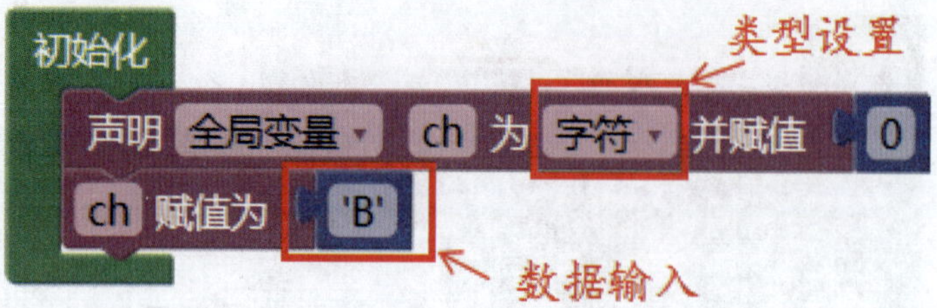

图 6-9 字符型数据的类型设置与输入方法

表 6-1 ASCII 码表部分控制字符

ASCII 值	48	49	50	51	52	53	54	55	56	57	—	—	—
控制字符	0	1	2	3	4	5	6	7	8	9	—	—	—
ASCII 值	65	66	67	68	69	70	71	72	73	74	75	76	77
控制字符	A	B	C	D	E	F	G	H	I	J	K	L	M
ASCII 值	78	79	80	81	82	83	84	85	86	87	88	89	90
控制字符	N	O	P	Q	R	S	T	U	V	W	X	Y	Z
ASCII 值	97	98	99	100	101	102	103	104	105	106	107	108	109
控制字符	a	b	c	d	e	f	e	g	h	i	k	m	
ASCII 值	110	111	112	113	114	115	116	117	118	119	120	121	122
控制字符	n	o	p	q	r	s	t	u	v	w	x	y	z

从表 6-1 中可以查得字符"B"的 ASCII 码值为 66，通过字符型数据的输入与输出很容易得到验证，如图 6-10 所示。

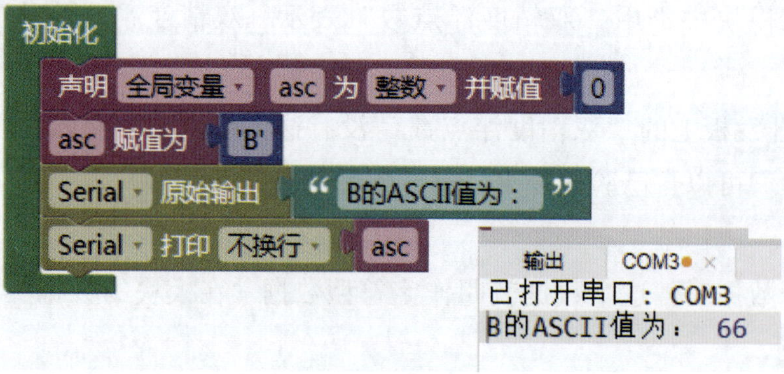

图 6-10 字符型数据的输入与输出

6.2 编写程序

程序一：整型数据计算；

程序二：浮点型数据计算；

程序三：字母大小写转换。

1. 程序一

计算算术表达式：113 – 'F' + '5' – 32×3。

1）确定表达式的数据类型

表达式中有两种数据类型，即"整数"和"字符"，由于字符型数据也是整数，所以计算出来的结果仍是整数。因此，整个表达式的数据类型为"整数"。

2）构建程序模块

在模块中输入字符型数据时注意"字符"的格式。程序一的程序模块如图6-11所示。

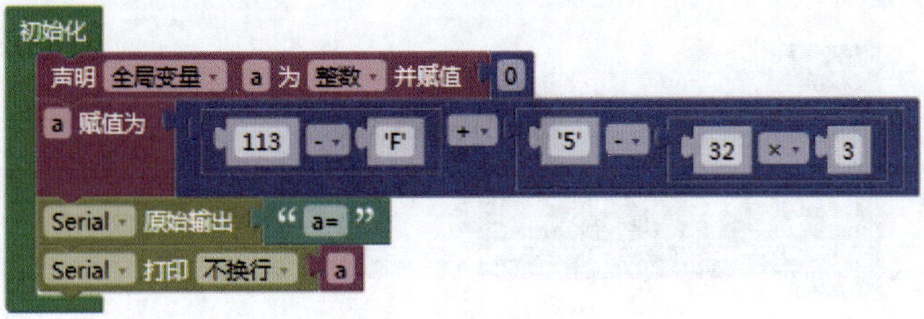

图6-11　程序一的程序模块

3）编译并保存程序

编译程序后将程序保存到"我的程序"文件夹。

2. 程序二

计算算术表达式：0.5 + 9÷2 + 10 – 4.5×2。

1）确定表达式的数据类型

表达式中有整数和小数两种类型的数据，因此表达式应为小数数据类型，并将9÷2写为9.0÷2，即

$$0.5 + 9.0 \div 2 + 10 - 4.5 \times 2$$

2）构建程序模块

程序二的程序模块如图6-12所示。

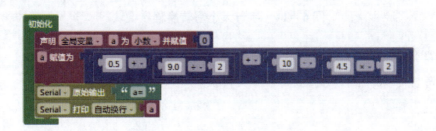

图6-12　程序二的程序模块

3）编译并保存程序

编译程序后将程序保存到"我的程序"文件夹。

3. 程序三

（1）字母的大小写转换关系。

从 ASCII 码表可以查到，大写字母 A 的 ASCII 码为 65，小写字母 a 的 ASCII 码为 97，它们的编码相差 32。不难看出，每个大写字母与小写字母的编码差都相差 32。根据这一规律，可以得出大写字母与小写字母的转换关系为

$$大写字母 + 32 = 小写字母$$

$$小写字母 - 32 = 大写字母$$

例：将大写字母 A 转换为小写字母 a，如图 6-13 所示。

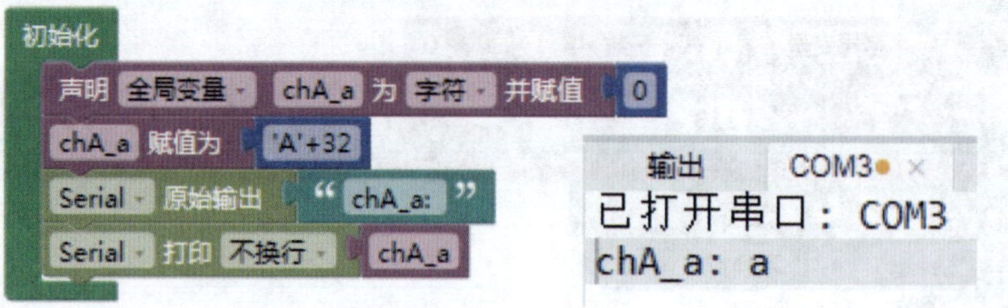

图 6-13　将大写字母 A 转换为小写字母 a

（2）编写程序，将 r+t 转换为 R+T。

字母大小写转换程序模块如图 6-14 所示。

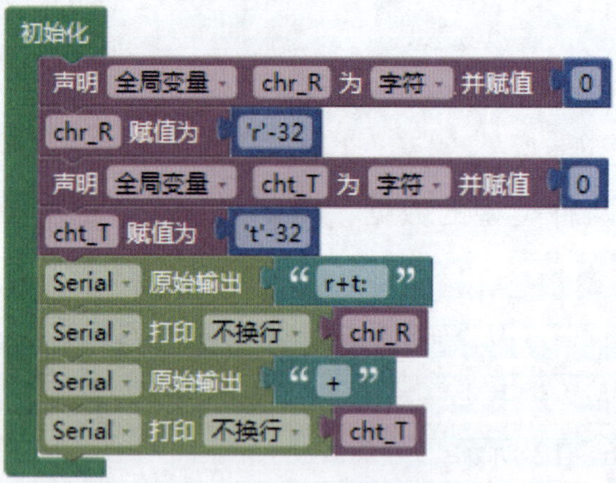

图 6-14　字母大小写转换程序模块

（3）编译并保存程序。

编译程序后将程序保存到"我的程序"文件夹。

6.3　创意体验

1. 程序一体验

（1）上传程序一

从"我的程序"文件夹中找到程序一，上传到 Arduino 开发板。

(2) 程序一的运行结果如图 6-15 所示。

图 6-15　程序一的运行结果

2. 程序二体验

(1) 上传程序二

从"我的程序"文件夹中找到程序二，上传到 Arduino 开发板。

(2) 程序二的运行结果如图 6-16 所示。

图 6-16　程序二的运行结果

3. 程序三体验

(1) 上传程序三

从"我的程序"文件夹中找到程序三，上传到 Arduino 开发板。

(2) 程序三的运行结果如图 6-17 所示。

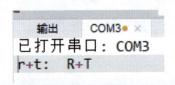

图 6-17　程序三的运行结果

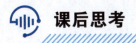

课后思考

1. C 语言数据的基本类型有哪几种？
2. C 语言程序在使用数据前先要设置什么？
3. 从数据类型设置的角度考虑，请把下列算术表达式中不恰当或错误的地方纠正过来，或删除不合理的操作数。

(1) $3 + A - 5$；

(2) $5 \times 7 \div 2 - 0.3$；

(3) 'd' – '10' +9；

(4) 25 – 5 ÷ 2。

4. 下面的程序中有 1 处错误，请把它纠正过来（图 6 – 18）。

图 6 – 18　第 4 题图

5. 分别上机验证下面程序［图 6 – 19（a）、（b）］中的两种字符数据输入方法，看看它们的结果有没有区别。

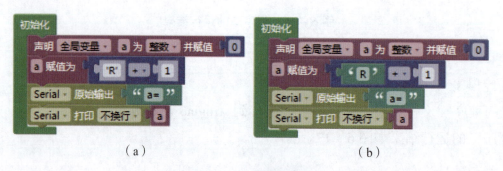

（a）　　　　　　　（b）

图 6 – 19　第 5 题图

第 7 课

变量与赋值运算符

7.1 基本要点

1. 变量的定义

变量是指在程序运行过程中其值可以改变的量。

前面已经简单了解过，计算机会为每个数据安排一个存储单元，有的数据存储进去后在程序的运行过程中始终不会改变，而有的数据可以在程序的运行过程中发生改变，如图 7-1 所示。

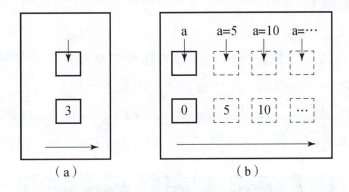

图 7-1 程序运行过程中的数据状态示意

(a) 程序运行过程中不变的量；(b) 程序运行过程中可变的量

图 7-1 中的数据"3"始终不会发生改变，无论把它放在哪个算术表达式中参与运算，3 始终是 3，如 5+3，6-3。这种在程序运行过程中不变的量叫作常量。数据 a 是一个可以发生改变的量，如 5+a，6-a。在程序运行过程中，a 的值可以是 0、3、5 等。如果 a 的值为 5，则算术表达式 5+a 就是 5+5。这种在程序的运行过程中可以改变的量叫作变量。

2. 变量的命名

一个变量的值虽然是可以改变的，但是这个变量必须要有一个具体的名字，不然计算机无法给它安排存储单元。

变量的名字叫作标识符。标识符的规则：只可以使用字母、数字和下划线，而且必须以字母或下划线开头。变量的名字必须遵循这些规则。例如：

（1）由字母组成的变量名：

a、A、ch、name、Name

(2) 由字母与数字组成的变量名：

m123、T2、y456z

(3) 由下划线与字母或数字组成的变量名：

L_motor、t_、_123

下面的变量名是不合法的：

(1) 2T（不能以数字开头）；

(2) a value（含有空格）。

变量名中的字母区分大小写。如 a、A、sum、Sum 是不同的变量名。但是注意：在我们的图形化编程模块中为了简便而没有区分。

为变量命名既要遵循命名规则，也要考虑方便阅读与理解。如单个数据可用 a、b 等命名，求和变量用 sum 命名，给 LED 灯的 I/O 引脚命名为 LED1 或 led1 等。如果想让某变量名显得直观但又还没有掌握相应的英语单词，也可以用拼音命名，如 dianJi（电机）。

说明：在 Mixly 图形化编程中，变量命名回避了上述规则，甚至可以使用中文命名。为了有利于今后的学习，命名变量时我们尽量遵守上述规则。

3. 变量的声明与初始化

1）变量的声明

在使用变量之前，必须对变量进行声明。如果在程序中使用一个没有声明的变量是不合法的，编译程序的时候会出现错误提示，程序也无法上传或运行。

声明变量的模块在模块区的"变量"分类中，如图 7-2 所示。声明变量时，要对"声明"模块中的 4 个选项进行完整的设置。

图 7-2　声明变量模块

(1) 变量的作用域选项。

变量的作用范围称为变量的作用域。"声明"模块中变量的作用域选项有"全局变量"和"局部变量"，如图 7-3 所示。在图形化编程学习阶段，直接使用默认值"全局变量"就行了。

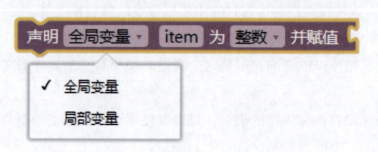

图 7-3　变量的作用域选项示意

（2）变量名选项

变量名选项"item"用于设置变量名。单击"item"后该选项变成蓝色，然后输入所使用的变量名如"sum"，如图 7-4 所示。

图 7-4　变量名选项示意

（3）数据类型选项

数据类型选项用于为变量设置数据类型。因为变量也是数据，所以对任何变量都必须设置它的数据类型。单击默认值"整数"，弹出数据类型列表，在其中可以选择变量的数据类型，如图 7-5 所示。

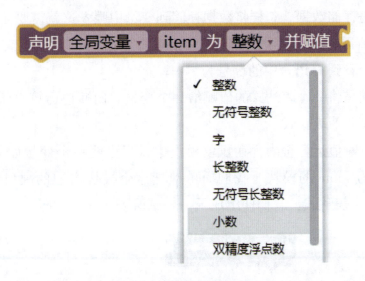

图 7-5　数据类型设置示意

2）变量的初始化

设置变量并为这个变量赋一个值叫作变量的初始化。

例如，求

$$1+2+3+4+5+6+7+8+9+10$$

的和，设一个变量 sum，然后将它们的和存储到变量 sum 中，设置的时候为 sum 赋一个初值"0"，即将变量 sum 的存储单元清零，如图 7-6 所示。

图 7-6　变量初始化示意（1）

变量的初始值可以是所需要的任何合法的值，也可以是一个算术表达式，如图7-7所示。

图7-7 变量初始化示意（2）

注意，设置变量后如果在"并赋值"缺口内不做任何事情，计算机对这个变量赋一个默认值"0"。当需要将变量初始化为0的时候，仍然给它赋一个值"0"，以养成一个良好的编程习惯，如图7-8所示。

图7-8 将变量初始化为0

4. 赋值运算符与赋值表达式

设置变量的目的是存储数据。怎样将数据存储到变量中呢？这就需要使用赋值运算符。

在C语言中，赋值运算符是一个与等号完全相同的符号"="，但在C语言中不能把它当作等号使用，以后我们会看到C语言中的等号为"=="。

赋值运算符的作用是将一个表达式的值赋给一个变量。由赋值运算符将一个变量和一个表达式连接起来的式子叫作赋值表达式。

在图形化编程中，赋值运算符内含在赋值模块中。当声明一个变量如value后，在变量分类中会出现一个变量名为value的模块。我们简单地把这个模块右边的缺口看作一个"赋值运算符"，在缺口内插入一个表达式，它们便组成了一个赋值表达式，如图7-9所示。

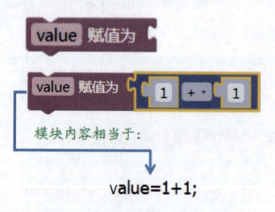

图7-9 赋值模块与表达式示意

7.2 编写程序

程序一：计算表达式 $3 \times 12 \div 6 + 5 \times 6 \times 7 - 2 \times (8-5)$；

程序二：计算表达式 $0.2 \times 3 \times 4 \times 5 + 0.3 \times 3 \times 4 \times 5$；

程序三：编写一个主控板控制 LED 灯的程序，引脚号用变量命名。

1. 程序一

计算表达式 $3 \times 12 \div 6 + 5 \times 6 \times 7 - 2 \times (8 - 5)$。

用模块构建这样长的表达式是有困难的，不仅模块层次会叠加太多，而且整个模块也会变得很长，更容易出错。用设置变量的方法来解决这一问题。

（1）设置变量。

①设置变量 a。

计算 $3 \times 12 \div 6$，然后把它赋值给变量 a，即 $a = 3 \times 12 \div 6$。

②设置变量 b。

计算 $5 \times 6 \times 7$，然后把它赋值给变量 b，即 $b = 5 \times 6 \times 7$。

③设置变量 c。

计算 $2 \times (8 - 5)$，然后把它赋值给变量 c，即 $c = 2 \times (8 - 5)$。

（2）构建程序模块。

根据上面的 3 个表达式构建程序模块，并注意声明模块中各选项的设置，如图 7-10 所示。

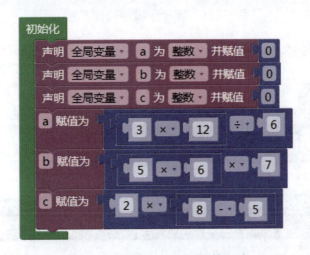

图 7-10 表达式分部计算示意

同学们一定会发现，a、b、c 分别只是表达式中的一部分，并不是整个表达式的值。这时，还需要设置一个变量如 sum，来存储整个表达式的值，即

$$sum = a + b - c$$

构建好的程序如图 7-11 所示。

（3）对构建好的程序进行编译并将程序保存到"我的程序"文件夹中。

2. 程序二

计算表达式 $0.2 \times 3 \times 4 \times 5 + 0.3 \times 3 \times 4 \times 5$。

（1）分部计算。

将表达式中的"$3 \times 4 \times 5$"用变量 J 表示，整个表达式的值用变量 H 表示，则赋值表达式为

$$H = 0.2 \times J + 0.3 \times J$$

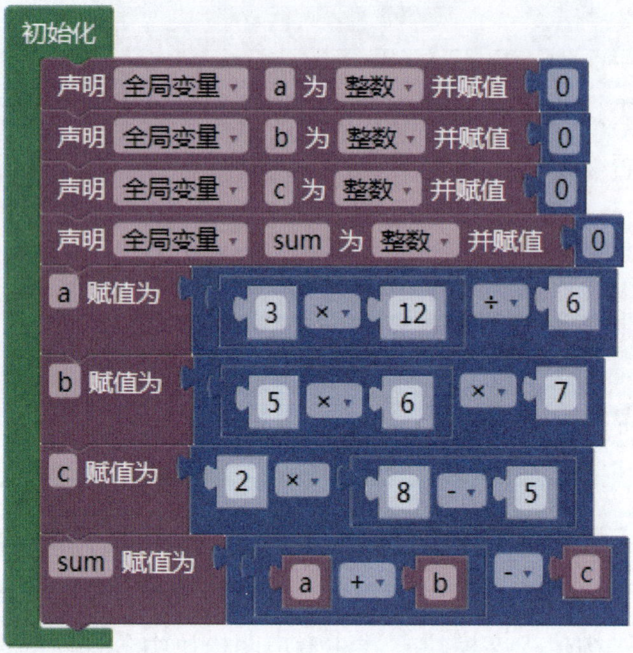

图 7-11　程序一模块构建示意

（2）构建程序模块，如图 7-12 所示。

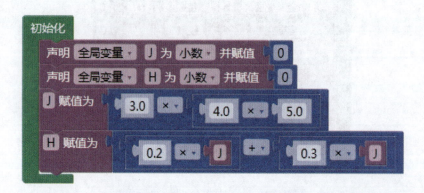

图 7-12　程序二模块构建示意

（3）对构建好的程序进行编译并将程序保存到"我的程序"文件夹中。

3. 程序三

编写一个控制不同颜色的 LED 灯的程序，LED 灯的引脚号用变量命名。

（1）为什么用变量命名引脚号？

在后面的机器人技术学习中，我们会发现一个机器人往往需要配置多个元器件，如果每个元器件的信号引脚都直接使用 Arduino 开发板上的 I/O 引脚数字编号，会让人觉得很烦琐。

比如，在图 7-13 中，分别用"数字输出"模块控制 4 只颜色各不相同的 LED 灯，如果要多次交替使用不同颜色的 LED 灯，就会感觉非常麻烦甚至困惑，因为你可能记不清哪个引脚是红色或蓝色。

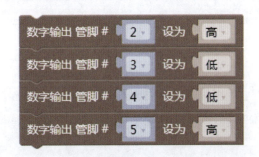

图 7-13　直接使用数字引脚号示意

当然，这只是引入问题的一个方面，往后我们会体会到使用变量在程序设计中是非常必要和有用的。

（2）设置 LED 灯引脚变量。

设置红色 LED 灯的变量名为 led_R，蓝色 LED 灯的变量名为 led_B（R 为 red 的首字母 r 的大写，即红色；B 为 blue 的首字母 b 的大写，即蓝色。这样做有助于阅读与理解）。

如果将红色 LED 灯的长引脚连接到 Arduino 开发板的 3 号引脚，将蓝色 LED 灯的长引脚连接到 Arduino 开发板的 5 号引脚，则变量的赋值表达式为

$$led\_R = 3;$$
$$led\_B = 5;$$

（3）构建程序模块。

根据设置的变量及引脚，构建程序模块，如图 7-14 所示。

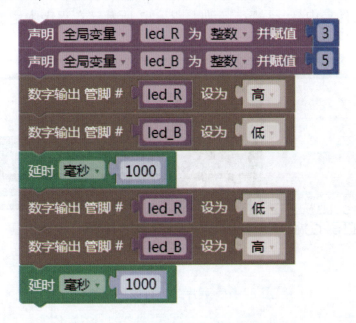

图 7-14　使用变量代替引脚编号示意

（4）对构建好的程序进行编译并将保存到"我的程序"文件夹中。

7.3 创意体验

1. 程序一体验

从"我的程序"文件夹中打开程序一,如图 7-11 所示。在程序中增加串口输出模块,然后将程序上传到 Arduino 开发板体验程序运行效果,如图 7-15 所示。

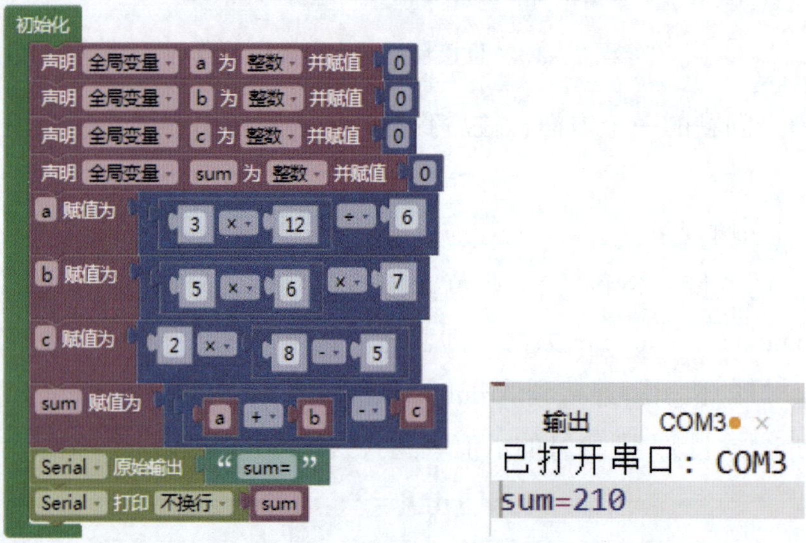

图 7-15 程序一运行效果体验

2. 程序二体验

从"我的程序"文件夹中打开程序二,如图 7-12 所示。在程序中增加串口输出模块,然后将程序上传到 Arduino 开发板体验程序运行效果,如图 7-16 所示。

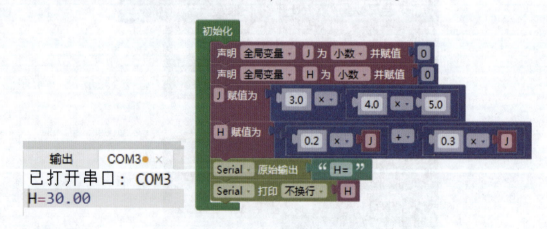

图 7-16 程序二运行效果体验

3. 程序三体验

从"我的程序"文件夹中打开程序三,将程序上传到 Arduino 开发板。

将红色 LED 灯的长引脚连接 Arduino 开发板的引脚 3,将蓝色 LED 灯的长引脚连接 Arduino 开发板的引脚 5,同时将它们的短引脚连接引脚 GND,如图 7-17 所示。

体验程序运行效果。

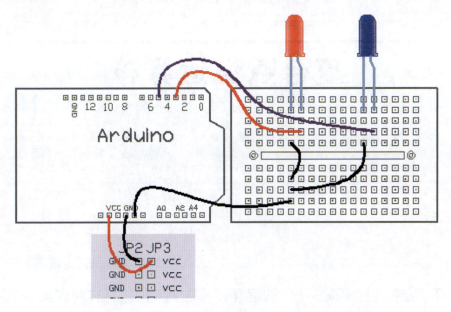

图 7-17 程序三控制 LED 灯示意

课后思考

1. 什么是变量？
2. 变量和常量有什么区别？
3. 变量的命名有哪些规则？
4. 在"程序二体验"的图 7-16 中，变量 H 的值在程序运行过程中有没有发生改变？（1）如果没有发生改变，说说为什么。（2）如果发生了改变，那么是从多少变成多少？
5. 变量 a 的赋值表达式为 a = 30 + 'A' - 7 % 3，先声明变量 a，再计算 a 的值。
6. 不上机，分析图 7-18 所示的程序运行后变量 t 的值是多少。

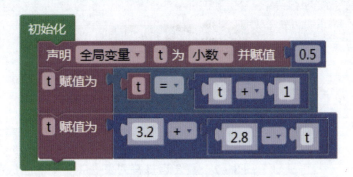

图 7-18 第 6 题图

7. 编程计算赋值表达式：
$$a = 2 \times 3 \times 4 \times 5 \times 6 + 4 \times 3 \times 4 \times 5 \times 6 + 6 \times 3 \times 4 \times 5 \times 6$$

第8课 复合赋值运算符

8.1 基本要点

1. 复合运算符

将两种运算符结合在一起构成一个新的运算符,这个新的运算符叫作复合运算符。C语言共有10种复合运算符,现在简单了解其中4种复合运算符,即

$$+=、-=、*=、/=$$

复合运算符包含两种运算:①赋值运算;②和赋值运算符复合的其他运算符的运算。例如"+="运算符的两种运算为赋值运算和加法运算,如图8-1所示。

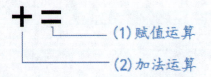

图8-1 加法的复合运算示意

同理,其他3种复合运算符分别是赋值运算符"="与减法(-)、乘法(*)和除法(/)运算符的结合。

复合运算符模块在模块区的"数学"分类中。单击默认运算符"+=",弹出复合运算符列表,然后选择需要的复合运算符就行了,如图8-2所示。

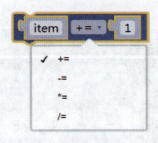

图8-2 复合运算符列表

2. 复合赋值运算

我们已经熟悉了像a=1这样的表达式,但在今后的程序设计中,会经常遇到类似a=a+1这样的赋值表达式。在这个表达式里将赋值运算符"="右边的"a+"放到它的左边,并与左边

的 a 合并，于是就变成了图 8-3 所示的复合赋值表达式：

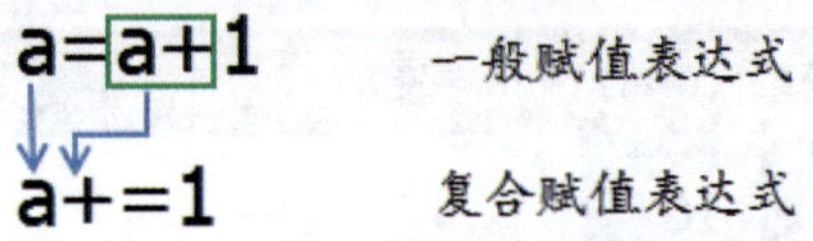

a=a+1　　一般赋值表达式

a+=1　　复合赋值表达式

图 8-3　复合赋值表达式

进行复合赋值运算时，将图 8-3 中的顺序颠倒过来就行了。是不是很简单？

例：如果 a 的值为 3，计算 a+=2。

将赋值运算符左边的"a+"拆为"a"和"a+"，将"a"留在左边，将"a+"移到右边，于是得到

$$a = a + 2$$

将 a 的值 3 代入右边的 a：

$$a = 3 + 2$$
$$a = 5$$

现在，我们编程计算 a 的复合运算值。单击"数学"分类中的复合运算模块，选择复合赋值运算符，构建程序模块并上传输出计算结果，如图 8-4 所示。

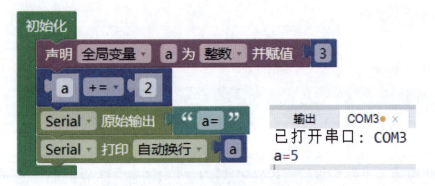

图 8-4　复合赋值运算"+="示意

例：b 的值为 10，计算复合赋值表达式 b*=10。

复合运算符"*="与"+="的运算方法相同。这里需要说明的是，以后在书写表达式或运算符的时候，它们的格式与符号均与 C 语言的要求保持一致。如 3×2 书写为 3*2，5÷3 书写为 5/3。

b*=10 的运算过程为

$$b = b * 10$$
$$= 10 * 10$$
$$= 100$$

编程计算，如图 8-5 所示。

· 69 ·

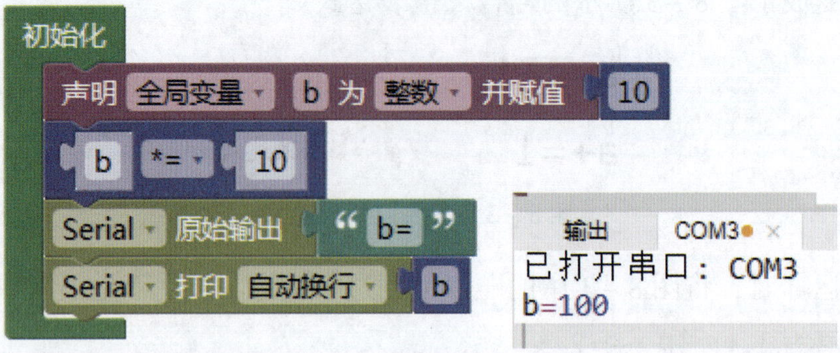

图 8-5 复合赋值运算"*="示意

3. 表达式的复合赋值运算

复合运算符右边为一个表达式的运算为表达式的复合赋值运算。

例如：

$$x -= y + 5 \quad (1)$$
$$x /= y * 3 - 10 \quad (2)$$

怎么计算这样的复合赋值表达式呢？先将复合运算符右边的表达式看作一个用括号括起来的整体，然后用变量 a 代替 y+5，用变量 b 代替 y*3-10，即 a=(y+5)，b=(y*3-10)。原来的两个复合赋值表达式变为

$$x -= a \quad (1)$$
$$x /= b \quad (2)$$

很容易计算上面的复合赋值表达式。(1) x=x-a，代入 a=(y+5)，得 x=x-(y+5)。(2) x=x/b，代入 b=(y*3-10)，得 x=x/(y*3-10)。

注意，代入表达式时括号一定不能忘掉！

当然，图形化模块中已经为我们准备好了这一切，但了解一下它的原理对我们今后编写程序是很有益的。

4. 生成复合赋值表达式

在实际应用中，并不是要将复合赋值表达式改写成一般赋值表达式，而是在编写程序的时候，将一般赋值表达式用复合赋值表达式来表示，计算机并不会为你完成这一任务。

当我们让计算机用复合运算符计算赋值表达式 x=x+1 的时候，就要将它改写成 x+=1 的形式，然后让计算机进行运算。

例：有一个米桶，开始装有 10 千克大米，每天吃掉 1 千克，第 1 天过后米桶里剩多少千克大米？第 2 天、第 3 天过后各剩多少千克大米？

这是一个很容易的问题，关键是写出它的赋值表达式。

设米桶里每过 1 天后剩下的米为 x 千克

开始时	x=10
第1天过后	x=10−1
第2天过后	x=9−1
第3天过后	x=8−1

可以看出，从"第1天过后"下面的3个赋值表达式中，10、9、8 依次是上一个表达式中 x 的值，因此每天过后米桶里米的质量可以用一个统一的式子表达，即赋值表达式：

$$x = x - 1$$

同学们想一想，这样的式子有没有问题呢？肯定没有。因为我们已经学过，变量在程序的运行过程中它的值是可以改变的。

有了一般赋值表达式，很容易把它改写成复合赋值表达式，即

$$x\ -=1$$

8.2 编写程序

程序一：计算 x/= y * 3 − 10；

程序二：计算 x = y + x + 5；

程序三：计算米桶每天的剩米量 x = x − 1。

1. 程序一

（1）计算复合赋值表达式 x/= y * 3 − 10，x 的初值为 13.5，y 的值为 7。

（2）构建程序模块，如图 8 − 6 所示。

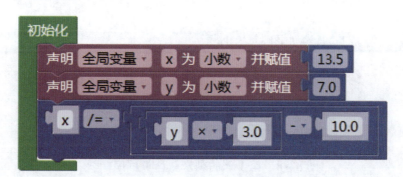

图 8 − 6　程序一模块构建示意

（3）对构建好的程序进行编译并将程序保存到"我的程序"文件夹中。

2. 程序二

计算赋值表达式 x = y + x + 5，x 的初值为 3，y 的值为 6。

（1）整理表达式。

先将表达式整理为我们熟悉的形式：

$$x = x + y + 5$$

然后把它改写为复合赋值表达式：

$$x\ +=\ y+5$$

（2）构建程序模块。

根据复合赋值表达式构建程序模块，如图 8 – 7 所示。

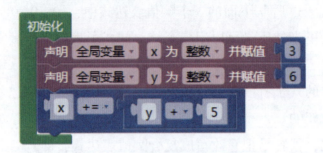

图 8 – 7　程序二模块构建示意

（3）对构建好的程序进行编译并将程序保存到"我的程序"文件夹中。

3. 程序三

计算米桶每天的剩米量。

根据 8.1 节中的例子，分别计算米桶 3 天内和 10 天内每天的剩米量是多少。已知复合赋值表达式为：

$$x\ -=\ 1$$

（1）分别计算每天的剩米量。

①计算 3 天内每天的剩米量。

已知 x 的初值为 10。

a. 第 1 天的剩米量。

第 1 天的剩米量计算程序模块如图 8 – 8 所示。

图 8 – 8　第 1 天的剩米量计算程序模块

b. 第 2 天的剩米量。

怎么计算第 2 天的剩米量呢？计算机并不会"心算"，它只能按照你给它的指令一步一步地运行。

我们知道，计算机是一步一步地执行程序指令的。只有当它执行完上一条语句指令后才执行下一条语句指令。那么，计算机执行完图 8 – 8 所示的模块指令后，模块中变量 x 的值变成了 9（即 x = 10 – 1），这时再给计算机一个同样的指令模块，让它再算一次"x – 1"，就得到了得到了米桶里第 2 天的剩米量，如图 8 – 9 所示。

图 8-9　第 2 天的剩米量计算程序模块

c. 第 3 天的剩米量。

知道了第 2 天的剩米量的计算原理后，第 3 天的剩米量计算就很清楚了，如图 8-10 所示。

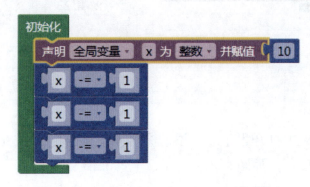

图 8-10　第 3 天的剩米量计算程序模块

②计算 10 天内每天的剩米量。

如果按照 3 天内剩米量的计算方法，10 天内每天的剩米量计算需要一大堆模块才能完成。有没有简便一些的方法呢？当然有。

我们已经知道，在 Arduino C 的 loop( ) 函数中的程序指令从上往下执行完后，又会从头开始重复往下执行。利用这一特性，将程序模块直接放在 loop( ) 函数中，即不再放在"初始化"模块内就行了。构建程序模块，如图 8-11 所示。

图 8-11　10 天内每天的剩米量计算程序模块

（2）对构建好的程序进行编译并将程序保存到"我的程序"文件夹中。

8.3　创意体验

1. 程序一体验

（1）上传程序一。

从"我的程序"文件夹中打开程序一，添加输出模块后上传到 Arduino 开发板。

(2) 程序一的运行结果示意如图 8-12 所示。

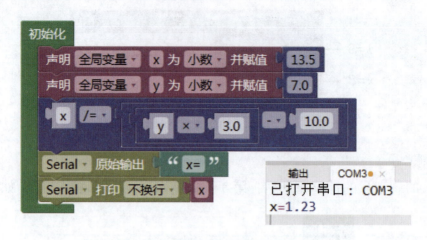

图 8-12　程序一的运行结果示意

2. 程序二体验

(1) 上传程序二。

从"我的程序"文件夹中打开程序二，添加输出模块后上传到 Arduino 开发板。

(2) 程序二的运行结果示意如图 8-13 所示。

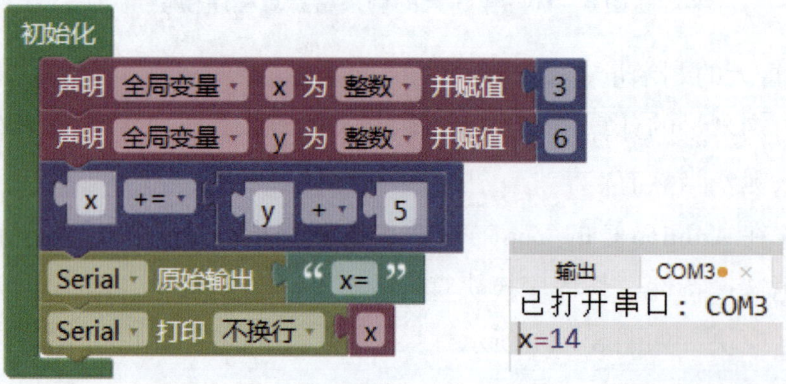

图 8-13　程序二的运行结果示意

3. 程序三体验

1) 体验程序三 (1)

(1) 上传程序三 (1)。

从"我的程序"文件夹中打开程序三 (1)，添加输出模块后上到 Arduino 开发板。

(2) 程序三 (1) 的运行结果示意如图 8-14 所示。

2) 体验程序三 (2)

(1) 上传程序三 (2)。

从"我的程序"文件夹中打开程序三 (2)，添加输出模块后上传到 Arduino 开发板。

(2) 程序三 (2) 的运行结果示意如图 8-15 所示。

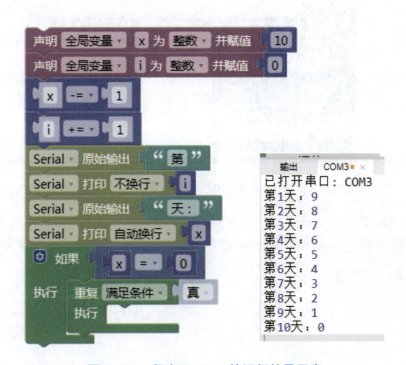

图 8-14 程序三（1）的运行结果示意

图 8-15 程序三（2）的运行结果示意

说明：图 8-15 中的"如果/执行"模块部分，同学们现在不必去担心它，后面我们会学习和了解它的使用方法。现在只需要了解"如果/执行"模块以外的部分是怎么运行的。

· 75 ·

课后思考

1. 什么是复合运算符？

2. 复合赋值运算符包含哪几种运算？

3. 下面对复合赋值表达式 x *= y/10 – 25 理解正确的是（　　）。

   A. x = x * (y/10 – 25)

   B. x = x * y/10 – 25

   C. x = x + y/10 – 25

   D. x = y/10 – 25

4. 将下列赋值表达式改写为复合赋值表达式。

   （1）a = a + 12；　　　　　　（2）b = a + b + 1；

   （3）x = x * (y + 5)；　　　　（4）y = 3 * y。

5. 不上机，分析图 8 – 16 所示程序的运行结果：a =（　　）。

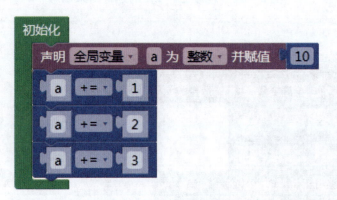

图 8 – 16　第 5 题图

6. 编写程序，计算复合赋值表达式 y *= 5 + 3 * x 的值。y 的初值为 2，x 的值为 3。

第9课 自增自减运算符

9.1 基本要点

1. 什么是自增自减运算符

C语言提供了"++""--"两种运算符,"++"叫作自增运算符,"--"叫作自减运算符。

这两种运算符都只有一个操作数,即变量。它的功能是将变量的值加1或减1。

自增运算符++:功能为将变量的值加1;

自减运算符--:功能为将变量的值减1。

例如:i是一个变量,i++表示变量i的值加1,i--表示变量i的值减1。

注意:自增自减运算符只能应用于变量,而不能应用于常量或表达式。例如,3++,--(i*j)都是不合法的。

在今后的程序设计中,我们会经常用到变量的自增自减运算,熟练地掌握它们的用法是很有用的。

2. 变量的自增自减运算

自增自减运算符模块在模块区的"数学"分类中,如图9-1所示。

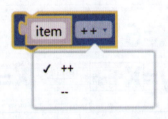

图9-1 自增自减运算符模块

变量自增运算i++的意义是i=i+1,即将变量i的值加1后再赋给变量i。例如:变量i的值为2,i++等价于i+1即2+1,因此i++的值为3。

变量自减运算i--的意义是i=i-1,即将变量i的值减1后再赋值给变量i。例如:变量i的值为5,i--等价于i-1即5-1,因此i--的值为4。

现在利用自增、自减运算符计算变量a的值,设a的初值为3。构建程序模块,如图9-2、图9-3所示。

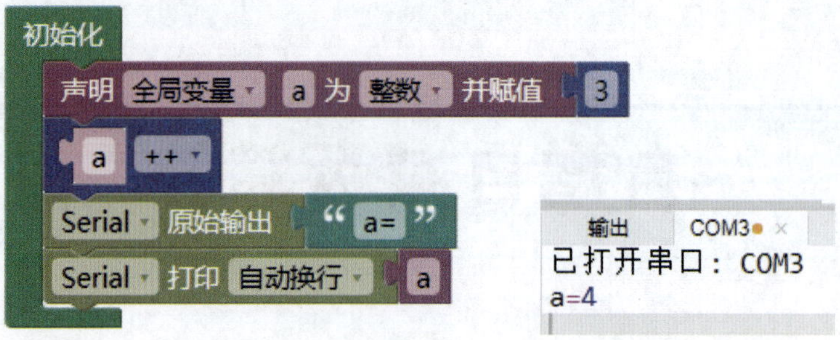

图 9-2　变量 a 的自增运算示意

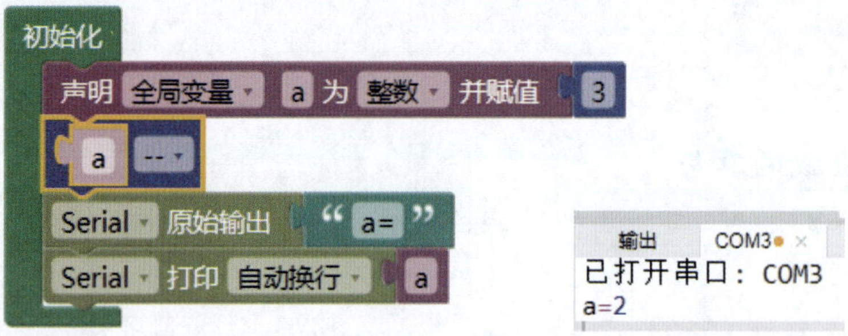

图 9-3　变量 a 的自减运算示意

3. 自增自减运算符的特性

运算符"++""--"在什么时候进行加 1 或减 1 运算呢？

以初值为 6 的变量 x 为例，x++ 或 x-- 是该变量被使用后才会加 1。例如：

$$x = 6;$$
$$y = x++;$$

想一想，y 的值是多少呢？根据"该变量被使用后才会加 1"的特性，y 的值为 6 而不是 7。为什么呢？看看图 9-4 就明白了。

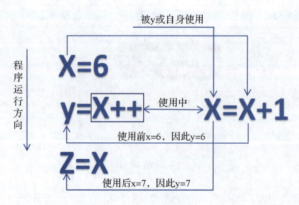

图 9-4　y 值变化示意

对于自增自减运算符的这种特性，现在只进行简单的认识和了解就行了。

4. 时间模块

模块区的"控制"分类中有两种时间模块，即"延时"模块和"系统运行时间"模块，如图 9-5 所示。

图 9-5 "延时"与"系统运行时间"模块

(a)"延时"模块；(b)"系统运行时间"模块

1)"延时"模块

前面已经使用过"延时"模块，现在对它进行进一步的认识与了解。下面的编程中将会用到"延时"模块与"系统运行时间"模块。

"延时"模块是一种会经常用到的模块。"延时"模块的时间单位是"毫秒"（ms），这已经是一个很小的时间单位了，但以后我们还会用到比这更小的时间单位"微秒"（μs）。它们的换算关系为：

$$1 秒(s) = 1000 毫秒(ms)$$
$$1 毫秒 = 1000 微秒(μs)$$

"延时"模块有一个特性，即在它延时的这段时间内我们无法让程序再做别的什么事情，直到延时结束为止。比如已经点亮了 1 只 LED 灯，延时 2000 毫秒，在这 2000 毫秒内你无法让 Arduino UNO 通过程序指令再点亮第 2 只 LED 灯，除非延时结束。

2)"系统运行时间"模块

"系统运行时间"模块的时间单位是毫秒。"系统运行时间"模块实际上是 Arduino 开发板上微控制器内部的一个定时器。

"系统运行时间"模块不会像"延时"模块那样在计时期间不让我们做别的什么事情，它在后台进行计时，在计时的时候不会对用户有任何妨碍。像计算机里的计时器一样，它在计时的时候并不会影响在计算机上编写程序或浏览网页。

如果需要查询系统运行时间，可以使用一个变量，将查询的时间值存储到这个变量里。注意变量的数据类型应设置为"无符号长整数"类型。

例如，设置一个时间变量 t，每隔 2 s 查询一次系统运行时间。设开始查询时 t = 0，如图 9-6 所示。

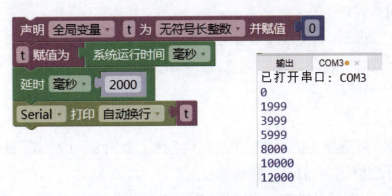

图 9-6 读取系统运行时间示意

图9-6所示的输出结果中，开始读取的时间与"延时"模块相差1 ms，这应该是主控板运行过程中引起的误差。

9.2 编写程序

项目一：明暗变化的LED灯；

项目二：定时器。

1. 明暗变化的LED灯

编写控制LED灯亮度的程序，让LED灯逐渐变亮或变暗。在第4课中，我们用电位器手动控制LED灯的亮度，现在我们使用变量的自增自减运算，直接用程序控制LED灯变亮或变暗。

（1）设置引脚变量。

计划将LED灯的长引脚连接Arduino开发板的引脚3，设引脚变量为led并将引脚号3赋给它，即

$$led = 3$$

（2）变量led的自增自减运算。

用自增运算符使LED灯长引脚的电压逐渐增高，即

$$led ++$$

用自减运算符使LED灯长引脚的电压逐渐降低，即

$$led --$$

（3）设置自增自减运算区间。

变量的自增自减运算为每次自动加1，但是根据Arduino开发板引脚的特性，不能让变量led没完没了地加下去，它有一个区间。这个区间是

$$0 \sim 255$$

为什么是0~255呢？我们在后面的学习中会对它进行认识和了解。

（4）设置"延时"模块。

程序的运行极快，瞬间可以完成从0到255的累加，这将无法使我们看到LED灯亮度的变化，因此可以使用"延时"模块减小它的速度。将延时时间设置为20 ms，当然也可以长或短一点。

（5）构建程序模块。

这里只给出让LED灯逐渐变亮的程序模块以供参考，如图9-7所示。让LED灯逐渐变暗的程序请同学们在"创意体验"中自行参照构建。

说明："如果/执行"模块的功能是将变量t自增到255后清零，再从0开始自增。

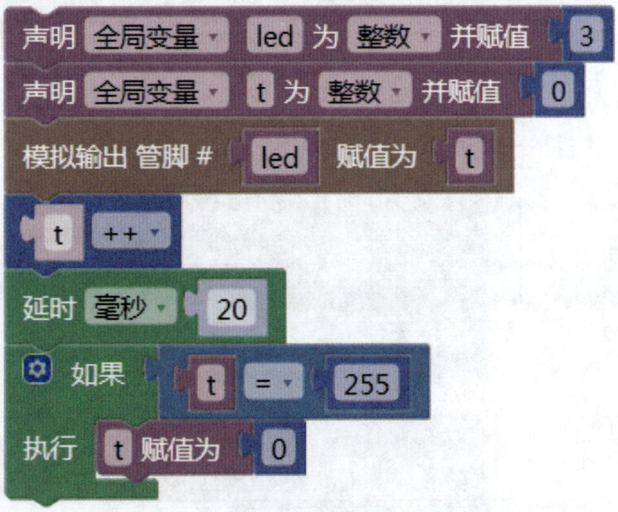

图 9-7　LED 灯逐渐变亮程序构建示意

（6）对构建好的程序进行编译并将保存到"我的程序"文件夹中。

2. 定时器

这里所讲的定时器是指一种用于定时的机械或电子装置。现在，我们用"系统运行时间"模块设计一个定时器。

（1）设置元器件引脚及变量。

用 LED 灯与蜂鸣器做定时声光提示。将 LED 灯的长引脚连接 Arduino 开发板的引脚 3，设置该引脚变量为 led，即

$$led = 3$$

将蜂鸣器的长引脚连接 Arduino 开发板的引脚 8，设置该引脚变量为 buzzer，即

$$buzzer = 8$$

（2）设置系统运行时间变量。

设置系统运行时间变量为 t，将系统运行时间读入变量 t，如图 9-8 所示。

图 9-8　将系统运行时间读入变量 t

（3）构建程序模块，如图 9-9 所示。

在"创意体验"中对上面的程序进行观察与分析，只要记住设置系统运行时间后，仍然能够让程序处理其他事情就行了，以此了解"系统运行时间"模块与"延时"模块的区别。

（4）对构建好的程序进行编译并将程序保存到"我的程序"文件夹中。

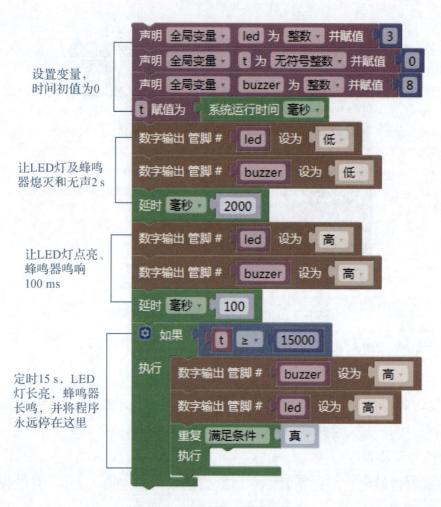

图 9-9 定时器程序构建参考

9.3 创意体验

1. 项目一体验

1）连接元器件

从"我的程序"文件夹中打开图 9-7 所示的程序，对照程序中的设置连接元器件。

（1）将 LED 灯插在面包板上，把它的长引脚连接到 Arduino 开发板的引脚 3，短引脚接地。

（2）连接电源。

将教学小车的电源引脚 VCC、GND 连接到 Arduino 开发板上，也可以利用数据线直接使用计算机电源。

项目一元器件连接示意如图 9-10 所示。

2）上传程序

将程序上传到 Arduino 开发板，开始体验效果。同学们可以修改程序中"延时"模块内的时间值，看看 LED 灯亮度的变化情况。

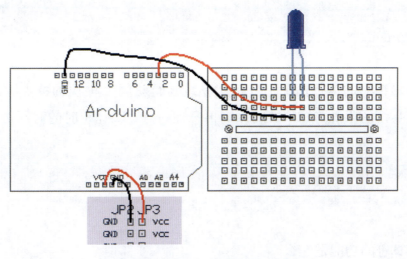

图 9-10　项目一元器件连接示意

3）体验"led --"的效果

同学们自己参照图 9-7 所示的程序，不要改动模块，只修改相关模块中的数据，编译程序后再上传，体验 LED 灯由亮变暗的效果。

2. 项目二体验

1）连接元器件

从"我的程序"文件夹中打开图 9-9 所示的程序，对照程序中的设置连接元器件。

（1）连接 LED 灯，如图 9-10 所示。

（2）连接蜂鸣器。

将蜂鸣器插在面包板上，蜂鸣器的长引脚连接 Arduino 开发板的引脚 8，短引脚与 LED 灯的短引脚连接。

（3）连接电源，如图 9-10 所示。

项目二元器件连接示意如图 9-11 所示。

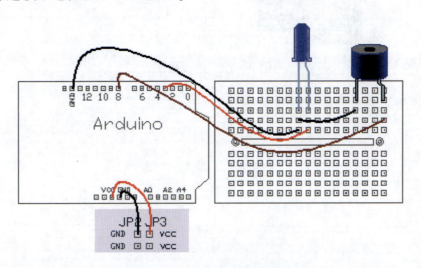

图 9-11　项目二元器件连接示意

2）上传程序

将程序上传到 Arduino 开发板。

3）体验效果

观察 LED 灯与蜂鸣器的运行情况，分析"系统运行时间"模块的特点。同学们也可以适当修改程序：①让 LED 灯的闪烁与蜂鸣器的声响再急促一点；②让定时的时间再长一点或短一点。

课后思考

1. 自增自减运算符的功能是什么？
2. sum 是一个变量，将 sum = sum + 1 用自增运算符表示出来。
3. 下列自增自减运算中，不合法的是（ ）。

   A. k = n ++   B. _123 − −

   C. （n/m) ++   D. _t2_ − −

4. 不上机，分析图 9 − 12 所示的程序运行结束后 k 的值是多少。

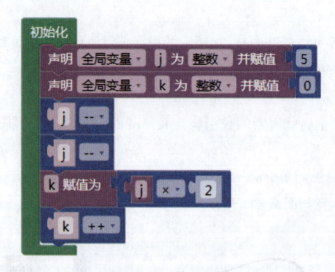

图 9 − 12 　第 4 题图

5. "延时"模块与"系统运行时间"模块有什么区别？

第 3 单元
关系运算符

- 关系运算符与关系运算的概念
- 关系表达式

第 10 课 关系运算符（一）

10.1 基本要点

1. 关系运算符的概念

关系运算符用于关系运算。C 语言中的关系运算符共有 6 种。

关系运算符模块在模块区的"逻辑"分类中，如图 10-1 所示。模块中的关系运算符是按照数学书写格式表示的，它与 C 语言规定的书写格式有所差别。本书在讲解过程中按照 C 语言规定格式书写，避免有些运算符如"=="和"="产生歧义。

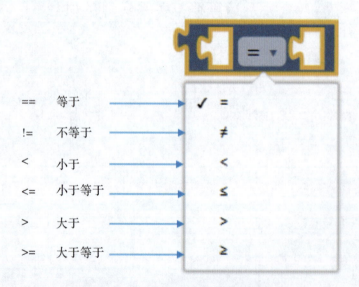

图 10-1 关系运算符模块

关系运算符是对两个操作对象进行比较的运算，又称为比较运算符。关系运算是通过比较来判断两个操作对象之间的大小关系。

例：

a==b，两个操作数存在相等的关系；

a!=b，两个操作数存在不相等的关系。

2. 关系表达式

用关系运算符将两个表达式连接起来的式子叫作关系表达式。关系表达式可以是 C 语言中任意合法的表达式。例如：

$$a!=a+3$$
$$n+1==m-d$$

都是合法的关系表达式。

关系表达式的值,即关系表达式的运算结果,只有"真"和"假"两个值。如果关系表达式成立,则运算结果为"真";如果关系表达式不成立,则运算结果为"假"。

在 C 语言中,用 0 表示"假",用不是 0 的值表示"真",通常用 1 表示"真"。

例如,x==1,y==2,运算下列关系表达式。

x+y==0,运算结果:0(假);

x!=y,运算结果:1(真);

x+5==2*y,运算结果:0(假)。

现在,我们用计算机对其中两个关系表达式进行运算。注意,在构建程序时除了设置变量 x、y,还需要设置一个变量如 value 用于存储运算结果,如图 10-2、图 10-3 所示。

图 10-2 x!=y 的运算

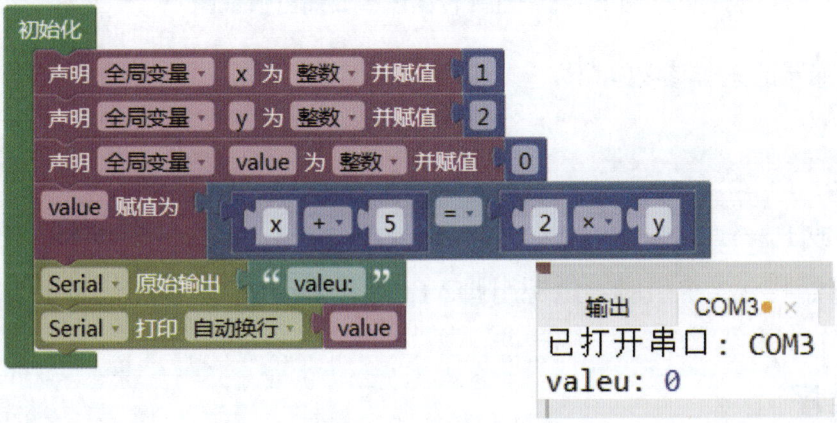

图 10-3 x+5==2*y 的运算

3. 红外循迹传感器

传感器是一种检测装置,能感受到被检测对象的信息,并将感受到的信息按一定规律变换为电信号。

传感器是机器人的重要组成部分。本课我们将使用一种红外循迹传感器（图10-4），让它通过关系运算后使机器人能够识别"道路"。

图10-4 红外循迹传感器

红外循迹传感器上有一个红外发射管和接收管。红外循迹传感器的工作原理是：利用红外线对颜色的反射率不同，将对应的反射信号转化为电信号。红外发射管不断地发红外线，当红外线遇到白色或接近白色的物体后被反射回来，接收管接收到被反射回来的红外线，经过处理后输出高电平即1；当发射管发射的红外线遇到黑色或接近黑色的物体时，红外线不会被反射回来或被反射回来的强度不够高，这时接收管没有或基本没有接收到反射回来的红外线，传感器输出低电平即0，如图10-5所示。

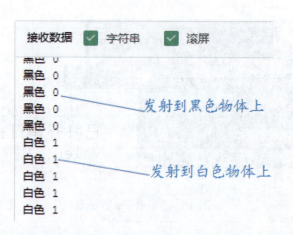

图10-5 红外传感器串口输出值截图

TCRT5000传感器的工作参数如下。

工作电压：5 V；

检测反射距离：1~25 mm；

输出形式：0或1。

红外循迹传感器共有3个引脚：电源引脚VCC、接地引脚GND和信号引脚OUT。

10.2 编写程序

项目一：有没有数字9；

项目二：有没有离开道路。

1. 项目一

给出一串数据，让计算机查找这串数据里面有没有数字9。假设给出的数据为3，5，9，6。

1）设置变量

为每个数据设置一个变量，将它们分别存储到各自的变量里，如

$$a1=3;\quad a2=5;\quad a3=9;\quad a4=6;$$

显然，这些变量都是整型变量。

2）建立关系表达式

怎样从这些变量里面查找有没有9呢？当然离不开关系表达式。让每一个变量都与9进行关系运算，如果运算结果为0（假），说明这个变量里面的数不是9，如果运算结果为1（真），说明这个变量里面的数就是我们要找的9，如图10-6所示。

图10-6　建立关系表达

3）进行判断

使用"如果/执行"模块对每一个关系表达式进行判断，如图10-7所示。

为什么要使用"如果/执行"模块判断呢？可以说这个模块是专门为关系表达式和逻辑表达式设计的，在正式学习"如果/执行"模块之前，我们还会利用它来做一些事情，现在只需要在使用这个模块的过程中有一个简单的认识就行了，重点在于加深对关系运算符的理解。

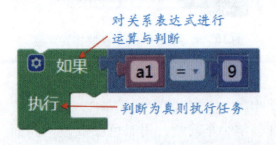

图10-7　运算与判断

4）输出结果

将串口输出模块放在"如果/执行"模块的第2个缺口内，如图10-8所示。

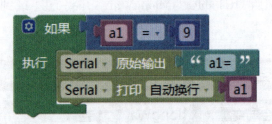

图10-8　串口输出模块

5）构建系统程序模块

由于所有程序模块只需要运行一次，所以我们把它放在"初始化"框架模块内。如图10-9所示。

6）编译并保存程序

编译程序后将程序保存到"我的程序"文件夹中。

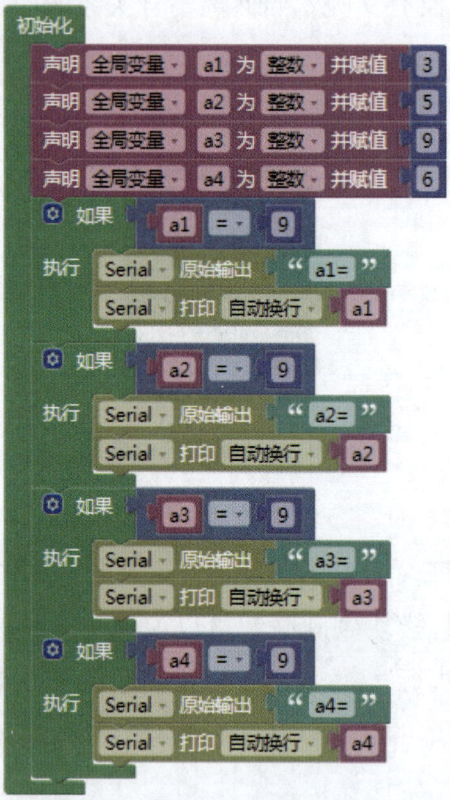

图10-9 项目一程序模块构建示意

2. 项目二

用红外循迹传感器探测"道路"。

将红外循迹传感器安装在教学小车前端，用黑色胶带做"路面"，贴在白色或接近白色的物体上，当红外循迹传感器的探头偏离"路面"时，蜂鸣器发出警示叫声。

1）设置变量与引脚

（1）设置红外循迹传感器变量，用于存储红外循迹传感器探测的结果；设置变量为yanSe，初始化yanSe=0；设置信号引脚OUT的变量hongWai，并将它连接到Arduino开发板的引脚5（图10-10）。

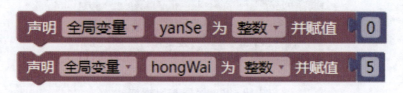

图10-10 设置变量与引脚（1）

（2）设置蜂鸣器信号引脚变量为 shengYin，初始化为 6，即蜂鸣器长引脚连接到 Arduino 开发板的 6 号引脚（图 10-11）。

图 10-11　设置变量与引脚（2）

2）获取红外循迹传感器信号

用变量赋值模块将红外循迹传感器探测的信号存入变量 yanSe（图 10-12）。

图 10-12　获取红外循迹传感器信号

3）设置"如果/执行"模块

用"如果/执行"模块进行关系表达式的运算与判断，并为蜂鸣器发出是否鸣叫的指令（图 10-13）。

图 10-13　设置"如果/执行"模块

4）构建系统程序模块

由于红外循迹传感器要连续不断地探测"路面"，所以需要把程序模块放到 loop() 函数中，让程序反复运行，如图 10-14 所示。

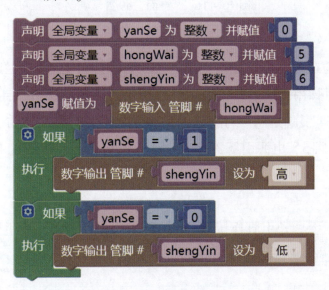

图 10-14　项目二程序模块构建示意

5）编译并保存程序

编译程序后将程序保存到"我的程序"文件夹中。

10.3 创意体验

1. 项目一体验

（1）上传项目一程序。

从"我的程序"文件夹中打开项目一程序，上传到 Arduino 开发板。

（2）程序运行结果如图 10-15 所示。

同学们可以更改查找的数据个数和值，自行体验程序运行结果。

图 10-15　程序运行结果

2. 项目二体验

1）路面设置

用黑色胶带在白色或接近白色的桌面或地面上铺设一条长约 1 m 的"路面"，用胶带的宽度作路面宽度即可，如图 10-16 所示。

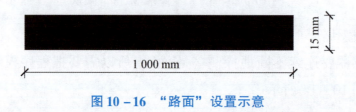

图 10-16　"路面"设置示意

2）红外循迹传感器连接

将红外循迹传感器插在教学小车前端底部的 JS8 引脚接口上，如图 10-17 所示。图中红外循迹传感器引脚与 JS8 的引脚用折线连接，表示红外循迹传感器与接口直插。

JS8 引脚与上部的 JS4 引脚是两两对应连通的。从 JS4 引脚将红外循迹传感器的信号引脚 OUT 连接 Arduino 开发板的引脚 5，电源引脚连接教学小车的电源引脚 VCC，接地引脚与蜂鸣器的接地引脚连接。

3）蜂鸣器连接

将蜂鸣器插在面包板上，长引脚连接 Arduino 开发板的引脚 6，短引脚连接 Arduino 开发板的引脚 GND，并与红外循迹传感器的接地引脚连接，如图 10-17 所示。

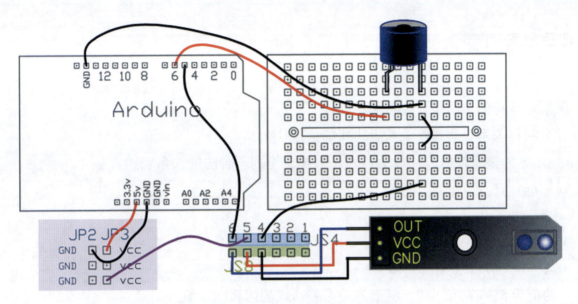

图 10-17 项目二元器件连接示意

4）电源连接

电源连接如图 10-17 所示。

5）上传项目二程序

元器件连接完毕后注意认真检查，确认电路连接正确，然后从"我的程序"文件夹中打开项目二程序，上传到 Arduino 开发板。

6）体验效果

程序上传成功后拔下数据线，打开教学小车电源开关。将教学小车放在"路面"上，让红外循迹传感器探头对着黑色"路面"，然后适当用力推动教学小车前行，如图 10-18 所示。当红外循迹传感器探头离开"路面"时，蜂鸣器就会发出鸣叫，红外循迹传感器探头回到"路面"上后蜂鸣器就会停止鸣叫。

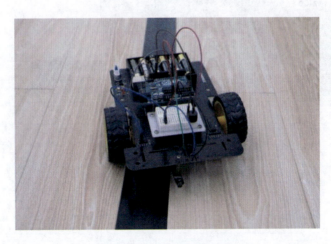

图 10-18 项目二实物

课后思考

1. 关系运算符的作用是什么？

2. 什么叫作关系表达式？关系表达式的值是什么？

3. a，b，c 为整型数据，x，y 为浮点型数据，下列不合法的关系表达式是（　　）。

A. a + b == c

B. a! = c

C. x - 3.0 == y%5.5

D. 0.2 * x! = y/(6.0 + y) - 10.0

4. x 的值为 5，y 的值为 7，将下列关系表达式的运算结果填入括号。

(1) x + y == 12　　　　（　　）

(2) x - 5! = 0　　　　（　　）

(3) 3 * y! = 6 * x　　　　（　　）

(4) y%x == 2　　　　（　　）

5. 分析图 10 - 19 所示的程序，先将程序运行过程中 value 的值填入括号，然后想一想，变量 value 的存储单元最后存储的值是什么。

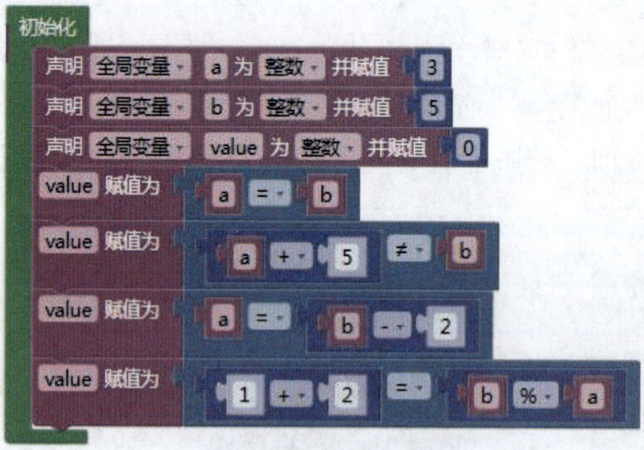

图 10 - 19　第 5 题图

第 11 课

关系运算符（二）

在第 10 课中，我们已经了解了关系运算符的基本概念，对"=="和"!="两种运算符进行了关系运算练习。下面我们继续学习关系运算符的一些基本要点，并对其他关系运算符进行运算练习。

11.1 基本要点

1. 字符型数据的关系运算

字符型数据同样可以进行关系运算。因为字符在存储单元中是按照 ASCII 码（见第 6 课表 6-1）存储的，所以字符型数据的关系运算比较的其实是它们的 ASCII 码。

例如表达式 'a' < 'A' 的运算结果为 0。模块形式如图 11-1 所示。

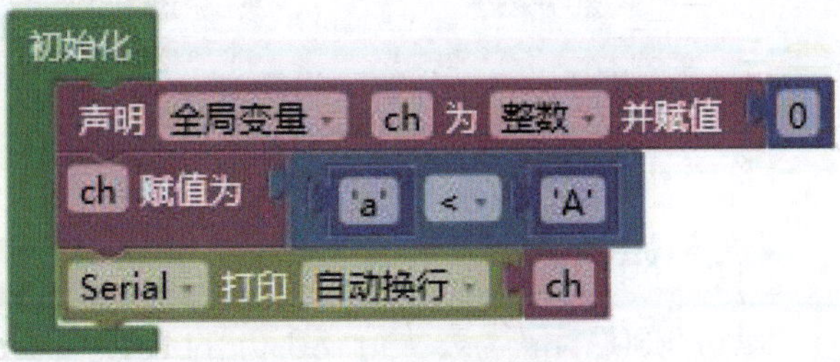

图 11-1 模块形式（1）

又如，若 x 的值为 21，则表达式 x + 'd' >= 'y' 的运行结果为 1。模块形式如图 11-2 所示。

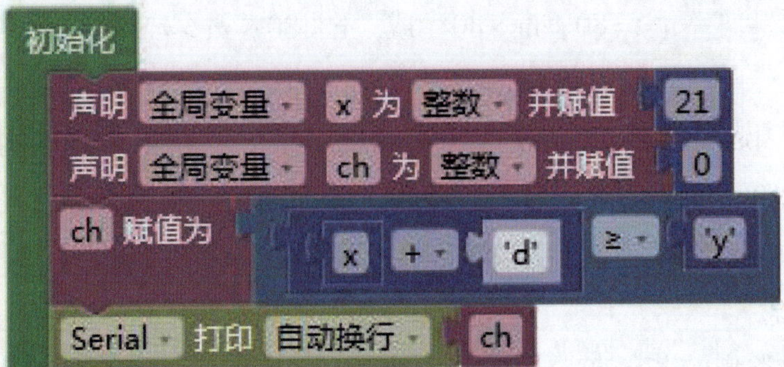

图 11-2 模块形式（2）

2. 浮点型数据的关系运算

变量是浮点型数据时，应尽量避免使用 "==" 的关系运算，如 "a==b" 这样的关系表达式，因为通常存储在存储单元中的浮点型（实型）数据都是会有误差的，不可能精确地相等，即使极小的误差也导致不存在相等的关系，从而导致关系表达式的值为 0（假），或计算机为了寻求相等的值无止境地计算下去。

如算术表达式

$$\frac{1}{2}+\frac{1}{4}+\frac{1}{8}+\frac{1}{16}+\cdots$$

省略号代表后面还有无数多个分数项要相加，如果不用公式，一项一项地加下去求它的精确值是不可能的。

这该怎么办呢？这时给它限定一个误差范围就行了，但是这个差值的关系运算就不要使用 "==" 运算符。

3. 关系表达式的区间问题

列出关系表达式时一定要保证区间封闭，不要留缺口。

例如，统计机器人课程学习各分数段的人数，80 分以下有多少人？80 分以上有多少人？分数区间如图 11-3 所示。

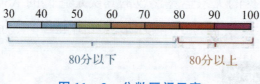

图 11-3 分数区间示意

如果用关系表达式

$$\begin{cases} n<80, & n \text{ 代表小于 80 分的人数} \\ m>80, & m \text{ 代表大于 80 分的人数} \end{cases}$$

统计人数时，漏掉了等于 80 分的人数。如果让机器人在某一数据区间执行任务，对于漏掉的数据它不会做任何处理，这样会导致机器人的行为不可靠。这是我们今后会经常遇到的问题。

正确的关系表达式应为：

$$n<=80;\ m>80 \quad \text{或} \quad n<80;\ m>=80$$

4. 数组模块

在上一课的项目一中，我们用关系表达式查找数据时，比较 4 个数据用了 4 个模块，如果要比较 10 个数据就要用 10 个模块，比较 100 个数据时的情况则无法想象。

有没有简便的方法呢？当然有！使用数组模块就能很好地解决这一问题。

1）数组的基本概念

C 语言把具有相同类型的若干变量按一定顺序组织起来，这些按顺序排列的同类数据元素的集合称为"数组"。

例如，一个年级共有 5 个班，班号为 101~105，各班的学生人数依次为 45，48，40，45，

43。显然，这 5 个数字表示的对象类型相同，即学生人数，然后把它们按 101～105 的顺序对应排列在一起，就是一个表示学生人数的数组。

数组有一维数组、二维数组和多维数组。现在只对一维数组做简单的了解。

2）数组模块

数组模块在模块区的"数组"分类中。图 11-4 所示是下面将要用到的两种数组模块。

图 11-4 一维数组部分模块示意

图 11-4 中的第一个模块叫作"创建数组"模块。"创建数组"模块中各选项的功能如图 11-5 所示。

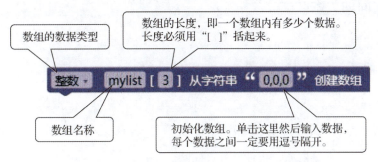

图 11-5 "创建数组"模块各选项的功能示意

注意，计算机对输入数组的每一个数据都赋予一个编号，C 语言中数组的编号总是从 0 开始。如 3，5，9 这 3 个数字对应的编号是 0，1，2，编号 1 对应数字 5。

图 11-4 中的第二个模块是读取数组中数据的模块。如"第 1 项"表示读取数组中编号为 0 的数据，"第 5 项"表示读取数组中的第 6 个数据。

3）创建数组并读取数据

根据"数组的基本概念"中的举例，创建一个班级学生人数数组，并查找 103 班的学生人数是多少，如图 11-6 所示。

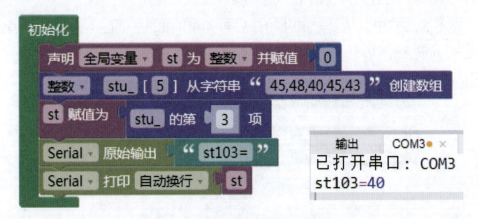

图 11-6 创建并读取数组示意

注意：读取数组时，要设置一个变量来存储读取的数据，如图 11-6 中的变量 st。

11.2 编写程序

程序一：求 $\frac{1}{2}+\frac{1}{4}+\frac{1}{8}+\frac{1}{16}+\cdots$ 的和；

程序二：统计不同分数段的学生人数。

1. 程序一

算术表达式 $\frac{1}{2}+\frac{1}{4}+\frac{1}{8}+\frac{1}{16}+\cdots$ 是一个浮点型数据的求和运算。式子中两个加号之间的分数叫作"项"，省略号前面共有 4 项，省略号代表后面还有无数多个项。

怎样计算这样的表达式并编写一个计算程序呢？

1）找出每一项之间的关系

第 1 项，$\frac{1}{2}=0.5$；

第 2 项，$\frac{1}{4}=\frac{1}{2}*\frac{1}{2}=0.5*0.5$；

第 3 项，$\frac{1}{8}=\frac{1}{2}*\frac{1}{2}*\frac{1}{2}=0.5*0.5*0.5$；

第 4 项，$\frac{1}{16}=\frac{1}{2}*\frac{1}{2}*\frac{1}{2}*\frac{1}{2}=0.5*0.5*0.5*0.5$；

……   ……

根据上面的分析得出一个规律，即

后面每一项 == 它前面一项的值 * 0.5

找到这一规律，编写程序就简单了。

2）设置变量

设置变量前要分析怎样编写这个求和程序。方法是利用 loop() 函数反复循环运行的特点，让程序每循环运行一次就加上后面一项的值，这样就好设置变量了。

（1）sum_i 算术表达式中，从第一项开始往后每一项的值为 sum_i = sum_i * 0.5，在程序中使用复合赋值表达式 sum_i *= 0.5，初值设为 1，如图 11-7 所示。

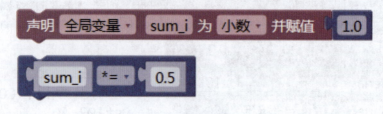

图 11-7 设置变量（1）

（2）sum 是代表"和"的变量，将后面每一项的值累加到变量 sum 中，在程序中使用复合赋值表达式 sum += sum_i，初值设为 0，如图 11-8 所示。

图 11-8　设置变量（2）

3）设置误差

算术表达式 $\frac{1}{2}+\frac{1}{4}+\frac{1}{8}+\frac{1}{16}+\cdots$ 如果不用公式计算，它可以无穷无尽地算下去，这是不现实的，因此需要给它限定一个允许误差，即后面的第若干项的值小于某一个值时就可以不计算了，限定误差如图 11-9 所示。

图 11-9　限定误差

注意，这里一定要使用" <= "运算符。在"创意体验"中我们可以试着改变这个运算符。

4）构建程序模块

根据上面的分析与步骤，构建程序模块，如图 11-10 所示。

5）编译并保存程序

编译程序并将程序保存到"我的程序"文件夹中。

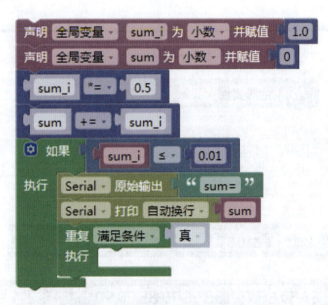

图 11-10　程序一模块构建示意

2. 程序二

统计不同分数段的学生人数。假设班上 10 个同学同一门课程的分数依次为

88，50，80，75，100，66，70，85，80，90

需要统计出 80 分以下和 80 分以上的学生人数。

1）使用数组模块

数组可以解决数据多的问题，但是作为示范我们仍然只取 10 个数据。构建程序时使用一维数组模块（图 11-11）。

图 11-11　一维数组模块

2）设置变量

（1）sum，统计学生人数变量。将分数大于等于 80 分的学生人数累加在变量 sum 中，数据类型为整型（图 11-12）。

图 11-12　变量 sum

（2）sco，分数变量，用于进行关系运算，数据类型为整型（图 11-13）。

图 11-13　变量 sco

（3）i，计数变量，用于查找数组元素的个数（图 11-14）。例如，数组中共有 10 个元素（分数），需要查找 10 次，即 i==10，数据类型为整型。

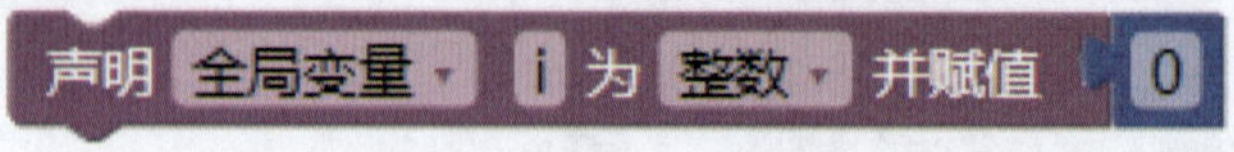

图 11-14　变量 i

（4）stu_，数组变量，用于为数组（模块）命名（图 11-15）。数组的数据类型为整型，长度为 10。

图 11-15　变量 stu_

2）读取数组元素

用读取数组元素模块读取数组 stu_ 中的分数，并将它存储到 sco 变量中（图 11 – 16）。

图 11 – 16　读取数组元素

3）设置关系运算模块

设置关系运算模块时，可以设置 sco >= 80，也可以设置 sco < 80，只要弄清楚所统计的人数是哪一个分数段的就行了（图 11 – 17）。

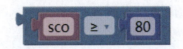

图 11 – 17　设置关系运算模块

4）构建程序模块

构建程序模块，如图 11 – 18 所示。

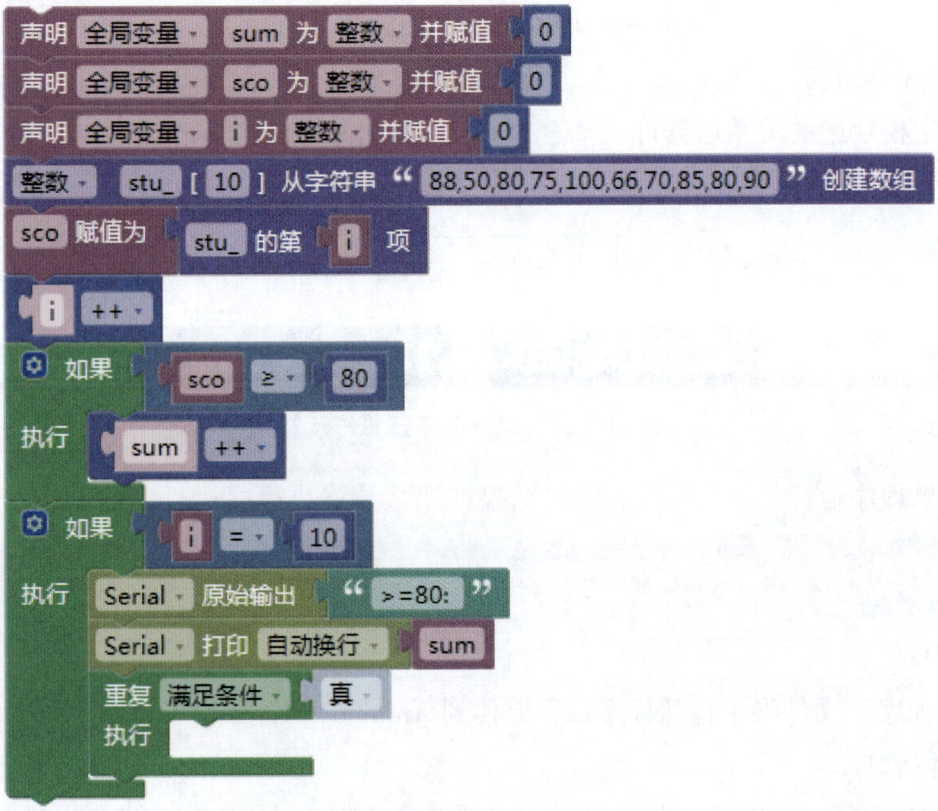

图 11 – 18　程序二模块构建示意

5）编译并保存程序

编译程序并将程序保存到"我的程序"文件夹中。

11.3 创意体验

1. 程序一体验

1）上传程序一

从"我的程序"文件夹中打开程序一，上传到 Arduino 开发板。

2）程序运行结果如图 11-19 所示。

图 11-19 程序一运行结果

由于 Arduino 开发板上的浮点型数据输出时，小数点后面只保留 2 位小数，所以当误差范围缩小时，sum 的值便变成了 1.0，但它的精确值并不会等于 1。比如，如果在 Visual Studio 2019 平台上运行同样的程序，当限定误差 <=0.00001 时，

$$sum = 0.999992 \quad (加到第 17 项)$$

3）改变关系运算符

将误差限定模块中的关系运算符"≤"（<=）修改为"="（==），如图 11-20 所示，再上传程序，看看会发生什么情况？

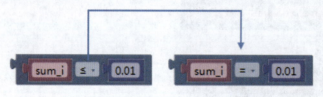

图 11-20 改变关系运算符示意

注意：如果程序运行一会儿后没有输出结果，那么请终止程序运行，可能你的计算机永远不会输出结果了。

2. 程序二体验

1）上传程序二

从"我的程序"文件夹中打开程序二，上传到 Arduino 开发板。

2）程序运行结果

如图 11-21 所示，分数等于或高于 80 分的学生人数是 6 人。

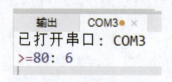

图 11-21 程序二运行结果

3）修改程序体验

在必要的位置适当修改程序，让输出的结果如图 11-22 所示。

（提示：在"如果/执行"模块内修改，不能直接用字符串模块输出结果）

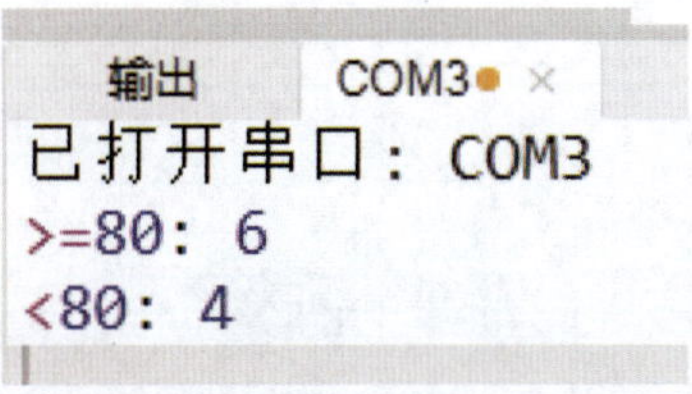

图 11-22 修改后的程序二运行结果

课后思考

1. 字符型数据的关系运算是用什么做比较的？

2. 浮点型数据的关系运算要尽量避免使用哪种关系运算符？

3. 将 0~100 的整数分为 2 个区间，分别为 X_1，X_2，且 $X_1 < X_2$，下列关系表达式中不正确的是（　　）。

    A. $X_1 < 60$；$X_2 >= 60$ B. $X_1 > 30$；$X_2 <= 100$

    C. $X_1 <= 30$；$X_2 > 30$ D. $X_1 < 75$；$X_2 >= 75$

4. 编写一个程序，比较 $\frac{1}{2}$ 与 $\frac{2}{3}$ 的大小。

5*. 编写一个程序，统计下列数据中偶数的个数是多少并输出结果。（提示：能被 2 除尽的数叫作偶数）

    2，16，359，15，8，76，3，133，216，11

第 4 单元
逻辑运算符

- 逻辑与运算符及逻辑与表达式
- 逻辑或运算符及逻辑或表达式
- 逻辑非运算符及逻辑非表达式

第 12 课

逻辑与运算符

12.1 基本要点

1. 逻辑运算符的基本概念

逻辑运算符用于逻辑运算。C 语言中的逻辑运算符共有 3 种，即逻辑与、逻辑或、逻辑非。

逻辑运算符的模块在模块区的"逻辑"分类中，如图 12-1 所示。模块中的运算符均用文字表示，它对应的 C 语言提供的运算符如图 12-1 中最左边的符号所示。

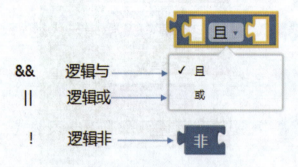

图 12-1 逻辑运算符与运算模块

逻辑运算也是"真"和"假"的运算，运算结果只有"0"或"1"两个值。

如果说关系运算是一种"比较"运算，则逻辑运算可以说是一种"要求"运算。如果符合要求则运算结果就为"真"，如果不符合要求则运算结果为"假"。

比如，假设某学校录取特长生，不仅特长考试成绩要达到 70 分以上，而且统考成绩的总分要达到 400 分以上。这时，符合这两个要求的考生就能进入录取范围，相当于逻辑运算结果为"真"；如果只有一个条件满足甚至两个条件都不满足，就会被排除在录取范围之外，相当于逻辑运算结果为"假"，如图 12-2 所示。

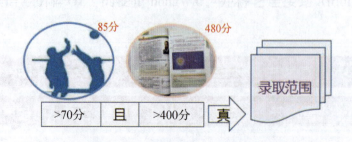

图 12-2 逻辑"且"运算示意

2. 逻辑表达式

用逻辑运算符将表达式连接起来的式子叫作逻辑表达式。逻辑表达式的操作对象可以是 C 语言中任意合法的表达式。

1）逻辑与表达式

逻辑与表达式是用逻辑与运算符连接起来的式子，即

表达式1　&&　表达式2

图 12-3 所示是逻辑与运算模块。它是用逻辑与（且）运算符将表达式 1 与表达式 2 连接起来的逻辑与表达式。

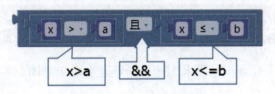

图 12-3　逻辑与运算模块

2）逻辑运算符的作用

逻辑运算符主要用于进一步明确关系表达式的关系。比如在图 12-2 中，如果 a1 表示特长分数线，a2 表示统考分数线，则有：

　　　　表达式 1 为：　　a1 >= 70

　　　　表达式 2 为：　　a2 >= 400

　　　　逻辑表达式为：　a1 >= 70&&a2 >= 400

这时，逻辑与（&&）运算符的作用就是进一步"明确"两个表达式表都成立（真），或者至少有 1 个表达式不成立（假）这种"关系"。

3. 逻辑与表达式的运算

1）逻辑与运算符的功能

逻辑与运算符的功能，是判断它所连接的两个表达式是否同时成立，只有两个表达式同时成立时运算结果才为"真"。

2）逻辑与的运算规则

逻辑运算的操作对象是"真"和"假"，即它所连接的两个表达式只能有"真"和"假"两个值。不同的逻辑运算符对两个相同的表达式进行运算，可能有不同的运算结果，这是因为运算规则有所不同。在本课我们了解逻辑与的运算规则，见表 12-1。

表 12-1　逻辑与的运算规则

表达式 A	表达式 B	A&&B
真	真	真
真	假	假
假	真	假
假	假	假

对于表 12-1 所示的逻辑与运算规则，只要记住第 1 行就行了，即只有当两个表达式 A 和 B 都为"真"时，运算结果才为"真"，其他都是"假"。

3）逻辑与运算模块的应用

例：变量 x 的值为 100，y 的值为 50，计算以下逻辑与表达式。

$$x + y == 150 \ \&\& \ x - y == 50 \quad (1)$$
$$x + 1 < 100 \ \&\& \ y - 10 >= 40 \quad (2)$$

（1）逻辑与表达式（1）的计算。

分析：逻辑与表达式（1）由两个表达式构成。表达式 x+y==150 的值为 1（真），表达式 x-y==50 的值为 1（真），因此逻辑与运算符两边的值都为 1（真），根据表 12-1 所示的逻辑与运算规则，逻辑运算 1&&1 的值为 1（真）。

构建程序：逻辑与表达式（1）计算程序模块构建示意如图 12-4 所示。

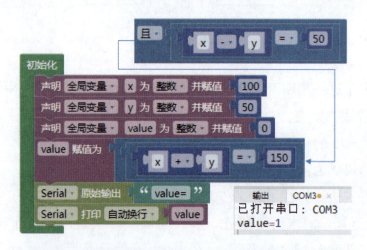

图 12-4　逻辑与表达式（1）计算程序模块构建示意

（2）逻辑与表达式（2）的计算。

分析：逻辑与表达式（2）左边的值为 0，右边的值为 1，根据运算规则，逻辑与表达式 0&&1 的值为 0。

构建程序：逻辑与表达式（2）计算程序模块构建示意如图 12-5 所示。

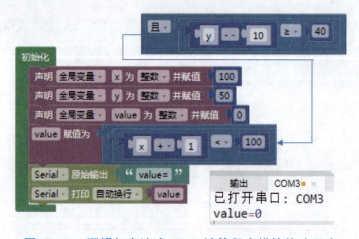

图 12-5　逻辑与表达式（2）计算程序模块构建示意

12.2 编写程序

程序一：分段统计人数；

程序二：分级控制 LED 灯。

1. 程序一：分段统计人数

在上一课"关系运算（二）"中，我们统计了某班 10 个同学两个分数段的人数。这里仍然采用这 10 个同学的分数，分别统计 3 个分数段的人数。同时，计算 10 个同学的平均分数是多少。

为什么要用逻辑运算统计 3 个分数段的人数呢？

对于统计 3 个或 3 个以上数据段的人数，关系运算符是无能为力的，因为关系表达式最多只能把一组数据划分为 2 个区段，如"<="">="等，而逻辑表达式则可以将一组数据划分成任意多个区段。

10 个同学的成绩为：

88 分，50 分，80 分，75 分，100 分，66 分，70 分，85 分，80 分，90 分

分别统计 0~60 分、60~80 分、80~100 分这 3 个分数段的学生人数。

1）程序编写思路

（1）创建一个数组，将 10 个分数存入数组。

（2）设置变量，用于存储程序运行过程中需要使用的数据，变量的顺序可以根据个人的习惯和爱好设置，但尽量将同类变量放在一起以便于阅读。

（3）进行逻辑运算和其他相关运算。

（4）输出程序运行结果。

2）创建数组

设置数组数据类型为整型，将数组命名为 scores（成绩），数组长度为 10，最后输入数组数据（图 12-6）。

图 12-6 设置数组

3）设置变量

（1）student_1、student_2、student_3 为学生人数变量。由于要对 3 个分数段分别统计，所以需要设置 3 个变量分别存储学生人数（图 12-7）。

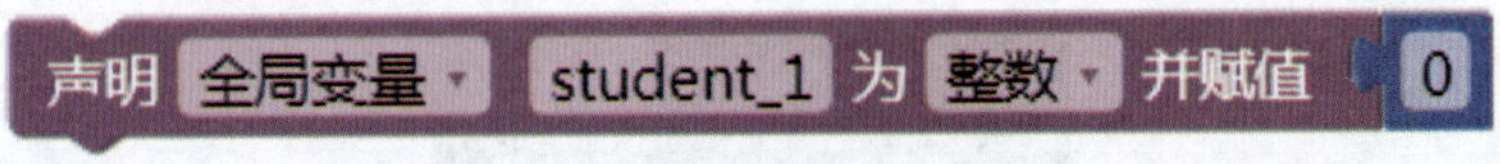

图 12-7 设置变量（1）

（2）sco 为分数变量，用于临时存储每次从数组里读取的数据（图 12 – 8）。

图 12 – 8　设置变量（2）

（3）sum 为成绩总分变量。它累计每一个学生的分数，用于最后计算平均分数（图 12 – 9）。注意，数据类型为"小数"。

图 12 – 9　设置变量（3）

（4）i 为计数变量，用于记录程序循环的次数，并控制程序循环的次数不超过规定的次数（图 12 – 10）。

图 12 – 10　设置变量（4）

4）关系运算与逻辑运算

利用"如果/执行"模块的第一个缺口进行关系运算与逻辑运算。判断分数是否 <60 及分数是否 >=80，用关系表达式运算就行了，对中间的一个分数段需要使用逻辑运算。

当运算值为"真"时，该分数段内的人数加 1，如图 12 – 11 所示。

图 12 – 11　"如果/执行"模块

5）分数累加与计数运算

分数累加用复合赋值运算实现，计数用自增运算实现，如图 12 – 12 所示。

图 12 – 12　分数累加与计数运算

6）输出程序运行结果

仍然用一个"如果/执行"模块判断程序是否循环运行了 10 次。若第 1 个缺口"如果"中的关系表达式的值为"真"，就在第 2 个缺口"执行"中输出程序运行结果，如图 12 – 13 所示。

图 12 – 13　输出程序运行结果

7）构建程序模块

根据上面的思路与步骤，构建程序模块，如图12-14所示。

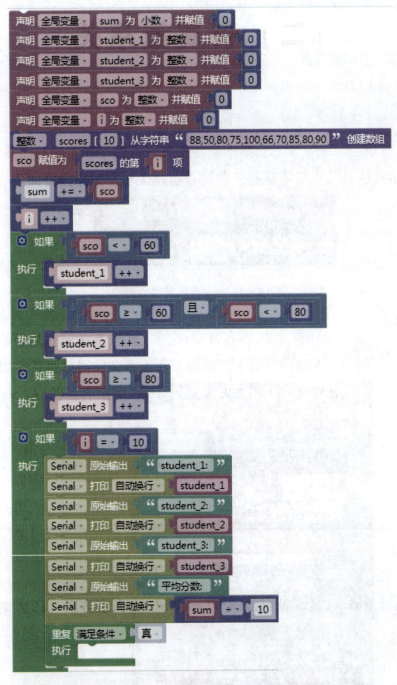

图12-14 程序一模块构建示意

8）编译并保存程序

编译程序一，并将程序一保存到"我的程序"文件夹中。

2. 程序二：分级控制LED灯

用电位器分级控制LED灯，当电位器输出电压为0~2.5 V时点亮1只LED灯，当电位器输出电压为2.5~4.0 V时点亮2只LED灯，当电位器输出电压高于4.0 V时点亮3只LED灯。

注意，实际控制时要对电压值进行换算，对应的换算值大约为0~500，500~800及800以上。

1）设置变量

变量 v 用于存放电位器输出引脚的电压值。利用一种叫作"模拟输入管脚"的模块，读取电位器输出引脚的电压值然后存储到变量 v 中。

2）设置元器件引脚

（1）电位器：输出引脚连接到 Arduino 开发板的引脚 A0。

（2）LED 灯：3 只 LED 灯的长引脚串联后连接到电位器的输出引脚，将它们的短引脚分别连接到 Arduino 开发板的引脚 3、4、5。

注意，这种连接方法与前面 LED 灯的连接方法有所区别，因此点亮 LED 灯时，对它的引脚要输出低电平，熄灭 LED 灯时则应输出高电平，如图 12 - 15 所示。

图 12 - 15　设置元器件引脚

3）构建程序模块

程序二模块构建示意如图 12 - 16 所示。

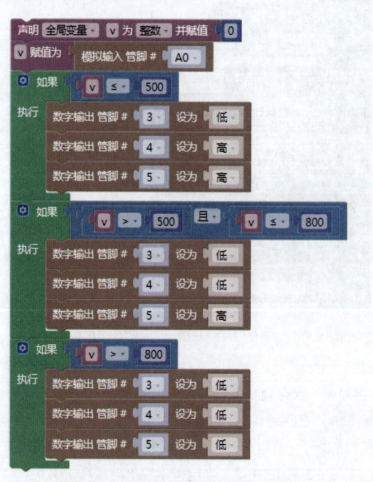

图 12 - 16　程序二模块构建示意

4）编译并保存程序

编译程序二，并将程序二保存到"我的程序"文件夹中。

12.3 创意体验

1. 程序一体验

1）上传程序

从"我的程序"文件夹中打开程序一，上传到 Arduino 开发板。

2）程序运行结果

程序一运行结果如图 12-17 所示。

```
输出    COM8 ×
已打开串口：COM8
student_1: 1
student_2: 3
student_3: 6
平均分数: 78.40
```

图 12-17　程序一运行结果

2. 程序二体验

1）连接元器件

（1）连接电位器。将电位器插在教学小车的面包板上，将输出引脚连接 Arduino 开发板的引脚 A0，一端引脚连接教学小车的电源引脚 VCC，另一端引脚连接教学小车的电源引脚 GND，如图 12-18 所示。

（2）连接 LED 灯引脚。将 3 只 LED 灯依次插在面包板上，将它们的长引脚连接电位器的输出引脚，将它们的短引脚分别连接 Arduino 开发板的引脚 3、4、5，如图 12-18 所示。

注意：3 只 LED 灯尽量使用同一颜色，因为不同颜色的 LED 灯的额定电压会不同，可能影响体验效果。

2）连接电源

将教学小车的电源引脚 VCC 连接 Arduino 开发板的引脚 5 V，将教学小车的引脚 GND 连接 Arduino 开发板的引脚 GND，如图 12-14 所示。

3）上传程序

从"我的程序"文件夹中打开程序二，上传到 Arduino 开发板。

4）动手体验

拔掉数据线，然后打开教学小车电源开关，反复旋转电位器的旋钮来体验程序运行效果。注意，要慢慢旋转电位器旋钮，用力不要过猛。

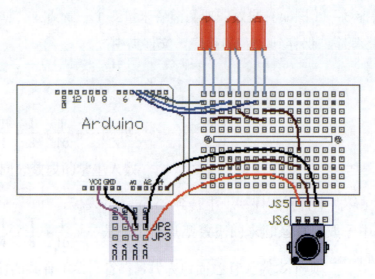

图 12-18 程序二元器件连接示意

5）想一想

（1）Arduino 开发板的 I/O 引脚既可以输出电流，也可以输入电流。想一想，如图 12-18 所示，点亮 LED 灯时为什么要将它们设置为"低"（低电平）？LED 灯电路中的电流从哪里流向哪里？

（2）程序二中"如果/执行"模块的"执行"缺口中，如果只有点亮 LED 灯的模块，程序运行效果会是怎样的？同学们试一试，看看结果与你所想象的是否相同？

课后思考

1. 逻辑运算符有哪几种？它们的作用是什么？
2. 什么是逻辑表达式？逻辑表达式的值是什么？
3. 逻辑与运算符的功能是什么？它有哪些运算规则？
4. 不上机，计算下列逻辑表达式当 $x=5$，$y=3$ 时的值，然后分别填入括号。

   （1）x+1<=6 && y-1<x   （   ）

   （2）x+y==8 && 1   （   ）

   （3）0 && 1

   （4）3*x-10!=5 && 2*y+10!=16   （   ）

5. 某公司对被招聘人员体检时，要求低压不高于 75 毫米汞柱，高压不高于 120 毫米汞柱，x、y 为被体检人员的低压与高压值。写出体检合格的逻辑表达式。

6. 编写第 5 题中逻辑表达式的运算程序，并判断低压为 70 毫米汞柱、高压为 110 毫米汞柱的体检人员是否合格。

第13课

逻辑或运算符

13.1 基本要点

1. 逻辑或运算符的功能

逻辑或运算符的 C 语言形式为"‖",它在模块中的表示为"或"。

逻辑或运算符的功能,是判断它所连接的两个表达式中是否至少有一个表达式成立,如果是则逻辑或的运算值为 1 ("真")。

例如:某幼儿园要招聘 2 名老师,招聘条件是要有 3 年以上的幼儿园工作经历,或者是幼师专业的毕业生,如图 13-1 所示。

图 13-1 逻辑"或"运算示意

上面的例子就是一个逻辑或的问题。2 个条件中只要符合其中 1 个条件就可以报名应聘了。

2. 逻辑或表达式

1) 逻辑或表达式

逻辑或表达式是用逻辑或运算符连接起来的式子,即

表达式 1　‖　表达式 2

图 13-2 所示是逻辑或运算模块。它是用逻辑或运算符将表达式 1 与表达式 2 连接起来的逻辑或表达式。

图 13-2 逻辑或运算模块

2）逻辑或表达式的值

逻辑或表达式的值也是"0"或"1",即"真"或"假"。

例如,根据图13-1所示的逻辑关系,对以下4种应聘人员的逻辑表达式进行判断。

(1) 经历==2年‖非幼师专业毕业生

(2) 经历>3年‖非幼师专业毕业生

(3) 经历==0‖幼师专业毕业生

(4) 经历>3年‖幼师专业毕业生

很显然,除了第(1)种人员不符合报名条件外,其他3种人员都符合报名条件。

与逻辑与表达式相比,逻辑或表达式只要表达式1或表达式2中有一个为"真",它的值就为"真"。

3. 逻辑或表达式的运算

1）逻辑或运算规则

逻辑或运算规则见表13-1。

表13-1 逻辑或运算规则

表达式A	表达式B	A‖B
真	真	真
真	假	真
假	真	真
假	假	假

对于表13-1所示的逻辑或运算规则,只要记住最后一行就行了,即只有当两个表达式A和B都为"假"时,运算结果才为"假",其他都是"真"。

2）逻辑或运算模块的应用

例:变量x的值为2,y的值为3,计算以下逻辑或表达式。

$$x+y==5 \| x-1==0 \tag{1}$$

$$x+1>=6 \| x+y!=2 \tag{2}$$

(1) 逻辑或表达式(1)的计算。

分析:逻辑或表达式(1)由两个表达式构成。表达式 $x+y==5$ 的值为1(真),表达式 $x-1==0$ 的值为0(假),逻辑或运算符两边的值有一个为"1"(真),根据表13-1所示的逻辑或运算规则,逻辑运算 1‖0 的值为1(真)。

构建程序:逻辑或表达式(1)计算程序模块构建示意如图13-3所示。

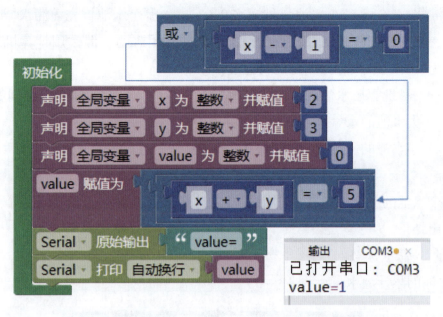

图13-3 逻辑或表达式（1）计算程序模块构建示意

（2）逻辑或表达式（2）的计算

分析：逻辑或表达式（2）左边表达式的值为0，右边表达式的值为1，根据运算规则，逻辑或表达式 0 ‖ 1 的值为1。

构建程序：逻辑或表达式（2）计算程序模块构建示意如图13-4所示。

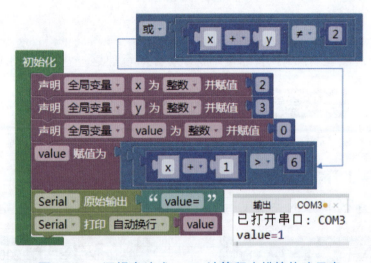

图13-4 逻辑表达式（2）计算程序模块构建示意

13.2 编写程序

程序一：谁先灌满水；

程序二：总是鸣叫的蜂鸣器。

1. 程序一：谁先灌满水

有两个水池，大水池的容量为300 m^3，小水池的容量为200 m^3。如果同时对两个水池里灌水,大水池每秒灌水 0.05 m³,小水池每秒灌水 0.03 m³,哪个水池被先灌满水?

分析:现在,如果用列算式的办法直接得出结果是有困难的,但是用计算机来计算就是轻而易举的事了,因为计算机最大的特点是运行速度高。

让计算机一秒一秒地算出水池的灌水量,例如第 3 秒两个水池的灌水量分别如下:

大水池的水量 = 0.05 + 0.05 + 0.05　　即 sum1 = 0.15 m³

小水池的水量 = 0.03 + 0.03 + 0.03　　即 sum2 = 0.09 m³

1) 编程思路

分别列出两个水池的关系表达式,再用逻辑或运算符进行运算,只要有一个关系表达式为真便停止运算并输出结果。

2) 设置变量

sum1 为大水池的累计灌水量(图 13 - 5)。

图 13 - 5　设置变量(1)

sum2 为小水池的累计灌水量(图 13 - 6)。

图 13 - 6　设置变量(2)

t 为灌水时间(s),供查看时间用,如不需要查看则省掉这一设置(图 13 - 7)。

图 13 - 7　设置变量(3)

3) 列出关系表达式

列出两个水池是否被灌满水的关系表达式(图 13 - 8)。

图 13 - 8　列出关系表达式

4) 构建程序模块

用"如果/执行"模块对 2 个关系表达式进行逻辑或运算并输出运算结果。程序一模块构建示意如图 13 - 9 所示。

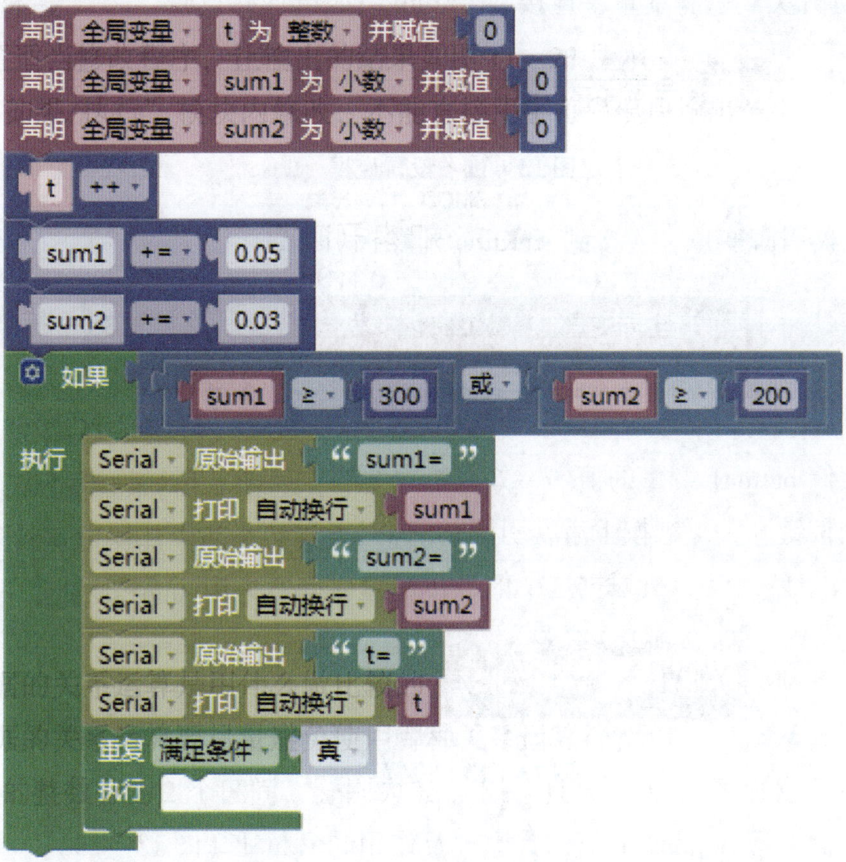

图 13-9　程序一模块构建示意

5）编译并保存程序

编译程序一，并将程序一保存到"我的程序"文件夹中。

2. 程序二：总是鸣叫的蜂鸣器

用逻辑或模块控制蜂鸣器的鸣叫。用两个按键开关通过 Arduino 开发板分别控制蜂鸣器，按下任意一个按键开关蜂鸣器都会发出叫声。

1）编程思路

将两个按键开关直接连接到 Arduino 开发板的引脚 7、8。

当引脚 7 的按键开关被按下时，引脚 7 为高电平，启动蜂鸣器鸣叫；当引脚 8 的按键开关被按下时，引脚 8 为高电平，启动蜂鸣器鸣叫。

当两个按键开关同时被按下时，蜂鸣器发出急促的叫声。

2）设置变量及元器件引脚

button1 为按键开关 1 引脚变量，连接到 Arduino 开发板的引脚 7（图 13-10）。

图 13-10　设置变量（1）

button2 为按键开关 2 引脚变量，连接到 Arduino 开发板的引脚 8（图 13-11）。

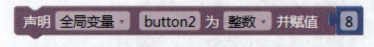

图 13-11　设置变量（2）

buzzer 为蜂鸣器引脚变量，连接到 Arduino 开发板引脚 3（图 13-12）。

图 13-12　设置变量（3）

value1 用于存储 button1 变量的值。"数字输入管脚"模块读取 button1（7 号）引脚的电平值后存入 value1。当按键开关 1 被按下后，引脚 7 的值为"高"，"数字输入管脚"模块读取这个值后在 value1 中存入"1"。计算机根据这个值进行逻辑运算（图 13-13）。

图 13-13　设置变量（4）

value2 用于存储变量 button2 的值，其原理及作用同 value1（图 13-14）。

图 13-14　设置变量（5）

3）控制蜂鸣器鸣叫

根据编程要求，无论按键开关 1 还是按键开关 2 被按下，蜂鸣器都要鸣叫，这正是一个逻辑或运算，即不管哪一个按键开关被按下逻辑或的值都为"真"，只有两个按键开关都没被按下时逻辑或的值才为"假"。

（1）用"如果/执行"模块的"如果"缺口进行逻辑或运算，"执行"缺口启动蜂鸣器鸣叫（图 13-15）。

图 13-15　控制蜂鸣器鸣叫（1）

（2）用"如果/执行"模块关掉蜂鸣器。如果程序不发出关掉蜂鸣器的指令，蜂鸣器会一直鸣叫。关掉蜂鸣器需要用逻辑与运算模块，因为条件是要求两个按键开关都没有被按下（图 13-16）。

图 13 – 16　控制蜂鸣器鸣叫（2）

（3）当按键开关 1 和按键开关 2 都被按下时，用"如果/执行"模块控制蜂鸣器发出急促的叫声（图 13 – 17）。

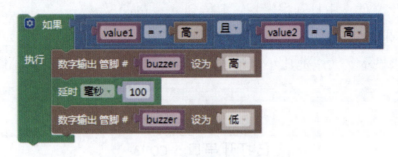

图 13 – 17　控制蜂鸣器鸣叫（3）

4）构建程序模块

根据编写程序的要求和思路，构建程序模块，如图 13 – 18 所示。

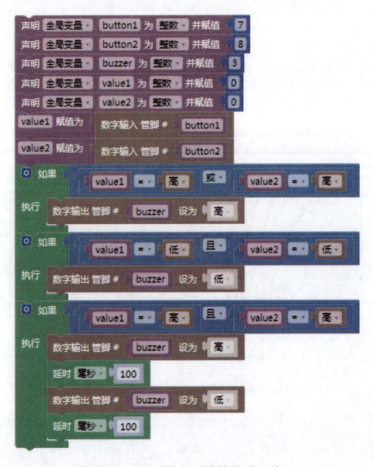

图 13 – 18　程序二模块构建示意

5）编译并保存程序

编译程序二，并将程序二保存到"我的程序"文件夹中。

13.3 创意体验

1. 程序一体验

1）上传程序

从"我的程序"文件夹中打开程序一，上传到 Arduino 开发板。

2）程序运行结果

程序一运行结果显示，大水池比小水池先灌满水，共用时 6000 s，即 100 min，如图 13-19 所示。

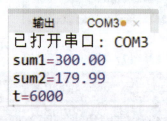

图 13-19 程序一运行结果

2. 程序二体验

1）连接元器件

（1）连接按键开关。将两个按键开关分别插在面包板上，然后分别将它们的一个引脚连接教学小车的电源引脚 VCC，将另一个引脚分别连接 Arduino 开发板的引脚 7 和 8，如图 13-20 所示。

（2）连接蜂鸣器。将蜂鸣器插在面包板上，将长引脚连接 Arduino 开发板的引脚 3，将短引脚连接 Arduino 开发板的引脚 GND，如图 13-20 所示。

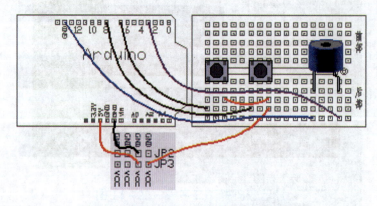

图 13-20 程序二元器件连接示意

2）连接电源

将教学小车的电源引脚 VCC 连接 Arduino 开发板的引脚 5 V，将引脚 GND 连接 Arudino 开发板的引脚 GND，如图 13-20 所示。

3）上传程序

从"我的程序"文件夹中打开程序二，将其上传到 Arduino 开发板。

4）动手体验

拔下数据线，打开教学小车电源开关后，适当用力按压按键开关来体验程序二的运行效果。

课后思考

1. 逻辑或运算符的功能是什么？

2. 逻辑或的运算规则是什么？

3. 在下面的括号中，用逻辑运算符将括号两边的值连接起来，使它满足后面的逻辑运算结果（蓝色字体）。

（1）真（　　）假　　真

（2）假（　　）真　　假

（3）假（　　）真　　真

（4）真（　　）假　　假

4. 在图 13-21 所示的程序中，变量 led 代表 1 只 LED 灯，变量 buzzer 代表 1 个蜂鸣器。不上机，分析程序的运行结果：是 LED 灯被点亮还是蜂鸣器鸣叫？

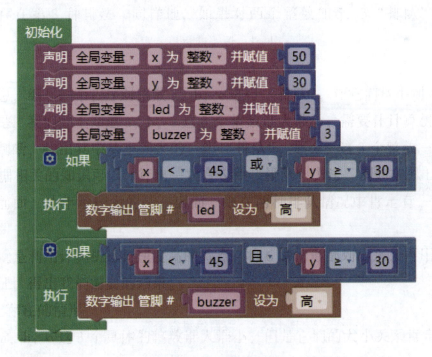

图 13-21　第 4 题图

第 14 课 逻辑非运算符

14.1 基本要点

1. 逻辑非运算符的功能

逻辑非运算符的 C 语言形式为"!",它在模块中的表示为"非"。

逻辑非运算符的功能是将它的运算对象"取反",即如果原来的对象为"真",则经过逻辑非运算就变成了"假";如果原来的对象为"假",则经过逻辑非运算就变成了"真",如图 14-1 所示。

图 14-1 逻辑非运算示意

2. 逻辑非表达式

1) 单目运算符

逻辑非运算符为单目运算符,即运算符"!"只有一个操作对象,如图 14-1 所示。

注:有 2 个操作对象的运算符为双目运算符,如图 14-2 所示。

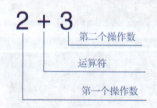

图 14-2 双目运算符示意

2) 表达式

逻辑非表达式的形式为:!A。

像其他表达式一样,操作对象 A 可以是 C 语言中任意合法的表达式。例如,下面都是合法的逻辑非表达式:

$$!a;\quad !0;\quad !1;\quad !(x-1);\quad !(y<3)$$

3. 逻辑非运算

1）运算规则

逻辑非运算规则见表 14-1。

表 14-1 逻辑非运算规则

表达式 A	! A
真	假
假	真

2）逻辑非模块的应用

例：计算下列逻辑非表达式，其中变量 y = 5。

$$!0 \quad\quad (1)$$
$$!1 \quad\quad (2)$$
$$!(y<3) \quad\quad (3)$$

从模块区的"逻辑"分类中找逻辑非模块，设置一个变量 a 用于存储逻辑非表达式的值，如 a = ! 0。

分别构建程序模块，如图 14-3~图 14-5 所示。

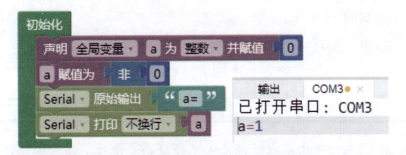

图 14-3　逻辑非表达式（1）程序模块构建示意

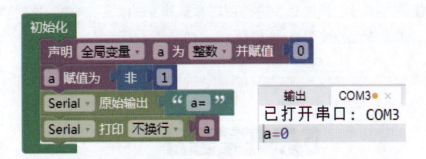

图 14-4　逻辑非表达式（2）程序模块构建示意

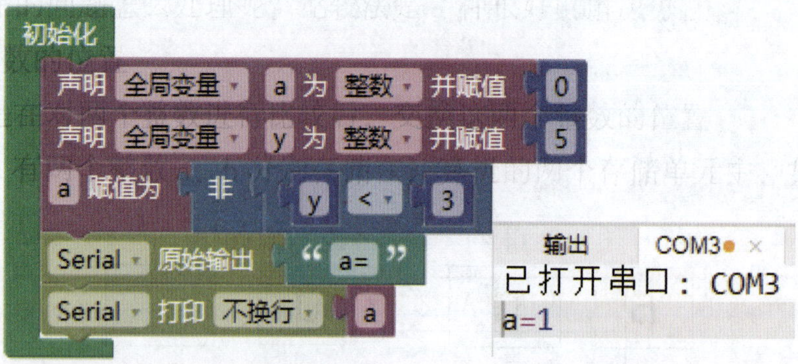

图 14-5　逻辑非表达式（3）程序模块构建示意

逻辑非表达式（3）即！(y<3)中，计算机先计算关系表达式 y<3。由于 y 的值为 5，所以关系表达式的计算结果为"假"（即 0），然后计算！0，最后结果 a = 1。

14.2　编写程序

程序一：切换 LED 灯；
程序二：声音暂停。

1. 程序一　切换 LED 灯

只用一个按键开关在两只 LED 灯之间进行切换，即轮流点亮两只 LED 灯。当 LED1 点亮时 LED2 熄灭，当 LED2 点亮时 LED1 熄灭。

怎么实现这一功能呢？最好的办法就是用逻辑非模块控制 LED 灯。

（1）编程思路

用逻辑非模块控制 LED 灯，将按键开关的输入引脚连接教学小车的电源引脚 VCC，输出引脚连接 Arduino 开发板的 I/O 引脚，如引脚 3。

设置一个变量（如 a），每当按键开关被按下 1 次就对 a 进行 1 次逻辑非运算。如当第 1 次按下按键开关时 a = 0，对 a 进行逻辑非运算 a = ! 0 后 a = 1，这时点亮 LED1；当第 2 次按下按键开关时，由于 a 的值已经变成 1，所以对 a 进行逻辑非运算 a = ! 1 后 a = 0，这时点亮 LED2；同理，第 3 次 a 变成了 1，第 4 次 a 变成了 0，如图 14-6 所示。

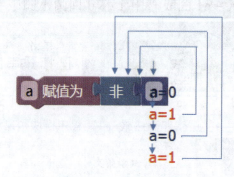

图 14-6　a 的循环值

由于 a 始终在 1 和 0 之间变换,所以两只 LED 灯也就彼此切换。

(2) 设置变量。

a 为逻辑非变量,用于切换 LED 灯(图 14-7)。

图 14-7 设置变量(1)

button 为按键开关引脚变量(图 14-8)。

图 14-8 设置变量(2)

butt 为读 button 引脚信号的变量(图 14-9)。

图 14-9 设置变量(3)

led1 为 LED1 引脚变量(图 14-10)。

图 14-10 设置变量(4)

led2 为 LED2 引脚变量(图 14-11)。

图 14-11 设置变量(5)

(3) 设置引脚。

①按键开关 button:输出引脚连接 Arduino 开发板的引脚 2。

②LED1 引脚:长引脚连接 Arduino 开发板的引脚 11,短引脚连接 Arduino 开发板的引脚 GND;

③LED2 引脚:长引脚连接 Arduino 开发板的引脚 12,短引脚连接 Arduino 开发板的引脚 GND。

(4) 读取 button 引脚信号,以确定按键开关是否被按下(图 14-12)。

图 14-12 读取 button 引脚信号

(5) 对逻辑非变量取反。每当按键开关 button 被按下一次,就用"如果/执行"模块对变量 a 进行一次取反操作,用于控制 LED 灯(图 14-13)。

图 14 - 13　对逻辑非变量取反

（6）点亮/熄灭 LED 灯。如果 a = 1，则点亮 LED1，熄灭 LED2；如果 a = 0，则点亮 LED2，熄灭 LED1（图 14 - 14）。

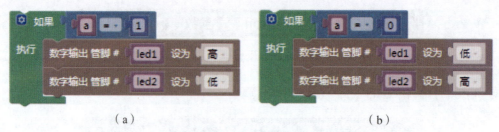

（a）　　　　　　　　　　　　　　（b）

图 14 - 14　点亮/熄灭 LED 灯

（a）点亮 LED1；（b）点亮 LED2

（7）构建程序模块

根据编程思路和步骤，构建程序模块，如图 14 - 15 所示。

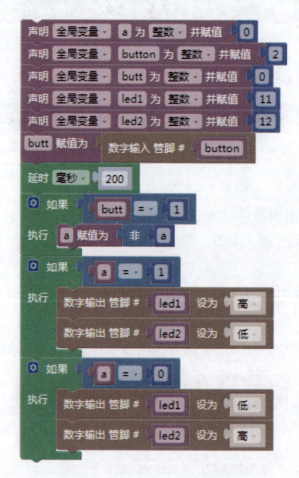

图 14 - 15　程序一模块构建示意

· 128 ·

注：在程序中的 button 模块下面，添加一个"延时"模块，延时 200 ms。它的作用是消除手的抖动——由于程序的运行速度极快，按键时手指的抖动会影响 LED 灯的效果。

（8）编译并保存程序

编译程序一，并将程序一保存到"我的程序"文件夹中。

2. 程序二　声音暂停

"暂停"是一个十分有用的功能，比如音乐播放器上的暂停功能能够控制音乐的停止和播放。我们用按键开关来实现一个蜂鸣器的暂停功能。当按下按键开关后蜂鸣器暂停鸣叫，再次按下按键开关后蜂鸣器又开始鸣叫。

（1）设置变量。

m 为逻辑非变量（图 14-16）。

图 14-16　设置变量（1）

button 为按键开关引脚号变量（图 14-17）。

图 14-17　设置变量（2）

butt 为按键开关引脚值变量，用于存储 button 引脚是否被按压的信号值（图 14-18）。

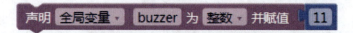

图 14-18　设置变量（3）

buzzer 为蜂鸣器引脚变量（图 14-19）。

图 14-19　设置变量（4）

（2）设置引脚。

①按键开关引脚连接 Arduino 开发板的引脚 2。

②蜂鸣器长引脚连接 Arduino 开发板的引脚 11。

（3）用"数字输入管脚"模块读取按键开关 button 的引脚值，并存入变量 butt（图 14-20）。

图 14-20　读取按键开关 button 的引脚值

(4) 对变量 m 取反,用于"如果/执行"模块控制蜂鸣器暂停(图 14-21)。

图 14-21 控制蜂鸣器暂停

(5) 用"如果/执行"模块设置蜂鸣器暂停或鸣叫(图 14-22)。

(a)　　　　　　　　　　　(b)

图 14-22 设置蜂鸣器暂停或鸣叫

(a) 蜂鸣器暂停;(b) 蜂鸣器鸣叫

(6) 构建程序模块

构建程序模块,如图 14-23 所示。

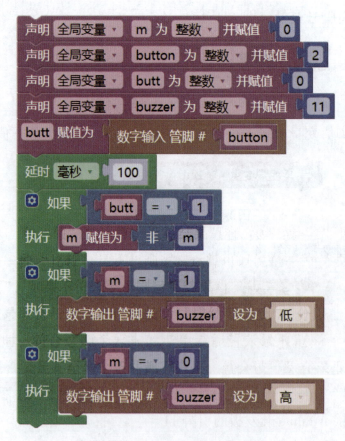

图 14-23 程序二模块构建示意

(7) 编译并保存程序

编译程序二,并将程序二保存到"我的程序"文件夹中。

14.3 创意体验

1. 程序一体验

1）连接元器件

程序一元器件连接示意如图 14-24 所示。

（1）连接按键开关。将按键开关插在面包板左前方，其中一个引脚连接 Arduino 开发板的引脚 2，另一个引脚与教学小车的电源引脚 VCC 连接。

（2）连接 LED 灯。将 2 只 LED 灯插在面包板的"后部"（不妨碍按键开关就行了），将两个长引脚分别连接 Arduino 开发板的引脚 11、12，将短引脚连接 Arduino 开发板的引脚 GND（接地）。

2）连接电源

将教学小车的电源引脚分别连接 Arduino 开发板的引脚 VCC（5 V）、GND（接地），如图 14-24 所示。

3）上传程序

从"我的程序"文件夹中打开程序一，上传到 Arduino 开发板。

4）动手体验

拔下数据线，打开教学小车电源开关后，适当用力按压按键开关来体验程序一的运行效果。

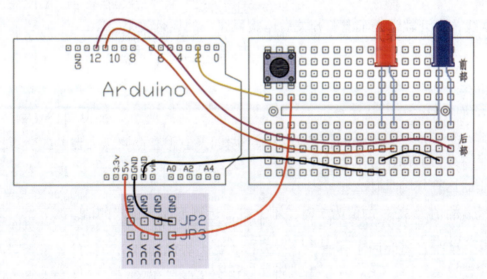

图 14-24 程序一元器件连接示意

2. 程序二体验

1）连接元器件

程序二元器件连接示意如图 14-25 所示。

（1）连接按键开关。将按键开关插在面包板左前方，其中一个引脚连接 Arduino 开发板的引脚 2，另一个引脚与教学小车电源引脚 VCC 连接。

（2）连接蜂鸣器。将蜂鸣器的长引脚连接 Arduino 开发板的引脚 11，将短引脚连接 Arduino 开发板的引脚 GND。

2）连接电源

将教学小车的电源引脚分别连接 Arduino 开发板的引脚 5V、GND（接地），如图 14 – 25 所示。

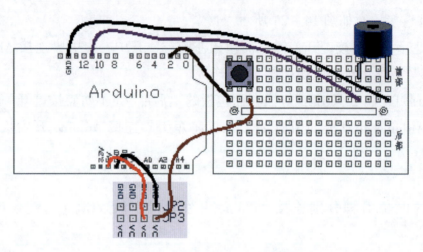

图 14 – 25　程序二元器件连接示意

3）上传程序

从"我的程序"文件夹中打开程序二，上传到 Arduino 开发板。

4）动手体验

拔下数据线，打开教学小车电源开关后体验程序二的运行效果。

课后思考

1. 逻辑非运算符的操作对象有几个？
2. 逻辑非的运算规则是什么？
3. 当变量 x 的值为 3，y 的值为 7 时，不上机，运算下面表达式的值。

(1)！(x－3)；　　　　　　(2)！(y＝＝7)；
(3)！(x＞＝3)　　　　　　(4)！(x＋y＜10)。

4. 图 14 – 26 所示的模块分别从上往下运行一次后，将变量 R 的值填入它后面的括号。
5. 图 14 – 27 所示是一个点亮 LED 灯的程序，在 Arduino 开发板的引脚 3 和 5 分别连接 LED 灯，上机将程序模块中空缺的地方补充完整。要求点亮引脚 5 上的 LED 灯，然后搭设电路并上传程序进行验证。

(a)

(b)

(c)

(d)

图 14−26　第 4 题图

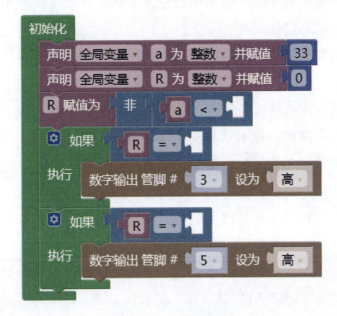

图 14−27　第 5 题图

第 15 课

运算符的应用

15.1 基本要点

1. 排序

排序在实际应用中是非常重要的。例如在公务员考试、升学考试等中都需要对考生的考试成绩进行排序，然后从高往低划定分数线。

排序的形式主要有两种，即从小到大排序和从大到小排序。

2. 运算符小结

熟练掌握运算符的运用方法与运算规则，对于 C 语言编程的进一步学习是十分重要的。

运算符并不是孤立地存在的。算术运算符、关系运算符以及逻辑运算符既有区别又有联系。理解与掌握 3 种运算符及其与之相关的如变量、数据类型等基本知识要点是非常必要的。

1）运算符与表达式

（1）用算术运算符表达的式子叫作算术表达式。算术运算符的操作对象是具体的数，运算的结果是一个具体的数值。

（2）用关系运算符表达的式子叫作关系表达式。关系运算符的操作对象是算术表达式，运算的结果是"真"或"假"，分别以"1"或"0"表示。

（3）用逻辑运算符表达的式子叫作逻辑表达式。逻辑运算符的操作对象是关系表达式或算术表达式，运算的结果也是"真"或"假"，分别以"1"或"0"表示。

（4）模块中表示的运算符与 C 语言规定的运算符在功能上是完全一致的，但书写时要用 C 语言规定的运算符表示形式。

2）变量与数据类型

（1）变量是程序运行过程中可以改变的量。变量名是标识符的一种。在进行各种表达式运算时，要正确设置变量的各种要素。

（2）数据类型是变量的要素之一。要会正确地使用整型数据、浮点型数据和字符型数据。

3）逻辑运算规则

（1）逻辑运算规则用于确定逻辑表达式运算的值，即"真"或"假"。

（2）在实际应用中，要根据需要确定使用哪种逻辑运算符。

15.2 编写程序

程序一：用穷举法对整数 5，3，9 从小到大排序；

程序二：用比较法对整数 5，3，9 从小到大排序。

1. 程序一：用穷举法对整数 5，3，9 从小到大排序

所谓穷举法，就是根据题目的部分条件确定答案的大致范围，并在此范围内对所有可能的情况逐一验证，直到全部情况验证完毕。

例如，对两个同学进行前、后排队，共有几种排法呢？先看看图 15-1。

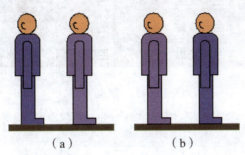

（a）　　　　　　（b）

图 15-1　穷举法概念示意

(a) 第 1 种排法；(b) 第 2 种排法

很显然，共有两种排法，即要么穿蓝色衣服的同学排在前面，要么穿紫色衣服的同学排在前面。除此以外不存在第 3 种排法。同样地，如果对两个整数如 5，3 "排队"，也只有两种结果，即

$$5—3 \qquad 3—5$$

根据这种思想，编写一个程序对整数 a，b，c 进行 "排队"，让它们从小到大依次排列。

现在的问题是，我们并不知道 a，b，c 这 3 个整数谁大谁小，需要让计算机对各种可能存在的情况分别进行判断，找出其中从小到大的一组 "排队"，那么，这 3 个整数一共有多少种 "排队" 方法呢？根据相关的知识可以计算出一共有 6 种 "排队" 方法。例如在图 15-1 中，如果让年龄较小的站在前面，让年龄较大的站在后面，则在两种排队情况中肯定有一种情况符合这个要求。

我们的任务就是利用计算机运行速度高的特点，将 6 种情形都列出来，再用逻辑运算方法对它们进行逐一验证，得出我们需要的结果。

1）列出可能存在的情形

虽然不知道 a，b，c 这 3 个具体的整数谁大谁小，但是它们的大小关系肯定存在于下面的 6 种情形之中。

(1) a 在 b，c 之间的情形：

$$b < a < c \qquad (情形 1)$$

$$c < a < b \qquad (情形 2)$$

（2）b 在 a，c 之间的情形：

$$a < b < c \quad \text{（情形 3）}$$
$$c < b < a \quad \text{（情形 4）}$$

（3）c 在 a，b 之间的情形：

$$a < c < b \quad \text{（情形 5）}$$
$$b < c < a \quad \text{（情形 6）}$$

2）定义变量

分别定义变量 a，b，c 代表 3 个整数，用 5，3，9 依次初始化这 3 个变量（图 15-2）。

图 15-2　定义变量

3）构建逻辑运算模块

怎样将这 6 种情形构建成逻辑表达式呢？以第 1 种情形为例，它是用 2 个关系运算符构成的关系表达式。为了"排队"，要用逻辑表达式把它写出来，即

$$b < a \;\&\&\; a < c$$

然后根据这个逻辑表达式构建逻辑运算模块，如图 15-3 所示。

图 15-3　逻辑运算模块

其他情形的逻辑运算模块参见图 15-4。

4）构建程序模块

将每一种逻辑运算模块分别放在"如果/执行"模块的"如果"缺口中，逐一计算哪一种情形为"真"，并在"执行"缺口中打印出结果，如图 15-4 所示。

5）编译并保存程序

编译程序—并将程序—保存到"我的程序"文件夹中。

2. 程序二：用比较法对整数 5，3，9 从小到大排序

所谓比较法，就是对两个数的大小进行比较。

用穷举法对 3 个整数排序难度不太大，因为它只有 6 种可能的情形。不过，对更多的整数进行排序就是一件非常困难的事情了。

例如：对 4 个整数排序，共有 24 种可能的情形；对 5 个整数排序，共有 120 种可能的情形。

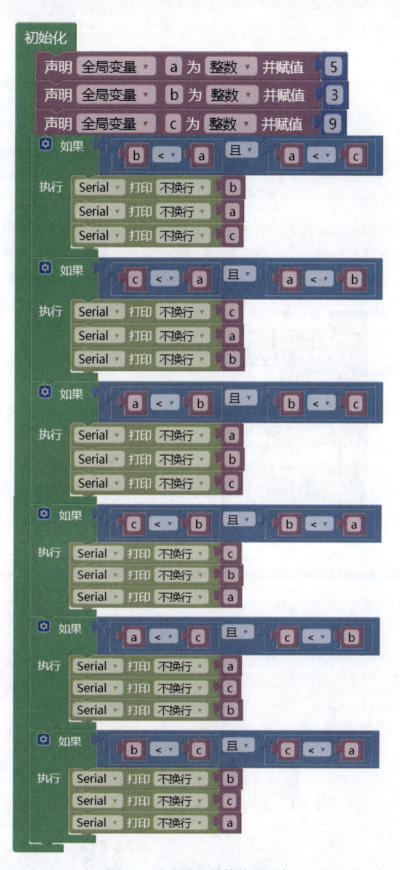

图 15-4　程序一模块构建示意

对多个数据排序的问题怎么处理呢？比较法是一种很好的解决办法。

1）交换两个整数的位置

比较法的关键是在对两个整数进行比较后，交换这两个整数的位置。

在图 15-5 中，有两个整数 a，b 分别存储在计算机的两个存储单元中，如何对它们的位置进行交换呢？

图 15-5　a，b 换位示意

比如 a=3，b=7，现在要把 7 放到 a 中，把 3 放到 b 中，这时不能直接用 a=b，b=a 这样的方法来交换，因为这样直接交换，a 中的 3 就被"挤掉"了，最后只剩下一个 7。

这里用这种直接交换的方法编写一个"交换"程序，看看它的交换结果，如图 15-6 所示。

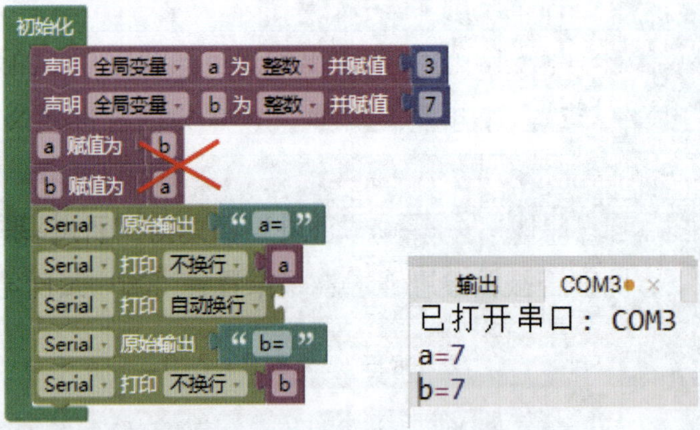

图 15-6　错误的"交换"程序运行结果

为什么会这样呢？道理其实很简单，把计算机为变量 a 和 b 开辟的两个存储单元想象成两只装满了水的杯子就行了。

假设你有两只装满了水的杯子——a 杯子和 b 杯子，现在你想把 a 杯子中的水装入 b 杯子，把 b 杯子中的水装入 a 杯子，你肯定不会将 a 杯子中的水直接倒入 b 杯子。

这时，你会再拿一只空杯子（假设为 c 杯子），先将 a 杯子中的水倒入空杯子 c，再将 b 杯子中的倒入 a 杯子，最后将 c 杯子中的水倒回 b 杯子中，如图 15-7 所示。

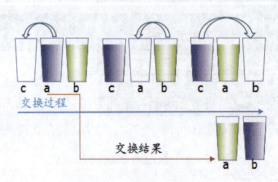

图 15-7　实物交换示意

同理，现在要交换 a=3，b=7 这两个整数的位置，新设置一个变量 t，先将变量 a 放入变量 t，再将变量 b 放入变量 a，最后将变量 t 中的 a 放回变量 b 中，即 t=a，a=b，b=t。

2）编程思路

（1）设置 3 个变量 a，b，c 代表任意的 3 个整数，设置变量 t 作为一个相当于空杯子的"中转站"。

（2）a 分别与 b 和 c 比较大小。如果 a>b，就将 a 和 b 的位置进行交换，将较小的一个整数放入变量 a，即

      如果 a>b

      执行 t=a，a=b，b=t

这时，变量 a 中是一个比 b 小的整数，但是它和 c 谁小呢？还得进行比较，即

      如果 a>c

      执行 t=a，a=c，c=t

（3）b 与 c 比较大小，即：

      如果 b>c

      执行 t=b，b=c，c=t

3）构建程序模块

根据编程思路，构建程序模块，如图 15-8 所示。

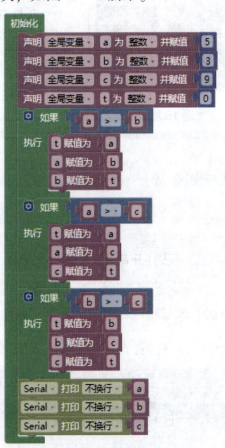

图 15-8 程序二模块构建示意

4）编译并保存程序

编译程序二并将程序二保存到"我的程序"文件夹中。

15.3 创意体验

1. 程序一体验

从"我的程序"文件夹中打开程序一。

（1）程序一运行结果如图 15-9 所示。

图 15-9 程序一运行结果

（2）在程序一中任意输入 3 个互不相同的整数，即修改变量 a，b，c 的初值，然后运行程序一，看看结果是否正确。

（3）将程序一中 6 个逻辑运算模块中的关系运算符 ">" "<" 全部修改为 ">=" 和 "<="，再输入 9，3，3，查看它的运行结果，如图 15-10 所示。

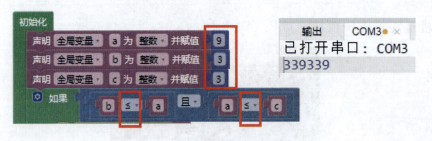

图 15-10 修改程序一示意

2. 程序二体验

从"我的程序"文件夹中打开程序二。

（1）程序二运行结果如图 15-11 所示。

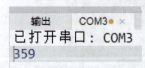

图 15-11 程序二运行结果（1）

（2）在程序二中输入 3 个数 9，3，3，看看程序二的运行结果，如图 15-12 所示，体验穷举法与比较法在排序方面的差别。

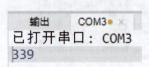

图 15-12 程序二运行结果（2）

（3）修改程序二的输入，对任意 3 个整数从大到小排序。例如，输入 1，8，6，程序二运行结果如图 15–13 所示。

图 15–13　程序二运行结果（3）

课后思考

1. 程序 A、B、C、D 中各有一个错误，请把它们指出来并改正（图 15–14）。

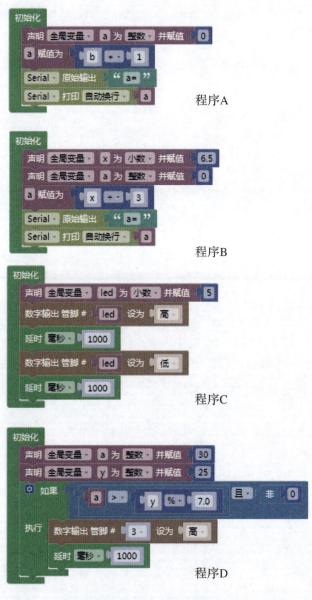

图 15–14　第 1 题图

2. 编写程序：10以内有一个数被3除余1，被4除余3，这个数是多少？
注意，如果这个数大于10，则用图15-15所示的模块停止程序。

图15-15　第2题图

3. 编写程序：任意确定4个整数，用比较法对这4个整数从小到大排列，并输出结果。

参考文献

[1] 中国电子学会普及工作委员会. 机器人基础技术教学 [M]. 北京：《电子制作》杂志社，2021.

[2] 中国电子学会，上海享渔教育科技有限公司. 智能硬件项目教程 [M]. 北京：航空航天大学出版社，2018.

机器人创意与编程（一）

第6册 Mixly C程序基本结构

共6册

谭立新 刘开新 著

北京理工大学出版社
BEIJING INSTITUTE OF TECHNOLOGY PRESS

内 容 提 要

本套教材体系上符合人工智能进入中小学编程教育的主要技术框架，内容上涵盖了机械结构、电子电路、Mixly 图形化编程、C 语言程序设计基础知识、Arduino C 代码编程、智能硬件应用、传感器应用、红外通信等方面的知识与实践。

本教材内容尽量简化了文字语言，最大限度地使用图形语言，力求适应不同年龄段的小学生认识事物与理解事物的特点。

版权专有　侵权必究

图书在版编目（CIP）数据

机器人创意与编程. 一 共 6 册 / 谭立新，刘开新著. -- 北京：北京理工大学出版社，2024.5
ISBN 978－7－5763－3984－0

Ⅰ. ①机… Ⅱ. ①谭… ②刘… Ⅲ. ①机器人－程序设计－中小学－教材 Ⅳ. ①G634.931

中国国家版本馆 CIP 数据核字（2024）第 097364 号

责任编辑：钟　博		**文案编辑**：钟　博	
责任校对：周瑞红		**责任印制**：施胜娟	

出版发行	/ 北京理工大学出版社有限责任公司
社　　址	/ 北京市丰台区四合庄路 6 号
邮　　编	/ 100070
电　　话	/ （010）68914026（教材售后服务热线）
	（010）68944437（课件资源服务热线）
网　　址	/ http://www.bitpress.com.cn
版 印 次	/ 2024 年 5 月第 1 版第 1 次印刷
印　　刷	/ 河北盛世彩捷印刷有限公司
开　　本	/ 889 mm × 1194 mm　1/16
印　　张	/ 56.25
字　　数	/ 1160 千字
总 定 价	/ 468.00 元（共 6 册）

图书出现印装质量问题，请拨打售后服务热线，负责调换

前 言

机器人是一个融合机械、电子、计算机、智能控制、互联网、通信、人工智能等诸多技术的综合体，对未来学科启蒙意义重大。随着国家教育体制改革的不断深化，中小学开设以机器人为载体的新一代信息科技课程越来越受到高度重视。

众所周知，机器人技术中的任何一门学科都应该是中专及以上院校开设的课程，对于中小学生特别是小学生来说有什么意义呢？这就好比汉语言文学专业，它是我国大学史上最早开设的专业之一，可是从来没有哪一位学生是在考入大学的这一专业后才开始学习说话和写字的，也没有哪一位学生是在牙牙学语时便学习音韵、语法和修辞课程的。

本套《机器人创意与编程》教材立足于既要解决像汉语言文学专业的学生不需要从零开始学习"说话"和"写字"的问题，又尽量处理好像婴儿在牙牙学语时的"语法"与"修辞"的难题。

本套教材依据中国电子学会推出的《全国青少年机器人技术等级考试标准》，对课程体系的组织与安排充分注重教学内容的系统性、教学阶段的差异性、教学形式的趣味性和手脑并重的创意性。本套教材按照《全国青少年机器人技术等级考试标准》，体系上符合人工智能进入中小学编程教育的主要技术框架，内容上涵盖了机械结构、电子电路、软件编程、智能硬件应用、传感器应用、通信等方面的知识与实践。

本套教材共12册，适用对象为小学1~6年级的学生，其中9~12册也适合7~9年级学生学习。

1~4册，主要通过积木模型介绍机械结构方面的知识，对应1~2年级的学生及一、二级等级考试；

5~8册，主要介绍Mixly图形化编程、电子电路、智能硬件及传感器的应用等知识，对应3~4年级的学生及三级等级考试；

9~12册，主要介绍C语言代码编程、电子电路、智能硬件及传感器的应用、红外通信等知识，对应5~6年级的学生及四级等级考试。

每册教材原则上按单元划分教学内容，即每个单元具有相对独立的知识点。为了便于学生学习与记忆，1~4册每课的知识点在目录中用副标题标出；5~12册每课的标题除应用型项目外，原则上用所学知识点直接标出。

中小学生机器人技术课程开发是一个全新的领域。由于编者水平有限，不妥和疏漏之处在所难免，敬请广大读者提出宝贵的意见和建议。

编 者

目 录

第1单元 顺序结构程序设计 1

第1课 C程序设计的基本结构 2
1.1 基本要点 2
1.2 编写程序 5
1.3 创意检验 8

第2课 Mixly Arduino 图形化编程的基本模块 11
2.1 基本要点 11
2.2 编写程序 13
2.3 创意检验 16

第3课 顺序结构程序的应用 19
3.1 基本要点 19
3.2 编写程序 21
3.3 创意体验 24

第2单元 选择结构程序设计 27

第4课 if 选择结构 28
4.1 基本要点 28
4.2 编写程序 31
4.3 创意体验 35

第5课 if…else 选择结构 38
5.1 基本要点 38
5.2 编写程序 40
5.3 创意体验 42

第6课 switch 选择结构 46
6.1 基本要点 46
6.2 编写程序 48
6.3 创意体验 53

第 7 课　选择结构程序的应用	55
7.1　基本要点	55
7.2　编写程序	58
7.3　创意体验	61

第 3 单元　循环结构程序设计 … 65

第 8 课　while 循环结构 … 66
　8.1　基本要点 … 66
　8.2　编写程序 … 69
　8.3　创意体验 … 73

第 9 课　do…while 循环结构 … 76
　9.1　基本要点 … 76
　9.2　编写程序 … 78
　9.3　创意体验 … 82

第 10 课　for 循环结构 … 85
　10.1　基本要点 … 85
　10.2　编写程序 … 88
　10.3　创意体验 … 90

第 11 课　循环结构程序的应用 … 93
　11.1　基本要点 … 93
　11.2　编写程序 … 95
　11.3　创意体验 … 101

第 4 单元　函数 … 105

第 12 课　函数的定义 … 106
　12.1　基本要点 … 106
　12.2　编写程序 … 109
　12.3　创意体验 … 111

第 13 课　函数的参数 … 115
　13.1　基本要点 … 115
　13.2　编写程序 … 117
　13.3　创意体验 … 121

第 14 课　函数的调用 … 124
　14.1　基本要点 … 124
　14.2　编写程序 … 126
　14.3　创意体验 … 131

第 15 课　函数的应用 ·· 134
　　15.1　基本要点 ·· 134
　　15.2　编写程序 ·· 135
　　15.3　创意体验 ·· 141
参考文献 ·· 143

第1单元
顺序结构程序设计

- C 程序设计的基本结构
- Mixly 图形化的基本模块
- 算法与流程图

第 1 课

C 程序设计的基本结构

用 C 语言编写的程序叫作 C 程序或 C 语言程序。无论 C 程序有多大，它都是基于 3 种基本结构来编写的。C 程序设计的 3 种基本结构是：顺序结构、选择结构和循环结构。

1.1 基本要点

C 程序设计的结构是按程序执行的顺序划分的。程序并不是从第一个模块开始，一个模块一个模块逐个地往下执行。程序中不同的结构对应不同的执行顺序，如图 1-1 所示。

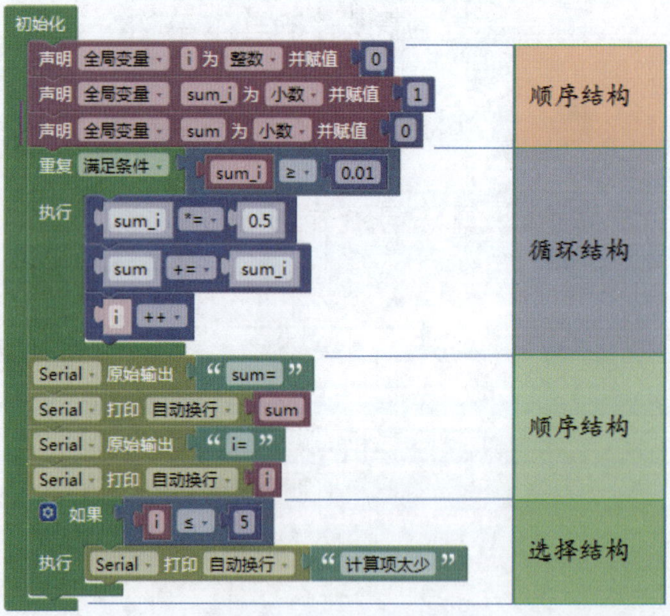

图 1-1 程序的基本结构示意

图 1-1 所示是已经在第 5 册第 11 课"关系运算符"中编写过的算术表达式 $\frac{1}{2} + \frac{1}{4} + \frac{1}{8} + \frac{1}{16} + \cdots$ 的运算程序。不过这里的程序有些区别，主要是融入了 3 种基本结构，而且所有模块均放在"初始化"框架模块中。

1. 顺序结构

（1）顺序结构是按模块搭建的顺序自上而下地执行程序。在图 1-1 中，有两段顺序结构模块,它们从每段的第 1 个模块分别执行到第 3 个和第 4 个模块,如图 1-2 所示。

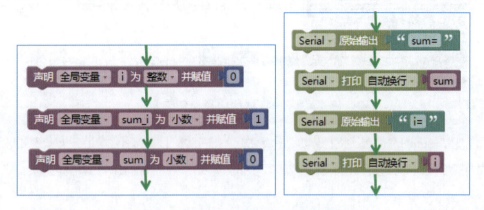

图 1-2 顺序结构程序模块示意

在图 1-2 左边的顺序结构模块中,程序先执行第 1 个模块定义变量 i,接下来执行第 2 个模块定义变量 sum_i,紧接着执行第 3 个模块定义变量 sum。当顺序结构的模块执行完后,程序会继续往下执行其他结构中的模块。

(2)顺序结构流程图。为了将整个程序的算法结构清晰、直观地表现出来,以便对程序的阅读、理解与实现,常常用流程图来描述。

顺序结构流程图如图 1-3 所示。

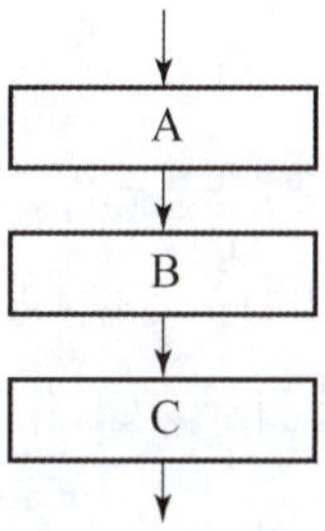

2. 选择结构

选择结构,又称为分支结构。选择结构根据给定的条件进行判断,然后依据判断结果决定执行和不执行哪些操作。

1)选择结构模块

选择结构模块我们已经多次使用过了,但是还没有很好地认识它。

图 1-3 顺序结构流程图

选择结构是可以控制程序执行的一种结构,因此选择结构模块在模块区的"控制"分类中,我们把它叫作"如果/执行"模块。该模块共有 2 个功能区,即条件判断缺口和程序执行缺口。

选择结构不像顺序结构那样,无条件地从上往下执行程序。在选择结构内部的模块,只有当给定的条件满足时才会被执行。否则,程序就会跳过它内部的这些模块,去执行它下面的模块,如图 1-4 所示。

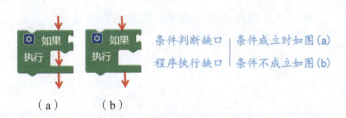

图 1-4 选择结构模块示意

例如,图 1-1 中选择结构"如果/执行"模块的功能是输出(打印)i 值,即告诉我们对表达式 $\frac{1}{2}+\frac{1}{4}+\frac{1}{8}+\frac{1}{16}+\cdots$ 一共累加了多少项,如图 1-5 所示。

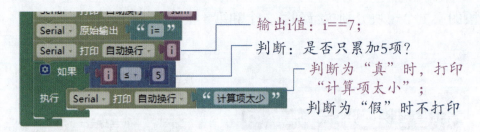

图1-5 选择结构模块执行示意

在程序实例中,sum的值实际上累加了7次,即i等于7,不满足i≤5的条件,判断为"假",所以程序执行时跳过了程序执行缺口中的模块,不会输出"计算项太少",如图1-6所示。

同学们试一试,将选择结构的程序执行条件i≤5修改为i≤10,然后上机运行,这时就会输出"计算项太少",如图1-7所示。

图1-6 程序实例(1)　　　　图1-7 程序实例(2)

2)选择结构流程图

顺序结构模块只有1个入口、1个出口,如图1-8(a)所示;而选择结构模块有1个入口、2个出口,如图1-8(b)所示。

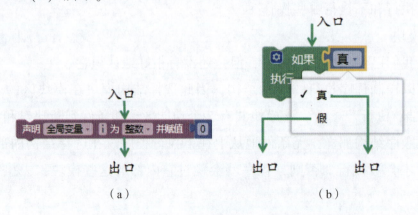

图1-8 顺序结构和选择结构的入口与出口示意

选择结构流程图如图1-9所示。

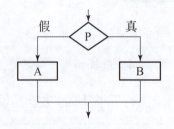

图1-9 选择结构流程图

3. 循环结构

循环结构是在一定的控制条件下反复执行某段代码（模块）的操作。

模块区"控制"分类中有几种形式的循环结构模块，这里以"重复/执行"模块为例，先初步认识什么是循环结构，如图1–10所示。

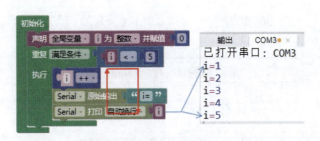

图1–10 循环结构模块执行示意

在图1–10中，循环结构体内的自增变量i每循环1次就自增1，由程序运行的结果可以看出，这个循环结构在循环体内循环了5次。

同学们将循环条件i<5修改为i<10，看看它一共循环多少次。

循环结构流程图。

循环结构与选择结构一样，共有3个出入口。不过，其中1个出口又回到了循环体本身，如图1–11所示。

当条件满足，即逻辑运算为"真"时，循环结构的控制指令反复控制程序回到入口处，重复执行循环体内的程序模块，直到条件不满足为止，然后通过出口结束循环。

循环结构流程图如图1–12所示。

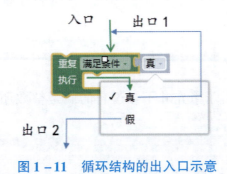

图1–11 循环结构的出入口示意　　图1–12 循环结构流程图

1.2 编写程序

初步了解了C程序设计的3种基本结构之后，现在练习顺序结构程序的编写。

程序一：每天修路多少米；

程序二：依次点亮LED灯。

1. 程序一：每天修路多少米

修路队修一条长1500 m的公路，已经修好了300 m，剩下的要在6天内修完，平均每天要修路多少米？

1）解题思路

（1）首先要知道剩下的公路还有多少米。用要修建的总长度 1500 m 减去已经修好了的长度 300 m，还剩下 1200 m，如图 1-13 所示。

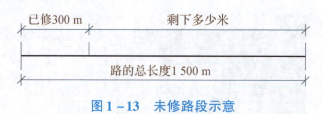

图 1-13　未修路段示意

（2）剩下的公路在 6 天时间内修完，即 6 天要修完 1200 m。

（3）平均每天要修的长度为 1200 m 除以 6 天，即平均每天要修的长度为 200 m。

2）编程思路

编写顺序结构程序，就是根据事件发生的过程或者解决问题的步骤，一步一步地按顺序搭建程序模块，让程序按这个顺序一步一步地往下执行。

这是一个顺序结构的程序。编程思路为：①定义变量；②计算剩余路段的长度；③计算平均每天要修路的长度；④输出计算结果。

3）绘制顺序结构流程图

根据编程思路，绘制顺序结构流程图，如图 1-14 所示。

4）定义变量

s0 为路的总长度，初值设为 1500；

s1 为已修路的长度，初值设为 300；

s 为剩下路段长度，初值设为 0；

st 为平均每天修路长度，初值设为 0。

注意：计算 st 的表达式含有除法运算符，由于事先并不知道它的商是整数还是小数，所以应将 st 的数据类型定义为"小数"。

5）计算 s、st

分别构建计算 s、st 的运算模块，如图 1-15 所示。

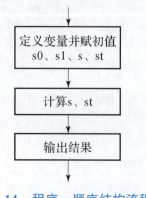

图 1-14　程序一顺序结构流程图

图 1-15　s、st 的运算模块

6）构建程序模块

根据编程思路与流程图，构建程序模块，如图1-16所示。

7）编译并保存程序

编译程序一，并将程序一保存到"我的程序"文件夹中。

2. 程序二：依次点亮LED灯

依次点亮3只LED灯，每只LED灯点亮后延时2000 ms，再点亮下一只LED灯，当第3只LED灯点亮后立即使蜂鸣器鸣叫。

1）编程思路

设置元器件引脚变量，再按顺序点亮LED灯，LED灯被点亮后不再熄灭，最后使蜂鸣器鸣叫。

2）顺序结构流程图

根据编程思路，绘制顺序结构流程图，如图1-17所示。

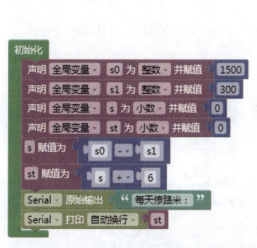

图1-16 程序一模块构建示意

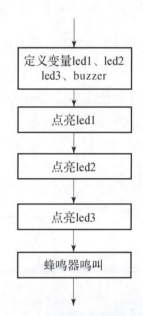

图1-17 程序二顺序结构流程图

3）定义变量与引脚

led1、led2、led3为3只LED灯的引脚变量，依次将它们连接到Arduino开发板的引脚3、4、5。

buzzer为蜂鸣器引脚变量，将它连接到Arduino开发板的引脚8。

4）构建程序模块

根据编程思路与流程图，构建程序模块，如图1-18所示。

5）编译并保存程序

编译程序二，并将程序二保存到"我的程序"文件夹中。

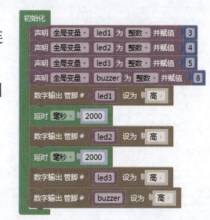

图1-18 程序二模块构建示意

1.3 创意检验

1. 程序一体验

(1) 上传程序一。

从"我的程序"文件夹中打开程序一，上传到 Arduino 开发板。

(2) 程序一运行结果如图 1-19 所示。

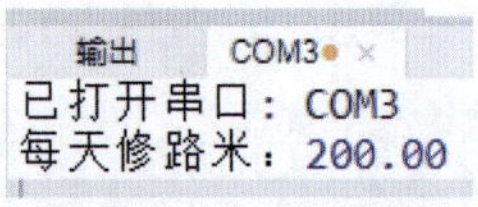

2. 程序二体验

1) 连接元器件

(1) 连接 LED 灯。分别将 led1~led3 的长引脚依次连接 Arduino 开发板的引脚 3、4、5，将其短引脚在面包板上相互连接后再连接到 Arduino 开发板的引脚 GND。

(2) 连接蜂鸣器。将蜂鸣器的长引脚连接到 Arudino 开发板的引脚 8，将其短引脚连接到 Arduino 引脚 GND。

(3) 连接电源。将教学小车上的电源引脚 VCC、GND 分别对应连接 Arduino 开发板的引脚 5 V、GND 接地。

注意：体验时请使用教学小车电源，通过电源的开、关可以反复进行体验。程序二元器件连接示意如图 1-20 所示。

图 1-19 程序一运行结果

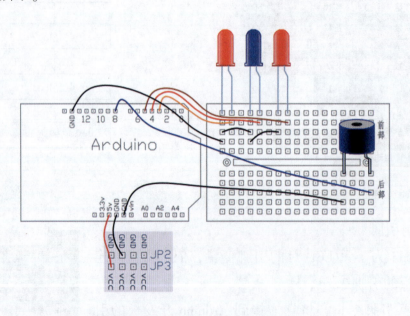

图 1-20 程序二元器件连接示意

2) 上传程序二

元器件连接完毕后注意认真检查，确认电路连接正确，然后从"我的程序"文件夹中打开程序二，上传到 Arduino 开发板。

3) 体验效果

程序二上传成功后拔下数据线，打开教学小车电源开关，体验顺序结构程序的运行效果。

同学们可以保持各种元器件的连接状态不变，然后在程序二中将"数字输出管脚"led1、led2模块调换位置，再将程序二上传后看看LED灯被点亮的顺序是否改变。

课后思考

1. C程序设计的3种基本结构是什么？
2. C程序设计的3种基本结构是按什么划分的？
3. 图1-21所示的两个小程序各包含几种基本结构？说出每种结构对应的模块名称。

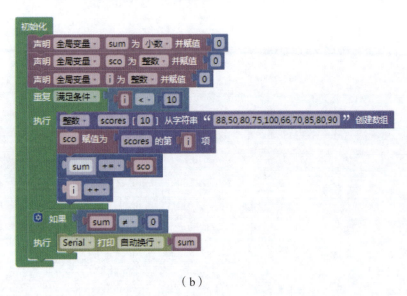

（a）

（b）

图1-21 第3题图

4. 下面的流程图中不正确的是（　　）。

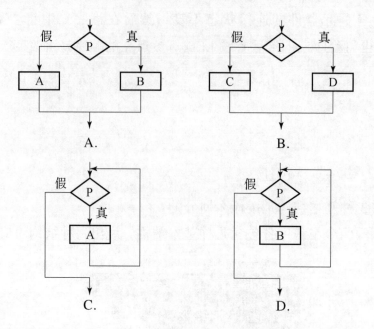

5. 编写一个顺序结构程序，依次点亮 3 只 LED 灯。点亮第 2 只 LED 灯时关掉前面的 LED 灯，点亮第 3 只 LED 灯时将 3 只 LED 灯全部亮起。每只 LED 灯点亮后延时 1500 ms。

第2课 Mixly Arduino 图形化编程的基本模块

2.1 基本要点

Mixly Arduino 图形化编程模块达数十种之多。模块区对众多模块进行了分类，以便编程时按分类查找，即使这样，分类数量也有十多种。编写程序时，怎样准确、快速地从这些分类中找出所需要的模块呢？

实际上，从 C 语言的语法角度划分，图形化模块可以分为声明模块、表达式模块、流程控制模块、函数调用模块等基本模块。这些基本模块对应的是 C 语言的基本语句，是程序设计中不能绕过的关键所在。熟练掌握和运用这些基本模块对于学习 Mixly Arduino 图形化编程是十分重要的。

这里先了解前 3 种基本模块，函数调用模块将在后面的课程中学习。

1. 声明模块

（1）声明模块用于对程序中的变量、函数等进行定义和声明。比如使用变量前必须对这个变量先进行声明，只有先对这个变量进行声明后计算机才能为这个变量开辟一个存储单元。

（2）声明模块存放在"变量"分类中（图 2-1）。虽然已经多次使用过它，但一定要知道它的意义所在。

图 2-1 声明模块（1）

由于程序是从上往下执行的，所以声明模块一定要放在程序的开始部位，如图 2-2 所示。

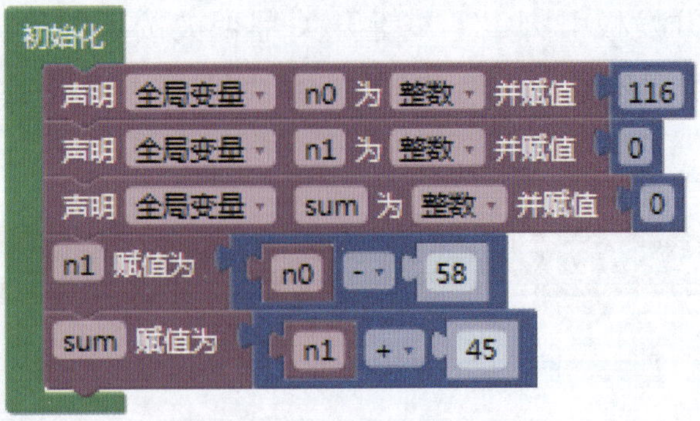

图 2-2 声明模块（2）

（3）所有需要声明的内容都使用声明模块进行声明。不要看它在分类中的数量少，其作用却十分重要，甚至可以把它形象地比作程序中的"通行证"。

2. 表达式模块

表达式模块是模块区中能够用作表达式的所有模块。哪些模块可以用作表达式呢？一块一块地把它列举出来是很难的。不过，从表达式的定义出发就很容易对它进行界定了。

（1）算术表达式模块。它在"数学"分类中，如图2-3所示。

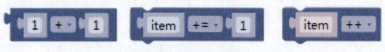

图2-3　算术表达式模块示意

（2）关系表达式模块。它在"逻辑"分类中，如图2-4所示。

图2-4　关系表达式模块示意

（3）逻辑表达式模块。它在"逻辑"分类中，如图2-5所示。

图2-5　逻辑表达式模块示意

上面这些被列出或未被列出的表达式模块大多都不能单独使用，它们必须与"赋值为"模块结合构成赋值表达式，或与流程控制模块结合使用，如图2-6所示。

图2-6　模块的结合使用示意

从上面的叙述可以知道，表达式模块主要集中在"数学"分类与"逻辑"分类中。其他分类中凡是能与"赋值为"模块结合的都是赋值表达式。需要使用时会很容易从相关分类中找到它们。

比如，要读取Arduino开发板引脚3上按键开关是否被按下的值，打开"输入/输出"分类，选择"数字输入管脚"模块，然后与"赋值为"模块结合，构成赋值表达式模块，如图2-7所示。

图2-7　赋值表达式模块示意

3. 流程控制模块

流程控制模块集中在"控制"分类中，需要控制程序的流程时，都要在这里"领取"相应的模块。最基本的流程控制模块有选择结构模块、循环结构模块和流程转向模块。

流程控制模块用来描述程序执行的条件与执行的顺序，可以实现 C 程序设计的 3 种基本结构。

1）选择结构模块

选择结构模块有多种表现形式。前面已经了解了它的基本形式，它还有其他形式，如图 2-8 所示。

2）循环结构模块

循环结构模块也有多种表现形式，如图 2-9 所示。

图 2-8　选择结构模块

图 2-9　循环结构模块

3）流程转向模块

流程转向包括限定转向和无限定转向，这里不去对它做详细的了解。

到这里为止，我们已经初步了解了 3 种基本模块。这些模块只是占模块区总数的一小部分。其他都是些什么模块呢？

实际上，剩下的那些模块绝大部分都是与函数相关的模块。我们将在后面的函数课程中学习。

2.2　编写程序

程序一：车厢中有多少人；

程序二：驾驶技术行不行。

1. 程序一：车厢中有多少人

一列火车的第 10 号车厢原有 116 人，到某站后，有 58 人下车，有 45 人上车。再开车时，这节车厢中有多少人？

1）解题思路

（1）确定 58 人下车后车厢中还剩下多少人。

（2）确定使用什么计算方法得出车厢中剩下的人数，即确定使用加法、减法、乘法还是除法。

想一想，肯定是使用减法，即116人减去58人还剩下58人。

（3）加上又上车的人数45人，答案为这节车厢中有103人。

2）编程思路

这是一个顺序结构程序。先用声明模块定义变量，再用表达式模块进行运算，最后输出结果。

3）定义变量

n0为车厢初始人数变量，初始化为116（图2-10）。

图2-10　定义变量（1）

n1为车厢中剩余人数变量，初始化为0（图2-11）。

图2-11　定义变量（2）

sum为再开车时车厢中的人数，初始化为0（图2-12）。

图2-12　定义变量（3）

4）计算n1、sum的值

计算一个值需要用表达式模块。在我们已经学过的4种表达式（包括赋值表达式）中，这里只需要用由算术表达式构成的赋值表达式，这些模块在"数学"分类和"变量"分类中。计算模块如图2-13所示。

图2-13　计算模块

5）构建程序模块

整个程序既没有条件选择，也不需要循环计算，因此在3种基本模块中只用到了声明模块和表达式模块。程序一模块构建示意如图2-14所示。

6）编译并保存程序

编译程序一，并将程序一保存到"我的程序"文件夹中。

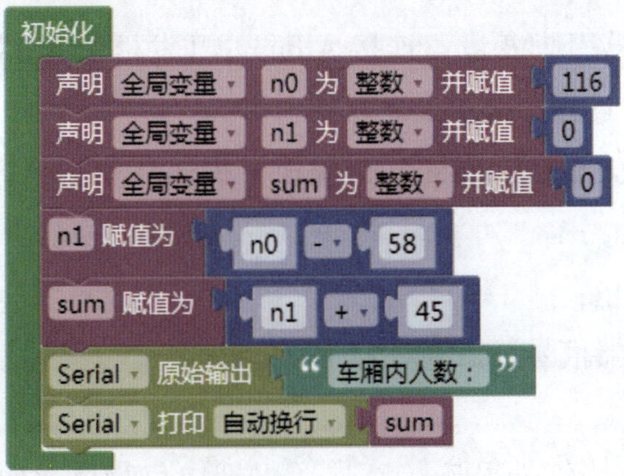

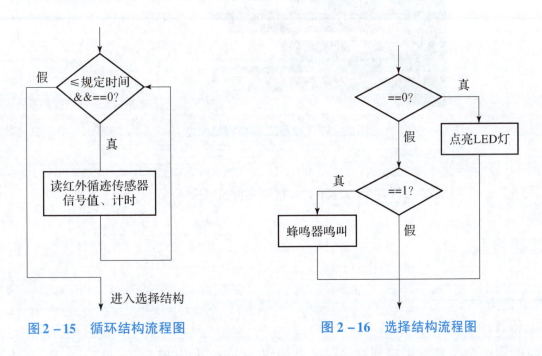

图 2-14 程序一模块构建示意

2. 程序二：驾驶技术行不行

将红外循迹传感器安装在教学小车上，让教学小车沿着黑色"路面"行驶。如果在规定时间内红外循迹传感器离开"路面"则蜂鸣器鸣叫，说明驾驶技术不行。

1）编程思路

这是一个包含 3 种基本结构的程序。

（1）用声明模块定义相关变量。

（2）用循环结构模块读取红外循迹传感器是否离开"路面"的信号值，循环结构流程图如图 2-15 所示。

（3）用选择结构模块输出结果。如果红外循迹传感器在规定时间内离开"路面"，则蜂鸣器鸣叫，警示驾驶技术不行；如果红外循迹传感器在规定时间内没有离开"路面"，则点亮绿色 LED 灯，说明驾驶技术很棒。选择结构流程图如图 2-16 所示。

图 2-15 循环结构流程图　　图 2-16 选择结构流程图

2）定义变量与引脚

infrared 为红外循迹传感器引脚变量，连接 Arduino 开发板引脚 3；

led 为 LED 灯引脚变量，连接 Arduino 开发板引脚 5；

buzzer 为蜂鸣器引脚变量，连接 Arduino 开发板引脚 6；

t0 为初始时间变量；

t 为教学小车行驶时间变量；

red 为读取红外循迹传感器信号值变量。

3）构建程序模块

构建程序模块时要记住，当红外循迹传感器照射到白色物体上时输出的信号值为 1，照射到黑色物体上时输出的信号值为 0。程序中设置教学小车行驶时间为 1000 ms。程序二模块构建示意如图 2-17 所示。

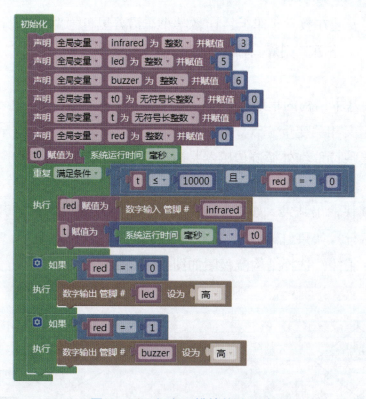

图 2-17　程序二模块构建示意

4）编译并保存程序

编译程序二，并将程序二保存到"我的程序"文件夹中。

2.3　创意检验

1. 程序一体验

（1）上传程序一。

从"我的程序"文件夹中打开程序一，上传到 Arduino 开发板。

（2）程序一运行结果如图2-18所示。

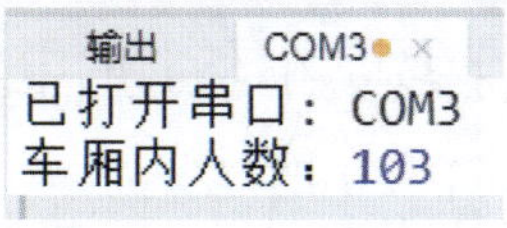

2. 程序二体验

1）"路面"设置

用黑色胶带在白色或接近白色的桌面或地面上铺设一段"弯道"，用胶带的宽度作"弯道"宽度即可，长度随场地而定，如图2-19所示。

图2-18 程序一运行结果

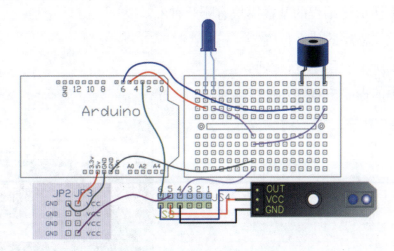

图2-19 "路面"设置示意

2）连接元器件

（1）红外循迹传感器连接。

将红外循迹传感器插在教学小车前端底部的JS8引脚接口上，如图2-20所示。红外循迹传感器引脚与接口引脚用拆线连接，表示红外循迹传感器与接口直插。

图2-20 程序二元器件连接示意

JS8引脚与上部的JS4引脚是两两对应连通的。从JS4引脚将红外循迹传感器的信号引脚OUT连接到Arduino开发板的引脚3，电源引脚与教学小车电源引脚VCC连接，接地引脚在面包板上与LED灯短引脚（接地）连接，如图2-20所示。

（2）LED灯连接。

将LED灯插在面包板上，长引脚连接Arduino开发板的引脚5，短引脚从面包上连接到Arduino开发板的引脚GND，如图2-20所示。

（3）蜂鸣器连接。

将蜂鸣器插在面包板上，长引脚连接Arduino开发板的引脚6，短引脚在面包板上与LED灯的短引脚连接，并与红外循迹传感器的引脚GND连接，如图2-20所示。

3）电源连接

教学小车上的电源引脚 VCC、GND 分别对应连接 Arduino 开发板的 5 V 引脚与接地引脚，如图 2-20 所示。

4）上传程序二

元器件连接完毕后注意认真检查，确认电路连接正确，然后从"我的程序"文件夹中打开程序二，上传到 Arduino 开发板。

5）体验效果

程序二上传成功后拔下数据线，打开教学小车电源开关。将教学小车放在"路面"上，让红外循迹传感器探头对着黑色"路面"，然后适当用力推动教学小车前行。

10 s 后如果红外循迹传感器没有离开路面，LED 灯就会点亮；10 s 内如果红外循迹传感器离开"路面"，蜂鸣器就会发出鸣叫。

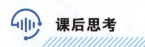

课后思考

1. Mixly Arduino 图形化编程的基本模块有哪几种？
2. 声明模块应放在程序的什么位置？
3. 指出图 2-21 所示的程序有什么问题。
4. 图 2-22 所示的程序中有哪几种基本模块？

图 2-21　第 3 题图

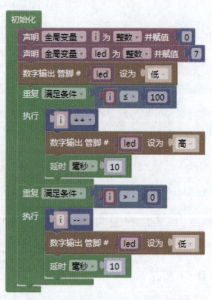

图 2-22　第 4 题图

5. 设计一个程序，当电位器的输出电压高于 2.5 V 时关掉已经点亮的 1 只 LED 灯，这时需要用到哪几种基本模块？

顺序结构程序的应用

我们已经初步了解了 C 程序的 3 种基本结构。现在进一步了解算法与程序流程图,并通过"编写程序"与"创意体验",熟练掌握顺序结构程序的应用。

3.1 基本要点

1. 算法

什么是算法呢？我们先看下面的一个例子。

计算 1 + 2 + 3 + 4 + 5 + 6 + 7 + 8 + 9 + 10。

上面的算式至少有 2 种计算方法,即依次逐个相加或将它们首尾相加。

方法一：

$$1 + 2 + 3 + 4 + 5 + 6 + 7 + 8 + 9 + 10 = 55$$

方法二：

$$(1 + 10) + (2 + 9) + (3 + 8) + (4 + 7) + (5 + 6) = 55$$

方法一和方法二的计算过程体现了它们相同的一面和不同的一面。

相同的一面是：它们的计算对象和运算符都相同,或者说它们的数据结构相同。

不同的一面是：它们的计算方法不同,即方法一是依次逐个相加,方法二是首尾相加。这种不同的计算方法就是算法的体现。

从概念上来说,算法是对操作的描述,是指数据处理的操作步骤。

掌握算法的运用,对于启发我们的解题思维也是很有益处的。比如,第 2 课中的"车厢中有多少人"是一道小学三年级的数学应用题,重新叙述如下。

一列火车的第 10 号车厢原有 116 人,到某站后,有 58 人下车,有 45 人上车。再开车时,这节车厢中有多少人？

第 2 课中的算法如图 3 - 1 所示。它的表达式为：

$$116 - 58 + 45 \tag{1}$$

实际上,这道题也可以用另一种算法求解,如图 3 - 2 所示。它的表达式为：

$$(116 + 45) - 58 \tag{2}$$

上面的两种算法哪一种较优呢？好像看不出来。但是,将原来的应用题改变一下,两种算法的差异就会显现出来,如下所示。

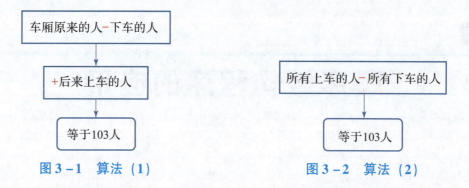

图 3-1 算法（1）　　　　　　　　　图 3-2 算法（2）

一列火车的第 10 号车厢原有 116 人，到 1 号站后，有 58 人下车，45 人上车；到 2 号站后，有 37 下车，有 15 人上车；到 3 号站后，有 39 人下车，有 66 人上车；到 5 号站后，有 21 人下车，有 15 人上车。再开车时，这节车厢中有多少人？

很显然，用第二种算法比较简便，而且不容易出错。

2. 流程图

流程图是表示算法的一种方法。表示算法的方法有多种，其中用流程图表示算法是得到广泛应用的方法之一。

（1）程序流程图，实际上是用图形的方式描述程序设计的思路。

（2）常用的流程图符号如图 3-3 所示。

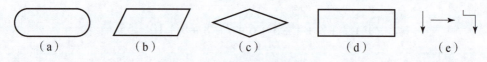

图 3-3　常用的流程图符号

（a）开始/结束框；（b）输入/输出框；（c）判断框；（d）处理框；（e）流程线

①开始/结束框，画在流程图的首部和尾部，表示程序的开始和结束。

②输入/输出框，表示程序输入数据和输出数据。

③判断框，表示选择结构和循环结构的条件判断，在判断框的两个出口流程线旁应标明"真""假"或"成立""不成立"。

④处理框，标识程序模块的功能，即对数据的处理。

⑤流程线，表示程序运行的路径和方向。

3. 流程图的绘制

按照流程图编写的程序能不能在计算机上实现，是判断流程图是否正确的关键。怎样才能画出准确无误的流程图呢？

（1）要准确理解程序设计的任务与要求，就像解一道数学题，必须先认真理解题意，才能找到正确的解题方向。

（2）流程图是根据绘制者的思路画出来的，因此对程序的编写要有一个明确的思路。

（3）处理好 3 种基本结构的入口和出口是绘制流程图的关键，一定要清楚、合理地描述它们相互之间的流程线。

但是，如果在构建程序模块的过程存在问题，如模块的使用、数据的处理等而使程序无法实现，则不属于流程图的问题。

掌握流程图的绘制方法，对初学者是十分有益的。流程图能够形象直观地描述算法中的各种结构，有助于加深对程序的理解和促进算法的实现。

4. 单元小结

（1）C 程序设计的结构是按程序执行的顺序划分的。

（2）程序的顺序结构，是指程序在执行时按模块搭建的顺序从上往下执行。

（3）C 程序的 3 种基本结构是：①顺序结构；②选择结构；③循环结构。

（4）Mixly Arduino 图形化编程的基本模块有：①声明模块；②表达式模块；③流程控制模块；④函数调用模块。

（5）流程图是表示算法的一种方法。

3.2 编写程序

程序一：面积是多少；

程序二：渐明渐暗的 LED 灯。

1. 程序一：面积是多少

图 3-4（a）所示的正方形 ABCD 的边长为 2，里面的正方形 abcd 的 4 个角分别位于大正方形各边上的中点。求正方形 abcd 的面积是多少，并输出结果。

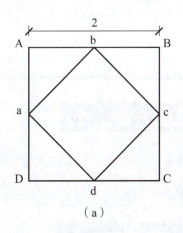
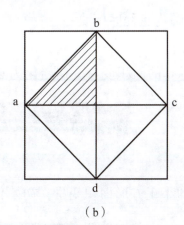

图 3-4 正方形

1）解题思路

（1）将大正方形分成 4 等份，如图 3-4（b）所示，每一等份也是一个正方形。

（2）计算其中一等份的面积，如左上方正方形的面积。

（3）计算阴影部分的面积，它的面积等分小正方形面积的一半。

2）编程思路

（1）声明和定义变量。

（2）计算等分后的其中 1 个小正方形的面积。

（3）计算阴影部分的面积。

（4）计算正方形 abcd 的面积。

3）绘制流程图

程序一流程图如图 3-5 所示。

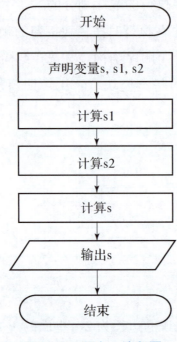

图 3-5　程序一流程图

4）根据流程图构建程序模块

（1）定义变量

s 为正方形 abcd 的面积变量，初始化为 0（图 3-6）。

图 3-6　定义变量（1）

s1 为等分后的小正方形面积变量，初始化为 0（图 3-7）。

图 3-7　定义变量（2）

s2 为阴影部分的面积变量，初始化为 0（图 3-8）。

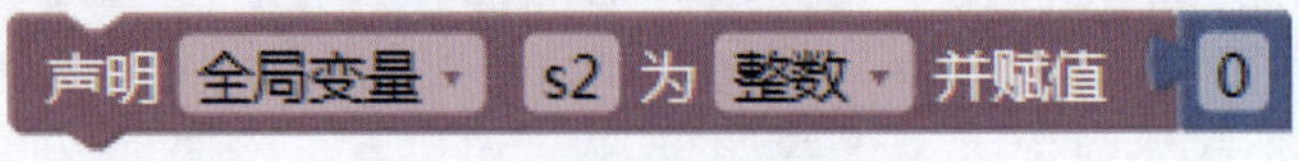

图 3-8　定义变量（3）

(2) 计算 s1、s2、s（图 3-9）。

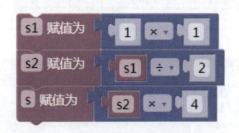

图 3-9　计算 s1、s2、s

(3) 构建程序模块

程序一模块构建示意如图 3-10 所示。

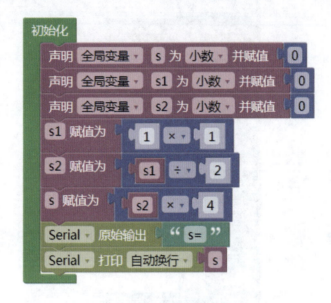

图 3-10　程序一模块构建示意

5) 编译并保存程序

编译程序一，并将程序一保存到"我的程序"文件夹中。

2. 程序二：渐明渐暗的 LED 灯

设计一个程序点亮 1 只 LED 灯。让 LED 灯由暗变亮，然后由亮变暗，反复循环。

1) 编程思路

将程序模块放在 loop( ) 函数内，用顺序结构逐步提高 LED 灯的亮度，然后逐步降低 LED 灯的亮度。

(1) 声明和定义 LED 灯引脚及电压变量 v。

(2) LED 灯的电压参数值取 0~180，每次提高 60 或降低 60。

2) 绘制流程图

根据编程思路，绘制流程图，如图 3-11 所示。

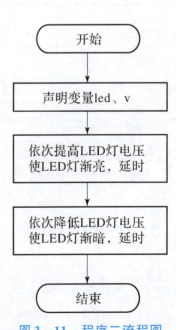

图 3-11　程序二流程图

3）定义变量

led 为 LED 灯引脚变量，连接 Arduino 开发板的引脚 5（图 3-12）。

v 为 Arduino 开发板引脚 5 电压输出变量（图 3-13）。

图 3-12　定义变量（1）　　　　图 3-13　定义变量（2）

4）构建程序模块

程序二模块构建示意如图 3-14 所示。

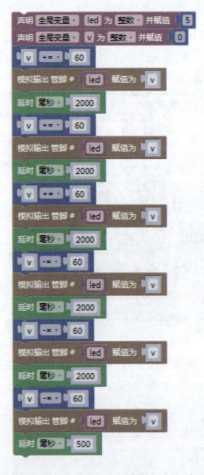

图 3-14　程序二模块构建示意

5）编译并保存程序

编译程序二，并将程序二保存到"我的程序"文件夹中。

3.3　创意体验

1. 程序一体验

（1）上传程序一。

从"我的程序"文件夹中打开程序一，上传到 Arduino 开发板。

(2) 程序一运行结果如图3-15所示。

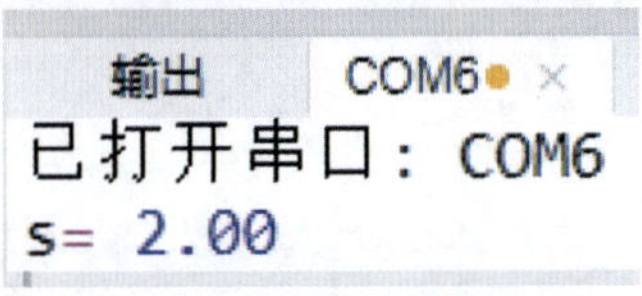

图 3-15　程序一运行结果

(3) 改变算法后再计算正方形 abcd 的面积。

先计算正方形 ABCD 的面积，然后减去 4 个等分后的正方形面积的一半，参见图 3-4（b），计算式为

$$2*2-4*1*1/2$$

参照程序一编写程序，先定义变量，再按顺序结构分步计算。

2. 程序二体验

1）连接 LED 灯与电源

（1）将 LED 灯插在面包板上，长引脚连接 Arduino 开发板的引脚 5，短引脚连接引脚 GND。

（2）将教学小车的电源引脚 VCC、GND 分别与 Arduino 开发板的电源引脚（5 V）、接地引脚连接，如图 3-16 所示。

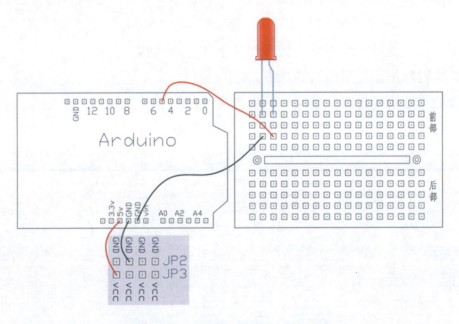

图 3-16　程序二元器件连接示意

2）上传程序

从"我的程序"文件夹中打开程序二，上传到 Arduino 开发板。

3）体验效果

程序二开始运行后，LED 灯会由暗变亮，再由亮变暗。

同学们可以修改程序，增加电压变化的次数，让 LED 灯明暗变化得慢一点，经过反复调试达到令你满意的效果。

 **课后思考**

1. 算法的含义是什么？

2. 下面哪一种表述属于算法？（　　）

A. 求两个数的和要用加法

B. 赋值运算符是把它右边表达式的值赋给左边的变量

C. 99＊99 可以用(100－1)＊99 的方法计算

D. 四则混合运算的两级运算规则是：先乘除，后加减

3. 下面的表述中不正确的是（　　）。

A. 流程图是声明变量的一种方法

B. 流程图是表示算法的一种方法

C. 程序流程图是用图形的方式描述程序设计的思路

D. 流程图用一系列规定的图框和带箭头的线段表示

4. 对于下面的表述，正确的请在它后面的括号中打"√"，错误的请在它后面的括号中打"×"。

（1）顺序结构程序是指程序按编写的顺序从下往上依次执行。（　　）

（2）顺序结构程序是指程序编写的顺序。（　　）

（3）不包含选择结构的程序就是顺序结构程序。（　　）

（4）一个程序可能包含选择结构，可能包含循环结构，也可能三种基本结构都包含（　　）

5. 一个面积为 6 dm² 的长方形，其中一条边长为 2 dm，编写程序计算它的另一条边长是多少分米。

第 2 单元
选择结构程序设计

- 选择结构的意义与作用
- if、if…else 选择形式的特点及运用方法
- switch 选择形式的特点及运用方法

第4课 if 选择结构

前面我们已经学习了 C 程序 3 种基本结构中的顺序结构。可以把顺序结构比作直线结构，它是一种不转弯、没有选择的程序结构，程序一开始运行就只能一个劲地往前冲。这样的情形在现实生活中一般是不会存在的，因此这种单纯的顺序结构程序是无法解决实际问题的。

为了解决实际应用中纷繁复杂的问题，程序的选择结构是极其关键与重要的方法。选择结构对可能存在或出现的问题进行分析与判断，并做出正确合理的选择。比如机器人能够具有一定的智能，就是因为它在运行过程中能够对不断发生和变化的事物进行判断和选择。实际上，这种能力是由于选择结构程序的控制而具有的。

选择结构本身也有多种形式，如 if 选择结构、if…else 选择结构、switch 选择结构等。

4.1 基本要点

1. if 选择结构的特点

if 选择结构又叫作分支结构，对应的模块在模块区的"控制"分类中，即"如果/执行"模块，如图 4-1 所示。在后面的课程中除了标题，一般用"如果/执行"模块表示 if 选择结构。

前面我们已经多次使用过这个模块，它有什么特点呢？

"如果/执行"模块在程序的执行过程中根据条件判断的不同结果，只选择对一条分支中的情况进行处理，其他分支的情况如何处理这个模块就不管了。

图 4-1 if 选择结构模块

例如，比较两个数 a 和 b 的大小，如果 a＞b，则输出变量名 a 和它的值，如果 a==b 怎么办呢？这时"如果/执行"模块就不管了，如图 4-2 所示。正因为如此，还要再用一个"如果/执行"模块来判断是否 a==b，如图 4-3 所示。

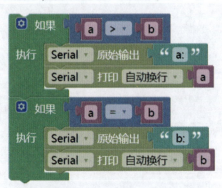

图 4-2 判断 a＞b？　　　　图 4-3 判断 a≤b？

2. 条件判断

（1）"如果/执行"模块缺口的功能。"如果/执行"模块共有两个缺口，"如果"缺口用于条件判断；"执行"缺口用于数据处理。

（2）程序执行时，先判断"如果"缺口中表达式的值，如果表达式的值为"真"，则程序进入"执行"缺口进行数据处理，即执行"执行"缺口中的模块；如果表达式的值为"假"，则"如果/执行"模块就什么也不管了，程序跳过这个模块去执行它下面的模块，如图4-4所示。

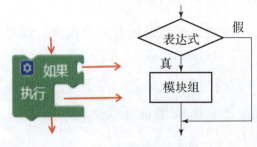

图4-4 条件判断示意

3. 表达式与模块

1）表达式

在图4-4中，用于条件判断的表达式一般为关系表达式或逻辑表达式，如图4-5所示。

图4-5 关系表达式与逻辑表达式模块

(a) 关系表达式模块；(b) 逻辑表达式模块

关系表达式或逻辑表达式常使用以下形式。

（1）表达式运算符的左、右两边是算术表达式（图4-6）。计算机先对算术表达式进行计算，然后根据计算结果进行判断。

（2）表达式是变量或常量（图4-7）。

图4-6 表达式的形式（1）   图4-7 表达式的形式（2）

（3）表达式可以是引脚模块（图4-8）。这时候计算机先读取引脚的信号值，再根据读取的信号值进行计算或直接判断。

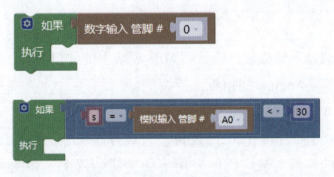

图4-8 表达式的形式（3）

2）模块组

在图 4-4 中，模块组是当选择结构条件为"真"时执行的一系列模块，如对数据进行处理或驱动某些元器件等。

模块组可以是任意多个模块，也可以只有 1 个模块。

4. MP3 模块

让机器人说话是一件很有意义的事情。现在，我们学习 MP3 模块的使用方法，然后通过编写程序让它播放语音或音乐，在后面的学习与制作中，我们能够使用该模块制作出会说话的机器人。

1）MP3 模块与转接板引脚及功能

MP3 模块及转接板实物如图 4-9 所示。MP3 模块部分引脚及功能见表 4-1，MP3 模块转接板与 MP3 模块对应的引脚见表 4-2。

图 4-9　MP3 模块及转接板实物

（a）Mini MP3 模块；（b）Mini MP3 模块转接板

表 4-1　MP3 模块部分引脚及功能

引脚	功能
VCC	模块电源输入
RX	UART 串行数据输入
TX	UART 串行数据输出
SPK_1	接小喇叭
GND	电源地
SPK_2	接小喇叭

表 4-2　MP3 模块转接板与 MP3 模块对应的引脚

V	3.3~5 V
RX	
TX	0.5 W
G	

使用时，将 MP3 模块插入转接板，插入时 MP3 模块上的缺口与转接板的图形缺口方向一致。转接板上的 4 个引脚分别与 Arduino 主控板连接。

2）SD 卡

SD 卡是一种基于半导体的新一代记忆设备，它具有体积小、数据传输速度高、可热插拔等优良的特性，被广泛地应用于便携式装置上，如图 4-10 所示。

图 4-10　SD 卡

将存储了语音或音乐的 SD 卡插入 MP3 模块，编写好播放程序，然后连接到 Arduino 开发板就可以实现简单的播放操作了。

4.2 编写程序

程序一：周长是多少；
程序二：MP3 模块播放计算结果。

1. 程序一：周长是多少

有两个同样的长方形，长是 8 dm，宽是 4 dm。如果把它们拼成一个长方形，这个长方形的周长是多少分米？如果把它们拼成一个正方形，这个正方形的周长是多少分米？按从小到大的顺序输出结果。

1）解题思路

（1）确定拼接方法。拼接长方形，将两个长方形的短边拼接在一起；拼接正方形，将两个长方形的长边拼接在一起，如图 4-11 所示。

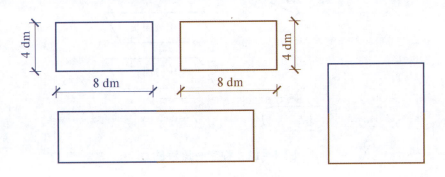

图 4-11 两种图形拼接

（2）确定算法。计算拼接后的两个图形的周长至少有 2 种算法，这里以拼接长方形为例进行讲解。

算法一：先计算一个长方形的 2 条长边和 1 条短边的长度，再加上另一个长方形的 2 条长边和 1 条短边的长度，即

$$8+8+4+8+8+4 \tag{1}$$

算法二：将一个长方形的长边与短边的和乘以 2，得到一个长方形的周长，再乘以 2 得到两个长方形的周长，然后减去它的 1 条短边的 2 倍，即

$$(8+4)*2*2-2*4 \tag{2}$$

上面第一种算法显得非常直观，第二种算法便于在程序中运用变量。同学们可以根据自己的理解与习惯任意采用一种算法或其他算法。这里采用第二种算法。

2）编程思路

定义变量，分别计算拼接后的两个图形的周长，然后从小到大进行排序，最后输出结果。

3）程序流程图

程序一流程图如图 4-12 所示。

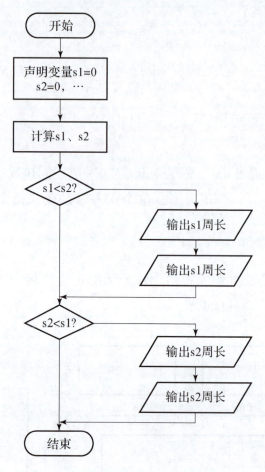

图 4-12　程序一流程图

4）根据流程图构建程序模块

（1）定义变量。

a 为长方形长边变量，初始化为 8；

b 为长方形短边变量，初始化为 4；

s1 为拼接后的长方形周长变量；

s2 为拼接后的正方形周长变量。

（2）计算周长：

$$s1 = (a+b)*2*2 - 2*b$$
$$s2 = (a+b)*2*2 - 2*a$$

（3）比较 s1 与 s2 并输出结果。

使用"如果/执行"模块，在"如果"缺口用条件判断表达式 s1＜s2？和 s1＞s2 进行判断；在"执行"缺口构建输出结果的模块组。

（4）构建程序模块。

程序一模块构建示意如图 4-13 所示。

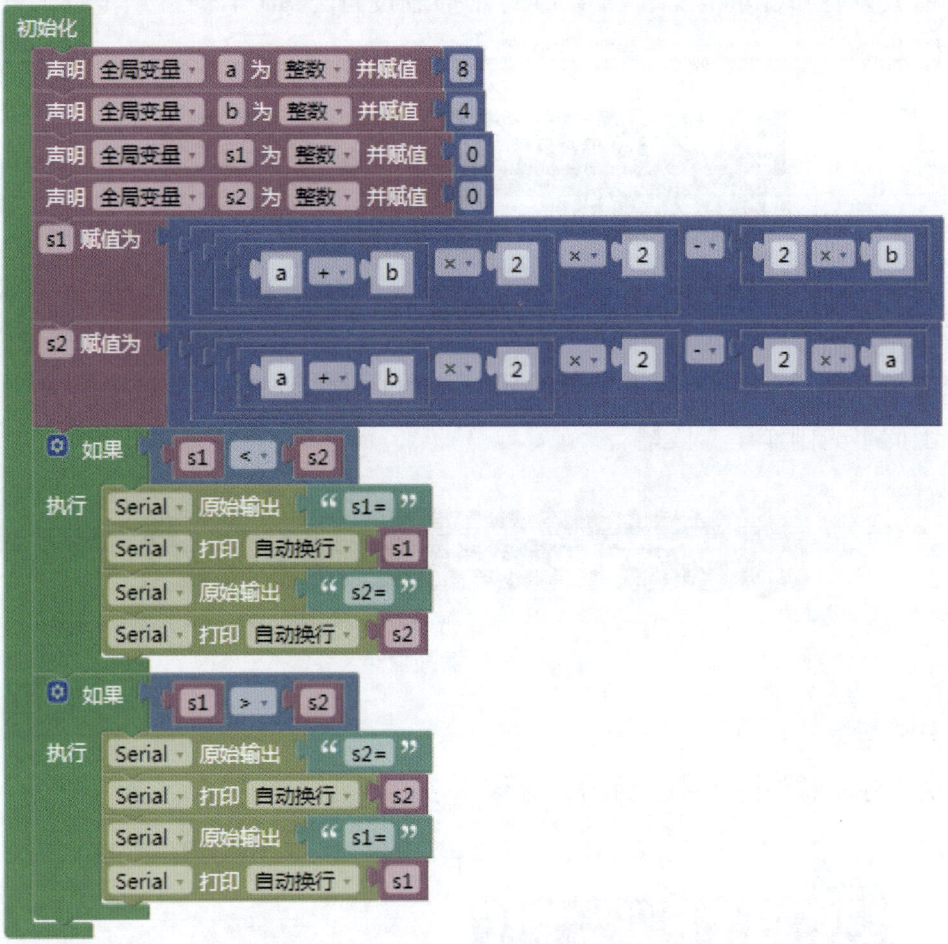

图 4-13 程序一模块构建示意

5）编译并保存程序

编译程序一，并将程序一保存到"我的程序"文件夹中。

2. 程序二：MP3 模块播放计算结果

将程序一的输出形式改为语音输出。用 MP3 模块播放 s1、s2 的计算结果。

当 s1＜s2 时，播放语音"1"；当 s1＞s2 时，播放语音"2"。语音由老师事先制作好后存储在 SD 卡中。

1）MP3 模块

MP3 模块在模块区"执行器"分类的"声音"子类中。这里列出需要用到的几种模块。

（1）初始化播放设备（图 4-14）。模块中 RX、TX 引脚可以根据实际情况选择，其他部分采用默认值。

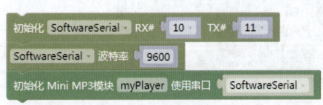

图 4-14 初始化播放设备

（2）设置播放设备和音量范围（图4-15）。播放设备为SD卡；音量范围为0~30，可以根据播放环境进行设置。

图4-15 设置播放设备和音量范围

（3）播放曲目（图4-16）。曲目要根据SD卡中的实际曲目设置，这里有两种选择，即s1 < s2或s1 > s2，因此事先制作了2段语音。

图4-16 播放曲目

2）构建程序模块

程序二模块构建示意如图4-17所示，流程图略。

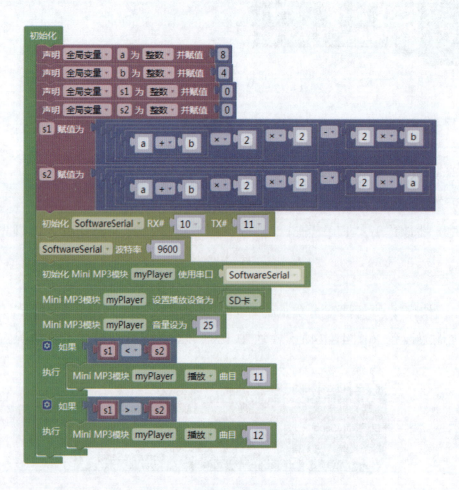

图4-17 程序二模块构建示意

3）编译并保存程序

编译程序二，并将程序二保存到"我的程序"文件夹中。

4.3 创意体验

1. 程序一体验

（1）上传程序一。

从"我的程序"文件夹中打开程序一，上传到 Arduino 开发板。

（2）程序一运行结果如图 4-18 所示。

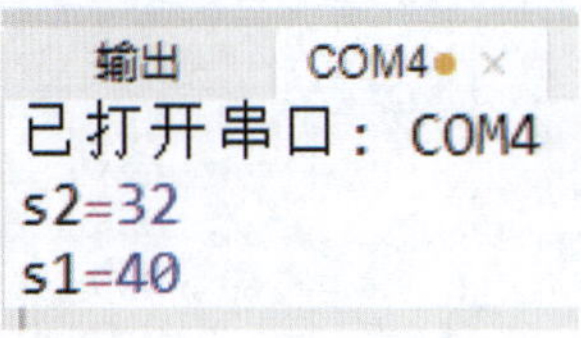

2. 程序二体验

1）接插 MP3 模块

（1）将 MP3 模块插到转接板上，注意模块上的缺口与转接板的图形缺口方向一致，如图 4-11（a）所示。

（2）MP3 模块插好后，再将 SD 卡插入 MP3 模块，如图 4-19（b）所示。

注意：拿取元器件时捏住边缘位置，不要触摸芯片。取出 SD 卡时先适当用力往里抵一下，待 SD 卡弹出后再取出来。

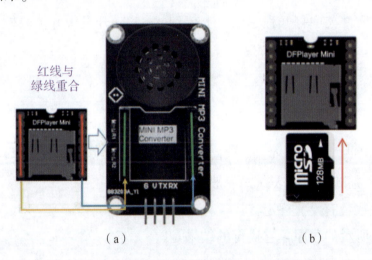

图 4-18　程序一运行结果

图 4-19　MP3 模块与转接板插接示意

2）转接板与 Arduino 开发板连接

（1）将转接板通过弯脚排母插到教学小车左前角的 JS6 引脚接口上，从 JS5 引脚接口与 Arduino 开发板连接，如图 4-20 所示。

（2）连接 RX、TX 引脚。注意，程序二中 RX 引脚号为 10，TX 引脚号为 11。连接时，将转接板的 RX 引脚连接到 Arduino 开发板的引脚 10；将转接板的 TX 引脚连接到 Arduino 开发板的引脚 11，如图 4-20 所示。

3）连接电源

将教学小车上的电源引脚 VCC 先连接到面包板上，再从面包板分别将引脚 VCC 连接到

Arduino 开发板的 5 V 引脚和转接板的 V 引脚，它们的电源地引脚分别连接到 Arduino 开发的接地引脚，如图 4-20 所示。

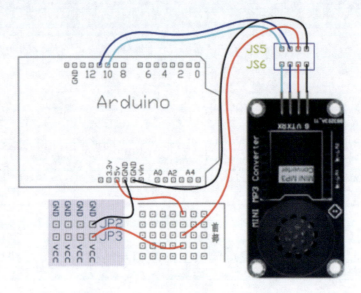

图 4-20 程序二元器件连接示意

不过，也可以直接使用 USB 接口电源，但重复体验时需要反复上传程序。

4）上传程序并体验效果

从"我的程序"文件夹中打开程序二，上传到 Arduino 开发板并体验效果。

1. if 选择结构的特点是什么？它在"控制"分类中对应的是哪个模块？
2. "如果/执行"判断框里的表达式一般有哪几种？
3. 模块组的模块数量有没有规定？
4. 阅读图 4-21 所示的程序，它执行的结果是（   ）。

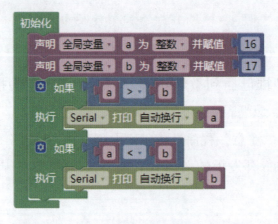

图 4-21 第 4 题图

5. 阅读图 4-22 所示的程序，它执行的结果是（　　）。

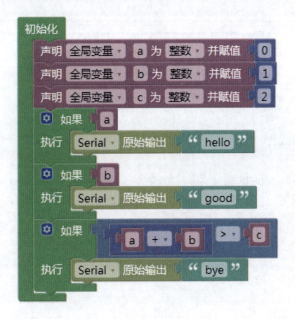

图 4-22　第 5 题图

第5课 if…else 选择结构

if…else 是选择结构的另一种形式,即二分支选择结构。它扩大了 if 选择结构的选择范围,为程序设计带来了更大的便利。

5.1 基本要点

1. if…else 模块及其功能

1) if…else 模块

if…else 模块隐藏在"如果/执行"模块内,单击该模块左上角的蓝色图标 ,弹出一个新的图块,将图块左边的"否则"模块拖入右边的"如果"缺口,再次单击蓝色图标便得到 if…else 模块。往后把它叫作"如果/执行…否则"模块,如图 5-1 所示。

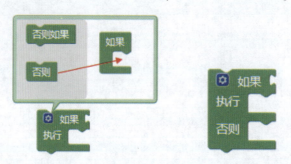

图 5-1 "如果/执行…否则"模块

2) if…else 模块的功能。

"如果/执行…否则"模块是一个可以对 2 个分支进行选择执行的模块。它不像"如果/执行"模块那样,只选择 1 个条件执行而其他条件一概不管。

"如果/执行…否则"模块的功能是,先判断表达式的值,如果表达式的值为"真",则执行模块组 1,否则执行模块组 2。"如果/执行…否则"模块与流程图如图 5-2 所示。

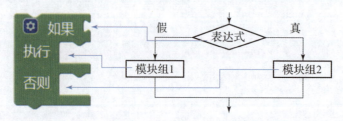

图 5-2 "如果/执行…否则"模块与流程图

例如：比较两个数 a 和 b 的大小，并输出其中较大的数。

用"如果/执行"模块每次只能选择一个条件来执行，即如果 a＞b 则输出 a，如果 a＜b 它就无能为力了。这时就要再使用 1 个"如果/执行"模块重复判断是否 a＜b，这是前面经常使用的方法，如图 5-3 所示。

用"如果/执行…否则"模块，可以同时选择 2 个条件来执行，不需要重复使用 2 个"如果/执行"模块，即如果 a＞b 则输出 a，否则输出 b，如图 5-4 所示。

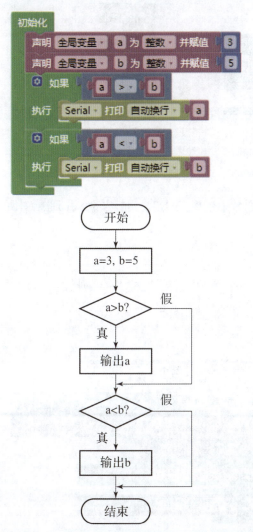

图 5-3 "如果/执行"模块与流程图

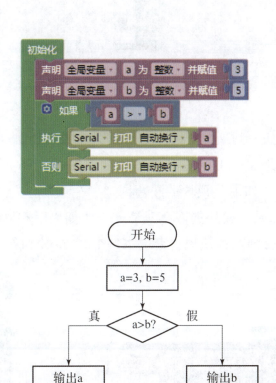

图 5-4 "如果/执行…否则"模块与流程图

2. if 选择结构对多分支的处理

在现实生活中很多事情并不是只有两种选择。例如：①上学你可以坐校车，可以骑单车，也可以步行；②用关系表达式判断整数 a 与 b 的关系，可能存在的情况有 a＞b，a＜b，或 a==b。

在以上两件事情中，都存在 3 个可供选择的分支，把它叫作多分支。

1) if…else if 语句

当存在多个选择分支时，可以采用 if…else if 语句。它对应的模块仍然是从"如果/执行"模块中得来的。

如图 5-5（a）所示，单击"如果/执行"模块左上角的图标 ⚙，将弹出的图框中左上角"否则如果"模块拖入右边的"如果"缺口，便得到了"如果/执行…否则如果/执行"模块，如图 5-5（b）所示。实际应用中有几个分支需要选择，就拖放几个"否则如果"模块，如图 5-5（c）所示。

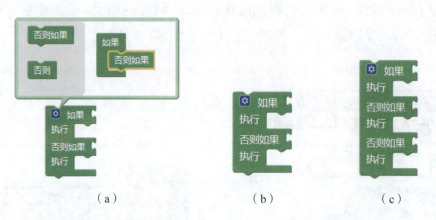

图 5-5　"如果/执行…否则如果/执行"模块

例如：判断两个数 a 与 b 的大小关系，如果 a＞b 则输出"a＞b"，如果 a＜b 则输出"a＜b"，如果 a==b 则输出"a==b"，如图 5-6 所示。

2）"如果"模块的嵌套

"如果"模块的嵌套就是一个"如果"模块里面再套一个"如果"模块。例如，在"如果/执行…否则"模块里再套进去一个"如果/执行…否则"模块，如图 5-7 所示。

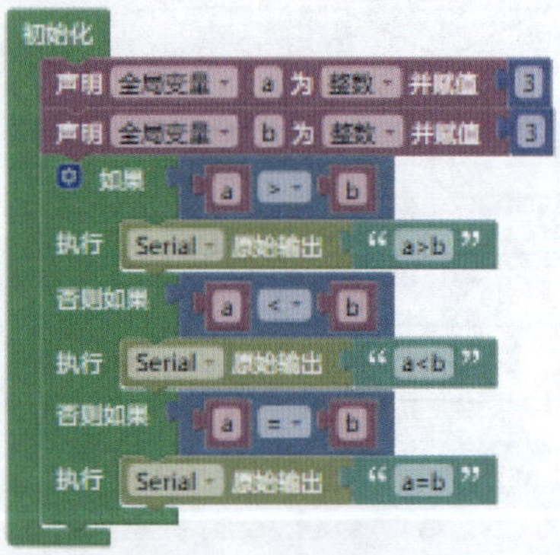

图 5-6　判断示例 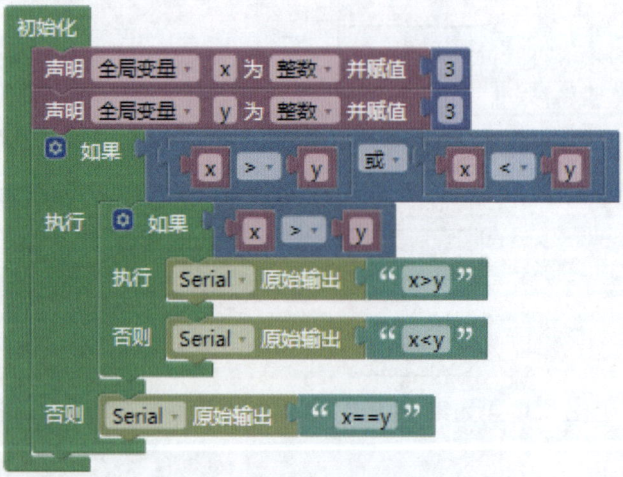　　　　　图 5-7　"如果"模块嵌套示例

这种形式叫作 if 语句的嵌套。同学们现在只要知道有这种方法就行了，在后面的学习中再做进一步的了解。

5.2　编写程序

程序一：奇数还是偶数；

程序二：点播歌曲。

1. *程序一：奇数还是偶数*

判断一个整数 n 是奇数还是偶数，并输出判断结果。

1) 编程思路

用 2 去除整数 n，若它能被 2 整除，则这个数是偶数，输出"n 是偶数"，否则输出"n 是奇数"。

2) 流程图

程序一流程图如图 5-8 所示。

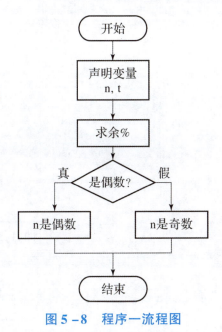

图 5-8　程序一流程图

3) 定义变量

n 为整数变量，设为 53；

t 为余数变量，初始化为 0。

4) 求余运算

求余运算如图 5-9 所示。

5) 构建程序模块

根据流程图，用"如果/执行…否则"模块构建程序，如图 5-10 所示。

图 5-9　求余运算

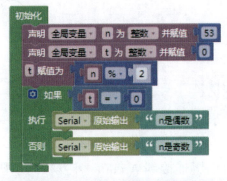

图 5-10　程序一模块构建示意

6) 编译并保存程序

编译程序一，并将程序一保存到"我的程序"文件夹中。

2. *程序二：点播歌曲*

播放存储在 MP3 模块中的两首歌曲，不播放歌曲时亮起一只 LED 灯，表示该歌曲播放完毕。

1) 编程思路

使用 2 个按键开关分别控制 MP3 模块曲目播放。按下其中一个按键开关时播放曲目 13，按下另一个按键开关时播放曲目 14。

用"如果/执行"模块和"如果/执行…否则"模块控制程序流程。

2) 流程图

程序二流程图如图 5-11 所示。

3) 定义变量和引脚

button1 为按键开关 1 的引脚变量，连接到 Arduino 开发板的引脚 3。

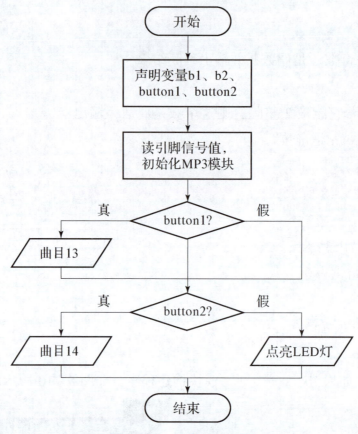

图 5-11　程序二流程图

button2 为按键开关 2 的引脚变量，连接到 Arduino 开发板的引脚 4。

b1 为读取按键开关引脚 button1 信号值的变量，初始化为 0。

b2 为读取按键开关引脚 button2 信号值的变量，初始化为 0。

将 LED 灯引脚连接到 Arduino 开发板的引脚 5，这里不设置变量，编程时直接使用引脚号。

4）构建程序模块

根据流程图，构建程序模块，如图 5-12 所示。图中标号含义如下。

①②为曲目的时长。曲目 3 的时长为 41000 ms，曲目 4 的时长为 48000 ms。

③④为熄灭 LED 灯的模块。同学们想一想，为什么要在这里分别设置熄灭 LED 灯的模块呢？如果不设置会有什么效果？

5）编译并保存程序

编译程序二，并将程序二保存到"我的程序"文件夹中。

5.3　创意体验

1. 程序一体验

（1）上传程序一。

从"我的程序"文件夹中打开程序一，上传到 Arduino 开发板。

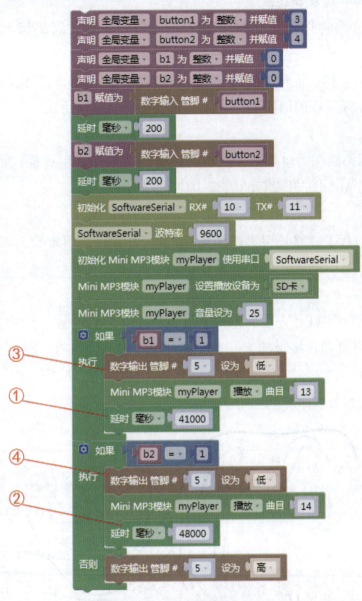

图 5-12 程序二模块构建示意

（2）程序一运行结果如图 5-13 所示。

图 5-13 程序一运行结果

（3）修改 n 的值，输入一个偶数，体验输出结果。

2. 程序二体验

1）接插 MP3 模块与转接板。

参见图 4-19。

2）转接板与 Arduino 开发板连接

（1）将转接板通过弯脚排母插到教学小车左前角的 JS6 引脚接口上，从 JS5 引脚接口与 Arduino 开发板连接。

（2）连接 RX、TX 引脚。将转接板的 RX 引脚连接到 Arduino 开发板的引脚 10，将转接板的 TX 引脚连接到 Arduino 开发板的引脚 11。

3）连接按键开关

分别将 2 个按键开关插在面包板上，然后将按键开关的输入引脚插在面包板的一端，再将 2 个输出引脚分别连接到 Arduino 开发板的引脚 3 和 4。

4）连接 LED 灯

将 LED 灯插在面包板上，将长引脚连接到 Arduino 开发板的引脚 5，将短引脚在 Arduino 开发板上接地。

5）连接电源

将教学小车的电源引脚 VCC 先在面包板上与 2 个按键开关的输入引脚连接，再从这里连接到 Arduino 开发板的 5 V 引脚和转接板的 V 引脚。教学小车的引脚 GND 连接 Arduino 开发板的接地引脚。

程序二元器件连接示意如图 5-14 所示。

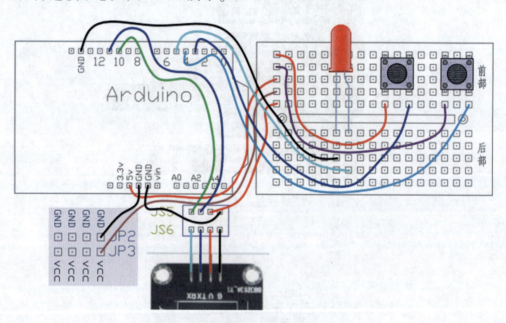

图 5-14　程序二元器件连接示意

6）上传程序并体验效果

（1）从"我的程序"文件夹中打开程序二，上传到 Arduino 开发板并体验效果。

（2）体验一下：正在播放歌曲时，如果按下另一个按键开关，会不会立即播放另一首歌曲？为什么？

课后思考

1. "如果/执行…否则"模块可以对几个分支进行选择执行？

2. "如果/执行"模块和"如果/执行…否则"模块的功能有什么区别？

3. 小明问小晶周末准备做什么，小晶说：如果天晴就和爸爸去登山，如果下雨就去体育馆打乒乓球。请用流程图将小晶的周末计划表示出来。

4. 用变量 w 表示天气，1 表示晴天，0 表示雨天。为上题中小晶的周末计划编写一个程序。（用"如果/执行…否则"模块，如果需要其他变量请自己定义。）

5. 用"如果/执行…否则"模块编写一个程序：判断 169 是奇数还是偶数，如果是奇数则输出"169 是奇数"，如果是偶数则输出"169 是偶数"。

6. 认真阅读图 5-15 所示的程序，然后去掉 2 个"如果/执行"模块，改用 1 个"如果/执行…否则"模块，观察程序的执行结果是否改变。

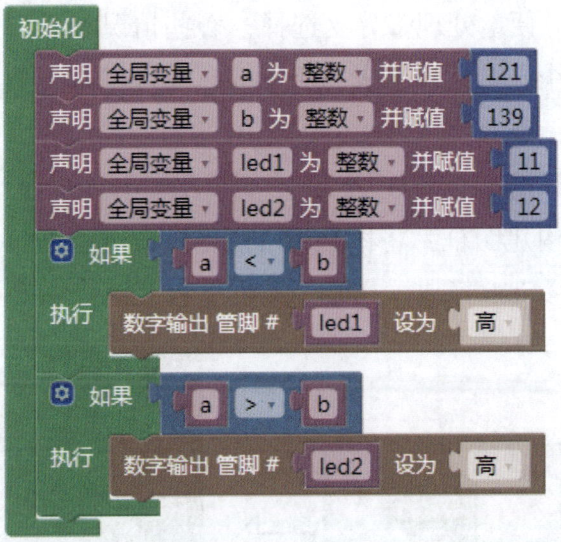

图 5-15　第 6 题图

第6课 switch 选择结构

6.1 基本要点

1. switch 模块的功能

对于某一个条件，如果存在多分支的情况，用"如果/执行"或"如果/执行…否则"模块处理会变得很复杂，而且不便于阅读。比如某一条件下有 10 个分支，用"如果/执行"模块处理就会不胜其烦。这时用 switch 模块处理就简洁多了。

（1） switch 模块可以很方便地处理多分支选择。有些情况下需要进行选择的分支远不止 2 个或 3 个，那么将这些分支一个一个地列出来，用 switch 模块像查字典一样地进行选择执行，极为简便。

（2） switch 模块在模块区的"控制"分类中。如图 6-1 所示，单击 switch 模块左边的蓝色图标，弹出一个 switch 模块构建图框，将图框左上方的 case 模块和 default 模块拖入它右边的缺口，就构建成了一个完整的 switch 模块。在某一条件下有几个分支就拖入几个 case 模块。

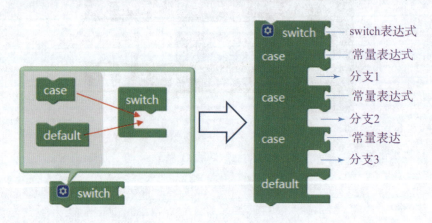

图 6-1 switch 模块构建示意

2. switch 模块的使用方法

先看一个例子：有 4 位同学的体育课成绩分别是 80 分、85 分、90 分、75 分，要编写一个程序查找其中任意一位同学的分数。

这是一个有 4 个分支的条件选择，若使用"如果/执行"模块需要操作 4 次才能实现。现在，对这 4 个同学进行编号，将每个同学的信息放在一个 case 编号的下面，再用一个 switch 指令根据编号进行查找就可以了，如图6-2所示。

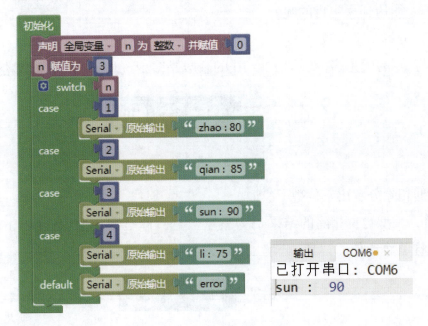

图6-2 switch模块示例

将图6-2对照图6-1可以知道，switch模块主要由switch表达式、常量表达式、分支3部分构成。

1）switch表达式

switch模块执行时，先计算表达式n的值，然后从下面第一个case的表达式（编号）开始逐一进行比较，当它与某一个case表达式的值相等时就执行这个case分支下面的模块或模块组。

switch表达式的数据类型一般为整型，包括字符型数据类型。

2）常量表达式

每一个case后面都必须跟一个常量表达式如1、2、3或'a'、'b'、'c'等。

常量表达式的数据类型必须与switch表达式的数据类型一致。

3）分支

每一个case下面的一个缺口就是一个分支，每个分支可以是一个模块，也可以是一个模块组。

switch模块每处理一个分支后就会退出该模块。

4）default模块

当switch表达式计算后如果在case的常量表达式中找不到对应的值，switch模块就会执行default右边缺口中的模块。

例如，将图6-2中的n修改为n=5，程序就会输出"error"。

default模块也可以不用。

3. 整数分解

有时候需要对一个数字进行分解。例如将一个整数12分解成1和2，即将它的十位数1、个位数 2 从 "12" 中分解出来。

想一想，怎样才能达到这一目的呢？

1）用模运算符分解出个位数

求出整数 12 与 10 的模是多少，即 12÷10 的余数是多少（图 6-3）。很显然，余数是 2。

图 6-3 求余数

2）用整型数据相除分解出十位数

我们已经知道，整型数据相除的结果仍为整型数据，即整数。用 12 除以 10 的值为 1.2，取整后结果为 1，这样就将十位的 "1" 分解出来了（图 6-4）。

图 6-4 整型数据相除

现在，用程序来验证一下，如图 6-5 所示。

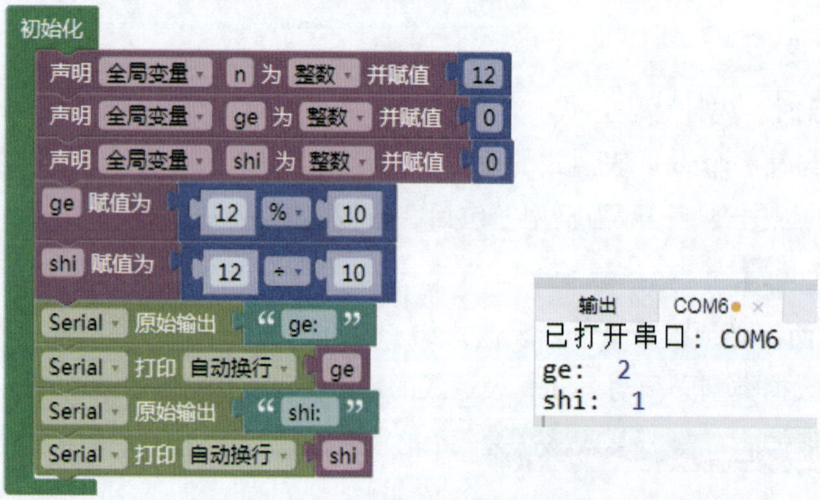

图 6-5 2 位整数分解程序示例

想一想，怎样将整数 123 百位上的数字 "1" 分解出来呢？

6.2 编写程序

程序一：今天谁值日；

程序二：温度是多少。

1. 程序一：今天谁值日

从周一到周五，依次由 zhao、qian、sun、li、zhou 5 位同学值日。编写一个程序查找周三是谁值日。

1）编程思路

这是一个有 5 个分支的程序。用 switch 模块处理各分支的选择。用变量 w 表示星期，用 case 模块输出当天值日同学的名字，如果输入 w 的值超出 1~5 的范围，则用 default 输出"error"（错误）。

2）流程图

程序一流程图如图 6-6 所示。

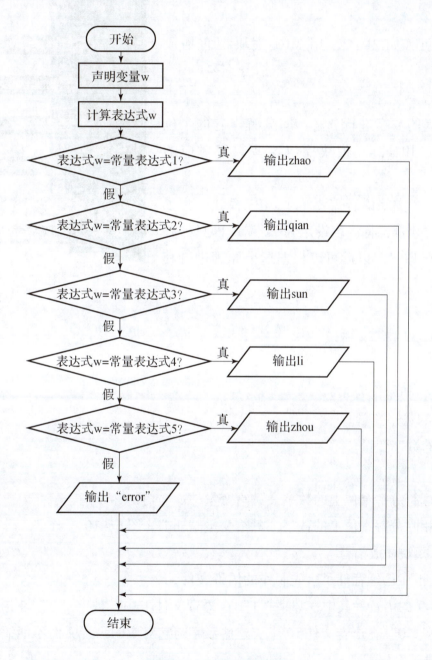

图 6-6　程序一流程图

3）定义变量/常量

w 为星期变量，因为查星期三谁值日，所以为变量赋值 3。

1~5为case常量。1~5不一定按顺序排列,但习惯上还是依次排列,以便于阅读。常量表达式与对应的分支处理的对象不能错位。

4)构建程序模块

根据流程图,构建程序模块,如图6-7所示。

5)编译并保存程序

编译程序一,并程序一保存到"我的程序"文件夹中。

2. 程序二:温度是多少

设定一个温度,如21 ℃,用MP3模块把它播放出来。

1)编程思路

先对表示温度的数字进行分解,即分解出它的个位数字和十位数字,用switch模块播放这些数字对应的语音。

说明:播放1个数字语音需要1个MP3模块,为了减少程序中模块的数量,将温度设定为21 ℃,即只需要2个MP3模块就可以了。以后可以根据这个原理进行其他数字的分解应用。

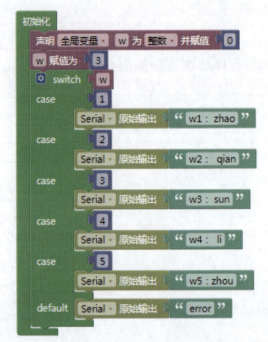

图6-7 程序一模块构建示意

2)流程图

程序二流程图如图6-8所示。

3)定义变量

t为温度变量,初始化为21。

shi为十位上的数字变量。

ge为个位上的数字变量。

4)整数分解

(1)用模运算符分解个位上的数字,赋给变量"ge"(图6-9)。

(2)用整数相除分解十位上的数字,赋给变量"shi"(图6-10)。

5)用switch模块播放语音

教学用的SD卡中已经存储了事先制作的语音文件。

(1)数字0~9的语音。其中,数字"1"在语音文件1中,数字"2"在语音文件2中,依此类推,直到数字"0"在语音文件10中。这些数字与它对应的语音文件不能搞错。如播放"曲目3"的语音是"3"。

(2)"现在温度"的语音在语音文件15中。

(3)"十"的语音在语音文件16中。

(4)"度"的语音在语音文件17中。

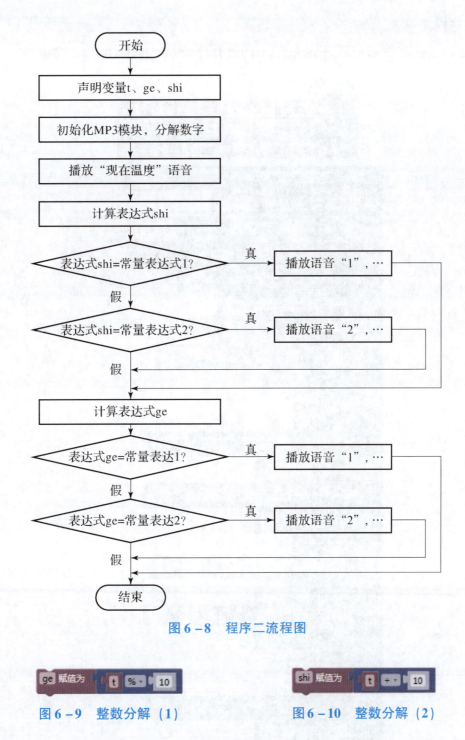

图6-8 程序二流程图

图6-9 整数分解（1）　　　图6-10 整数分解（2）

例如，播放语音"现在温度21度"，它的文件组合如图6-11所示。

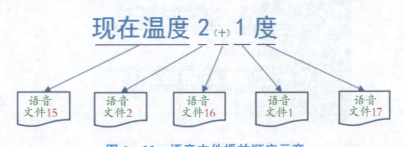

图6-11 语音文件播放顺序示意

6）构建程序模块

根据流程图和语音文件播放顺序示意图，构建程序模块，如图6-12所示。

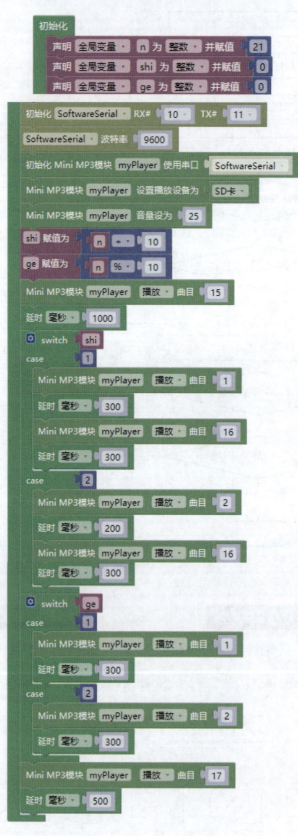

图6-12　程序二模块构建示意

程序中播放的"曲目"为语音文件编号,"延时"根据语音实际长度设置。

7)编译并保存程序

编译程序二,并将程序二保存到"我的程序"文件夹中。

6.3 创意体验

1. 程序一体验

(1)上传程序一。

从"我的程序"文件夹中打开程序一,上传到 Arduino 开发板。

(2)程序一运行结果如图 6-13 所示。

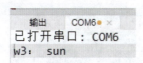

图 6-13 程序一运行结果

(3)修改变量 w,查看其他同学的值日安排。

2. 程序二体验

1)转接板与 Arduino 开发板连接

(1)将 MP3 模块插在转接板上。

(2)将转接板通过弯脚排母插到教学小车左前角的 JS6 引脚上,从 JS5 引脚与 Arduino 开发板连接。

(3)连接 RX、TX 引脚。将转接板的 RX 引脚连接到 Arduino 开发板的引脚 10,将转接板的 TX 引脚连接到 Arduino 开发板的引脚 11。

2)连接电源

将教学小车的电源引脚 VCC 先插在面包板上,再从这里连接到 Arduino 开发板的 5 V 引脚和转接板的引脚 V。教学小车的引脚 GND 连接 Arduino 开发板的接地引脚,如图 6-14 所示。

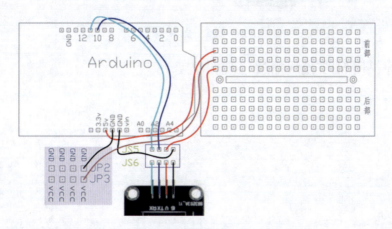

图 6-14 程序二元器件连接示意

3）上传程序并体验效果

（1）从"我的程序"文件夹中打开程序二，上传到 Arduino 开发板并体验效果。

（2）修改程序，自己设定一个温度（如 29 ℃），播放语音"现在温度 29 度"。

课后思考

1. switch 模块的功能有什么特点？

2. switch 表达式与 case 常量表达式的数据类型有什么要求？

3. 如图 6-15 所示，在什么条件下，case2 下面缺口中的模块才会被执行？

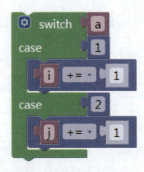

图 6-15　第 3 题图

4. 在图 6-16 所示的程序中，switch 表达式 n 的值为 3，switch 模块执行后程序输出的结果是什么？

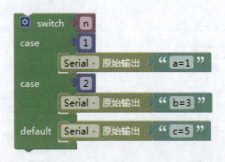

图 6-16　第 4 题图

5. 编写一个程序，用 MP3 模块播放"现在温度 13 度"。

第7课 选择结构程序的应用

7.1 基本要点

1. 语音制作

语音是人与机器人交互的一条重要途径。机器人可以用语音为我们反馈相关的信息，而机器人本身根本不会说话。前面我们用 Arduino 开发板控制播放语音，那些语音都是预先制作好了，如果把它们安装在机器人中，机器人就成了会说话的机器人。

因此，要制作一个会说话的机器人，学习语音制作是很有必要的。

1）布谷鸟配音软件

布谷鸟配音软件是一款国产免费软件，是我们学习语音制作的一个很好的平台。布谷鸟配音软件界面如图 7-1 所示。

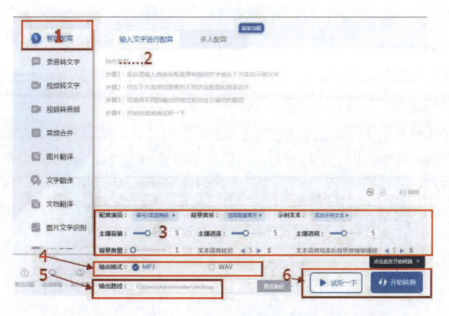

图 7-1 布谷鸟配音软件界面

图 7-1 标示出了布谷鸟配音软件的相关功能区。

1——菜单栏"智能配音"选项。选择该项可以实现文字转语音功能。

2——文字输入区。在这里输入需要被转换成语音的文字。

3——音质、音量、男声/女声等设置、选择区。

4——输出格式区,如输出 MP3、WAV 等格式。

5——文件保存路径;

6——试听、文字转语音区。

2)文字转语音

例:将文字"注意,左前方有障碍物,请右转"转换成语音。

制作步骤如下。

(1)打开布谷鸟配音软件,在菜单栏中选择"智能配音"选项,在默认状态下省去这一步。

(2)在文字输入区输入"注意,左前方有障碍物,请右转",如图 7-2 所示。

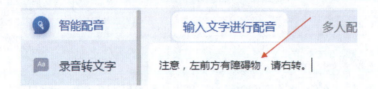

图 7-2　文字输入示意

(3)设置输出格式。

因为这里使用的是 MP3 模块,所以选择语音文件的输出格式为 MP3,如图 7-3 所示。

图 7-3　设置语音文件输出格式

(4)指定文件输出路径。

制作的语音文件需要被保存起来,这时就要指定文件输出路径。如果不指定文件输出路径,系统就会将它自动保存在桌面上。

在第一次制作语音文件之前,要先创建一个文件夹,而且应将这个文件夹命名为"mp3"。

为了方便起见,在计算机 D 盘的根目录下创建一个"mp3"文件夹,如图 7-4 所示。

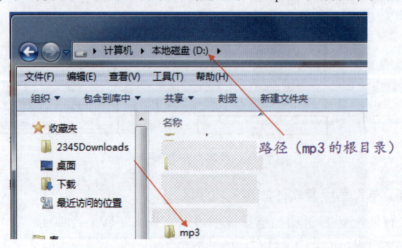

图 7-4　创建"mp3"文件夹

文件夹创建完成后，在布谷鸟配音软件界面下方单击 更改路径 灰色按钮，弹出"选择文件夹"对话框，找到"mp3"文件夹并选中这个文件夹，再单击该对话框右下角的"选择文件夹"按钮，指定"输出路径"，如图7-5所示。

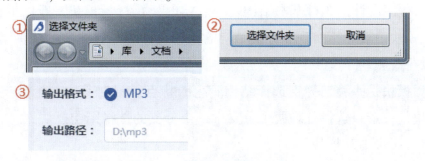

图7-5 指定文件输出路径

（5）开始转换。

转换之前先可以试听一下，如果满意则直接单击界面右下角的"开始转换"蓝色按钮，如果不满意可以在图7-1中的区域"3"调整相应的设置。

（6）文件命名

MP3文件名必须是4位数字，并且用".mp3"作文件名的后缀。如"0001.mp3""0015.mp3"分别表示第1个语音文件和第15个语音文件。

打开D盘根目录下的"mp3"文件夹，其中存储的文件名为"注意左前-布谷鸟配"，这样的文件名是不符合MP3格式要求的，将它修改为"0001.mp3"，如图7-6所示。

图7-6 修改语音文件名

3）将语音文件存入SD卡

转换的语音文件需要被存储到SD卡中，然后插入MP3模块才能用Arduino开发板控制播放。

先将SD卡插入读卡器，然后将读卡器插入计算机的USB接口，从计算机上打开读卡器中的SD卡，最后从D盘将"mp3"文件夹复制到SD卡根目录下，即G盘（G:），如图7-7所示。

图7-7 语音文件存入SD卡示意

操作完成后，将读卡器从计算机上取下来，然后把 SD 卡插入 MP3 模块，语音文件就制作好了。

2. 单元小结

选择结构是 C 程序设计的 3 种基本结构之一。"如果/执行"模块一般用于实现两分支结构的程序设计，switch 模块一般用于实现多分支结构的程序设计。

1) "如果/执行"模块

"如果/执行"模块是一种二分支选择结构。它的特点是只对其中一个分支进行处理。因此，"如果/执行"模块是一个只选择处理两个分支中一个分支的选择结构模块。

2) "如果/执行…否则"模块

"如果/执行…否则"模块也是二分支选择结构。它的特点是可以对两个分支进行选择处理，即或者处理分支一，或者处理分支二。

3) switch 模块

switch 模块是一种多分支结构。它能方便地对多个分支进行选择和处理。

（1）switch 表达式与 case 常量表达式的数据类型必须保持一致，case 常量表达式也可以使用字符型数据。

（2）witch 模块每执行一个 case 分支后就会跳出模块，然后程序执行 switch 模块下面的程序。

（3）switch 模块中的 default 模块在一般情况下可以不使用。

（4）分析选择结构的分支条件

分析选择结构的分支条件是十分重要的。要重点把握对二分支条件的正确分析。

例如，判断整数 a 与 b 的大小关系，共有几个分支呢？很显然，共存在 3 个分支，即 a＞b、a＜b、a＝＝b。只有把这些分支分析清楚，才能正确使用选择结构模块分别进行处理。

7.2 编写程序

程序一：大写还是小写；

程序二：说出字母类型。

1. 程序一：大写还是小写

在程序中给出一个字母，判断这个字母是大写还是小写，如果是大写则把它转换成小写，如果是小写则把它转换成大写，并输出转换结果。

1) 程序分析

这个程序要求用 ASCII 码来判断字母的大、小写。英文大写字母的 ASCII 码值的范围为 65～90，小写字母的 ASCII 码值的范围为 97～122。

例如，B 的 ASCII 码值为 66，转换为小写 b 即 "B" +32。

2) 编程思路

（1）定义字母变量。

（2）判断是不是大写字母，如果是大写字母就加上32，转换成小写字母并输出结果。

（3）如果不是大写字母，在没有输入错误的条件下肯定是小写字母，则减去32转换成大写字母，然后输出结果。

3）流程图

根据编程思路绘制流程图，如图7-8所示。

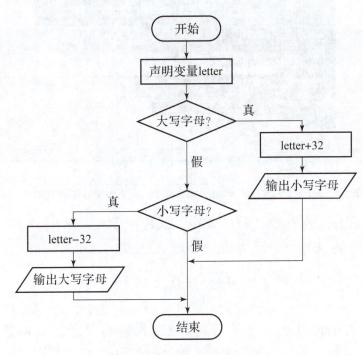

图7-8　程序一流程图

4）定义变量

letter为字母变量，数据类型为字符型（图7-9）。

图7-9　定义变量

5）字母大小写转换

大写转小写如图7-10所示。

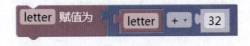

图7-10　大写转小写

小写转大写如图7-11所示。

图7-11　小写转大写

6）构建程序模块

根据流程图，构建程序模块，如图 7-12 所示。

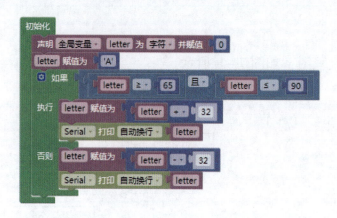

图 7-12　程序一模块构建示意

7）编译并保存程序

编译程序一，并将程序一保存到"我的程序"文件夹中。

2. 程序二：说出字母类型

在程序中输入一个字母，用 MP3 模块播放是大写字母还是小写字母。

1）编程思路

定义字母变量，初始化 MP3 模块，然后用 ASCII 码进行判断，如果是大写字母，MP3 播放"这是一个大写字母"，否则播放"这是一个小写字母"。

2）制作语音文件

（1）打开布谷鸟配音软件界面，制作以下两个语音文件：

①文件一：这是一个大写字母；

②文件二：这是一个小写字母。

注意输出路径为：D:\mp3。

（2）将两个语音文件依次修改为"0002.mp3""0003.mp3"，注意保留原来的"0001.mp3"文件。

（3）查看语音长度。修改文件名后，分别单击这两个语音文件，页面下部边框标注有"长度"，这个长度在程序中用作"延时"时间，不过它的单位为秒，如"0002.mp3"的长度为 1 s，如图 7-13 所示。

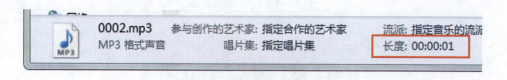

图 7-13　语音文件长度

（4）使用读卡器将语音文件复制到 SD 卡中，注意先删除原来的 MP3 文件。

3）构建程序模块

变量定义及流程图参见程序一，程序二模块构建示意如图 7 – 14 所示。

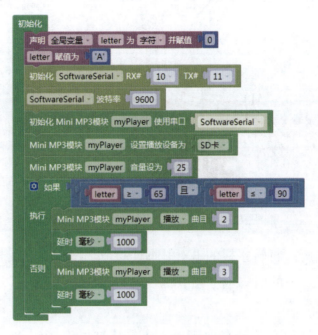

图 7 – 14　程序二模块构建示意

4）编译并保存程序

编译程序二，并将程序二保存到"我的程序"文件夹中。

7.3　创意体验

1. 程序一体验

（1）上传程序一。

从"我的程序"文件夹中打开程序一，上传到 Arduino 开发板。

（2）程序一运行结果如图 7 – 15 所示。

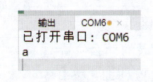

图 7 – 15　程序一运行结果

2. 程序二体验

1）转接板与 Arduino 开发板连接

（1）将 MP3 模块插在转接板上。

（2）将转接板通过弯脚排母插到教学小车左前角的 JS6 引脚接口上，从 JS5 引脚接口与 Arduino 开发板连接，如图 7 – 16 所示。

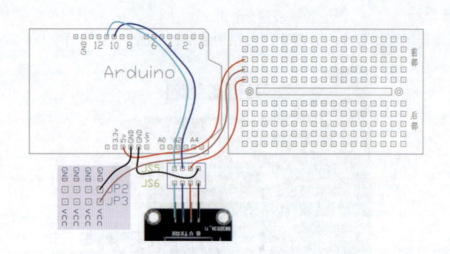

图 7-16 程序二元器件连接示意

（3）连接 RX、TX 引脚。将转接板的 RX 引脚连接到 Arduino 开发板的引脚 10，将转接板的 TX 引脚连接到 Arduino 开发板的引脚 11，如图 7-16 所示。

2）连接电源

将教学小车的电源引脚 VCC 先插在面包板上，再从这里连接到 Arduino 开发板的 5 V 引脚和转接板的引脚 V。教学小车的引脚 GND 连接 Arduino 开发板的接地引脚，如图 7-16 所示。

3）上传程序并体验效果

（1）从"我的程序"文件夹中打开程序二，上传到 Arduino 开发板并体验效果。

（2）修改程序二，先判断是不是小写字母，如果是，则播放"这是一个小写字母"，否则播放"这是一个大写字母"。

课后思考

1. MP3 文件的格式是什么？
2. 简述制作语音文件共有哪些步骤。
3. "mp3"文件夹要放在 SD 卡目录的什么位置？
4. 1 个"如果/执行"模块一次可以处理几个分支？
5. 1 个"如果/执行…否则"模块一次可以处理几个分支？
6. 1 个 switch 模块一次可以处理分支的个数有没有规定？
7. 下面的条件共有几个分支选择？对各分支选择给出你的处理方案。

一台避障机器人小车前行时，可能左边有障碍物，可能右边有障碍物，也可能前面有障碍物。避障机器人小车遇到障碍物后自动避开它并继续行驶。

8. 认真阅读图 7-17 所示的程序，然后说出程序的运行结果是什么。

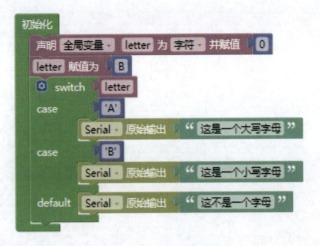

图 7-17 第 8 题图

第 3 单元
循环结构程序设计

- 循环结构的意义与作用
- while、do…while 循环结构
- for 循环结构
- 几种循环结构的比较

第8课 while 循环结构

8.1 基本要点

C 程序循环结构有 3 种不同的形式，while 循环结构是其中的形式之一。

在 Mixly Arduino 图形化编程模块中仍然像表述选择结构那样，把 while 循环结构叫作"重复/执行"模块，其他形式的循环结构名称除标题外，一般也这样处理。

1. 循环结构的概念

实现循环的程序结构称为循环结构。使用循环结构可以避免重复地构建相同的程序模块，从而简化程序，提高程序的可读性和执行速度。

例如，用数学模块计算 $1+2+3+\cdots+10$，需要使用 10 个运算模块，如图 8-1 所示。

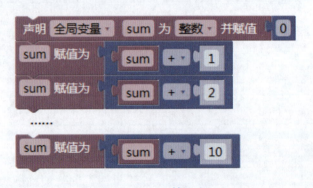

图 8-1 运算示例

很显然，这是一件十分麻烦的事情。循环结构能很好地解决这一麻烦，只需使用 1 个运算模块就足够了。

循环结构模块在模块区的"控制"分类中。while 循环结构对应的模块即"重复/执行"模块，如图 8-2 所示。

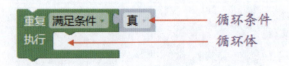

图 8-2 while 循环结构对应模块

2. 循环条件与循环体

循环结构有两个重要的组成部分——循环条件与循环体，如图8-2所示。

1）循环条件

循环条件是循环结构中的测试表达式，决定循环体是否继续执行。图8-2中的循环条件是"真"，"真"就是一个循环条件表达式，简称表达式。

循环条件的表达式一般为关系表达式或逻辑表达式，也可以是数值表达式或字符表达式，如图8-3所示。

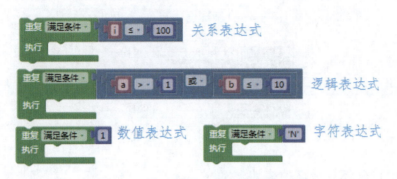

图8-3 循环条件的表达式形式示意

正确列出循环条件的表达式对于保证循环的可靠性十分重要。

2）循环体

循环体是在循环结构中被重复执行的模块。如图8-4所示，赋值表达式模块"sum"和"i++"模块会被反复执行。如果i的初值为1，当i<=10时，它们会被执行10次，当i<=100时，它们就会被执行100次。

图8-4 循环体示意

循环体内可以只有一个模块，也可以是多个模块的组合，还可以没有任何模块。没有任何模块的循环体叫作空循环。在前面的学习中我们已经使用过空循环，同学们可以回顾一下。

3. while 循环结构的执行过程

"重复/执行"模块是怎样实现循环功能的呢？下面通过一个简单的循环结构程序来了解它的执行过程和功能实现，如图8-5所示。

这是一个求1+2+…+10的循环结构程序。同学们先上机体验一下这个程序，它的运行结果为55。

现在，把图8-5所示程序中的循环结构部分独立出来，再分析它的执行过程，如图8-6所示。

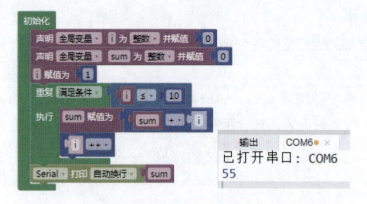

图 8-5 循环结构程序示例

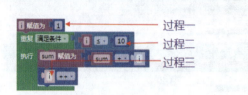

图 8-6 循环结构部分

（1）过程一，执行循环变量赋值模块。

如图 8-6 所示，第一个模块为循环变量模块。在这个模块里，变量 i 称为循环变量，赋给变量 i 的值"1"称为循环初值。循环结构就是从这个初值开始计数执行循环。

因此，编写循环结构程序时，一定注意循环变量的初值是什么。

（2）过程二，计算表达式的值。

计算图 8-6 中的表达式"i<=10"，当表达式的值为 0，即"假"时循环结束，程序执行循环体下方的模块；当表达式的值为 1，即"真"时继续执行过程三。

例如，当 i==5 时，i<=10 为"真"，循环结构继续循环；当 i==11 时，i<=10 为"假"，循环结构结束循环。

（3）过程三，执行循环体内的模块，然后转向过程二。

当循环体内的模块从上往下执行完毕后，循环结构一定会转向过程二。只有经过过程二计算表达式后，循环结构才会决定是否结束循环。"重复/执行"模块的执行过程如图 8-7 所示。

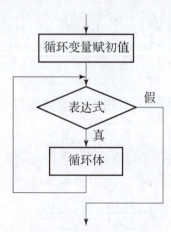

图 8-7 "重复/执行"模块的执行过程

4. 循环变量的作用

在循环结构执行的过程二中，不断地对 i 进行计算并判断：是否小于等于10，说明 i 是不断变化的。

i 是怎样变化的呢？

图8-6所示的循环体内有一个自增模块"i++"，是这个模块在不断地改变着变量 i 的值。循环体每执行一次，i 的值就自动加1，然后表达式根据这个新的 i 值进行计算与判断，当 i 的值加到10时仍符合 i<=10 的循环条件，循环体还会被执行1次。在这次执行后 i 的值变成11，于是结束循环，如图8-8所示。

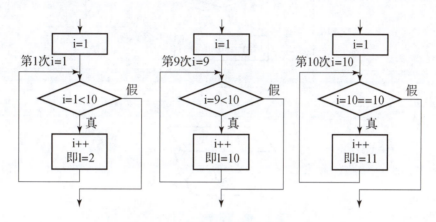

图8-8 循环变量值的变化示意

循环变量的这种作用叫作改变循环条件。在循环体内如果没有改变循环条件的循环变量，那么它就会无限地循环下去。这种循环叫作无穷循环，又叫作死循环。因此，编写循环结构程序时一定注意不要出现死循环。

循环变量不一定都用 i 表示，只要是合法的变量命名都可以，如 i、j、k、sum 等；改变循环条件的表达式也不一定是自增模块，只要它是合法的赋值表达式即赋值模块都是允许的。

8.2 编写程序

程序一：1~100 的和是多少；

程序二：初始化一个数组。

1. 程序一：1~100 的和是多少

计算 1+2+3+…+100。

1) 编程思路

这是一道有规律的计算题，即每一项的数值等于它所在的序列数，如第一项1，它的序列数为1，第三项3，它的序列数也是3。根据这个规律，可以用循环变量作为每一项的加数，计算就变得非常简单了。

利用"重复/执行"模块进行循环累加，即设一个累加变量如 sum，设一个循环变量如 i，让程序每循环一次就将变量 i 的值累加到变量 sum 中，共循环100次任务就完成了。

2）流程图

程序一流程图如图 8-9 所示。

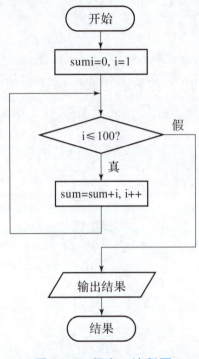

图 8-9 程序一流程图

3）定义变量

sum 为累加变量，初始化为 0（图 8-10）。

图 8-10 定义变量（1）

i 为循环变量，初始化为 1（图 8-11）。

图 8-11 定义变量（2）

4）累加

进行累加，如图 8-12 所示。

图 8-12 累加

5）构建程序模块

程序一模块构建示意如图 8-13 所示。

6）编译并保存程序

编译程序一，并将程序一保存到"我的程序"文件夹中。

2. 程序二：初始化一个数组

将一个一维数组自动初始化，如图 8-14 所示，即数组的第一个元素为1，第二个元素为2，……，第十个元素为10，每个元素之间用逗号分开。

输出初始化结果。

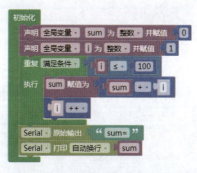

图 8-13 程序一模块构建示意

1）编程思路

这是一个升序数组，数组中的每一个数值就等于它的序列号。用"重复/执行"模块初始化数组，即程序每循环一次就为数组输入1个数据。

图 8-14 一维数组初始化

2）流程图

程序二流程图如图 8-15 所示。

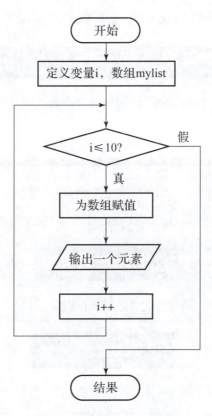

图 8-15 程序二流程图

3）定义变量与数组

i 为循环变量，初始化为1（图 8-16）。

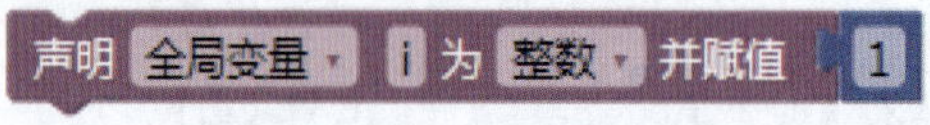

图 8 - 16　定义变量

mylist [10] 为数组，数组长度为 10（图 8 - 17）。

图 8 - 17　定义数组

4）为数组赋值

为数组赋值的模块在"数组"分类中（图 8 - 18）。模块中的"mylist"为数组名，"0"为默认值，表示数组元素的项（位置），如"0"表示第 0 项（第 1 个元素），"1"表示第 1 项（第 2 个元素），依此类推；右边空白处为数组某一项对应的值，例如将数组第 3 个元素（第 2 项）赋值 15，如图 8 - 19 所示。

图 8 - 18　为数组赋值的模块 　　　　图 8 - 19　为数组赋值

数组的项和与该项对应的值都可以用一个变量表示，如图 8 - 20 所示。

图 8 - 20　数组的项及其对应的值

5）获取数组的值

用"数组"分类中的图 8 - 21 所示的模块获取数组的值。例如，要获取 mylist 数组第 5 项的值，将该模块中的"0"修改为"5"，如图 8 - 22 所示；要获取第 i 项的值，就将"1"修改为"i"，然后将获取的值放在某个变量里，或者直接用来输出，如图 8 - 23 所示：

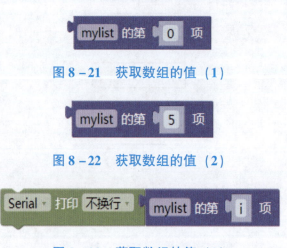

图 8 - 21　获取数组的值（1）

图 8 - 22　获取数组的值（2）

图 8 - 23　获取数组的值（3）

6）构建程序模块

程序二模块构建示意如图 8-24 所示。

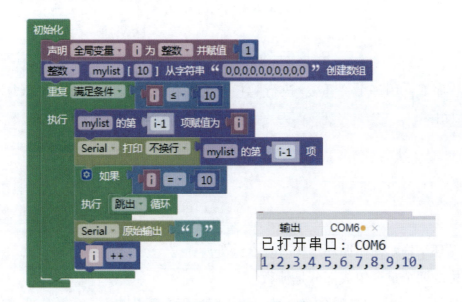

图 8-24　程序二模块构建示意

7）编译并保存程序

编译程序二，并将程序二保存到"我的程序"文件夹中。

8.3　创意体验

1. 程序一体验

（1）上传程序一。

从"我的程序"文件夹中打开程序一，上传到 Arduino 开发板。

（2）程序一运行结果如图 8-25 所示。

图 8-25　程序一运行结果

（3）参照程序一，编写一个程序计算 1+3+5+7+…+99 并输出结果。

2. 程序二体验

（1）上传程序二。

从"我的程序"文件夹中打开程序二，上传到 Arduino 开发板。

（2）程序二运行结果如图 8-26 所示。

图 8-26　程序二运行结果

（3）修改程序二，用一个"重复/执行"模块为数组赋值，用另一个"重复/执行"模块输出被赋值后的数组。

课后思考

1. 什么是循环结构？使用循环结构有什么好处？
2. 循环结构的两个重要组成部分是什么？
3. while 循环结构对应的是哪个模块？它的执行过程有哪几步？
4. 下面的表述中错误的是（　　）。

A. 循环变量决定循环体是否继续执行

B. 循环条件决定循环体是否继续执行

C. 循环体内必须要有改变循环条件的模块（表达式）

D. 循环体内没有任何模块时叫作空循环

5. 将图 8-27 所示程序的循环次数填入各自的括号。不能用数字表示的用符号"∞"表示。

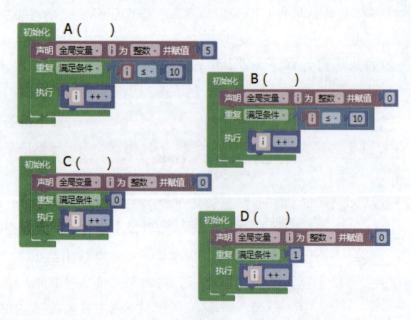

图 8-27　第 5 题图

6. 图 8-28 所示的程序流程图中的流程线有 1 处错误，请把它指出来并改正。

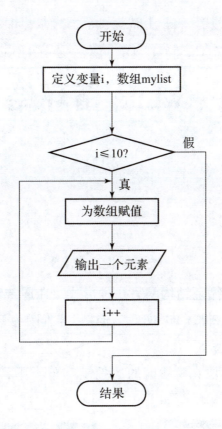

图 8-28　第 6 题图

7. 编写一个程序，求下面的算术表达式的值并输出结果：

$$2+4+6+8+\cdots+100$$

do…while 循环结构

9.1 基本要点

do…while 循环结构是 C 程序循环结构的另一种形式。在通常情况下，对于可以用 while 循环结构处理的问题，也可以用 do…while 循环结构处理。但是，它们在表现形式和执行过程方面有所不同。

1. do…while 循环结构的特点

do…while 循环结构对应的模块在模块区的"控制"分类中，称作"执行/重复"模块，它与"重复/执行"模块在形式上刚好相反，如图 9-1 所示。

（a） （b）

图 9-1 "执行/重复"模块与"重复/执行"模块
(a) "执行/重复"模块；(b) "重复/执行"模块

"执行/重复"模块的特点是，无论循环条件是否成立，循环体至少执行一次。这是它与"重复/执行"模块不同的地方。

对两种不同的循环结构模块的运算结果进行比较，如图 9-2 所示。

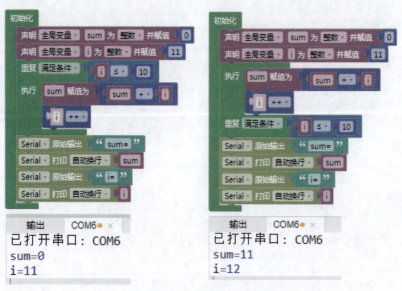

图 9-2 两种循环结构模块的运算结果比较

在两个循环结构模块中，循环条件表达式都是 i<=10，但是 i 的初值为 11，显然 11 不可能小于或等于 10，表达式的计算结果肯定为"假"，即 0。

这时"重复/执行"模块的入口不会进入循环体执行程序，因此 sum 与 i 仍然为初值，即 sum==0，i==11。

"执行/重复"模块的执行结果为 sum==11，i==12。这说明"执行/重复"模块的循环体执行了 1 次。

2. do…while 循环结构的执行过程

像"重复/执行"模块一样，"执行/重复"模块的执行仍然有 3 个过程。为了清楚起见，构建一个简单的"执行/重复"模块程序来了解其执行过程，如图 9-3 所示。

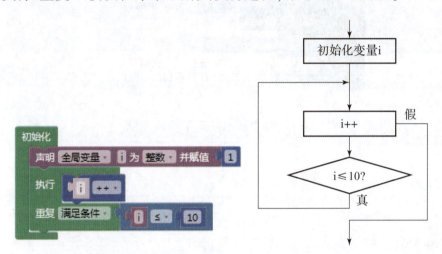

图 9-3 "重复/执行"模块程序及流程图

（1）过程一，执行循环变量初始化模块。

过程一和"重复/执行"模块相同。

（2）过程二，执行循环体模块"i++"，即使循环条件不满足，循环体也会执行一次。

（3）过程三，计算表达式"i<=10"，如果计算结果为"真"，则转向过程二继续执行循环体内的模块"i++"，否则结束循环，执行循环结构下面的模块。

3. 跳出循环模块

循环结构程序只有当条件表达式计算结果为"假"时才会结束循环，但是在实际应用中，有时候需要在循环还没有结束前从循环中退出来，这时怎么办呢？

比如，在上一课"while 循环结构"中，程序二输出的结果如图 9-4 所示。

图 9-4 数组输出的格式

图 9-4 中最后一个数据跟了一个逗号，看起来很别扭，也不规范，但是没有办法把它去掉，因为程序一旦执行，只有将最后一个逗号输出完才能结束循环。

出现这种情况时，用"跳出循环"模块就能解决这一问题了。

"跳出循环"模块一般与"如果/执行"模块一起使用，即如果满足某种条件就跳出循环。现在，用"跳出循环"模块去掉最后的一个逗号，如图9-5所示。

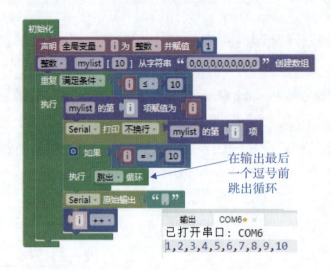

图9-5 "跳出循环"模块示例

9.2 编写程序

程序一：找出3个偶数；

程序二：警报器。

1. 找出3个偶数

有一个长度为7的一维数组，从中找出3个偶数并输出结果。该数组如图9-6所示。

图9-6 一维数据

1）编程思路

使用"执行/重复"模块依次从7个数中找出3个偶数。由于在实际应用中并不知道这3个偶数在什么位置，所以事先不能确定循环的次数。

定义1个变量（如k），每找到1个偶数时变量k+1，当找到3个偶数即k=3时跳出循环。用模运算符找出偶数。

2）流程图

程序一流程图如图9-7所示。

3）定义变量与数组

i为读数组变量，每循环一次读一个数据，初始化为0（图9-8）。

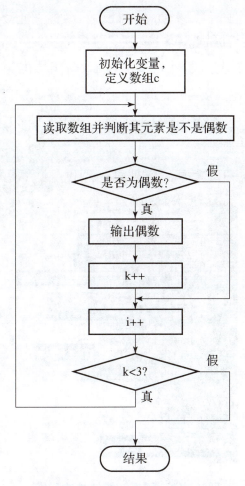

图 9-7 程序一流程图

图 9-8 定义变量（1）

k 为偶数累加变量，每找到一个偶数变量 k 加 1，初始化为 0（图 9-9）。

图 9-9 定义变量（2）

m 为模运算变量（图 9-10）。

图 9-10 定义变量（3）

c 为数组名，数组长度为 7（图 9-11）。

图 9-11 定义数组

4）构建程序模块

注意变量 i 和变量 k 的意义与区别。

i 是读取数组的变量。如第 1 次循环时 i==0，读取数组中的第 1 个数；第 2 次循环时 i==1，读取数组中的第 2 个数。

k 是累加偶数个数的变量，也是控制循环的变量。当 k<3 即 k==2 时结束循环。因为 k 的初值是 0，所以 k++ 从 0 到 2 共计数了 3 次。

程序一模块构建示意如图 9-12 所示。

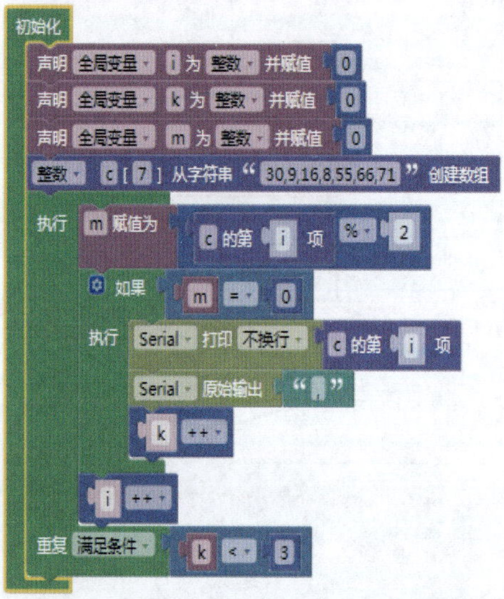

图 9-12 程序一模块构建示意

5）编译并保存程序

编译程序一，并将程序一保存到"我的程序"文件夹中。

2. 程序二：警报器

用一个蜂鸣器作警报器，用一个按键开关控制警报器。警报器上电后开始鸣叫，当按下按键开关后警报器不再鸣叫。

1）编程思路

（1）用一个"执行/重复"模块（当然也可以用"重复/执行"模块）让警报器反复鸣叫。

（2）定义一个变量（如 k）存储按键开关的引脚信号，当按键开关被按下时跳出循环。

（3）将循环条件表达式设置为 1，即无穷循环，只要不按下按键开关，蜂鸣器就一直不停地鸣叫。

2）流程图

程序二流程图如图 9-13 所示。

在程序二流程图中，第一个判断框是跳出循环判断框。如果按键开关被按下后变量 k 等于 1，则判断结果为"真"，跳出循环。

第二个判断框是循环条件判断框。循环条件表达式为 1，即判断结果永远为"真"，"假"的标识没有实际意义。

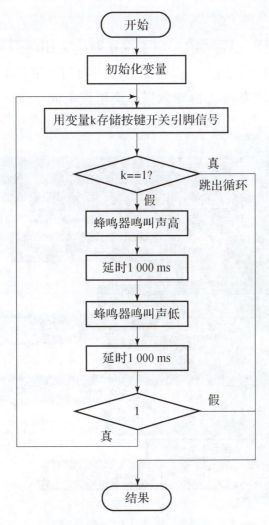

图 9 – 13　程序二流程图

3）定义变量与引脚

buzzer 为蜂鸣器引脚变量，蜂鸣器长引脚连接 Arduino 开发板的引脚 6（图 9 – 14）。

图 9 – 14　定义变量与引脚（1）

button 为按键开关引脚变量，连接 Arduino 开发板的引脚 11（图 9 – 15）。

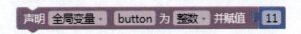

图 9 – 15　定义变量与引脚（2）

k 为 button 引脚信号值变量。"数字输入管脚"模块读取 button 引脚的信号值，存入变量 k（图 9 – 16）。

图 9 – 16　定义变量与引脚（3）

4）构建程序模块

程序二模块构建示意如图 9-17 所示。构建程序时：①用于判断是否跳出循环的"如果/执行"模块可以放在循环体内的上部，也可以放在循环体内的下部；②在循环体外要设置一个关掉蜂鸣器的模块，不然即使跳出了循环，蜂鸣器还是会继续鸣叫。

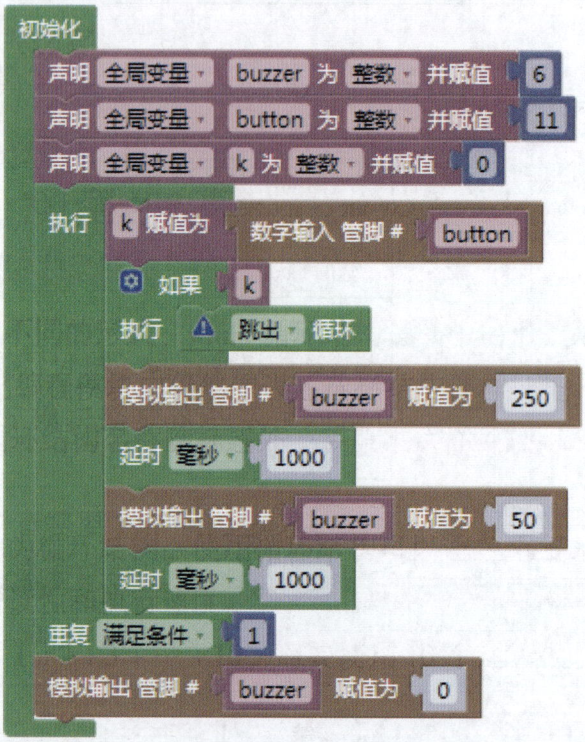

图 9-17　程序二模块构建示意

5）编译并保存程序

编译程序二，并将程序二保存到"我的程序"文件夹中。

9.3　创意体验

1. 程序一体验

（1）上传程序一。

从"我的程序"文件夹中打开程序一，上传到 Arduino 开发板。

（2）程序一运行结果如图 9-18 所示。

对照程序一中的数组模块（图 9-19），说一说"执行/重复"模块的循环体共循环了几次。

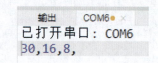

图 9-18　程序一运行结果

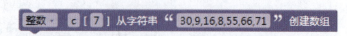

图 9-19　程序一中的数组模块

2. 程序二体验

1）连接元器件

程序二元器件连接示意如图 9-20 所示。

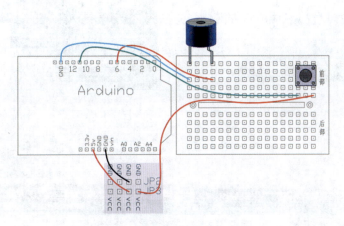

图 9-20　程序二元器件连接示意

（1）连接蜂鸣器。将蜂鸣器插在面包板上，长引脚连接 Arduino 开发板的引脚 6，短引脚连接接地引脚。

（2）连接按键开关。将按键开关的一个引脚连接教学小车的电源引脚 VCC，将按键开关的另一个引脚连接 Arduino 开发板的引脚 11。

2）连接电源

将教学小车的电源引脚 VCC、GND 分别连接 Arduino 开发板的 5 V 引脚、接地引脚，如图 9-20 所示。

3）上传程序并体验效果

（1）从"我的程序"文件夹中打开程序二，上传到 Arduino 开发板并体验效果。

（3）将程序二中的"执行/重复"模块换为"重复/执行"模块，观察程序执行效果是否有差别？

课后思考

1. "执行/重复"循环结构有什么特点？

2. 说说"执行/重复"循环结构的执行过程。

3. 认真阅读图 9-21 所示的两种循环结构程序，将程序执行后 i 和 sum 的值填入相应的括号。

4. "跳出循环"模块的作用是什么？

5. 认真阅读图 9-22 所示的程序，循环结构模块是无限循环的在括号中打"×"，不是无限的在括号中打"√"。

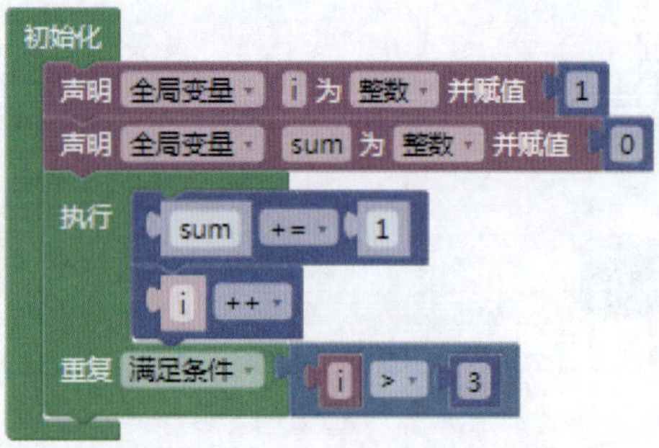

程序 A：i（　　），sum（　　）

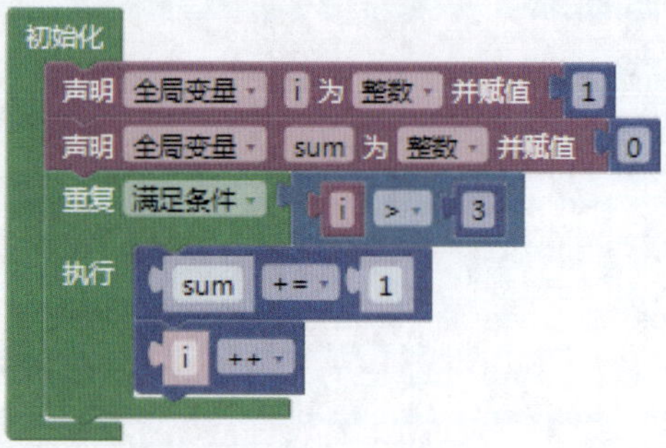

程序 B：i（　　），sum（　　）

图 9 – 21　第 3 题图

A(　)

B(　)

C(　)

D(　)

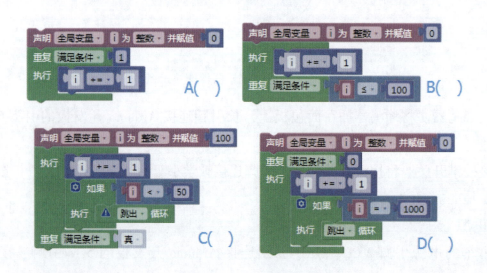

图 9 – 22　第 5 题图

6. 编写一个读取数组的程序，当数组中出现第一个“0”时停止继续读数，并输出一共读了多少个数。给出的数组如图 9 – 23 所示。

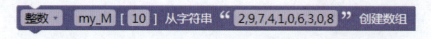

图 9 – 23　第 6 题图

第10课　for 循环结构

10.1　基本要点

1. for 循环结构的特点

for 循环结构比 while 循环结构更为灵活方便。for 循环结构对应的模块是"控制"分类中的"使用/执行"模块，不妨把它叫作"使用/执行"循环结构模块，如图 10-1 所示。

图 10-1　"使用/执行"模块

"使用/执行"模块中的 i 为循环变量，默认值 1、10 分别为循环初值和循环终值。"步长为 1"表示每循环一次循环变量加 1。"执行"缺口为循环体。

例如，计算从 1 加到 100 的和，用"使用/执行"模块编写的程序如图 10-2 所示。

图 10-2　程序示例

注意，"使用/执行"模块的循环体内不再需要改变循环条件的循环变量，因为改变循环条件的表达式由"步长为 1"代替了。

2. "使用/执行"模块的执行过程

for 循环结构仍然由循环条件表达式和循环体两大部分组成。不过它的循环条件表达式有 3 个，即表达式 1、表达式 2 和表达式 3，如图 10-3 所示。

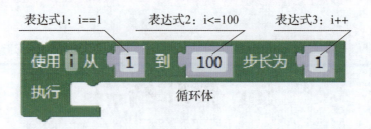

图10-3 "使用/执行"模块条件表达式与循环体示意

"使用/执行"模块的执行过程如下。

过程一：计算表达式1，"i从1"即初始化循环变量i==1。

过程二：计算表达式2，"到100"即i<=100。如果计算结果为"真"，则执行过程三，否则结束循环。

过程三：执行循环体的模块，并计算表达式3，"步长为1"即i++，然后转向过程二。

"使用/执行"模块流程图如图10-4所示。

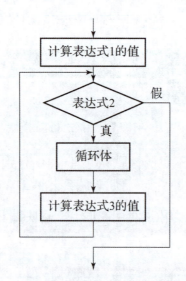

图10-4 "使用/执行"模块流程图

3. Mixly 语音模块

Mixly语音模块是一个播放特定语音的图形化模块。该模块在"执行器"分类的"声音"子类中，如图10-5所示。

图10-5 Mixly 语音模块

1）Mixly语音模块的特点

（1）编程方便，不需另外制作语音文件。

（2）只能播放68段固定的日常用语，不能自己更改或增加语音内容。

（3）必须与配套的语音播放模块配合使用，如图10-6所示。该语音播放模块内置了68段日常用语。

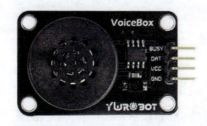

图 10 – 6 （68 段）语音播放模块

2）Mixly 语音模块的使用方法

（1）设置管脚。单击管脚号"0"，在弹出的管脚列表中选择管脚号（图 10 – 7）。

图 10 – 7 设置管脚

（2）选择语音。单击"播放"后面的语音选择框，弹出 68 段语音列表，选择需要的语音（图 10 – 8）。

（3）设置延时。在"等待"后面的时间设置框里设置延时时间，时间的长短根据语音段的长度确定。

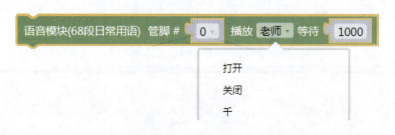

图 10 – 8 选择语音

4. 语音播放模块

为了与 Mixly 语音模块区别，把内置 68 段语音的硬件模块叫作语音播放模块，如图 10 – 9 所示。

语音播放模块的工作参数及引脚如下。

（1）电压：2~5 V。

（2）扬声器功率：0.5 W/8 Ω。

（3）BUSY 为播放状态引脚，连接 Arduino 开发板时可以空置。

（4）DAT 为信号引脚，与 Mixly 语音模块上设置的"管脚号"连接。

（5）VCC 为电源引脚。

图 10 – 9 语音播放模块

（6）GND 为接地引脚。

10.2 编写程序

程序一：不能被3整除的数有多少个；

程序二：现在是几点钟。

1. 程序一　不能被3整除的数有多少个

在 11~20 的 10 个数中，不能被 3 整除的数有多少个？

1）编程思路

使用"使用/执行"模块查找不能被 3 整除的数并进行统计。

（1）从 11 到 20 用模运算符查找不能被 3 整除的数，如 i%3!=0?。

（2）累加不能被 3 整除的数的个数。

（3）输出结果。

2）流程图

程序一流程图，如图 10-10 所示。

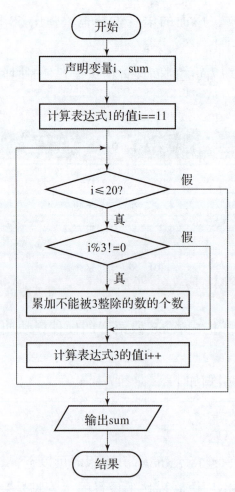

图 10-10　程序一流程图

3）定义变量

i 为循环变量，初始化为 0，表达式 1 赋初值 11（图 10 – 11）。

图 10 – 11　定义变量（1）

sum 为计数器变量，初始化为 0（图 10 – 12）。

图 10 – 12　定义变量（2）

4）设置循环条件表达式

注意，"使用/执行"模块的 3 个表达式的作用不能混淆：表达式 1 是循环变量的初值，表达式 2 是循环变量的终值，表达式 3 用于改变循环条件（图 10 – 13）。

5）查找不能被 3 整除的数

在循环体内，用"如果/执行"模块将 11 ~ 20 中不能被 3 整除的数累加起来（图 10 – 14）。

图 10 – 13　设置循环条件表达式　　　图 10 – 14　查找并累加

6）构建程序模块

程序一模块构建示意如图 10 – 15 所示。

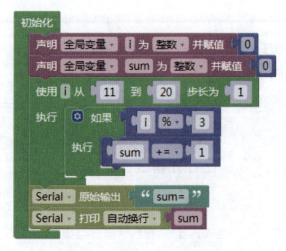

图 10 – 15　程序一模块构建示意

7）编译并保存程序

编译程序一，并将程序一保存到"我的程序"文件夹中。

2. 程序二：现在是几点钟

用 Mixly 语音模块播放语音"现在是上午 10 点 30 分"。

这是一个纯顺序结构程序。先定义好引脚，然后在 68 段语音中找出所需要的语音并设置好每个语音段的延时时间，依次将各语音模块放入"初始化"模块就行了。程序二模块构建示意如图 10-16 所示。

图 10-16 程序二模块构建示意

编译程序二，并将程序二保存到"我的程序"文件夹中。

10.3 创意体验

1. 程序一体验

（1）上传程序一。

从"我的程序"文件夹中打开程序一，上传到 Arduino 开发板。

（2）程序一运行结果如图 10-17 所示。

（3）修改程序一，并检验程序运行结果。

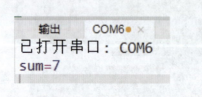

图 10-17 程序一运行结果

将程序一中"如果/执行"模块中的条件表达式 `i % 3` 修改为 `i % 3 ≠ 0`，然后上传程序并检验程序运行结果（图 10-18）。

说一说，为什么两种条件表达式的形式不同，程序的运行结果却相同？

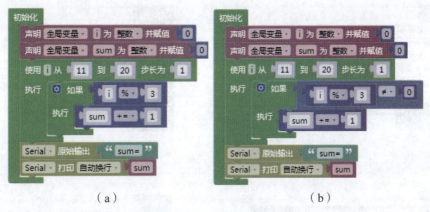

(a)　　　　　　　　　　　　(b)

图 10 – 18　修改程序一

(a)原程序；(b)修改后的程序

2. 程序二体验

(1) 连接元器件与电源。

将语音播放模块的 DAT 引脚连接到 Arduino 开发板上的引脚 5，将引脚 VCC 连接到教学小车的电源引脚 VCC，将引脚 GND 连接到 Arduino 开发板的接地引脚。

将教学小车的电源引脚 VCC、GND 分别连接到 Arduino 开发板的 5 V 引脚、接地引脚，如图 10 – 19 所示。

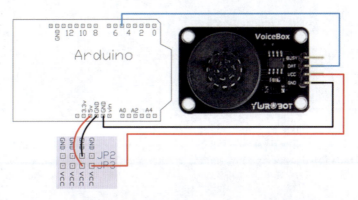

图 10 – 19　程序二元器件连接示意

(2) 上传程序并体验效果。

从"我的程序"文件夹中打开程序二，上传到 Arduino 开发板并体验语音播放效果。

(3) 修改语音，自己设置语音后上传程序并播放。

课后思考

1. "使用/执行"模块有什么特点？

2. "使用/执行"循环体内为什么不需要改变循环条件的表达式？

3. 图 10 – 20 所示的程序执行后，sum 的值是多少？

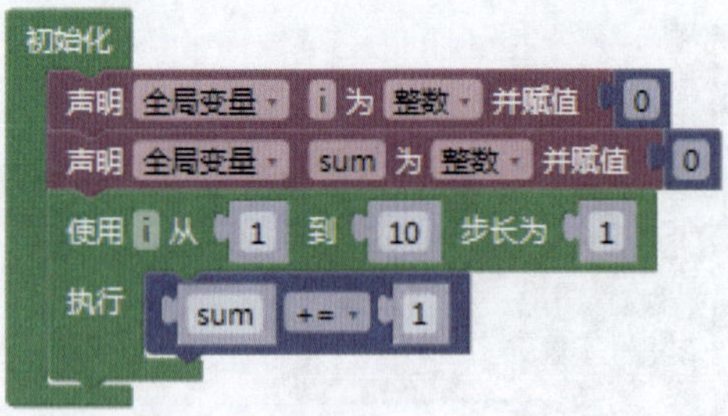

A. sum 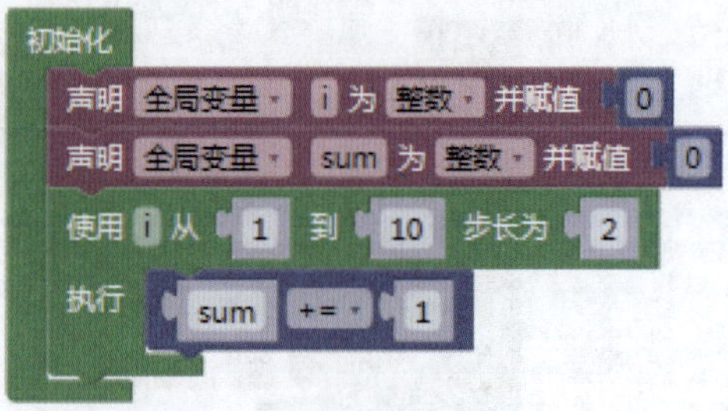 = （　　）　　　　　　B. sum = （　　）

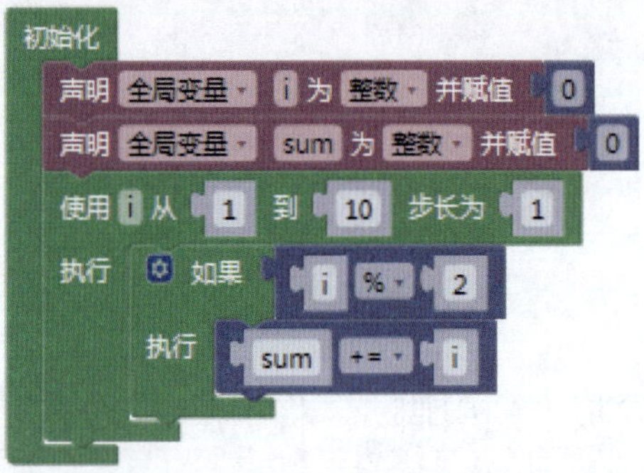

C. sum 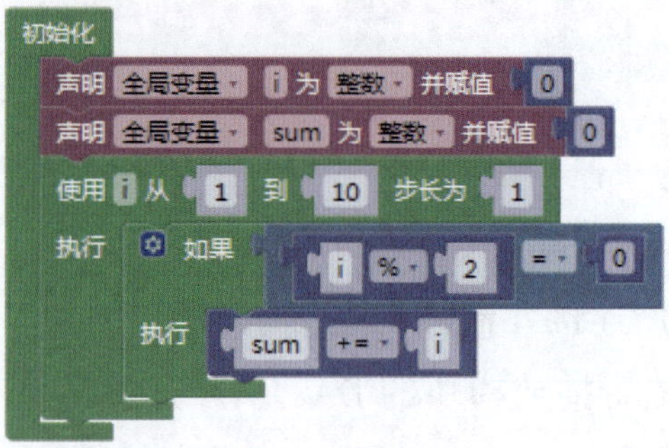 = （　　）　　　　　　D. sum = （　　）

图 10 - 20　第 3 题图

4. 使用"使用/执行"模块，编程计算 50 + 51 + 52 + … + 100 的值。
5. 根据自己的理解，说说 Mixly 语音模块有什么特点。

第 11 课

循环结构程序的应用

11.1 基本要点

1. 随机数

什么是随机数呢？先看看下面的例子。

拿一枚硬币，在桌子上将它旋转起来，如图 1-1（a）所示，然后让它自然转停或用手把它按下，如图 11-1（b）所示。

（a）

（b）

图 11-1 掷硬币示意

图 11-1（b）所示的结果就是一个随机数 "1 元"。因为当硬币倒下时，它向上的一面可能是正面 "1 元"，也可能是反面 "图案"，即出现正面或反面的结果是随机的。

产生随机数有多种不同的方法。这些方法被称为随机数生成器。随机数最重要的特性是它在产生时后面的那个数与前面的那个数毫无关系。

1）Mixly 随机数模块

Mixly 随机数模块在 "数学" 分类中，包括 "初始化随机数" 模块和 "随机整数" 模块（图 11-2）。

图 11-2 Mixly 随机数模块
（a）"初始化随机数" 模块；（b）"随机整数" 模块

"初始化随机数" 模块一般与 "系统运行时间" 模块配合使用；"随机整数" 模块用于产生一个随机数。

在"随机整数"模块中"从1到100"为产生随机数的范围,"1~100"为默认值。产生的随机数要存入一个变量才能使用,如图11-3所示。

图11-3 随机数存入变量

2)生成一个随机数

现在,用随机数模块生成一个1~30的随机数。

先定义一个变量x,用于存储生成的随机数,使用"重复/执行"模块,每循环一次生成一个1~30的随机数。构建程序模块,如图11-4所示。

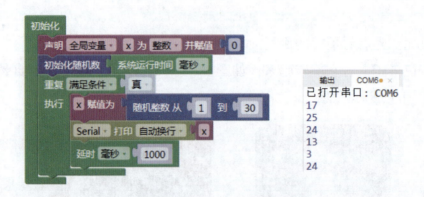

图11-4 随机数示例程序模块构建示意

同学们上传程序后查看程序运行效果。

2. 单元小结

1)循环结构的形式

C语言循环结构的形式有3种,即while循环结构、do…while循环结构和for循环结构。while循环结构对应的是"重复/执行"模块,do…while循环结构对应的是"执行/重复"模块,for循环结构对应的是"使用/执行"模块(图11-5)。

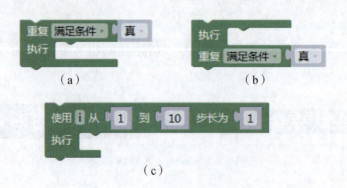

图11-5 循环结构的形式

(a) while循环结构;(b) do…while循环结构;(c) for循环结构

2）无限循环与跳出循环

（1）无限循环。循环条件始终为"真"的循环为无限循环。应用中要避免程序设计失误造成无限循环（即死循环），要注意正确给出改变循环条件的表达式。

但是，有时候也需要设置无限循环，让程序在某种情况下无限地循环下去。前面的学习中已经出现过这样的情形。

（2）跳出循环。当循环没有结束或处于无限循环时，可以用"跳出循环"模块提前结束循环。

注意，在 Mixly 2.0 版本中，"跳出循环"模块放入"执行/重复"模块的循环体时，"跳出循环"模块左边会出现一个警示图标 ⚠，但不会影响程序的执行（图 11-6）。

图 11-6　警示图标

3）几种循环模块的比较

（1）在通常情况下，3 种循环模块都能够处理同一个问题。当循环次数已知时，使用"使用/执行"模块比较方便；当循环次数不确定时，使用"重复/执行"模块比较方便。

（2）"重复/执行"模块和"使用/执行"模块都是先判断条件，再执行循环体模块；而"执行/重复"模块无论条件是否成立，都会先执行一次循环体。

（3）3 种循环模块都可以用"跳出循环"模块跳出循环。

11.2　编写程序

程序一：找出最大数；

程序二：有没有障碍物。

1. 程序一：找出最大数

有一个长度为 10 的一维数组，数组元素为

$$\{21,8,98,32,46,12,75,1,99,50\}$$

分别用"重复/执行"模块和"使用/执行"模块找出这个数组中的最大数。

1）用"重复/执行"模块查找最大数

（1）编程思路。

创建一个数组 N，用比较法从第 1 个数开始逐个往后进行比较，将较大的一个数存入变量 max，最后得到最大数 max。

（2）流程图

程序一流程图如图 11-7 所示。

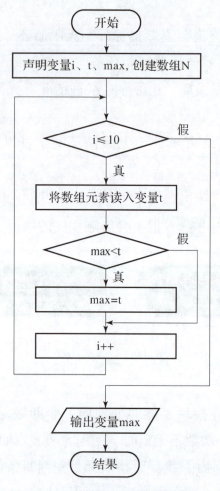

图 11-7　程序一流程程图

（3）定义变量与创建数组

i 为循环变量，用于循环读取数组元素（图 11-8）。

图 11-8　定义变量（1）

t 为数组元素变量，将每次读取的数组元素存入变量 t（图 11-9）。

图 11-9　定义变量（2）

max 为用于比较大小的变量（图 11-10）。

图 11-10　定义变量（3）

N 为数组名，数组长度为 10。初始化数组，如图 11-11 所示。

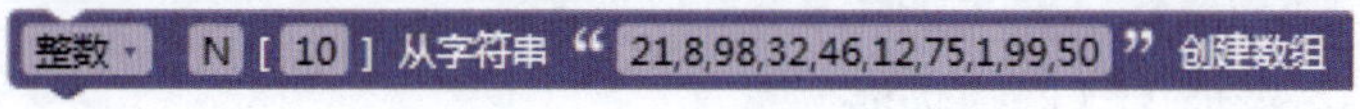

图 11-11　初始化数组

(4) 读取数组元素并比较大小

①在循环体内循环读取数组元素，将数组的第 1 个数赋给 max，将后面的数赋给变量 t（图 11-12）。

图 11-12　读取数组元素并赋值

②比较大小（图 11-13）。这是程序的核心部分。因为第 1 个数已经赋给了 max，循环程序从数组的第 2 个数一直读到最后一个数，而且每读一个数并赋给 t 后就用它与前面的 max 进行比较，如果 max 小于 t，就把 t 赋 max。最后 max 就是最大数了。

图 11-13　比较大小

例如：

在第 1 次循环（图 11-14）中，max==21，t==8，max>t，故不交换，即 max==21；

图 11-14　第 1 次循环

在第 2 次循环（图 11-15）中，max==21，t=98，max<t，故应交换，max==98；

图 11-15　第 2 次循环

在第 3 次循环（图 11-16）中，max==98，t==32，max>t，故不交换，即 max==98；

图 11-16　第 3 次循环

……

依此类推，循环结束后变量 max 的值就是最大数。

(5) 构建程序模块

while 循环模块构建示意如图 11-17 所示。

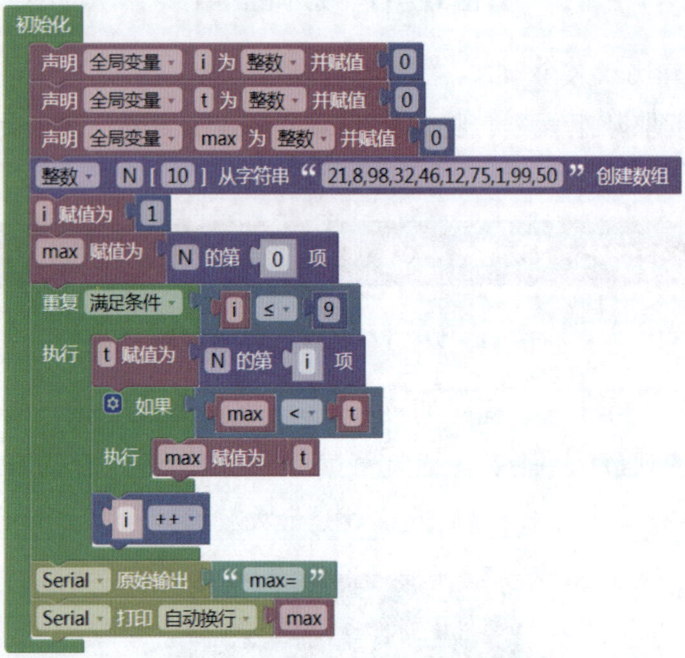

图 11-17 while 循环模块构建示意

(6) 编译并保存程序

编译程序一（while 循环），并将程序一（while 循环）保存到"我的程序"文件夹中。

2) 用"使用/执行"模块查找最大数

与"重复/执行"模块相比，除了循环条件表达式及程序执行的流程图有所差别外，其他方面没有什么不同。

for 循环模块构建示意如图 11-18 所示。

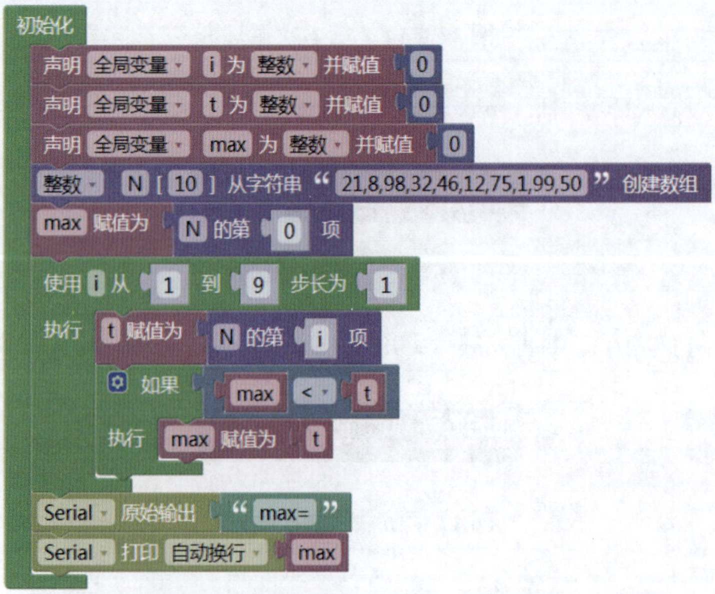

图 11-18 for 循环模块构建示意

编译程序一（for 循环），并将程序一（for 循环）保存到"我的程序"文件夹中。

2. 程序二：有没有障碍物

避障机器人行走的时候随时在探测前方是否有障碍物。如果发现障碍物，避障机器人就会左转、右转或倒退，绕开障碍物继续前行。

现在，用随机数代替障碍物。当一个随机数小于 30 时表示前方有障碍物，避障机器人播报语音"前方××厘米障碍物，左转"。

1）编程思路

用"重复/执行"模块和随机数模块循环生成 26~60 的随机数，当随机数 x > 25 && x < 30 时，对 x 进行个位数分解，并用语音播放模块播放语音。

2）流程图

程序二流程图如图 11 - 19 所示。

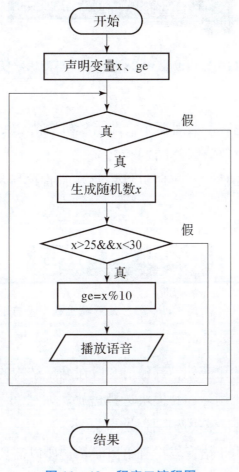

图 11 - 19　程序二流程图

3）定义变量

x 为随机数变量，用于存储 26~60 的随机数（图 11 - 20）。

图 11 - 20　定义变量（1）

ge 为个位数变量，用于存储分解后的个位数（图 11-21）。

图 11-21　定义变量（2）

4）设置 while 无限循环与随机数模块

初始化随机数，用"重复/执行"无限循环模块反复生成随机数；用"随机整数"模块生成 26~60 的随机数（图 11-22）。

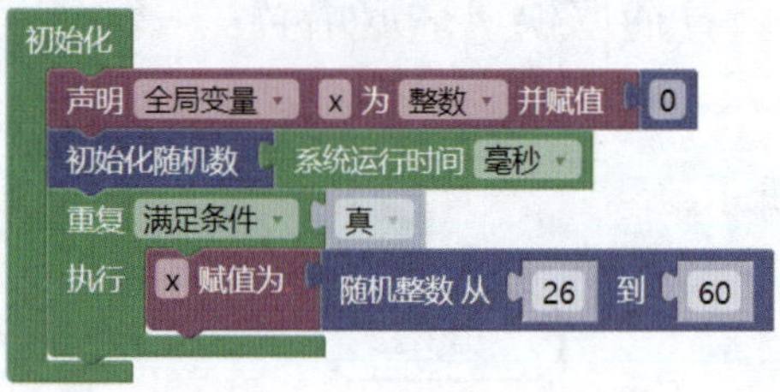

图 11-22　设置 while 无限循环与随机数模块

5）分解 25~30 的随机数

为了减少模块构建数量，把数字区间缩小，即当随机数为 26，27，28，29 时认为有障碍物，因此只需对这 4 个数字进行个位数分解（图 11-23）。

由于这 4 个数字的十位数都是"2"，所以播报语音时直接播报"2"就行了，不需对十位数进行分解。

图 11-23　分解随机数

6）构建语音播放模块

（1）除需要进行数字分解的语音外，其他语音段在循环结构的循环体内直接构建模块。

（2）需要分解的数字语音，用 switch 模块选择播放。如"26"，先分解出个位数"6"，然后直接播放"2""十"，再用 switch 模块选择播放"case 6"。

（3）调整语音等待时间。由于语音段没有给出时长，所以需要自行调整语音等待时间，以确保每段语音播放完整并比较流畅。

7）构建程序模块

程序二模块构建示意如图 11-24 所示。

8）编译并保存程序

编译程序二，并将程序二保存到"我的程序"文件夹中。

图 11-24 程序二模块构建示意

说明：程序中"重复/执行"循环体下部构建了一个"延时"模块，只起增加每次循环的时间间隔的作用，使避障机器人播报障碍物显得逼真一些。不然，由于计算机的运行速度过高，避障机器人会不停地播报。

11.3 创意体验

1. 程序一体验

（1）while 循环。

①上传程序一（while 循环）。

从"我的程序"文件夹中打开程序一（while 循环），上传到 Arduino 开发板。

②程序一（while 循环）运行结果如图 11-25 所示。

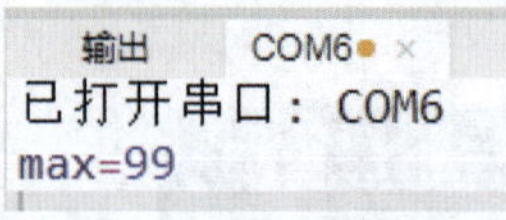

已打开串口：COM6
max=99

图 11-25　程序一（while 循环）

（2）for 循环。

从"我的程序"文件夹中打开程序一（for 循环），上传到 Arduino 开发板。其运行结果与图 11-25 所示相同。

（3）修改 while 循环或 for 循环程序，找出数组 N 中最小的数。

2. 程序二体验

1）连接语音播放模块

先从教学小车左前部的 JS5 引脚接口上分别将语音播放模块的引脚 GND、VCC、DAT 依次连接到 Arduion 开发板的引脚 GND、5 V 和 6，再将语音播放模块插到 JS6 引脚接口上，如图 11-26 所示。

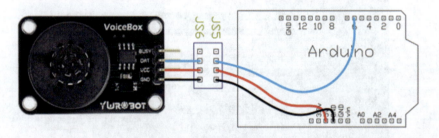

图 11-26　语音播放模块连接示意

注意，该连接为 USB 接口直接提供电源，如果要反复体验程序执行效果，可以使用教学小车的电源。

2）上传程序并体验效果

从"我的程序"文件夹中打开程序二，上传到 Arduino 开发板并体验程序执行效果。

3）修改障碍物距离

修改程序二，当随机数 x>40 && x<45 时认为前方有障碍物，避障机器人播报"前方××厘米障碍物，右转"。

课后思考

1. 随机数的最大特点是什么？
2. 有一串数字 1，1，2，3，5，8，13，它们是不是随机数？
3. 3 种循环结构模块各有什么特点？
4. 下面的说法中不正确的是（　　）。

A. 3种循环结构模块都能够处理同一问题

B. "跳出循环"模块不能跳出无限循环

C. 当循环次数已知时,用"使用/执行"模块比较方便

D. 为了避免死循环,"重复/执行"和"执行/重复"模块循环体内必须要有改变循环条件的表达式

5. sum = 1 + 2 + 3 + 4 + ⋯ + n,当 sum == 1830 时 n 是多少?

6. 统计图 11-27 所示数组中小于等于 50 的数据元素有多少个。

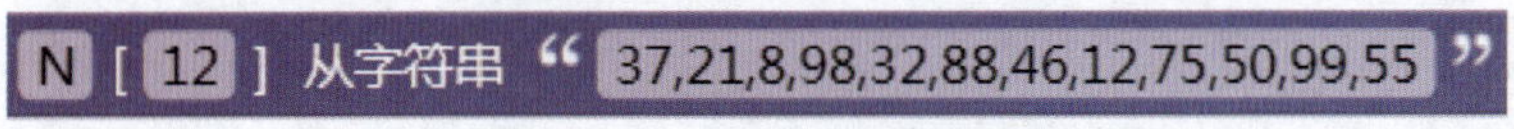

N [12] 从字符串 " 37,21,8,98,32,88,46,12,75,50,99,55 "

图 11-27　第 6 题图

第 4 单元
函数

- 函数的概念
- 自定义函数的方法
- 函数的调用

第12课 函数的定义

12.1 基本要点

1. 函数的概念

在 C 语言程序中，函数是一种功能，是程序的基本单位。

每个函数都是具有独立功能的模块，可以把它理解为具有独立功能的一个程序段。利用函数，可以方便地实现程序的模块化，同时使整个程序的组织、编写、阅读、调试、修改和维护更加方便，并且可以提高程序的可重用性。

函数从用户的角度来分，有库函数和自定义函数两大类。

1）库函数

库函数，又称为标准函数，是由系统提供的一种函数。不同的系统提供的库函数的名称和功能有所不同。

例如，"打印"模块就是 Arduino 函数库的一个串口输出的库函数（图 12-1）。当需要在串口输出数据时只要调出这个库函数就行了，不需要每次都写出一段打印程序。

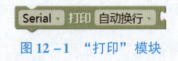

图 12-1 "打印"模块

2）自定义函数

（1）自定义函数是用户根据语法规则自己动手编写的一段程序，用于实现特定的功能。

在程序设计中，一个相同的计算过程或程序的执行过程往往会多次重复地出现，不厌其烦地把它写出来，这种方法是极不可取的。例如，计算边长分别为 3，5，7 的 3 个正方形的面积，编写程序如图 12-2 所示。

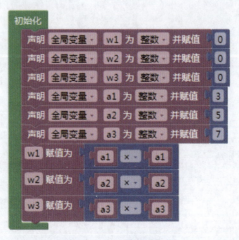

图 12-2 编程示例

实际上，正方形面积 = 边长 × 边长。程序中的 w1、w2、w3 就是 3 个重复使用的计算模块，假设要计算 10 个正方形的面积还要增加 7 个计算模块，复杂一点的计算所需要的模块会更多。如果自己动手编写一个计算正方形面积的函数，计算再多的正方形也只需要一个计算模块，即使复杂的计算问题也只需要一组模块就行了。

（2）自定义函数模块"procedure"。自定义函数模块在"函数"分类中，如图 12-3 所示。

图 12-3　自定义函数模块

自定义函数模块可以放在编程区主程序外的任何位置，但一般把它放置在整体程序的首部或尾部，以便为今后代码编程养成一个好的习惯，如图 12-4 所示。

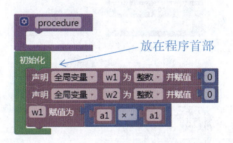

图 12-4　自定义函数位置示意

2. 局部变量与全局变量

自定义函数只是将程序中的某一部分功能独立出来放置在一边，它仍然要遵守 C 语言的语法规则。

自定义函数中的变量同样遵循先声明再使用的规则。一般在自定义函数体内声明自定义函数的变量，这种变量叫作局部变量。例如，变量 w、a 就是局部变量，如图 12-5 所示。

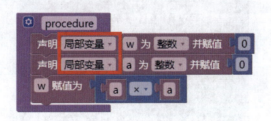

图 12-5　局部变量示例

局部变量也称为内部变量，是在函数或块中定义的变量。局部变量只在这个函数或块的内部使用，即它的作用范围为这个函数或块。

在函数外部定义的变量为全局变量。全局变量的作用范围是从它定义的位置开始到整个程序结束。正因为如此，在定义全局变量时一般把声明模块放在整个程序模块的首部。

3. 定义函数

自己编写一个函数时，要按照函数定义的要求和步骤进行完整定义。

（1）定义函数类型（图形化系统自动定义）。

（2）为函数命名。函数名是一个有效、唯一的标识符，函数的命名规则与变量的命名规则相似，如图 12-6 所示。

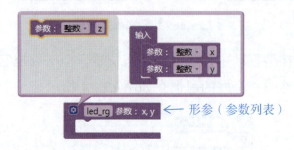

图 12-6　为函数命名

（3）设置参数。当自定义函数需要参数时要设置参数，自定义函数的参数叫作形式参数，简称形参。拖一个"参数"模块到"输入"框内即设置 1 个参数，拖入两个"参数"模块则设置 2 个参数，这些参数又叫作参数列表，如图 12-7 所示。

图 12-7　设置参数

（4）构建函数体模块。在"执行"缺口内构建函数体模块，包括声明变量。

现在，编写一个 LED 灯闪烁的函数。

①选择无"返回"的自定义函数模块。

②命名函数 myLED( )。

③构建函数体模块。

由于该函数不需要参数，是一个无参函数，所以不需要设置参数。自定义函数 myLED( ) 如图 12-8 所示。

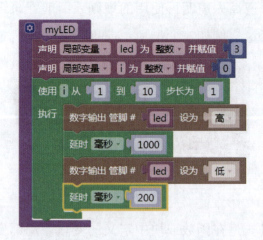

图 12-8　自定义函数 myLED( )

说明：今后在课文中书写函数名的时候一般都在函数名后面带上圆括号，表示这是一个函数，而不是一个变量，如函数 myLED( )。

12.2 编写程序

程序一：红绿灯；

程序二：报数。

1. 程序一：红绿灯

用 1 只红色 LED 灯和 1 只绿色 LED 灯作交通红绿灯，绿灯熄灭前闪亮 3 次。

用自定义函数控制红绿灯，在主程序中调用自定义函数。

1）编写函数

（1）选择自定义函数模块。

从"函数"分类中选择无"返回"类型模块放到编辑区。

（2）函数命名。

将函数命名为 led_rg（图 12-9）。

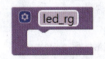

图 12-9 命名函数

（3）设置局部变量与引脚。

led_r 为红色 LED 灯引脚变量，连接 Arduino 开发板的引脚 3（图 12-10）。

图 12-10 设置局部变量与引脚（1）

led_g 为绿色 LED 灯引脚变量，连接 Arduino 开发板的引脚 5（图 12-11）。

图 12-11 设置局部变量与引脚（2）

（4）构建函数模块。

由于红绿灯昼夜不间断地运行，所以在函数体内使用一个无限循环模块，如图 12-11（a）所示。

2）编写主程序

姑且把一个从开始运行到结束的程序部分叫作主程序。在 C 语言中，主程序也是一个函数，叫作主函数。

在"红绿灯"主程序中除了调用自定义函数外，没有什么事情可做。至于函数的调用将在后面的课程中详细讲解，这里照做就行了。主程序模块构建示意如图 12-12（b）所示。

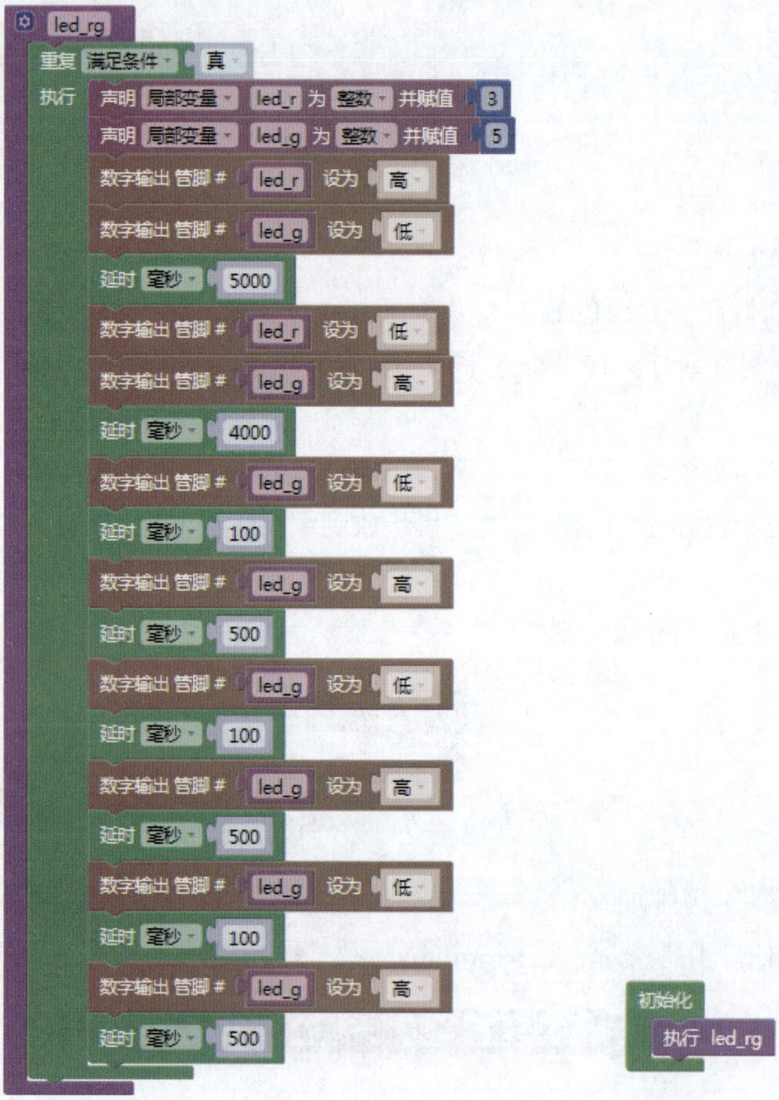

（a） （b）

图 12-12 程序一模块构建示意

3）编译并保存程序

编译程序一，并将程序一保存到"我的程序"文件夹中。

2. 程序二：报数

报数是清点人数的一种方法。假设一个小组共有 10 个人，每次集合后都要进行报数。用自定义函数实现报数功能，语音播放用语音播放模块实现。

1）编写函数

（1）选择自定义函数模块。

从"函数"分类中选择无"返回"类型模块放到编辑区。

（2）函数命名。

将函数命名为 my_F（图 12-13）。

图 12-13 函数命名

（3）设置函数体模块，如图 12-14 所示。

· 110 ·

图 12-14 程序二 my_F( ) 函数体模块

2）编写主程序

程序二主程序如图 12-15 所示。

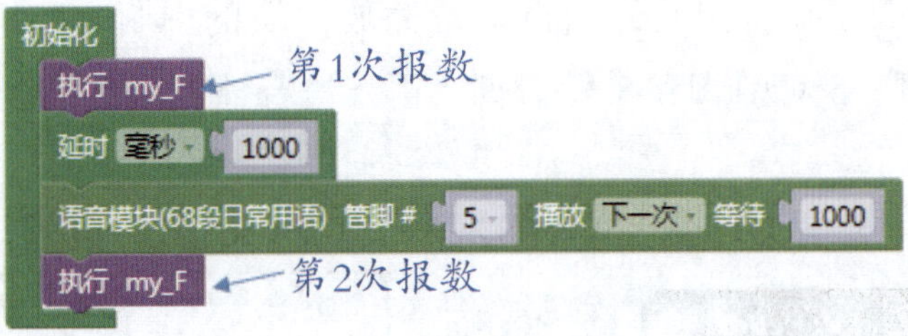

图 12-15 程序二主程序

12.3 创意体验

1. 程序一检验

1）连接 LED 灯

将红色 LED 灯与绿色 LED 灯的长引脚分别连接到 Arduino 开发板的引脚 3、5；将它们的短引脚连接到 Arduino 开发板的接地引脚，如图 12-16 所示。

2）上传程序并体验效果

从"我的程序"文件夹中打开程序一，上传到 Arduino 开发板，体验红绿灯运行效果。

3）修改函数并体验效果

修改 led_rg( ) 函数：取消绿灯的 3 次闪烁，增加 1 只黄色的交通灯（LED 灯），在红灯亮之前黄灯亮 1500 ms。

想一想，更改红绿灯的运行状态会对主程序产生影响吗？

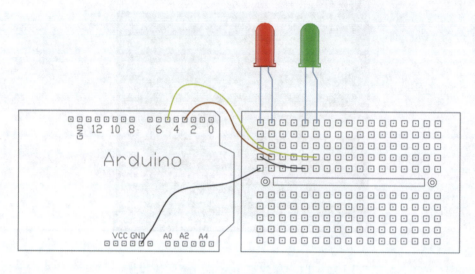

图 12-16 程序一 LED 灯连接示意

2. 程序二体验

1）连接语音播放模块

先从教学小车左前部的 JS5 引脚上分别将语音播放模块的引脚 GND、VCC、DAT 依次连接到 Arduion 开发板的接地引脚、5 V 引脚和 5 号引脚，再将语音播放模块插到 JS6 引脚上，如图 12-17 所示。

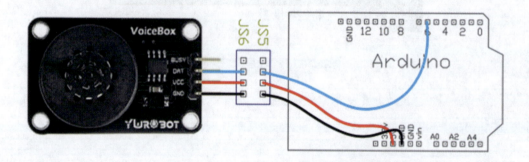

图 12-17 程序二语音播放模块连接示意

如果想反复体验程序执行效果，可以使用教学小车的电源。

2）上传程序并体验效果

从"我的程序"文件夹中打开程序二，上传到 Arduino 开发板，体验"报数"效果。

3）修改程序并体验效果

将主程序中"第 2 次报数"函数模块去掉，直接换为语音播放模块，然后上传程序体验效果。

修改后的主程序如图 12-18 所示。

说一说自定义函数有什么优点。

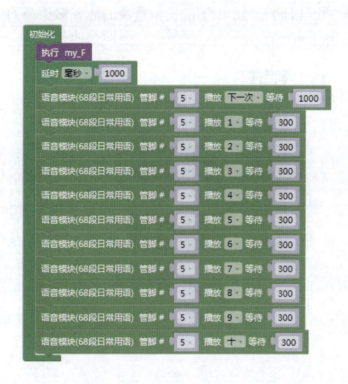

图 12-18　程序二修改后的主程序

课后思考

1. C 语言中函数的含义是什么？
2. 从用户的角度划分，函数有哪几种类型？
3. 在程序设计中，使用函数有哪些好处？
4. 什么是局部变量和全局变量？它们的作用范围是什么？
5. 自定义函数有哪些主要步骤？
6. 图 12-19 是一个自定义函数 fun( )，它有没有缺陷或问题？如果有，请改正。

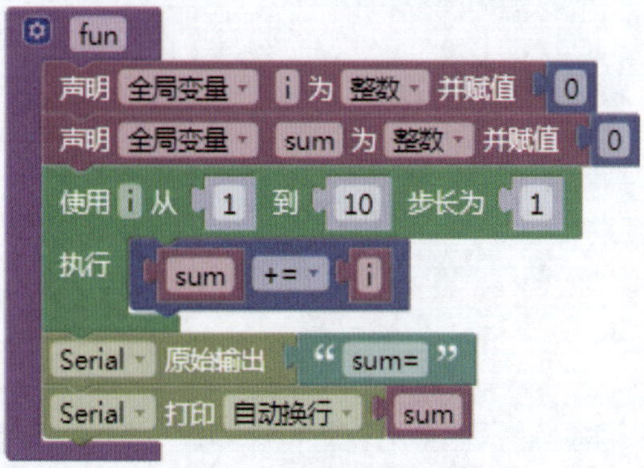

图 12-19　第 6 题图

7. 图12-20所示是一个统计11~20中不能被3整除的数有多少个的程序,将它分解成主程序与自定义函数两部分,并上机验证。

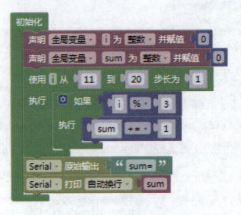

图12-20　第7题图

第13课 函数的参数

13.1 基本要点

1. 参数的概念

什么是函数的参数呢？先来看一个例子。

有一根长度为 30 cm 的细绳，把它首尾连接后（假设长度不变）构成一个长方形，它的构成方式有无数多种。

设这个长方形的一条边为 a，与它相邻的另一条边为 x，那么构成这个长方形时，如果 x 的长度发生变化，a 的长度也会跟着发生变化，如图 13-1 所示。

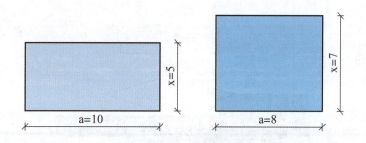

图 13-1 周长为 30 cm 的长方形（单位：cm）

例如：当 x = 5 时，a = 10；当 x = 7 时，a = 8；……如果当 x 一定时，a = 30/2 - 2 * x/2，即

$$a = 15 - x \quad (0 < x < 15)$$

上式中，x 就是一个参数。如果把 a 视为一个函数，x 就是函数 a( ) 的参数，记作 a(x)。这时，a = 15 - x 可以写成

$$a(x) = 15 - x$$

函数的参数是一个变量，它用来控制函数值的变化。一个函数的参数可以是 1 个或多个，也可以是 0 个，即没有参数。有参数的函数叫作有参函数，没有参数的函数叫作无参函数。在 C 语言中，函数名后面的括号又叫作参数列表，如 a(x,y) = x + 3y，函数名 a 后面的 (x, y) 就是参数列表。在图形化模块中，参数的列表直接显示在模块上。

2. 形式参数

自定义函数中的参数叫作形式参数，又简称形参。这种参数本身没有确定的值，只是一种形

式，只有当调用它的函数给它传递了值时它才有实际的意义。

现在，用自定义函数模块编写自定义函数 a(x) = 15 - x，以了解形式参数的用法。

1）函数命名

将自定义函数命名为 a，如图 13 - 2 所示。

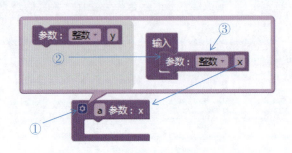

图 13 - 2 函数定义过程示意

2）定义形式参数

单击模块左上角图标，在弹出的对话框中拖拽一个"参数"模块放入"输入"框，然后定义这个参数的数据类型为"整数"，最后关闭对话框，如图 13 - 2 所示。

注意，如果有 2 个参数就拖拽 2 个"参数"模块，有多少个参数就拖拽多少个"参数"模块。

3）构建函数体

计算长方形的另一条边长"15 - x"。在自定义函数体内，定义另一条边长的变量为 L。构建 a(x) 函数体模块如图 13 - 3 所示。

图 13 - 3 构建 a(x) 函数体模块

在图 13 - 3 所示的模块中，参数 x 没有一个确定的值，只有当它具有一个确定的值后，才能参与"15 - x"的运算。

3. 实际参数

实际参数是调用自定义函数的"执行…参数"模块的参数。当定义一个有参函数后，在"函数"分类中会自动生成一个"执行…参数"模块，并根据形式参数的个数和顺序自动列出实际参数，如图 13 - 4 所示。

在使用"执行…参数"模块调用自定义函数时，要为实际参数赋值，赋值时要注意形式参数与实际参数的数据类型保持一致。

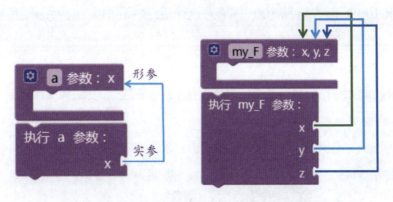

图 13-4　函数调用模块与实际参数列表示意

赋值后，"执行…函数"模块调用自定义函数时将实际参数的值传递给形式参数，形式参数接收传递过来的实际参数后，自定义函数进行相应的计算，如图 13-3 所示。

现在，调用函数 a(x)，计算长方形 x = 5 cm 时另一条边长 L 为多少厘米。

计算程序及结果如图 13-5 所示。

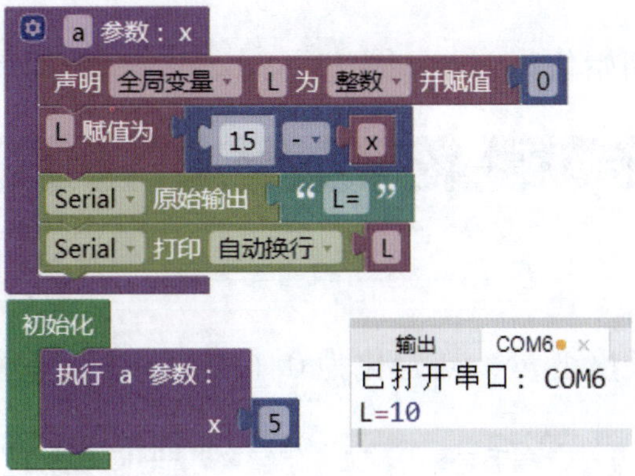

图 13-5　形式参数与实际参数的应用示例

13.2　编写程序

程序一：最多构成多少个正方形；

程序二：随机数是多少。

1. 程序一：最多构成多少个正方形

将一条长 100 cm 的线段截成若干等长的小段后，分别构成若干个正方形。如果每个正方形的边长为 4 cm，则这条线段最多可以构成多少个正方形？

1）题意分析

（1）用等长的线段构成的每个正方形的周长相等。根据题意，每个正方形的周长为 16 cm。

（2）如果 100 正好是 16 的倍数，则这条线段可以全部用来构成正方形；如果 100 不是 16 的倍数，则这条线段还有剩余部分不足以构成一个边长为 4 cm 的正方形。显然，100 不能被 16 整除。

(3)用模运算求100%16,再从100中减去这个余数后除以16,结果就是最多能构成的正方形的个数。

2)编程思路

用自定义函数zfx(a)计算正方形个数,用"执行…参数"模块调用函数zfx(a)并打印结果。

3)编写自定义函数

(1)命名函数为zfx,定义函数参数a,数据类型为"整数"(图13-6)。

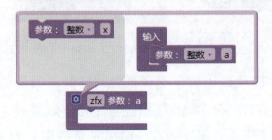

图13-6 命名函数及定义函数参数

(2)声明局部变量

L0为线段总长度变量,初始化为100(图13-7)。

图13-7 声明局部变量(1)

L1为去掉余数后的线段长度变量,初始化为0(图13-8)。

图13-8 声明局部变量(2)

n为正方形个数变量,初始化为0(图13-9)。

图13-9 声明局部变量(3)

(3)计算L1、n(图13-10)。

图13-10 计算L1、n

(4)构建函数模块。

zfx(a)函数模块如图13-11所示。

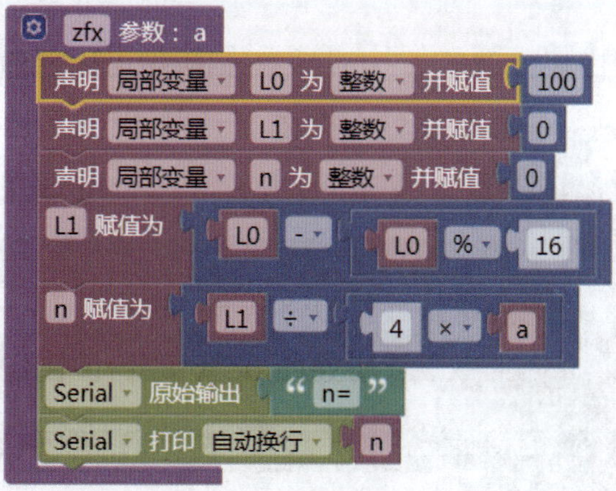

图 13-11　程序一 zfx(a)函数模块

4）调用函数

用"执行…参数"模块调用函数 zfx(a)，根据题意，设置实际参数 a=4，如图 13-12 所示。

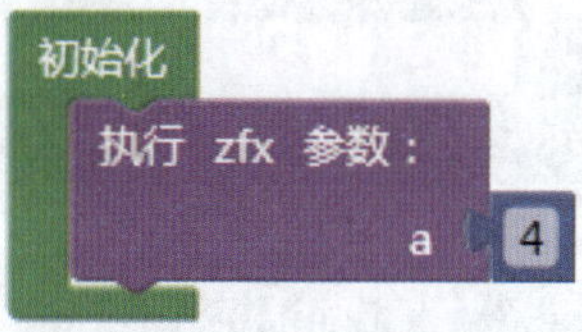

图 13-12　程序一主程序模块

5）编译并保存程序

编译程序一，并将程序一保存到"我的程序"文件夹中。

2. 程序二：随机数是多少

用随机数模块生成 0~9 的随机数，用语音播放模块播报每次生成的随机数。语音播报功能用自定义函数实现。

1）编程思路

定义一个有参语音播报函数 yuYin( ) 来播报 0~9 的语音，用 switch 模块选择播报每次生成的随机数。

在主程序内调用 yuYin( ) 函数实现语音播报功能。

2）编写 yuYin( )函数

（1）命名函数并设置参数，如图 13-13 所示。

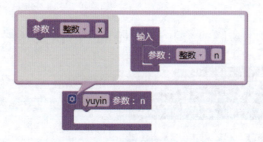

图 13-13　命名函数并设置参数

（2）构建函数体模块。

将语音播放模块的信号引脚设置为7，构建函数体模块，如图13-14所示。

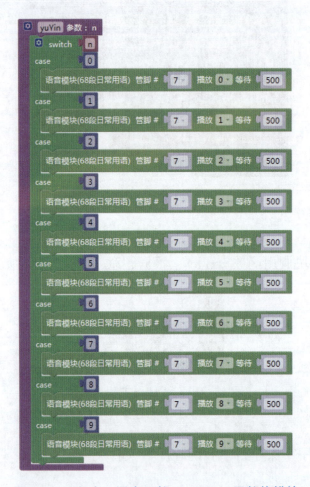

图13-4　程序二语音函数 yuYin(n) 函数体模块

3）构建主程序

（1）定义变量。

num 为随机数变量，用于存储生成的随机数（图13-15）。

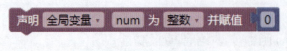

图13-15　定义变量

（2）构建随机数模块。

（3）构建函数调用模块。

用一个无限循环模块反复生成随机数并调用 yuYin(n) 函数（图13-16）。

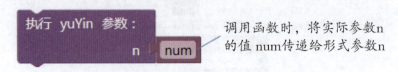

图13-16　调用 yuYin(n) 函数

（4）构建主程序模块，如图13-17所示。程序中的"延时"模块是为了降低"重复/执行"模块的循环速度。

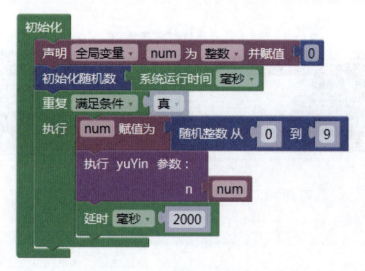

图13-17　程序二主程序模块

13.3　创意体验

1. 程序一体验

（1）上传程序一。

从"我的程序"文件夹中打开程序一，上传到Arduino开发板。

（2）程序一运行结果如图13-18所示。

图13-18　程序运行结果

（3）体验变量的作用范围。

①在程序一中，运算结果的输出是在zfx()函数中实现的。现在把输出模块放在主程序内，看看能不能实现输出功能，如图13-19所示。

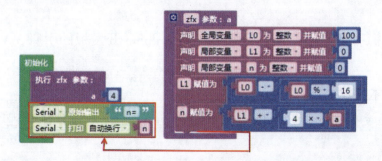

图13-19　改变程序一输出模块的位置

②将变量 n 的声明模块放在主程序内，并定义为全局变量（图 13 – 20），看看能不能在主程序内实现输出功能，想一想为什么。

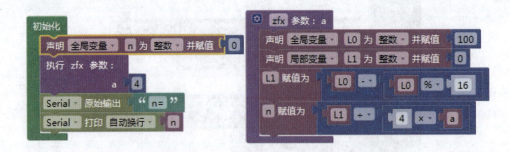

图 13 – 20　改变程序一中变量 n 的作用范围

2. 程序二体验

1）元器件连接

（1）连接语音播放模块。

从教学小车左前部的 JS5 引脚接口上分别将语音播放模块的引脚 GND、VCC、DAT 依次连接到 Arduion 开发板的引脚 GND、教学小车的电源引脚 VCC 和 Arduino 开发板的引脚 7，再将语音播放模块插到 JS6 引脚接口上，如图 13 – 21 所示。

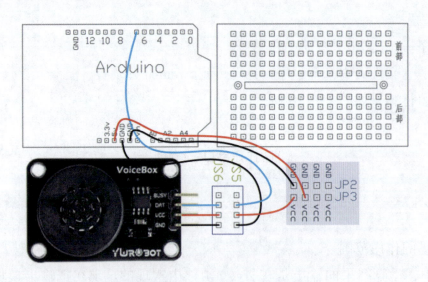

图 13 – 21　程序二元器件连接示意

（2）连接电源

将教学小车的电源引脚 VCC、GND 分别连接到 Arduino 开发板的引脚 5 V、GND，如图 13 – 21 所示。

2）上传程序并体验效果

从"我的程序"文件夹中打开程序二，上传到 Arduino 开发板并体验程序二执行效果。

课后思考

1. 函数参数的作用是什么？
2. 什么是函数的形式参数和实际参数？
3. 下面的说法中不正确的是（　　）。

   A. 自定义函数参数的作用是接收实际参数，并根据实际参数进行运算

   B. 形式参数与实际参数应该数量相等、数据类型一致

   C. 自定义函数的参数可以是0个、1个或多个

   D. 调用任何自定义函数都必须设置参数并赋值

4. 下面的说法中不正确的是（　　）。

   A. 函数参数也是一个变量

   B. 函数参数的数据类型是在这个函数体内用声明模块定义的

   C. 定义局部变量和全局变量的数据类型的方法，与定义函数参数的数据类型的方法有所不同

   D. 如果参数列表中有几个参数，则它们的数据类型根据实际需要会有所不同

5. 分别用自定义函数计算下列表达式，再调用该函数输出计算结果。括号内为实际参数。

   （1） 3 * x + 5　　（x = 3）；　　　　　（2） 3.14 * r * r − 1　　（r = 2）；

   （3） 1.9 − y/3　　（y = 2.7）；　　　　（4） x + y + 9　　（x = 6，y = 8）。

第14课 函数的调用

14.1 基本要点

1. 函数调用的执行过程

函数定义后可以被其他函数调用,而且可以被多次调用。前面我们多次使用过函数调用,现在来简单了解一下函数调用的执行过程。

函数调用过程分为三步,即传递参数、执行函数体和返回。

1)实际参数的计算与传递

计算实际参数表达式的值,然后传递给对应的形式参数。

实际参数可以是常量、变量和表达式。无论实际参数是何种形式,调用函数时系统都会对实际参数进行计算。

例如,实际参数 x 为 a + 1,a 等于 3。在调用函数时"执行 myF 参数"模块会在计算 a + 1 后,将实际参数 4 传递给形式参数(图 14 - 1)。

图 14 - 1　实际参数的计算与传递示例

2)执行函数体中的模块

函数接收到被调用的指令后,首先接受主调函数传过来的实际参数(如 x = 4),然后开始执行函数体中的程序模块,如 k = x + 1(图 14 - 2)。

图 14 - 2　执行函数体中的模块示例

3)返回

被调函数执行完函数体中的模块后,返回到调用它的模块处,继续往下执行其他程序模块。这时函数调用的整个过程就结束了,如图 14 - 3 所示。

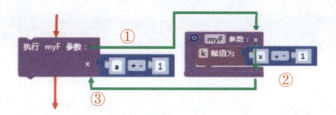

图 14-3 函数调用过程示意

2. 函数返回值

1）函数返回值的概念

什么是函数返回值呢？先看下面的例子。

定义一个函数，计算 $5*x+10$ 的值，x 等于 3。将这个表达式的值赋给变量 k，即 k=25。

用自定义函数模块  计算出表达式的值后，它就什么也不管了，k 等于多少只有它自己知道，谁也别想使用 k 的值。

如果别的函数（或主程序）要调用这个函数使用 k 的值怎么办呢？这就需要想办法让自定义函数将 k 的值返回给主调函数。这时 k 就叫作函数返回值。

函数返回值是指函数被调用、执行完成后，返回给主调函数的值。

2）可返回函数值的模块

可返回函数值的模块仍然在"数学"分类中。除了多一个"返回"选项外，它的定义步骤和方法与无返回值的函数相同，如图 14-4（a）所示。

但是，函数的调用模块却有很大的不同。函数调用模块左上端有一个凸出的小楔形块，它用于接收函数返回值后将函数返回值赋给别的模块，如图 14-4（b）所示。

（a）　　　　　　　　（b）

图 14-4 可返回函数值的模块和函数调用模块

3）可返回函数值的模块的使用方法

定义一个函数，计算 $5*x+10$，再调用这个函数值进行相关计算。

（1）定义函数。

定义局部变量 k，用于存储表达式 $5*x+10$ 的值。在函数模块的下方缺口返回 k 的值，如图 14-5 所示。

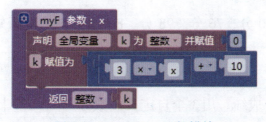

图 14-5 myF（）函数模块

（2）调用函数。

调用 myF( ) 函数并计算 a，a 等于函数返回值减 1，即
$$a = myF(5) - 1$$
如图 14 – 6 所示。

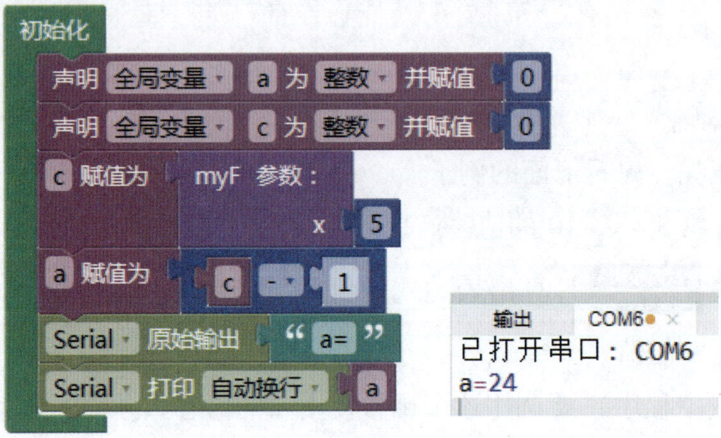

图 14 – 6　调用函数 myF( )

4）调用方式

可返回函数值的模块可以给一个变量赋值，如图 14 – 6 所示；可以放在一个表达式内，如图 14 – 7 所示；也可以直接放在输出模块缺口内，如图 14 – 8 所示。

图 14 – 7　调用方式（1）　　　图 14 – 8　调用方式（2）

14.2　编写程序

程序一：最高分和最低分；

程序二：电压是多少。

1. 程序一：最高分和最低分

找出 5 科成绩（65 分、80 分、76 分、98 分、89 分）中的最高分和最低分，并计算平均分是多少。

1）编程思路

创建 1 个数组来记录各科成绩。用 3 个自定义函数分别查找和计算最高分、最低分及平均分。调用函数输出计算结果。

2）定义查找最高分函数 myF1( )

将函数命名为 myF1。用逐项比较的方法找出最高分，即先将数组中第 0 项的分数存入变量 max，然后依次往后比较，如果后面的分数高于 max，则替换 max 中原来的分数。

（1）定义变量。

i 为循环变量，用于循环比较分数的高低（图 14－9）。

图 14－9　定义变量（1）

t 为读取分数变量，用于读取数组中的分数（图 14－10）。

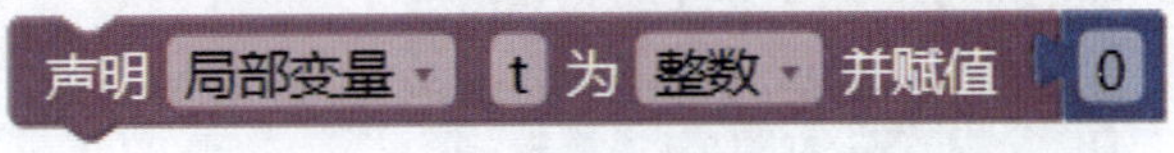

图 14－10　定义变量（2）

max 为记录最高分变量（图 14－11）。

图 14－11　定义变量（3）

（2）创建数组并将第 0 项成绩计入变量 max（图 14－12）。

图 14－12　创建数组并将成绩计入变量

（3）构建"使用/执行"模块。

构建"使用/执行"模块时，循环变量 i 要从 1 开始循环读取分数，因为数组中第 0 项的分数被初始化为 max 了（图 14－13）。

图 14－13　构建"使用/执行"模块

在循环体内构建其他程序模块。

（4）返回函数值。

在函数体下部返回函数值 max（图 14－14）。

图 14-14　返回函数值

（5）构建函数 myF1( ) 模块，如图 14-15 所示。

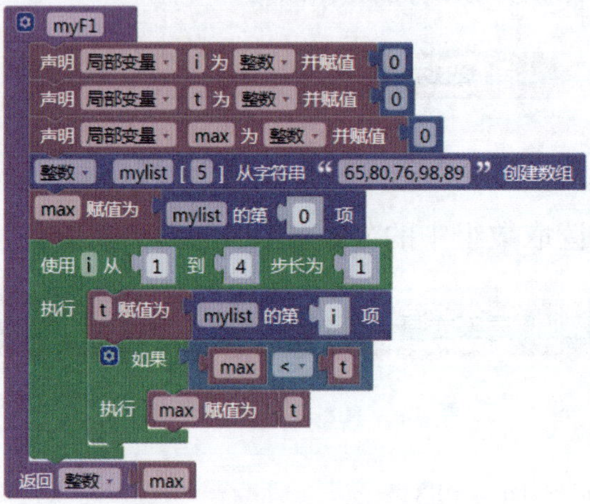

图 14-15　程序一 myF1( ) 模块构建

3）定义查找最低分函数 myF2( )

将函数命名为 myF2。myF2( ) 的定义过程和方法与 myF1( ) 基本相同（图 14-16）。不同的是要将变量 max 改为 min（表示最小），将 max<t 改为 min>t。函数返回值为 min。

图 14-16　定义 myF2( ) 函数

构建函数 myF2( ) 模块，如图 14-17 所示。

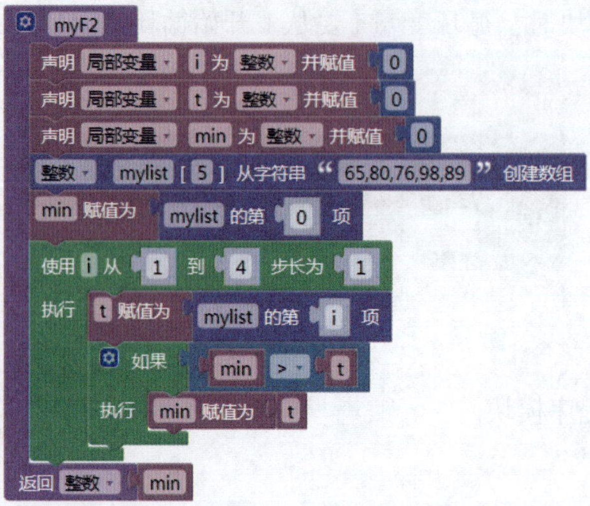

图 14-17　程序一 myF2( ) 模块构建

4）定义计算平均分函数 myF3( )

将函数命名为 myF3，用累加变量 sum 累计各科分数，然后计算平均分。

（1）定义变量。

变量 i 的含义与 myF1( )、myF2( ) 函数中变量 i 的含义相同。

sum 为总分变量，用于累加各科分数（图 14－18）。注意该变量的数据类型为"小数"，因为 sum 要用于计算平均分，而平均分不一定为整数。

图 14－18　定义变量（1）

ave 为平均分变量，数据类型为"小数"（图 14－19）。

图 14－19　定义变量（2）

（2）使用"使用/执行"模块累加分数。

在循环体内读取数组并累加，如图 14－20 所示。

图 14－20　累加分数

（3）计算平均数并返回函数值。

在循环体外计算平均数，在函数模块的"返回"缺口内返回函数值 ave。返回函数值的数据类型为"小数"。

（4）构建函数 myF3( ) 模块，如图 14－21 所示。

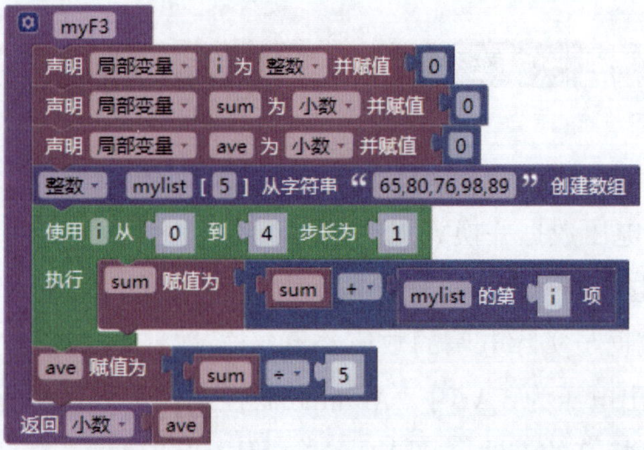

图 14－21　程序一 myF3( ) 模块构建

5）调用函数程序。

用"打印"模块直接调用函数 myF1（）、myF2（）和 myF3（），如图 14-22 所示。

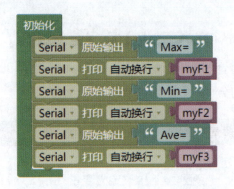

图 14-22　程序一函数调用模块构建

6）编译并保存程序

编译程序一，并将程序一保存到"我的程序"文件夹中。

2. 程序二：电压是多少

旋动电位器旋钮，用 Arduino 微控制器读取电位器的输出电压。

1）编程思路

定义函数 vot（）读取电位器的输出电压，调用 vot（）函数输出电压值。

2）定义函数 vot（）

（1）定义变量。

v0 为 Arduino 微控制器读取电位器输出引脚电压值的变量，数据类型为"小数"（图 14-23）。

图 14-23　定义变量（1）

v 为电压换算变量，数据类型为"小数"（图 14-24）。

图 14-24　定义变量（2）

（2）读取电位器输出电压数据并换算。

电位器的输入/输出电压为 Arduino 开发板上的 5 V 电压，它的变化范围为 0~5 V。但是，Arduino 微控制器读取的数据与实际电压的数值并不一样。

例如，当电位器的输出电压为 5 V 时，Arduino 微控制器读取的数据 v0 并不是 5，而是 1023。因此需要对 v0 进行换算，换算的方法（图 14-25）为：

$$v = 5 * v0 / 1023 \ (V)$$

现在，我们只要会使用上面的换算关系式就行了。从上式中我们可以理解为什么在定义变量 v0 时，将它的数据类型定义为"小数"。

图 14-25　换算的方法

（3）构建函数 vot( ) 模块，如图 14-26 所示。

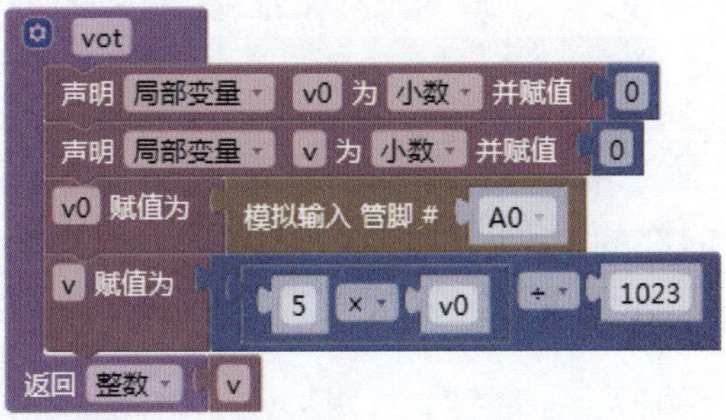

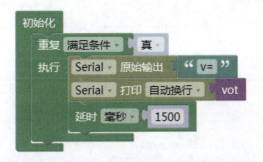

图 14-26　程序二 vot( ) 函数模块构建

3）调用函数程序

构建一个无限循环模块，在循环体内用"打印"模块直接调用 vot( ) 函数读取电位器的输出电压，如图 14-27 所示。

图 14-27　程序二函数调用程序模块构建

4）编译并保存程序

编译程序二，并将程序二保存到"我的程序"文件夹中。

14.3　创意体验

1. 程序一体验

（1）上传程序一

从"我的程序"文件夹中打开程序一，上传到 Arduino 开发板。

（2）程序一运行结果如图 14-28 所示。

（3）改变数据类型并检验程序运行结果。

将 myF3() 函数中的变量 sum 的数据类型改为"整数"（图 14-29），看看程序运行结果是什么。

图 14-28　程序一运行结果　　　　　图 14-29　改变数据类型

2. 程序二体验

1) 连接电位器

将电位器插在教学小车左前部的 JS6 引脚接口上，两个固定端点的引脚分别连接教学小车电源的 5 V 引脚、接地引脚，如图 14-30 所示。

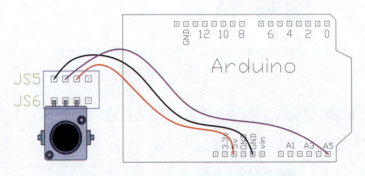

图 14-30　电位器连接示意

2) 上传程序二并体验效果

从"我的程序"文件夹中打开程序二，上传到 Arduino 开发板。程序二运行结果如图 14-31 所示。

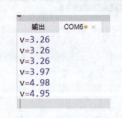

图 14-31　程序二运行结果

课后思考

1. 函数调用过程有哪几步？

2. 什么是函数返回值？

3. 调用有返回值的函数共有几种方式？

4. 仔细阅读图 14-32、图 14-33 所示的程序。程序执行后 a、b 的值是多少？

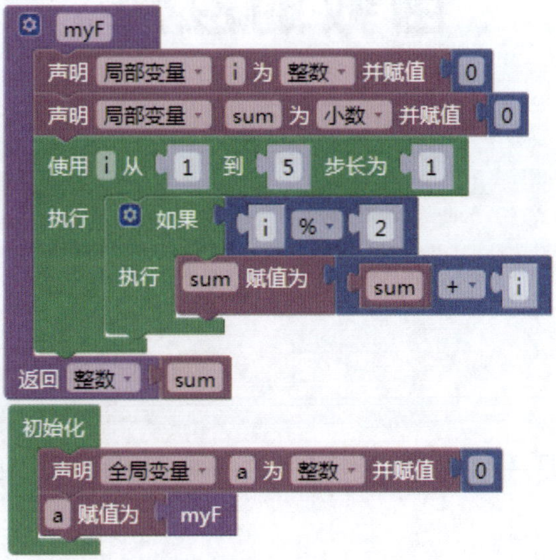

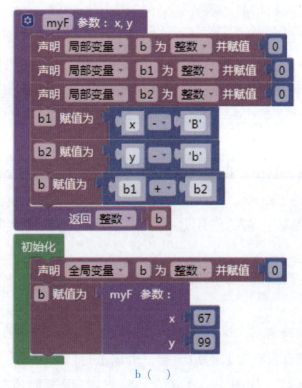

a（ ）

图 14-32 第 4 题图（程序 A）

b（ ）

图 14-33 第 4 题图（程序 B）

5. 编写一个程序，在自定义函数中计算 $k = x/3 + 6$，x 为形式参数；调用函数计算 $a = k + b$。x 与 b 的值自行确定。

第15课 函数的应用

15.1 基本要点

单元小结

（1）在 C 程序中，函数是一种功能，是程序的基本单位。利用函数，可以方便地实现程序的模块化。

（2）用图形化模块化定义函数主要有 3 个步骤。

①为函数命名。函数名是一个有效、唯一的标识符，不同功能的函数使用不同的函数名，函数的命名规则与变量的命名规则相似。函数名要便于阅读与理解。

②设置参数。当自定义函数需要参数时要设置参数，并注意定义函数参数的数据类型。

③构建函数体模块。在"执行"缺口内构建函数体模块，包括声明局部变量。

在函数体内声明变量时，要注意选择声明模块中的变量类型。不同函数内部的局部变量互不相关。

（3）函数的参数。

函数的参数是一个变量，它用来控制函数值的变化。不是每一个函数都需要参数。什么函数需要参数要根据这个函数的功能确定。

函数的参数叫作形式参数，它的作用是接收来自主调函数的实际参数，然后进入函数的运算。

形式参数与实际参数的数据类型要保持一致。

（4）函数的返回值。

函数的返回值是指函数被调用、执行完成后，返回给主调函数的值。

函数从有没有返回值和有没有参数的角度看，可以进行以下分类。

①无返回值无参数的函数，如图 15-1（a）所示；②无返回值有参数的函数，如图 15-1（b）所示；③有返回值无参数的函数，如图 15-1（c）所示；④有返回值有参数的函数，如图 15-1（d）所示。

（5）函数的调用。

函数定义后可以被其他函数调用，而且可以反复调用，没有次数的限制。

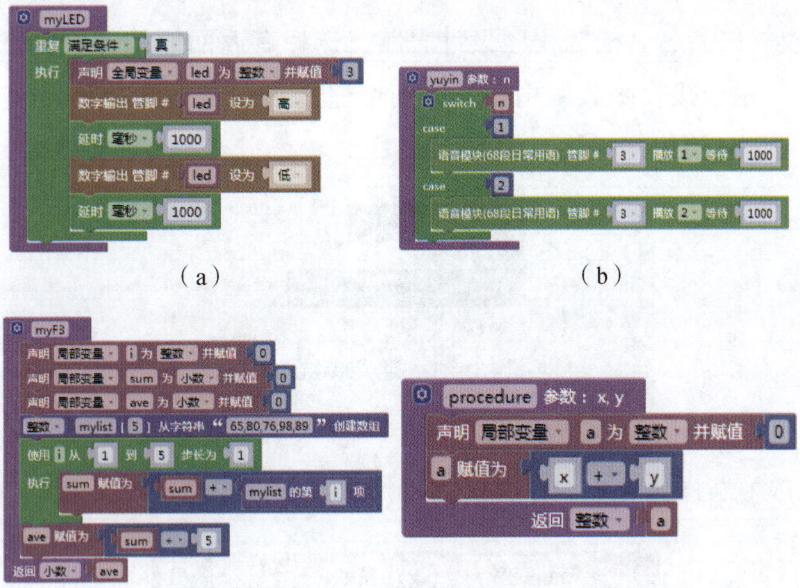

（a） （b）

（c） （d）

图 15-1 函数模块类型示意

函数的调用方式根据有无返回值而有所不同。没有返回值的函数只能由主调函数（主程序）直接调用，如图 15-2（a）所示；有返回值的函数调用时，返回值可以赋给一个变量，可以直接参与表达式的运算，也可以由"打印"模块直接输出返回值，如图 15-2（b）所示。

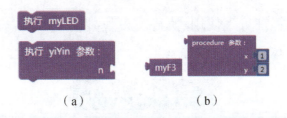

（a） （b）

图 15-2 函数调用模块的调用方式

15.2 编写程序

程序一：分别能被 3~9 整除的数有多少个；

程序二：抽奖。

1. 程序一：分别能被 3~9 整除的数有多少个

在 1~100 中分别能被 3~9 整除的数有多少个？

1）编程思路

定义一个可返回函数值的函数，计算 1~100 中分别能被 3~9 整除的数。用"使用/执行"模块和模运算符分别进行计算，由变量 sum 分别进行累加，计算完成后返回 sum 的值。

注意，这是一个有参数且有返回值的函数。

2）定义函数

（1）选择函数模块并命名。根据程序设计思路，选择有返回值的函数模块，命名为 DF。

（2）定义参数 t，用于接收函数调用模块分别传递过来的实际参数 3~9（图 15-3）。t 的数据类型为"整数"。

图 15-3　定义参数 t

（3）定义变量。

i 为循环变量，用于循环计算 1~100 是否能被 3~9 整除（图 15-4）。

图 15-4　定义变量（1）

sum 为累加变量，用于累加能被 3~9 整除的数（图 15-5）。

图 15-5　定义变量（2）

（4）求余运算。用模运算符与"使用/执行"模块判断 1~100 与 t 的模是否为 0，如果为 0 则用变量 sum 累加（图 15-6）。

图 15-6　求余运算

程序一 DF( ) 函数模块构建示意如图 15-7 所示。

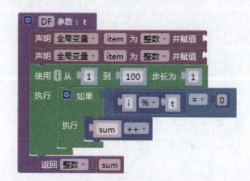

图 15-7　程序一 DF( ) 函数模块构建示意

3）调用函数 DF( )

用"如果/执行"模块将实际参数 n 循环传递给形式参数 t。

直接在输出模块内实现函数的调用，即直接输出返回值。程序一函数调用模块构建示意如图15-8所示。

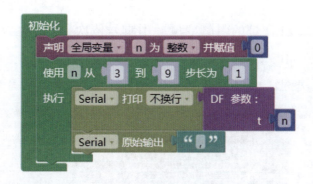

图 15-8　程序一函数调用模块构建示意

4) 编译并保存程序

编译程序一，并将程序一保存到"我的程序"文件夹中。

5) 运行程序

将程序一上传到 Arduino 开发板，程序一运行结果如图 15-9 所示。

结果显示，1~100 中能被 3 除尽的数有 33 个，能被 9 除尽的数只有 11 个。

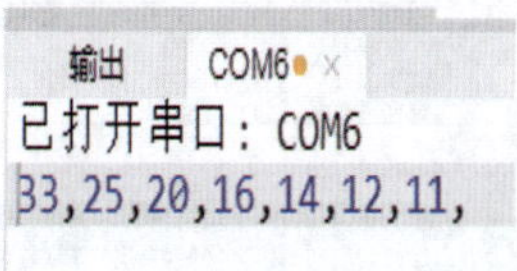

图 15-9　程序一运行结果

2. 程序二：抽奖

抽奖游戏规则如下。

(1) 设 3 个奖项，即一等奖、二等奖和三等奖。

(2) 一等奖点亮 3 盏灯（LED 灯），二等奖点亮 2 盏灯，三等奖点亮 1 盏灯。

(3) 设置中奖的难度系数。难度系数从大小为 1，2，3，一等奖难度系数最大。

1) 编程思路

(1) 以随机数作为抽奖对象。出现频率较低的随机数作为一等奖的抽奖对象，出现频率较高的随机数作为三等奖的抽奖对象，中间状态的随机数作为二等奖的抽奖对象。

(2) 确定随机数范围。根据程序一的计算结果，1~100 中能被 3 除尽的数有 33 个，能被 5 除尽的数有 20 个，能被 7 除尽的数有 14 个。

为了增加三等奖的中奖概率，采用能被 2 除尽的随机数作为三等奖的难度系数；采用能被 5 除尽的随机数作为二等奖的难度系数；采用能被 7 除尽的随机数作为一等奖的难度系数。

(3) 用按键开关实现抽奖功能，按一次按键开关产生 1 个随机数。

(4) 定义函数：用 MP3 模块语音播报中奖情况，若中奖则点亮相应 LED 灯。

2）定义函数 game( )

选择无返回值的函数模块，将函数命名为 game，定义"整数"参数 t。

（1）定义变量。

led1、led2、led3 为 3 只 LED 灯的引脚变量，引脚号依次为 5，6，7。

（2）用 switch 模块播放 MP3 语音与点亮 LED 灯。

程序二 game( )函数模块构建示意如图 15-10 所示。

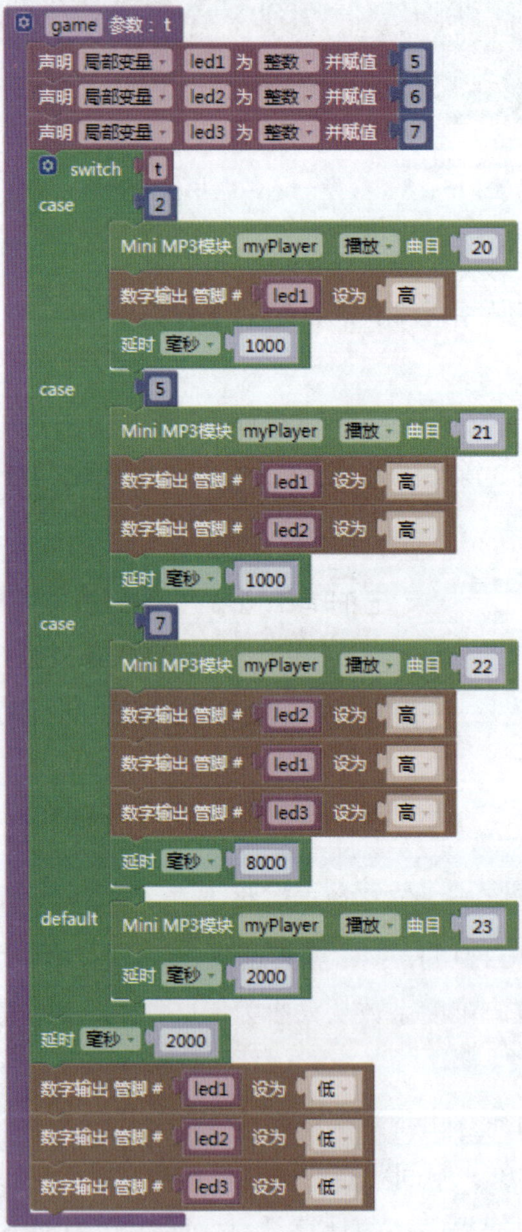

图 15-10　程序二 game( )函数模块构建示意

3）编写主程序（调用函数）

在主程序内定义相关变量、初始化 MP3 模块、生成随机数并进行计算、调用函数 game( )。

（1）定义变量。

x 为随机数变量，用于存储生成的随机数（图 15-11）。

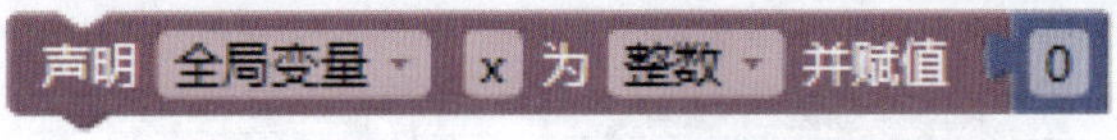

图 15-11 定义变量（1）

n 为难度系数变量（图 15-12）。

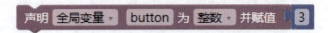

图 15-12 定义变量（2）

button 为按键开关引脚变量（图 15-13）。

图 15-13 定义变量（3）

butt 为按键开关引脚信号变量（图 15-14）。

图 15-14 定义变量（4）

（2）初始化语音模块。

初始化语音模块，播放抽奖前的语音。

（3）初始化随机数（图 15-15）。

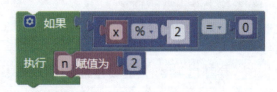

图 15-15 初始化随机数

（4）构建无限循环模块。

在循环体内生成随机数 x，计算难度系数 n，调用函数 game(t)，最后难度系数 n 清零。

用"如果/执行"模块的条件表达式分别判断随机变量 x 属于哪一个难度系数，并将该难度系数赋给变量 n，如图 15-16 所示。

图 15-16 判断并赋值

调用 game( ) 函数，将 n 作为实际参数传递给形式参数 t，播放中奖情况，点亮 LED 灯；调用结束后变量 n 清零（图 15-17）。

图 15-17 调用函数及变量清零

这里必须注意变量 n 的清零。因为调用结束后，变量 n 中会有 2，5，7 中的一个值，如果不清零，下一次循环时如果某一个随机数还在难度系数范围内，程序仍然会调用 game( ) 函数。

构建主程序，如图 15-18 所示。

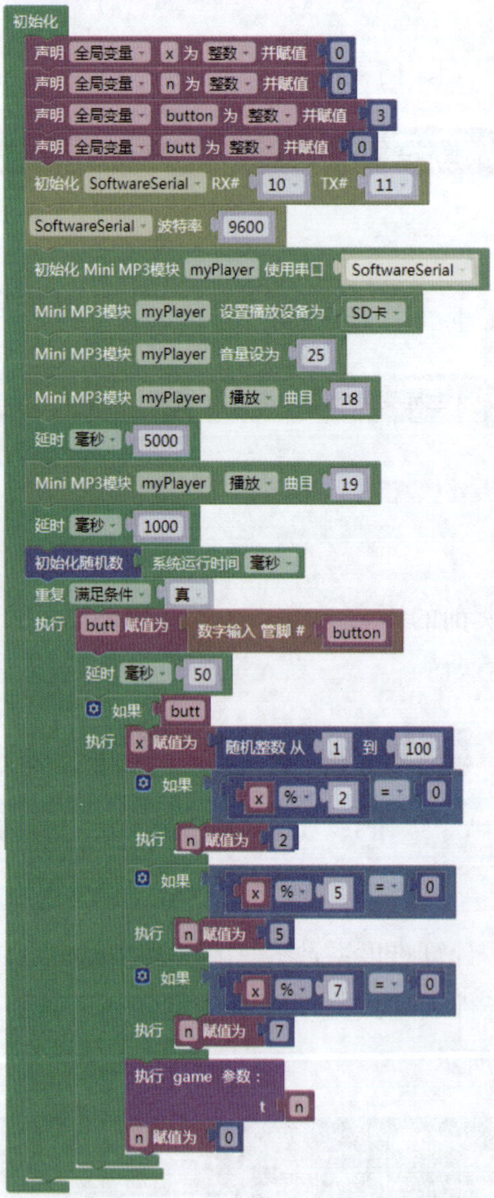

图 15-18 程序二主程序

4）编译并保存程序

编译程序二，并将程序二保存到"我的程序"文件夹中。

15.3 创意体验

程序二体验

1. 制作 MP3 语音

（1）程序二中语音模块中的"曲目"，是教学所用的 SD 卡中已经制作好的语音段编号。体验时使用该 SD 卡，按照曲目编号直接播放就行了。

（2）自己制作 MP3 语音。

有兴趣的同学可以自己用另一个 SD 卡重新制作 MP3 语音。制作时可以采用教学 SD 卡上播放的用语，也可以自己设计用语。

教学 SD 卡上的用语如下。

曲目 18：同学们，这个学期要结束了，我们来玩一个抽奖游戏吧！

曲目 19：好呀！

曲目 20：中奖啦！送你一盏灯。

曲目 21：中奖啦！送你两盏灯。

曲目 22：中奖啦！送你三盏灯（加背景音乐）。

2. 连接元器件与电源

1）连接 LED 灯

将 3 只 LED 灯分别插在面包板的左前部边缘，将它们的长引脚分别依次连接 Arduino 开发板的引脚 5~7，短引脚统一连接 Arduino 开发板的引脚 GND。

2）连接按键开关

将按键开关的一端引脚连接教学小车的电源引脚 VCC，将另一端引脚连接 Arduino 开发板的引脚 3。

3）连接转接板与 Arduino 开发板

将制作好的 MP3 语音模块插入转接板后，将转接板通过弯脚排母插到教学小车左前角的 JS6 引脚接口上，从 JS5 引脚接口与 Arduino 开发板连接。

连接 RX、TX 引脚：将转接板的 RX 引脚连接 Arduino 开发板的引脚 10；将转接板的 TX 引脚连接 Arduino 开发板的引脚 11。

电源引脚 V 先连接到面包板上，接地引脚 G 直接连接 Arduino 开发板的引脚 GND。

3. 连接教学小车电源

将教学小车的电源引脚 VCC 在面包板上与转接板的电源引脚 V 连接，然后与 Arduino 开发板的 5 V 电源引脚连接，教学小车的电源地引脚连接 Arduino 开发板的引脚 GND。

程序二元器件与电源连接示意如图 15-19 所示。

4. 上传程序后开始抽奖

将程序二上传到 Arduino 开发板，然后拔下 USB 数据线，打开教学小车电源开关就可以开始抽奖了。

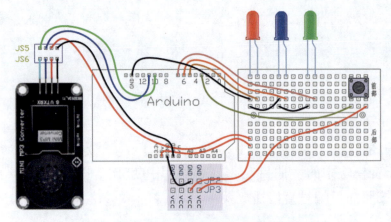

图 15-19　程序二元器件与电源连接示意

注意：每次按下按键开关时要等待前一段的语音播放完毕。

 课后思考

1. 从函数返回值和参数的组合方式划分，函数模块有哪几种形式？
2. 图 15-20 所示的程序执行后，播放的完整语音是（　　）。

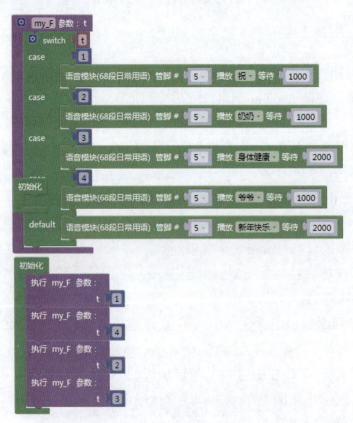

图 15-20　第 2 题图

A. 祝奶奶身体健康，新年快乐！
B. 祝爷爷身体健康，新年快乐！
C. 祝奶奶、爷爷新年快乐！
D. 祝爷爷、奶奶身体健康！

参 考 文 献

[1] 中国电子学会普及工作委员会. 机器人基础技术教学 [M]. 北京：《电子制作》杂志社，2021.

[2] 中国电子学会，上海享渔教育科技有限公司. 智能硬件项目教程 [M]. 北京：航空航天大学出版社，2018.